三聯學術

古代创世论及其批评者

〔英〕大卫·塞德利 著

许瑞 译

Classics & Civilization

生活·讀書·新知 三联书店

Simplified Chinese Copyright © 2023 by SDX Joint Publishing Company.
All Rights Reserved.
本作品简体中文版权由生活·读书·新知三联书店所有。
未经许可，不得翻印。

图书在版编目（CIP）数据

古代创世论及其批评者 /（英）大卫·塞德利著；
许瑞译. —北京：生活·读书·新知三联书店，2023.9
（古典与文明）
ISBN 978-7-108-07627-4

Ⅰ.①古… Ⅱ.①大…②许… Ⅲ.①创世-思想史-研究-西方国家　Ⅳ.① B929.1

中国国家版本馆 CIP 数据核字 (2023) 第 059282 号

© 2010 by the Regents of the University of California
Published by arrangement with University of California Press

特邀编辑	苏诗毅
责任编辑	王晨晨
装帧设计	薛　宇
责任印制	宋　家
出版发行	生活·讀書·新知 三联书店
	（北京市东城区美术馆东街 22 号　100010）
网　　址	www.sdxjpc.com
图　　字	01-2017-6887
经　　销	新华书店
印　　刷	三河市天润建兴印务有限公司
版　　次	2023 年 9 月北京第 1 版
	2023 年 9 月北京第 1 次印刷
开　　本	880 毫米 × 1092 毫米　1/32　印张 13.25
字　　数	264 千字
印　　数	0,001－4,000 册
定　　价	78.00 元

（印装查询：01064002715；邮购查询：01084010542）

"古典与文明"丛书
总 序

甘阳 吴飞

古典学不是古董学。古典学的生命力植根于历史文明的生长中。进入21世纪以来,中国学界对古典教育与古典研究的兴趣日增并非偶然,而是中国学人走向文明自觉的表现。

西方古典学的学科建设,是在19世纪的德国才得到实现的。但任何一本写西方古典学历史的书,都不会从那个时候才开始写,而是至少从文艺复兴时候开始,甚至一直追溯到希腊化时代乃至古典希腊本身。正如维拉莫威兹所说,西方古典学的本质和意义,在于面对希腊罗马文明,为西方文明注入新的活力。中世纪后期和文艺复兴对西方古典文明的重新发现,是西方文明复兴的前奏。维吉尔之于但丁,罗马共和之于马基雅维利,亚里士多德之于博丹,修昔底德之于霍布斯,希腊科学之于近代科学,都提供了最根本的思考之源。对古代哲学、文学、历史、艺术、科学的大规模而深入的研究,为现代西方文明的思想先驱提供了丰富的资源,使他们获得了思考的动力。可以说,那个时期的古典学术,就是现代西方文明的土壤。数百年古典学术的积累,是现代西方文明的命脉所系。19世纪的古典学科建制，只不过是这一过程的结果。随着现代研究性大学和学科规范的确立，一门规则严谨的古典学学科应运而生。但我们必须看到，西方大学古典学学科的真正基础，乃在于古典教育在中学的普及，特别是拉丁语和古希腊语曾长期为欧洲中学必修，才可能为大学古典学的高深研究源源不断地提供人才。

19世纪古典学的发展不仅在德国而且在整个欧洲都带动了新的一轮文明思考。例如，梅因的《古代法》、巴霍芬的《母权论》、古朗士的《古代城邦》等，都是从古典文明研究出发，在哲学、文献、法学、政治学、历史学、社会学、人类学等领域带来了革命性的影响。尼采的思考也正是这一潮流的产物。20世纪以来弗洛伊德、海德格尔、施特劳斯、福柯等人的思想，无不与他们对古典文明的再思考有关。而20世纪末西方的道德思考重新返回亚里士多德与古典美德伦理学，更显示古典文明始终是现代西方人思考其自身处境的源头。可以说，现代西方文明的每一次自我修正，都离不开对古典文明的深入发掘。正是在这个意义上，古典学绝不仅仅只是象牙塔中的诸多学科之一而已。

由此，中国学界发展古典学的目的，也绝非仅仅只是为学科而学科，更不是以顶礼膜拜的幼稚心态去简单复制一个英美式的古典学科。晚近十余年来"古典学热"的深刻意义在于，中国学者正在克服以往仅从单线发展的现代性来理解西方文明的偏颇，而能日益走向考察西方文明的源头来重新思考古今中西的复杂问题，更重要的是，中国学界现在已经超越了"五四"以来全面反传统的心态惯习，正在以最大的敬意重新认识中国文明的古典源头。对中外古典的重视意味着现代中国思想界的逐渐成熟和从容，意味着中国学者已经能够从更纵深的视野思考世界文明。正因为如此，我们在高度重视西方古典学丰厚成果的同时，也要看到西方古典学的局限性和多元性。所谓局限性是指，英美大学的古典学系传统上大多只研究古希腊罗马，而其他古典文明研究例如亚述学、埃及学、波斯学、印度学、汉学以及犹太学等，则都被排除在古典学系以外而被看作所谓东方学等等。这样的学科划分绝非天经地义，因为法国和意大利等的现代古典学就与英美有所不同。例如，著名的西方古典学重镇，韦尔南创立的法国"古代社会比较研究中心"，不仅是古希腊研究的重镇，而且广泛包括埃及学、亚述学、汉学乃至非洲学等各方面专家，在空间上大大突破了古希腊罗马的范围。而意大利的古典学研究，则由于意大利历史的特殊性，往往在时间上不完全限于古希腊罗马的时段，而与中世纪及文艺复兴研究多有关联（即使在英美，由于晚近以来所谓"接受研究"成为古典学的显学，也使得古典学的研究边界越来越超出传统的古希腊罗马时期）。

　　从长远看，中国古典学的未来发展在空间意识上更应参考法国古典学，不仅要研究古希腊罗马，同样也应包括其他的古典文明传统，如此方能参详比较，对全人类的古典文明有更深刻的认识。而在时间意识上，由于中国自身古典学传统的源远流长，更不宜局限于某个历史时期，而应从中国古典学的固有传统出发确定其内在核心。我们应该看到,古典中国的命运与古典西方的命运截然不同。与古希腊文字和典籍在欧洲被遗忘上千年的文明中断相比较,秦火对古代典籍的摧残并未造成中国古典文明的长期中断。汉代对古代典籍的挖掘与整理,对古代文字与制度的考证和辨识,为新兴的政治社会制度灌注了古典的文明精神,堪称"中国古典学的奠基时代"。以今古文经书以及贾逵、马融、卢植、郑玄、服虔、何休、王肃等人的经注为主干,包括司马迁对古史的整理、刘向父子编辑整理的大量子学和其他文献,奠定了一个有着丰富内涵的中国古典学体系。而今古文之间的争论,不同诠释传统之间的较量,乃至学术与政治之间错综复杂的关系,都是古典学术传统的丰富性和内在张力的体现。没有这样一个古典学传统,我们就无法理解自秦汉至隋唐的辉煌文明。

　　从晚唐到两宋,无论政治图景、社会结构,还是文化格局,都发生了重大变化,旧有的文化和社会模式已然式微,中国社会面临新的文明危机,于是开启了新的一轮古典学重建。首先以古文运动开端,然后是大量新的经解,随后又有士大夫群体仿照古典的模式建立义田、乡约、祠堂,出现了以《周礼》为蓝本的轰轰烈烈的变法;更有众多大师努力诠释新的义理体系和修身模式,理学一脉逐渐展现出其强大的生命力,最终胜出,成为其后数百年新的文明模式。称之为"中国的第二次古典学时代",或不为过。这次古典重建与汉代那次虽有诸多不同,但同样离不开对三代经典的重新诠释和整理，其结果是一方面确定了十三经体系，另一方面将"四书"立为新的经典。朱子除了为"四书"做章句之外，还对《周易》《诗经》《仪礼》《楚辞》等先秦文献都作出了新的诠释，开创了一个新的解释传统，并按照这种诠释编辑《家礼》，使这种新的文明理解落实到了社会生活当中。可以看到，宋明之间的文明架构，仍然是建立在对古典思想的重新诠释上。

在明末清初的大变局之后，清代开始了新的古典学重建，或可称为"中国的第三次古典学时代"：无论清初诸遗老，还是乾嘉盛时的各位大师，虽然学问做法未必相同，但都以重新理解三代为目标，以汉宋两大古典学传统的异同为入手点。在辨别真伪、考索音训、追溯典章等各方面，清代都取得了巨大的成就，不仅成为几千年传统学术的一大总结，而且可以说确立了中国古典学研究的基本规范。前代习以为常的望文生义之说，经过清人的梳理之后，已经很难再成为严肃的学术话题；对于清人判为伪书的典籍，诚然有争论的空间，但若提不出强有力的理由，就很难再被随意使用。在这些方面，清代古典学与西方19世纪德国古典学的工作性质有惊人的相似之处。清人对《尚书》《周易》《诗经》《三礼》《春秋》等经籍的研究，对《庄子》《墨子》《荀子》《韩非子》《春秋繁露》等书的整理，在文字学、音韵学、版本目录学等方面的成就，都是后人无法绕开的，更何况《四库全书总目提要》成为古代学术的总纲。而民国以后的古典研究，基本是清人工作的延续和发展。

我们不妨说，汉、宋两大古典学传统为中国的古典学研究提供了范例，清人的古典学成就则确立了中国古典学的基本规范。中国今日及今后的古典学研究，自当首先以自觉继承中国"三次古典学时代"的传统和成就为己任，同时汲取现代学术的成果，并与西方古典学等参照比较，以期推陈出新。这里有必要强调，任何把古典学封闭化甚至神秘化的倾向都无助于古典学的发展。古典学固然以"语文学"（philology）的训练为基础，但古典学研究的问题意识、研究路径以及研究方法等，往往并非来自古典学内部而是来自外部，晚近数十年来西方古典学早已被女性主义等各种外部来的学术思想和方法所渗透占领，仅仅是最新的例证而已。历史地看，无论中国还是西方，所谓考据与义理的张力其实是古典学的常态甚至是其内在动力。古典学研究一方面必须以扎实的语文学训练为基础，但另一方面，古典学的发展和新问题的提出总是与时代的大问题相关，总是指向更大的义理问题，指向对古典文明提出新的解释和开展。

中国今日正在走向重建古典学的第四个历史新阶段，中国的文明复兴需要对中国和世界的古典文明作出新的理解和解释。客观地说，这一轮古典学的兴起首先是由引进西方古典学带动的，刘小枫和甘阳教授主编的"经典与解释"丛书在短短十五年间（2000—2015）出版了三百五十余种重要译著，为中国学界了解西方古典学奠定了基础，同时也为发掘中国自身的古典学传统提供了参照。但我们必须看到，自清末民初以来虽然古典学的研究仍有延续，但古典教育则因为全盘反传统的笼罩而几乎全面中断,以致今日中国的古典学基础以及整体人文学术基础都仍然相当薄弱。在西方古典学和其他古典文明研究方面,国内的积累更是薄弱,一切都只是刚刚起步而已。因此,今日推动古典学发展的当务之急,首在大力推动古典教育的发展,只有当整个社会特别是中国大学都自觉地把古典教育作为人格培养和文明复兴的基础,中国的古典学高深研究方能植根于中国文明的土壤之中生生不息茁壮成长。这套"古典与文明"丛书愿与中国的古典教育和古典研究同步成长!

2017年6月1日于北京

献给 Bev

目 录

译者导言　i

致　谢　1
前　言　6

第一章　阿那克萨格拉
　　一　前苏格拉底哲学家的任务　11
　　二　阿那克萨格拉的宇宙论　22
　　三　努斯的力量　25
　　四　太阳和月亮　29
　　五　世界和种子　30
　　六　作为创造者的努斯　39
　　七　科学的创世论　47
　　附录　阿那克萨格拉的质料理论　48

第二章　恩培多克勒
　　一　宇宙循环　56
　　二　双重创生论　60
　　三　创世论者的论辩　85
　　四　设计与偶然　97
　　附录1　重思双重创生论　101

附录2　循环的时序　107
附录3　我们身处循环的何处？　112
附录4　卢克莱修对恩培多克勒创生论的证明　115

第三章　苏格拉底

一　阿波罗尼亚的第欧根尼　120
二　色诺芬笔下的苏格拉底　125
三　柏拉图《斐多》中的苏格拉底　137
四　一种历史的综合　141

第四章　柏拉图

一　《斐多》中的神话　145
二　引入《蒂迈欧》　148
三　一种创世活动？　152
四　神圣技艺　166
五　世界是完美的吗？　174
六　种的起源　192

第五章　原子论者

一　德谟克利特　201
二　伊壁鸠鲁派对创世论的批评　210
三　伊壁鸠鲁派对创世论的替代方案　225
四　伊壁鸠鲁派的无限　234

第六章　亚里士多德

一　作为范型的神　249
二　技艺类比　258

三　必然性　270
　　四　偶然的结果　277
　　五　宇宙目的论　289
　　六　亚里士多德的柏拉图主义　303

第七章　斯多亚主义者
　　一　斯多亚主义　305
　　二　通向斯多亚神学的门户　313
　　三　定位苏格拉底　315
　　四　定位柏拉图　335
　　五　得益者是谁？　343

结　语　一种盖伦派的视角　356

参考文献　364
位置索引　375
通用索引　392

译者导言

提到"创世论",我们总会想到《圣经》中上帝创造万物的描述。作为一种对万物起源的"神学"构想,它似乎与进化论所呈现的"科学"图景大相径庭。那么,在这个进化论深入人心的世俗年代,我们为何还要关注创世论,乃至"古代创世论"?大卫·塞德利通过本书给出了自己的答案。

塞德利是剑桥大学劳伦斯古代哲学讲席教授,在古典学界和哲学史界都享有巨大声誉。2004年,塞德利教授受加州大学伯克利分校之邀,成为萨瑟讲座(Sather Lectures)的讲席教授。萨瑟讲座一年一度,是古典学界最负盛名、历史最为悠久的讲座之一,受邀人无一不是在古典学领域有重要建树的学者;讲座向各专业领域的听众开放,这本身就要求主讲人对题目有深厚的了解,既能将晦涩的思想深入浅出地分享给广大受众,又能在文本解读中展现自己的专业性和原创性。塞德利教授六次讲座的主题为"古代创世论及其批评者",本书就是他基于讲座的内容整理而成。

西方古代神学思想是塞德利长久以来关心的主题,而《古代创世论及其批评者》可以看作他对这一主题相关文本的集中反思。书中涉及了几大西方古代思想家或流派,并将他们大致分为"创世论者"和"创世论的批评者"两大阵营。在创世论阵营中，有阿那克萨格拉（公元前5世纪早期至中期）、恩培多克勒（公元前5世纪中期）、苏格拉底（公元前5世纪晚期）、柏拉图（公元前5世纪晚期至前4世纪中期）和斯多亚主义者（约公元前3世纪），亚里士多德（公元前4世纪）和盖伦（公元2世纪）也是这一传统的同情者。被归入批评者阵营的则是原子论者，例如留基波、德谟克利特（皆活跃于公元前5世纪晚期）和伊壁鸠鲁（公元前4世纪中期至前3世纪早期）。

仅从这份名单来看，创世论者与他们的批评者各自的规模似乎不成比例。不过，在阅读本书的过程中，我们或许可以理解作者如此编排内容背后的思考。塞德利在第一章中就指出，"世界由神所统治"的观念很早就在古希腊思想中出现了。在这个意义上，创世论的学说有更悠久的历史并不令人意外；是以在这一有神论大背景下的阿那克萨格拉和恩培多克勒，尚不需要论证神的存在。而原子论者更多是以后来的挑战者的姿态出现，他们发展出了一套截然不同的解释世界起源的模型，迫使创世论者为自己辩护——苏格拉底就是首位辩护人。在苏格拉底之后，柏拉图通过《蒂迈欧》给出了"创世论者的终极宣言"，成为后世不论是创世论的辩护者还是批评者都无法绕过的文本，并且促成了双方更细致的对话。

在明确了本书的结构之后，笔者希望对本书内容做一简要介绍，重点勾勒出本书的核心论题和逻辑脉络。回到最初的问题：我们为什么要关注古代创世论？为了回答这个问题，我们首先要理解作者是在什么意义上讨论"创世论"的，这奠定了问题的基本语境。上帝"无中生有"地创造世界的基督教解读并不在本书的关切之内，因为古希腊哲学家对创世的解释往往旨在探讨世界的**秩序**的来源，而不是一切事物存在的原因；而"创世"活动恰恰意味着对某些**已经存在**的材料进行处理，并为之赋予秩序。在这个意义上，一个时间上在先的无序世界，并不与"神创造有序世界"的观念相矛盾。由此可见，虽然创世论的起源可以追溯到基督教之前，但在古代创世论与基督教教义之间，仍存在着显而易见的差异。

那么，世界的秩序又从何而来呢？一种可能的理解是，秩序是由某种**理智**存在所施加的。这呼应了塞德利对创世论的表述："要为世界的结构和内容提供合理的解释，只要预设至少一位理智的规划者，也即一位造物神。"（p. xvii［指原书页码，即本书边码，全书同。——编者注］）在本书中，塞德利对理智创世的强调是一以贯之的：理智的作用可以在较弱的层面上体现出来，例如，塞德利将阿那克萨格拉的神比作一位农夫，它不设计生命形式，而是为本来就无处不在的生命"种子"提供适宜的萌发环境（第一章）；但塞德利着墨最多的，还是更强版本的理智创世学说，例如在柏拉图《蒂迈欧》的创世神话（第四章）中，造物神德慕格被描述为一位具有技艺的工匠，他将世界造成一个具有灵魂的生命体，从而参与了生命的产生。

在《蒂迈欧》中，神的理智主要是通过他的**技艺**展现出来的。不少古代创世论者都赞同这一点。在古希腊，"技艺"（technê）通常对应于某类专门知识，例如医术（对应医学）和修辞术（对应修辞学）。具有专门知识的人能够成功地从事某类生产或实践，并且造成某种益处。技艺与知识（以及理智）的关联，还意味着技艺可以被系统性地解释和理解。与此相应，神的技艺也应当具有以上特征。

认为神具有技艺似乎是顺理成章的：如果我们认为发明声呐的是掌握了仿生技术的科学家，那么也许更有理由认为，它所仿照的生命体本身，也是由掌握了生命创造技术的某种力量所造的，并且这很可能是一种更高深的技术。这一逻辑指向了古代哲学家支持创世论的一个重要论证，也即"**设计论证**"——这正是塞德利在本书中反复讨论的。

设计论证主张作为工匠的神设计并创造了世界。它得以成立的一个重要前提是，神的创造更多是出于**计划**，而非仅仅出自**偶然**。塞德利认为，是苏格拉底首次提出了设计论证，以作为对原子论者的回应。而我们也正是在苏格拉底那里"第一次见到了偶然和计划的明确分离"，二者"被呈现为相互竞争的两种创生性生命起源"（p. 85）。为什么强调计划性对创世论者如此重要？结合设计论证的论战背景，塞德利颇有说服力地指出，这是为了对原子论者以偶然性为生命起源的解释原则进行有效反驳——原子论者声称，组成世间万物的物质材料（质料）并不是由理智组织起来的，而是仅仅凭借它们自身的物理性质随机组合在一起（在这个意义上，塞德利又将这种学说称为"质料论")。

在苏格拉底的论证中，支持设计的最有力的证据，就是事物的**目的性**结构：我们的眼睛有眼睑作为保护，还有睫毛挡风，这说明眼睛的结构是为我们的利益、为某个善好的目的服务的。类似的有益结构只能来自神的安排，而不可能是偶然产生的。柏拉图、亚里士多德、斯多亚主义者和盖伦，都继承和发展了目的论思想：柏拉图通过将神的技艺与人的技艺进行类比，将目的论结构施加于世界的整体，使之符合最好的宇宙安排。在最终目的的衡量下，世间万物都获得了确定的等级位置。亚里士多德对这一目的论世界观提供了有力辩护，并且将自然世界中的一切活动都进一步解释为对神的模仿。虽然亚里士多德并不认为世界有一个开端，但就他对目的论的发展而言，塞德利认为他应当被看作柏拉图的继承人。斯多亚主义者细化和强化了目的论的论证。盖伦则为目的论提供了更丰富的科学论据。

面对强势的创世论传统，塞德利仍然试图充分挖掘原子论解释的理论潜力，以期读者能够"对古代的论辩双方抱有同等的同情"（p. xvi）。他论证到，原子论者诉诸"无限"的力量来解释世界的有益结构；在组合方式有限的前提下，物质随机组合的次数越是趋于无穷，像我们这样的世界就越是有可能出现。在这个意义上，从产生方式而言，我们的世界是偶然的产物；但从可能性而言，这个世界的出现又是必然的。"无限"的提出大大强化了偶然起源的解释力，这一点得到了塞德利的充分肯定。在这里，塞德利适时地引入了伊壁鸠鲁的物种起源方案，来展示原子论解释与近现代自然选择理论的亲和性。

大规模的偶然产生与自然选择相结合，确实对目的论解释及其背后的创世理论提出了严峻挑战。但这一理论如果想要成立，就需要对物质本身的性质以及世界的运行规律提供更充分的解释，否则创世论就依然保有它的吸引力。在这里，我们似乎终于触及了当代创世论的主张者与进化论的支持者的论辩核心。但在古代背景下的反思，无疑为我们提供了新的视角。塞德利致力于展现古代思想中宗教和科学的交织，于是我们发现，即使在有神论的大背景下，采纳创世论的动机也不必然是宗教的，而恰恰可能是科学的（如阿那克萨格拉）；创世论者并不必然将他们的宗教理论与科学对立起来，而是往往将科学整合进自己的思想之中；创世论的批判者也可能和创世论的支持者分享相似的理论动机。在这个意义上，我们或许应带着更开放的心态去审视这场古代论辩的当代版本，而这正是塞德利在书的前言中就已经作出的提醒：古代创世论及其批评者的论辩，在今天依然具有旺盛的理论生命力。

到目前为止，我们或许已经部分领略了本书的思想魅力，但这远不是全部，塞德利对创世之争的宗教色彩更浓厚的部分也给予了充分的关注。他不仅追溯学说背后的宗教动机，更试图揭示神学论证可能导致的伦理后果，这无疑能引发更多的共鸣。当然，本书在面向广大读者的同时依然保持了较高的专业性，不乏对时下学界重点和难点问题的详细探讨，并时常借助纸草、残篇等更加专业的历史材料来丰富自己的论证，故而对相关领域的专业学者而言也有宝贵的参考价值。此外，塞德利一些简要的点评，或许同样值得研究者和爱好者循迹深入（恩培多克勒对性别政治的态度或可作为一例）。

在翻译本书的过程中，吴飞教授阅读了译稿，并给出了许多有益的修订建议。本书能够面世，也离不开王晨晨、苏诗毅两位编辑细致和耐心的工作，我对此深表感谢。受限于译者的学力和理解，译文难免会有错误或欠妥之处，敬请各位读者不吝指正。

许　瑞
于多伦多大学罗巴茨图书馆
2023 年 3 月

致 谢

这是根据我于2004年秋在加利福尼亚大学伯克利分校所做的萨瑟系列讲座（Sather Lectures）集成的一本书。因此，我首先要衷心感谢伯克利的古典学系，他们不仅邀我做第九十一位古典学萨瑟教授，还在我驻访期间给了我热情的招待和支持。虽然从中举出几位有些厚此薄彼，我还是必须特别提到马克·格里菲斯（Mark Griffith）、莱斯利·库尔克（Leslie Kurke）、托尼·朗（Tony Long）和唐纳德·马斯特隆纳德（Donald Mastronarde），他们让我和我的妻子在一开始就感到宾至如归。借此机会，我还需要感谢我的三位萨瑟助理——布丽吉特·麦克莱恩（Bridget McClain）、阿西娜·科克（Athena Kirk）和克里斯·丘吉尔（Chris Churchill）——的帮助，尤其是布丽吉特，她在我任职期间补充了萨瑟办公室图书馆的大部分馆藏。

我花了五年多来酝酿本书。我在剑桥大学、布达佩斯的中欧大学、东京的庆应义塾大学的课上教授过本书的不同方面；在加州大学伯克利分校，柏拉图的《蒂迈欧》（Timaeus）是我研究生讨论课的主题；在剑桥大学马丁利堂的继续教育中心，我也教授过这些内容。我从参与这些课程的人的讨论中学到的东西，多到难以言表。

这些年来，我还提交过一系列论文，以发展本书论点的各个方面。我怀疑下面列出的这些场合并不完全：布鲁塞尔的比利时高等研究学院（Institut des Hautes Études de Belgique）、楠泰尔（Nanterre）的巴黎第十大学、匹兹堡大学的亚伦·戈特赫尔夫（Allan Gotthelf）纪念会议、爱丁堡大学的A. E. 泰勒（A. E. Taylor）讲座、奥斯丁的得克萨斯大学、华威大学（古代质料论会议）、利兹大学（利兹大学国际拉丁语研讨会）、普林斯顿大学（古代哲学年度论坛）、加州大学洛杉矶分校、伦敦的古典学学会（Institute of Classical Studies）、赫尔辛基的高等研究学会（Collegium for Advanced Studies）、杜伦大学（古代哲学北部协会［Northern Association for Ancient Philosophy］）、圣安德鲁斯大学（同样是古代哲学北部协会）、布拉格的查尔斯大学、莱切大学*（亚里士多德因果性会议），以及诺丁汉大学。我感谢这些活动的组织者，以及通过评论帮我打磨论证的众多参会者。

下列学者慷慨地拿出时间阅读并点评了本书第一稿的全部或大部分：盖博·贝泰（Gabor Betegh）、莎拉·布罗迪（Sarah Broadie）、索菲亚·科奈尔（Sophia Connell）、托马斯·约翰森（Thomas Johansen）、因娜·库普埃娃（Inna Kupreeva）、托尼·朗、斯蒂芬·曼（Stephen Menn）、迪米

---

* 莱切大学（Università degli Studi di Lecce）于2007年更名为萨伦托大学（Università del Salento）。——译者注（凡此星号注均为译者注，全书同。——编者注）

特里·潘切克（Dmitri Panchenko）、格利岑·雷达姆-希尔斯（Gretchen Reydams-Schils）、马尔科姆·斯科菲尔德（Malcolm Schofield）、利巴·陶博（Liba Taub）、亚历山大·韦林斯基（Alexander Verlinsky）、罗伯特·瓦尔迪（Robert Wardy）和詹姆斯·沃伦（James Warren）。此外，迈尔斯·伯尼耶特（Myles Burnyeat）、维克多·加斯通（Victor Caston）、安德鲁·格里高利（Andrew Gregory）、马克·格里菲斯、查尔斯·格里斯伍德（Charles Griswold）、布拉德·因伍德（Brad Inwood）和查尔斯·穆吉亚（Charles Murgia）对原讲座或本书的部分手稿贡献了评论。还有一些人，与他们的对话或通信使我受益匪浅，其中包括彼得·亚当森（Peter Adamson）、伊斯特万·波德纳（István Bodnár）、罗伯特·波顿（Robert Bolton）、詹妮弗·布莱恩（Jennifer Bryan）、戈登·坎贝尔（Gordon Campbell）、菲利普·冯德艾（Philip van der Eijk）、约翰·费拉里（John Ferrari）、盖尔·凡（Gail Fine）、斯蒂芬尼娅·方图娜（Stefania Fortuna）、维里蒂·哈特（Verity Harte）、安娜·鞠（Anna Ju）、斯塔法洛·克洛门塔（Stavros Kouloumentas）、亨利·门德尔（Henry Mendell）、伊恩·穆勒（Ian Mueller）、大卫·诺曼（David Norman）、凯文·帕迪安（Kevin Padian）、戴安娜·塔伦图托（Diana Quarantotto）、理查德·帕特森（Richard Patterson）、大卫·罗伯森（David Robertson）、鲍勃·夏普尔斯（Bob Sharples）、约翰·范维（John van Wyhe）、朱拉·韦德伯格（Jula Wildberger）和艾玛·伍勒登（Emma Woolerton）。对

上述所有人，以及近年来我与之讨论过相关问题的其他很多人，我致以深深的谢意。

想要列出那些用论著引导和丰富了我的研究的所有学者，是件不可能的事。部分致谢可以在我的脚注中找到，但这些远远不是全部。我也想借此机会单独提到戈登·坎贝尔，他最近出版的关于达尔文主义和创世论的古代先驱的书，让我尤其受启发。

我的脚注也许会过长，这是因为我需要处理我在上面感谢的人提醒我注意的众多紧迫问题，而不致频繁地打断我的论证环节。另一个原因是，我想尽可能地使本书的主要内容与原始讲座保持在同一层次，而讲座是为大学的众多古典学和非古典学专业的学生设计的。实现它的一种方法，就是把更有技术性的论据支持转移到脚注和附录中。

在加州大学出版社，我幸运地拥有劳拉·切鲁提（Laura Cerruti）、蕾切尔·洛克曼（Rachel Lockman）、辛迪·富尔顿（Cindy Fulton）和凯特·托尔（Kate Toll）的专业建议和指导。我感谢诺拉·伯尔格（Nola Burger）的封面设计，以及坎耶塔诺·阿尼伯（Cayetano Anibal）慷慨地允许我在封面底纹中使用他刻的《世界的创造》（La Creación del mundo）。

最后，我要热烈地感谢我在剑桥的两个单位——基督学院和古典学系，它们不仅提供了让该书面世的适宜环境，也允许我前往伯克利做这些讲座。

我要感谢佩特雷（Patras）的哲学研究所（Institute for Philosophical Research），他们好意准许我在第二章中引述一些文段，它们最初出现在 D. Sedley, "Empedocles' life cycles"，见 A. Pierris (ed.), *The Empedoclean Kosmos: Structure, Process and the Question of Cyclicity* (Patras 2005), pp. 331–71；我也要感谢《形而上学与道德哲学评论》（*Revue de Métaphysique et de Morale*）好意允许我在第七章中引述一些文段，它们最初以法文发表，即 D. Sedley, "Les Origines des preuves stoïciennes de l'existence de dieu"，见 *Revue de Métaphysique et de Morale* 4 (2005), 461–87。

前 言

我所属的剑桥基督学院的餐厅里展示着它最著名的院友的肖像。其中一对肖像有特殊的象征意义。左边是威廉·帕雷（William Paley，1743—1805），设计论证（Argument from design）经典版本的作者。在《自然神学》（Natural Theology，1802）中，帕雷发展出了他的著名类比。他将世界及其自然内容比作一块表，"在某时某地，必然存在过一个或多个工匠，他们出于某种它实际朝向的目标创造了它，他们理解它的构造，并且设计了它的用途"。帕雷的右边是查尔斯·达尔文（Charles Darwin）。达尔文还是基督学院的学生时（1827—1831年），他对住在据说是和帕雷同一套房间里深感自豪。然而，离开剑桥不过几个月，达尔文就开始了一项研究，当它成熟之后，就激进且不可逆转地动摇了帕雷对理智创世的自信论断。

在今天的剑桥，我很少（几乎不曾）问我的同事，他们中是否还有人相信帕雷的结论胜过相信达尔文的结论。至少在这里，无论达尔文的后学之间存在着怎样的小型论战，人们也普遍认为是进化论者打赢了这一仗。不过，组成本书内容的这些讲座是在美国做的，在这个国家，1925年发生在田纳西的"猴子审判"(Scopes trial)*的余波,仍在校董事会等场合激起关于教授进化论的争议。民调显示,近半数民众相信,人类是由上帝在过去的一万年之内创造的,而在反方之中,少于十分之一的人认为进化的发生没有上帝的干预。在美国,若将这场论辩扫到故纸堆中会是尤其错误的。

诚然,我的目标正与之相反:我想要用历史去为这场论辩提供新的启发。然而,我不会在任何一处提到《圣经》权威的问题,这一问题或显或隐地岿然矗立在当代,但在古代异教性质的论战中并无明显对应者。[1]我的兴趣所在是支持和反对神的创世的论证,以及那些为了增进解释力而采取的主张。在古典时代,一系列的一流哲学家都构想并发展了神的创世理论,他们几乎都承认(至少是默认),肯定这一点是建立正确的人神关系的基础,也因此是人追求幸福的基础。

做这样的历史研究价值何在?我敢保证,它的价值恰恰在于,让我们对古代的论辩双方抱有同等的同情。我的目标不是指出哪一方是对的,而是从内部去理解双方立场的理

---

[1] 在古典时代后期,柏拉图主义者在对柏拉图《蒂迈欧》的解读中虽然展现了一些与《圣经》中的创世类似的神圣方案,但是区别在于,他们从未认为柏拉图仅口头上说说就足以成为真理。这支柏拉图主义传统有着精彩的故事(尤其参见 Baltes 1976–78),但我不会在当前的研究中展开。

* 指田纳西州教师约翰·托马斯·斯科普斯(John Thomas Scopes)由于在课堂上教授进化论而受审的事件。斯科普斯被认为违反了田纳西州政府在1925年通过的巴特勒法案(Butler Act),该法案认为进化论提供的人类起源解释违背了《圣经》中上帝造人的教义。

据所在。潜在的回报还有对于奠定了西方哲学和科学基础的著名思想家的全新历史视角，这可能进而促进我们对他们的伦理学、物理学甚至逻辑学的理解。不过，还有一份同样丰厚的酬劳，就是这种纯粹的思维训练：沿着我们可能一开始在直觉上不会同情的推理去思考，并发现它与我们倾向于肯定的那些推理之间的重要差距。

在本书的头两章，我探究了"前苏格拉底时代"思想家阿那克萨格拉和恩培多克勒的创世论倾向。在第三章，我重构了苏格拉底对创世论思想的激进贡献，这既体现在色诺芬和柏拉图的著作中，也体现在其历史语境中。我专辟第四章讨论柏拉图，特别处理了他的《蒂迈欧》。接下来的三章追溯了柏拉图之后的人对这一独特的开创性文本的反应：首先是原子论者（第五章），[2] 他们试图展示如何能够成功地驳倒创世论者的论证；接下来是柏拉图的学生亚里士多德（第六章），他的工作是保留创世论在解释上的全部优点，而不必预设任何支配性的理智存在者；最后是斯多亚主义者（第七章），他们发展出了一系列创世论论证，以"设计论证"之名广为人知。最后，在简短的结语中，我通过这场论辩最

---

[2] 因为第五章只有第一部分（关于原子论者）处理了早期原子论，而更大的篇幅集中在伊壁鸠鲁主义者身上，所以将这一章节置于关于亚里士多德的章节之前，看上去似乎在时序上有些奇怪。我基于这样的信念作出抉择：我认为，将亚里士多德介于创世论和机械论之间的中间道路（*via media*）置于早期原子论对这一后来立场的阐释之下，能让我们更好地理解它。而亚里士多德的确也对早期原子论的立场做了详细的回应。

重要的直接继承人盖伦,对此做一回顾。就我所知,这段历史此前从未得到完整的记述。[3]

为了避免误解,请让我在这里澄清一下,什么是就本书目的而言的"创世论"。

有人认为我指的是这样的信念,即世界是由上帝**从无之中**创造的,就像通常理解的《创世记》的叙述那样。但这一主题与本书无关。古希腊人显然从未质疑过,即使是神圣的造物者,也和其他工匠一样,必须利用先在的质料创世。

还有人认为我用"创世论"指的是世界在**过去某个时间**被造(柏拉图的《蒂迈欧》似乎在字面上表达了这种观点),而不是一直存在(不少柏拉图主义者认为这才是柏拉图的原意)。两千五百多年来,《蒂迈欧》的阐释者围绕这个问题争论不休。我在本书中只给了它十页的篇幅(第四章第三节,第98—107页)。

上述二者都不是我用"创世论"想表达的,我指的其实是如下的论点:要为世界的结构和内容提供合理的解释,只要预设至少一位理智的规划者,也即一位造物神。[4]事实

[3] 然而,Pease 1941提供了这个故事的合理框架,在兼顾了古典晚期的意义上,它确实超过了本书。致力于同一目标的有偏向性的方案是Theiler 1924和Hankinson 1998,前者将这个故事的目的论一面推至亚里士多德(Theiler书中,参见下文第75页),后者是对古代因果理论的宝贵概述,包含了很多关于目的论的内容。
[4] 遵循古代的惯例,我在本书中将在"神"(god)和"诸神"(the gods)之间切换,而不做任何提醒和辩护。采用前者并不暗指一神论。

上,这正是将现代"创世论者"与那些达尔文主义批评者区分开来的首要议题。

同样地,它也将古代的伟大思想家们区分开来。

第一章 阿那克萨格拉

一 前苏格拉底哲学家的任务

最早的西方哲学家是一些极富原创性的希腊思想家,他们通常被称作前苏格拉底哲学家。这个群体包括了泰勒斯(Thales)、阿那克西曼德(Anaximander)、毕达哥拉斯(Pythagoras)、赫拉克利特(Heraclitus)、巴门尼德(Parmenides)、爱利亚的芝诺(Zeno of Elea)、阿那克萨格拉(Anaxagoras)、恩培多克勒(Empedocles)、德谟克利特(Democritus)和普罗塔格拉(Protagoras)等各式各样的人物。"前苏格拉底"这一标签,预设着生活在公元前5世纪晚期的苏格拉底开启了哲学思考的新方向,这一方向足够激进,以至我们可以将他的前辈及许多同时代人划入一个明确的群体中。尽管此类划分难免有过度简化之嫌(比如,为被贴了标签的该群体赋予虚假的同质性[1]),但本书(第三章)

---

[1] 对运用该术语的这种及其他危险的警告,以及对早期希腊哲学更加精细的刻画,参见Long 1999。

的论点之一就是，至少在神圣创造（divine creation）的问题上，我们可以认为苏格拉底标志着西方思想的一个根本性的全新开端。因此，我将沿用这一传统的术语，谈论"前苏格拉底哲学家"的任务。

一种广为传播的观点是，前苏格拉底哲学家是不按目的论思考的质料论者（materialists）——也许除了阿波罗尼亚的第欧根尼（Diogenes of Apollonia）这位不甚重要的思想家之外，他们都没能预想到，世界的目的性结构是不可还原的，而这正是柏拉图所坚持的。柏拉图和亚里士多德都致力于造成上述印象，不过在事实上，这种印象只能基于对二人著作的颇有选择性的阅读。[2] 这种印象尚未遭到它可能招致的激烈拒斥，其原因之一，无疑是许多人愿意将质料论解释视为前苏格拉底哲学家的一大功绩，它优于柏拉图的有神目的论的转向；相较之下，柏拉图迈出的是令人惋惜的一步，并且对科学发展造成了长久的破坏性影响。

将此类历史性的评估放在一边，我在头两章的目标，是修正一条在我看来无论如何都是对前苏格拉底哲学家任务的严重误解。前苏格拉底思想的一条普遍预设是，世界是由某种神力支配的。这一预设并不总是特别针对世界的起源而

---

[2] 对于更广为人知的《斐多》（*Phaedo*）96a5—99d2，柏拉图《斐勒布》（*Philebus*）28d5-9尤其是一种有效的纠正。关于柏拉图哲学的进一步的证据亦参见Sedley 2003a, pp. 90—92。在《形而上学》卷A（特别是第三至四章）中，亚里士多德原创性地尝试让终极因独立地成为原因，但这并不足以否认赫西俄德（Hesiod）、巴门尼德和恩培多克勒思想中的目的论成分，其关乎便指向善好的结果的理智能力存在于世界。

言的,但在确实如此的时候,学者们却仍然普遍认为,原初的创世恰好展现了同一种神圣原因。

要了解这些预设从何而来,从公元前700年左右的赫西俄德简要谈起,会让我们颇有收获。赫西俄德是最早的作品得以传世的两位希腊诗人之一,也是《神谱》(Theogony)中那段经典的宇宙起源神话的作者。尽管《神谱》与周边地区文化中的神话有不少共同基础,但赫西俄德关于世界形成的独特观点,对继此发展起来的希腊传统的宇宙起源论,似乎还是起到了开创性的作用。事实上,前苏格拉底宇宙论者的任务,在这段创生神话的开篇就已经大致确定了:

> 最先生成的是混沌(Chaos)。之后生成的是宽胸的大地(broad-bosomed Earth),所有神灵永远牢靠的基座……
>
> (《神谱》116–17)

随之而来的是一系列更多的诞生,其中就有爱神(Love)的诞生——爱是一种确保有后代出生的生育能力。于是,最初的诸神成了宇宙舞台上的诸多后起之秀的祖先,其中就包括了在后来成为白日神(Day)之母的黑夜神(Night)、大地的后代天神(Heaven),以及海神(Ocean)。诸神按既定进程创造出新的种族,其中就有人类。

不详究细节,这一神话概述中的部分特征是值得我们注意的。

1. 赫西俄德所用的阐释模型是谱系式的（genealogical）。在赫西俄德的想象中，我们所知的世界的主要结构性特征，是通过一个家族的代际接续得以生成的——最初这个家庭显得有些失调，但是在目前已经达到了某种平衡。将这些角色呈现为神祇，是在何种程度上指涉它们的永存，在何种程度上指涉它们支配我们生活的力量，又是在何种程度上指涉它们有目的的运行，这尚不十分明朗，但最后一重指涉不可能缺席。如果是这样，那么最初的设定就暗含了某种有意识的支配性主体。

2. 第一个神是混沌，它是中性构词，这一点相当罕见。[3] 混沌是神，因此也是不朽的，它必须被看作仍与我们同在，不过由于其他神祇出现在它之中，它如今得到了改造。混沌更近似于我们的质料的观念，还是更近似于我们的空间的概念，这一点尚存争议。[4] 然而，混沌凌驾于其余世界秩序之上的这一事实，已经奠定了古代宇宙论的一个长期特征：世界是一套有秩序的结构，它被置于先在的实体之上，这实体是某种基底（substrate）、基体（matrix），或某种

---

[3] 赫西俄德笔下唯二的中性神的另外一位似乎是混沌的后代厄瑞波斯（Erebos）。（我认为，仅当塔尔塔洛斯 [Tartarus] 被用来指代一片地域而非一位神祇时，才用复数中性词 Τάρταρα。）
[4] 关于赫西俄德著作中的混沌，可以参看 Stokes 1962, Podbielski 1986, Miller 2001。该词的基础含义无疑是类似"空间"或"间隙"的，但早在公元前6世纪就有了物质流动性（通过与 χεῖσθαι 即"流动"的词源学关联）的意涵，参见 Pherecydes 7 B 1 A, DK 版残篇（下文简称 DK 版残篇。——译者注）。

本质上无序的背景（background）。后来的自然科学家会争相辨识这一原初实体的真正本质：它是气，是火，还是如柏拉图描述的"载体"（receptacle）一样，是某种无名无定的东西或承载者？[5]

3. 这一有秩序的结构最基础的特征，因此也是首先被赫西俄德提及的特征，是大地令人惊叹的稳定性（"宽胸的大地，所有神灵永远牢靠的基座……"）。一代代哲学家会竞相解释，为什么大地这种据我们所知的最重的东西，不是正在向下落。他们的解决方案各异：大地或是浮在水上或气上的，或处在宇宙的绝对中心，或向下无限延伸，或位于一个旋涡的中央，最大胆的解释是，它围绕中间的火永恒旋转。[6]这些解释，都象征着前苏格拉底哲学家对世界秩序之因的探索。

4. 赫西俄德在爱神早早登场时就意识到，宇宙的持续演化，需要一种创造性的力量来提供指引（在《形而上学》A 4,984b23-31中，亚里士多德满怀敬意地引述了这一点）。

5. 人类的起源本身被视作尚待解释的问题之一。虽然共同组成宇宙的神圣存在以家庭成员的身份彼此关联，但是人类并不属于这一谱系，人类是诸神制造的产物。据赫西

---

[5] 参考后文第97页。对于柏拉图的结合空间和质料特征的"接收者"，参看Algra 1995，第三章。
[6] 泰勒斯（水），阿那克西美尼（Anaximenes）和阿那克萨格拉（气），阿那克西曼德（中央），色诺芬尼（Xenophanes）（无限纵深），恩培多克勒及原子论者（旋涡），部分毕达哥拉斯主义者（旋转）。

俄德《工作与时日》(*Works and Days*)中的记载,诸神"制造"了一系列可朽的种族,最终的高潮是制造人类(110、128、144、158)。[7] 赫西俄德在后文中的女性(潘多拉[Pandora])起源神话中做了补充:潘多拉是工匠神赫菲斯托斯(Hephaestus)受宙斯之托,用大地和水造的(《工作与时日》47–105)。这一象征已经基本清楚地表明,人不是组成神圣宇宙结构的第一级成分,而是某种次级产物。[8] 虽然赫西俄德没有提供产生人类的神圣技艺的更多信息,但在此处,我们已经获得了后来人类起源的创造理论的基本框架。[9]

这些都是宇宙论者的头等任务。宇宙(kosmos)一词意味着"秩序"以及由此而来的"世界秩序"或者"世界",这个词概括了早期自然科学家的主要任务,尽管该词在这种意义上被使用的最早时间尚不确定。[10] 为什么世界能成功地具有并且维持如此秩序井然的特征,例如土、水、气、火四元素的固定安排,天体绕奇迹般稳固的大地的周期旋转,宜人的食物供应,四季的更替,稳定生命形式(包括我们自己)

---

[7] 关于这一点的重要性,尤其可参看 Clay 2003, pp. 85–86。我认为在墨科涅(Mekone)人与神的谜样"区分"(*Theogony* 535)就其本身是政治性或法律性的,而非生物性的(West 1966,出处同上;参见 Clay 2003, pp. 100–101)。

[8] 参考柏拉图的《蒂迈欧》,世界和次级神都是被原初的造物者创造的,人类的创造被托付给次级神,这是另一种标志人类低神一等的方式。我没有理由同意 Solmsen 1963, p. 474 的说法,也即造人与赫西俄德基本的概念框架并不相关。

[9] 关于起源寓言的独立传统,参看下文第二章第三节。

[10] 参看 Kahn 1960, pp. 219–230,他支持了前赫拉克利特来源说。

的长存？这些问题都成了争论的焦点，至今仍然如此。

我们所知的最早的讨论大多致力于寻找一种最佳的解释模型。赫西俄德的谱系很快被各异的其他模型取代了。[11] 其中，力学模型对我们的叙事而言尤为重要。对于地球的稳定性和天体的运行，一种非常简单的解释是漂浮，如我们看到相对较重的物体漂在水或飘在气上那样。[12] 一种更复杂也更有效的力学模型是旋涡模型。在常见的水或气的旋涡之中，质地粗疏的东西被吸到中央，精细的被推到边缘。如果我们将世界想象成一个旋涡，就能明白，为什么大地自动趋向于较低的中央，而那些渐次稀薄的物质，即水、气和火，则处于它的外层。然而，这会产生一个诸天围绕我们水平旋转、其转轴在我们正上方的世界（图1）。故而我们需要想象旋涡向一侧倾斜，而大地保持水平，这才能形成稳固的水平大地与以一定角度旋转的天的模型（图2）。[13]

对于这一力学方案，有一种基于结构性平衡的修正，它可被追溯到阿那克西曼德。既然世界的结构是足够对称的，它的诸部分（包括大地）就会停在自身的位置上，只因为它们没有理由向任一方向移动。[14] 如果像某些学者所论述

---

[11] Lloyd 1966仍是对这些模型的经典研究。
[12] 大地漂浮在水上（Thales 11 A 14 DK），飘在气上（Anaximenes 13 A 7 [a]，20 DK）。
[13] 参看阿那克萨格拉在DL II 9中对这一两阶段过程的描述。
[14] 我倾向于遵照基于亚里士多德 *DC* 295b10-16的对阿那克西曼德的传统解读，即使Furley 1989b提出了令人印象深刻的挑战。对这一解读的捍卫，参看Bodnár 1992，Panchenko 1994。

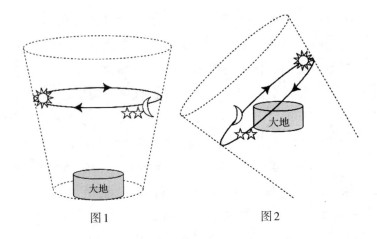

图 1   图 2

的那样,[15]阿那克西曼德受到建筑学原则影响而诉诸平衡的解释,这就离设定一位"宇宙建筑师"不远了。

与我们的目的相关的疑问是,这些范式是否真的足以解释宇宙的规律性。它们的确出色地解释了世界的大致结构和运动模式。但生命是如何出现的呢?后一个问题由于如下事实变得更复杂了:生物学本身不仅给出尚待解释的事物,更是提供了关于宇宙结构的另一种解释**模型**,它远远超出了赫西俄德的谱系模型。因此,拿一个简单的例子来说,阿那克西曼德将宇宙中的物质的层次比作某种植物的结构:它就像树的内外层,树皮在最外缘。[16]后来,哲学家们会将整个世界当作一个由内在的神统治的有机体,这更富雄心,并且决定了宇宙论的最终方向。虽然这一

---

[15] Hahn 2002.
[16] 12 A 10 DK。

表述在很久之后,尤其是在柏拉图和斯多亚主义者那里才成形,但它的前身最早可追溯到前苏格拉底时代的赫拉克利特。[17]

这种万物有生论(hylozoism)与一条补充性的解释原则密切相关,我们可以将它称为宇宙论的政治学模型。如果世界由神统治,它内部的秩序就可以归因于一种政治的稳定性。如四季的有规律交替等世界特征,可被视为与人类社会中的正义相同的调节因素在宇宙范围内的表现。对此的一种合理解释是,[18]当阿那克西曼德将宇宙的变化和罪与罚的司法程序作比时(12 B 1 DK),他想到的是,冷和湿在冬季战胜了热和干,而在夏季时胜者正好相反。

出于此类原因,宇宙被一位或多位神圣行动者统治的假设,从很早的时候就至少是隐秘地在希腊宇宙论中出现了,这与柏拉图的新见相去甚远。因为早期思想家们起初预设了心灵在自然中的地位,所以他们并不认为这样的设想是特别成问题的。我们可以将这些设想表述为他们面临的三重选择。

(a)在这些思想家中的大多数人看来,世界本身是有灵的。公元前6世纪早期时在米利都(Miletus)工作的泰勒斯,传统上认为最早的西方哲学家,有句名言是"万物皆有

---

[17] 参考下文注释[25]。后来的公元前5世纪万物有灵论盛行,麦利梭(Melissus)对太一(One,他将其等同于宇宙)会遭受苦痛或危难的否定就是明证(30 B 7 DK)。
[18] 尤其见Kahn 1960, pp. 178–83。

灵"(11 A 22 DK)。多数其他的早期思想家[19]倾向于将承载世界的质料当作是有神性的,要不然就是神本身。对于这支泛神论传统中的思想家而言,生命和神性本身就是事物被赋予的原初和不可还原的属性,解释世界所包含的一些显然是有生命的特征显然也不成问题,尤其是在个体有机体(比如我们自身)的层次上。反过来,唯一可能存在的问题是,解释为什么世界上有些东西(比如石头)看上去不是有生命的,与我们称为"活的"事物不同。但事实上,泰勒斯颇具针对性地指出,至少有一种石头确实看起来是有生命的,那就是显然具有运动能力的磁石。[20]因此,他无疑会得出磁石有灵魂的著名结论(11 A 22 DK)。那么,在其他种类的石头之中,可以假设有生命的特征,只是没能强烈到明显表现出来。由于我们手头的证据稀少,[21]泰勒斯用这种万物有灵论(panpsychism)解释宇宙运行的细节时走得多远还很难断定,但这一方案的基础确实已经存在了。

(b)在前苏格拉底时代的末尾,原子论者发展出了与之截然相反的观点,我们将会在第五章第一节回到这一点。他

---

[19] 关于阿那克西曼德,参考 Aristotle *Ph.* 203b11-15;关于阿那克西美尼,参考 Aetius I 7.13, Cicero *ND* I 26, 以及 Kirk, Raven and Schofield 1983, pp. 150-51 的讨论。

[20] 在当代,磁石通常被用来移动别的东西,而非移动它们自己。在古代世界,磁石是自然磁化的铁矿石块,常常相吸相斥,也吸引铁。

[21] 有一条惊人的证词至今都为历史学家所忽略,因娜·库普埃娃善意地向我指出了这一点,即菲洛波努斯(Philoponus)*In Ar. De Anima* 86.29-30,在那里,据称泰勒斯曾经说过"神意伸延至广,洞察万物,乃至秋毫"。

们并不将无生命物转化为有生命物；反之，他们系统性地将有生命物转化为无生命物。除了在无限空间中运动的无数堆原子微粒之外并无他物。它们除了基本的物理属性之外没有其他属性。意识并不是原初的而是衍生的或次级的属性，是大量极小的运动着的原子按某一特定方式排列时的衍生现象。

（c）前两种方案在本质上都是一元论（monistic）的：将无生命物转化为有生命物，抑或相反。如果将晦涩且具有争议的早期毕达哥拉斯学派放在一边，[22]那么能被放心地视为一元论的例外的那位前柏拉图思想家，是阿那克萨格拉（公元前5世纪早期至中期）。阿那克萨格拉是首位心物二元论者，他论称：只有将心灵与物质作为两类无法还原的不同事物，才能解释心灵控制物质的能力，我们的世界存在就是这一点必然成立的证明。

那么，（a）组中的思想家，与将宇宙结构的主要组分本身就当作神的赫西俄德，都可以毫无困难地解释世界中存在的显而易见的理智结构。然而，由于其中的困难是**如此**不明

---

[22] 某种毕达哥拉斯主义的转世说很可能是在阿那克萨格拉之前出现的（参见Kahn 2001，尤其是第18页）。诚然，同样来自克拉佐门尼（Clazomenae）的赫尔摩底谟（Hermotimus）被亚里士多德视作阿那克萨格拉的先声（*Met.* A 3, 984b15–22, *Protrepticus* fr. 10c Ross），人们认为他有过灵魂出窍的体验（例如Lucian, *Musc. Enc.* 7），并且将他当作毕达哥拉斯本人的前身之一（DL VIII 5），这一传统最早可追溯到恩培多克勒（DK版残篇31 B 129）。然而，在前阿那克萨格拉时代，很难断定这种游走的灵魂是否是与质料明确区分开来的。在这一学说的首个留存版本——恩培多克勒的版本——之中，这种二元论是不存在的（参见下文第31—32页，以及第51页注释[62]）。

显,这些万物有灵论者似乎鲜少提及这些困难。换言之,在公元前6世纪和公元前5世纪早期,没人对这种能力的创造作用提出异议。在以赫西俄德为代表的传统下,哲学家们很晚才意识到,世界中有某种更高的统治力量存在是需要详述和辩护的(而非不假思索地接受)。[23]赫拉克利特——这一早期阶段最伟大的思想家——着手挑战了赫西俄德将主要的宇宙角色(如黑夜神和白日神)作为彼此独立的个体神的朴素处理。[24]但他没有质疑赫西俄德在根本上对世界的神化,而是未经反思地将其接受下来。[25]就连巴门尼德,也在他的诗中给了创造之神一个位置(28 A 37,B 12-13)。在诗的后半部分,他勾勒出了一个宇宙,他认为这虽然是虚假的,但是对于自己的受众而言很可能是恰当的。在这些例子中,没有任何迹象表明神圣的起因已经是哲学**论辩**的主题。

二 阿那克萨格拉的宇宙论

在这种意义上,阿那克萨格拉是位真正的革命性思想

---

[23] 色诺芬尼对神的超人本性和能力的坚持(21 B 10-16, 23-26)是一个例外。仅在这种意义上,它预示了阿那克萨格拉对努斯的能力的提升(参见下文)。然而到那时为止,仍然几乎没有对神的创造性理智的强调。

[24] 参见 Mourelatos 1973。

[25] 在22 B 30 DK中,赫拉克利特将世界比作一团"永远的活火",它"不是任何神和人造的"。其中悖谬性地插入了"人",这令从残篇中作出如下推断是不妥当的,亦即赫拉克利特参与了对世界的神圣创造的探究或论辩。

家。[26]柏拉图[27]正确地把他认定为首位公开主张一种创造性的宇宙理智的人，即使在柏拉图看来，他对这一概念的实际使用最终是令人失望的。阿那克萨格拉将世界解释为努斯（*nous*）——"心灵"（mind）或"理智"（intelligence）——开始作用于先在的质料时产生的结果。

对阿那克萨格拉的质料理论的解读是某种雷区。[28]他的主要观点大致如下：

1. 世界的基本构成成分（无论是什么）是完全混合且无法彻底分离的。

2. 最初，在世界生成之前，这一混合物是均质的，彼此不相区分。

3. 努斯在那之后创造了一个宇宙旋涡，将各种成分逐渐分开。

4. 然而，这一分离只是也只能是部分的：混合的比例改变了，但"在每一事物中都有一部分万物"仍是永恒为真的。

5. 可见物之间的相互区分，取决于在混合的各部分中占主导的成分：每一事物都由其含量最多的成分命名。

---

[26] 在这里我是基于亚里士多德提供的信息，也即阿那克萨格拉比恩培多克勒"年长"（*Met.* 984a11-13）。当他补充说阿那克萨格拉 τοῖς δὲ ἔργοις ὕστερος（著述在后）的时候，这表明了某种对于重要性的相对评价，而不是指时间，参见 Kahn 1960, pp. 163-65。促使我往这一方向更进一步的是斯蒂芬·曼的一篇未发表的论文。
[27] 参见上文注释［2］。
[28] 这里不能给出关于阿那克萨格拉解释的系统综述，可参见 Sider 2005。我的观点基本与 Schofield 1980 相同。

为了当下的目的，我会直言在我看来这一理论意味着什么。努斯所作用的原初物质大致是所有成对的可见相反者的一种均质混合：热的与冷的，湿的与干的，亮的与暗的，轻的与重的，甜的与苦的，黑的与白的，等等。这一均质混合的主要表现形式是两种无限伸延的、几乎没有突出特征的平常之物，阿那克萨格拉将其称作"气和以太（aether）"（59 B 1 DK）。[29]但当理智决定使宇宙旋转起来时，这股旋涡就开始将成对的相反者分开，所以在一些地方热比冷多，另一些地方反之。从理智产生的这一系列失衡之中，生成了土和水这些常见物。如阿那克萨格拉在解释宇宙分离中土的形成时所说的（B 15）："稠、湿、冷和暗聚合在这里，就是现在的土。"[30]也即土不是混合物中的基本成分，而是努斯启动的相反者部分分离的产物。[31]

---

[29] 阿那克萨格拉用"以太"指的不是亚里士多德认为的火，而是诸天中极其干燥和精细的清气（参见 Schofield 1980, p. 71; Kingsley 1995b, pp. 28-29），而他的"气"则是我们所寓居的大气。于是，气和以太被选作宇宙中可见的两种主要组分，它们难以被可辨的视觉或触觉特征区分开来。

[30] τὸ μὲν πυκνὸν καὶ ⟨τὸ⟩ διερὸν καὶ τὸ ψυχρὸν καὶ τὸ ζοφερὸν ἐνθάδε συνεχώρησευ, ἔνθα νῦν γῆ. 在这里，最后一个词"土"，在 Diels-Kranz 1952 中被标示为编者的补充，但是 Sider 2005, p. 149 表明，与之一致的手稿证据是实际存在的。一份手稿亦将定冠词（ἡ）置于"土"之前，这个词也经常被编入，但是 Sider 给出了删掉它的恰当理由。

[31] 在这里，阿那克萨格拉很可能说的是"土"，而不是"大地"（参见上一个注释）。由此，他最直接地谈到的是作为**物质**的土，不过他很可能也暗指了同名的宇宙区域。正如残篇的后半部分（参见下文第13页）提到的"以太的远端"，是通过指出它所包含的物质团块来代指一个宇宙区域（天）一样。就算存在这种模糊，毋庸置疑的是：残篇的前半部分所要解释的问题，是构成大地的土的物质性成分。

这一分离过程就其本质而言是无法完成的。例如，既没有也不会有不含某种暗的绝对的（即在理论上不能更亮的）亮度。更进一步，亮的东西不能没有温度、密度、颜色等别的对立性质。而且与之相似，这些性质也可以再增减：没有任何特异的事物处于这些性质程度的两端。因此，每对相反者的一方实际上会也总是会与另一方以及其他对相反者混合。阿那克萨格拉的著名论断"在每一事物中都有一部分万物"（B 11 等）并不是对世界上的一桩纯属偶发的事件的描绘，而是对一条基础性的形而上学原则的表达。

在这里必须承认，大部分阐释者跟随着亚里士多德的解释，没有像我一样将这些成分限定在成对的相反者上。他们认为，在阿那克萨格拉的庞杂混合中，包含着例如肌肉、骨头和金子之类的东西。这些添加不仅不受现存的阿那克萨格拉文本的支持，而且——在我看来——还引入了与其学说的融贯性相冲突的问题。我接下来要讲的不会全部基于我偏好的那种更简洁的，也即把成分仅限于成对的相反者上的解读。为了我当下的目的，我会将它当作正确的来进行下面的讨论，并将我的辩护留到本章的附录中。

三 努斯的力量

现在，我们必须转向阿那克萨格拉的因果原理。在残篇B 12中,对于被译为"理智"和"心灵"的努斯,阿那克萨格拉生动地详述了它的力量。解读这段文本时(下文第11—12页和第20页),尤其需要注意的是,"努斯"一词既可指作为我们每个人内在能力的理智——它的属性由此直接为我们所知——又可指创造世界的伟大宇宙理智。并且,这二者的界限并不明晰。这种不明晰是可以接受的,因为阿那克萨格拉基本上明确认为,伟大的宇宙理智在创造世界后,将自身的至少一部分置入了有生命的个体之中,其中就有我们人(更多论述请参见下文第六节)。

如我之前说过的,阿那克萨格拉最具决定性的哲学创见是他的心物二元论。他伟大的前辈、终极一元论者巴门尼德,主张存在完全是同质(homogeneous)的,由此,它所分化为的我们眼中的多样世界必然只是幻觉。在诗的后半部分,巴门尼德还令人费解地补充道,想要证明物质世界的真实性,所付出的必然代价就是由他自己的一元论转向某种二元论,并且他还用晦涩的语言指出,与此种二元论相配的原则可能是他称作"火"和"夜"的两种东西。[32] 在我的解读中,阿那克萨格拉自己选用的回答是,努斯——心灵,理智或思想——必须与其他存在彻底分开,而巴门尼德恰恰认为

---

[32] 巴门尼德通过在某种程度上将他的灼热的元素与他在意见之路(the Way of Seeming)中提到的创造女神等同,呼应了阿那克萨格拉,这至少是有可能的。但是支持这一观点的证据究竟是难以搜集的,我在这里不会做进一步的探讨。

它与存在是完全等同的。[33]理智作用于物质并将其分化为我们所知的世界的能力,要求它自身必须与物质"不相混"。如阿那克萨格拉在 B 12 的开头所说,

> 其他东西都包含彼此的一部分,但理智是无限和自主的,与任何事物不相混,自身独立存在。因为如果它不是独立存在,而是与其他东西相混的,它就会包含一切与之相混的东西——因为我之前说过,每一物中都有每一物的一部分——而与之相混的东西会阻碍它像独立存在时那样支配别的事物。[34]

这乍看之下很奇怪。对阿那克萨格拉来说,努斯不只是宇宙的原因,而是当今世界中统治像我们一样的有生命物的那个实体。并且他说得很清楚,努斯就在这些存在"之中"(B 11)。如果努斯就在我们的身体之中,那努斯与它们怎能

---

[33] 这是对 DK 版残篇 28 B 3 最自然的解读:τὸ γὰρ αὐτὸ νοεῖν ἐστίν τε καὶ εἶναι,"因为思和存在是同一的"。如果像大部分学者赞同的那样,巴门尼德是位形而上学一元论者,他就会笃定地否认思的主体和作为对象的思的任何差别。Sedley 1999a 简短地论证了这一观点,完整的论证参见 Long 1996b。

[34] τὰ μὲν ἄλλα παντὸς μοῖραν μετέχει, νοῦς δέ ἐστιν ἄπειρον καὶ αὐτοκρατὲς καὶ μέμεικται οὐδενὶ χρήματι, ἀλλὰ μόνος αὐτὸς ἐπ' ἑωυτοῦ ἐστιν. εἰ μὴ γὰρ ἐφ' ἑαυτοῦ ἦν, ἀλλά τεῳ ἐμέμεικτο ἄλλῳ, μετεῖχεν ἂν ἁπάντων χρημάτων, εἰ ἐμέμεικτό τεῳ (ἐν παντὶ γὰρ παντὸς μοῖρα ἔνεστιν, ὥσπερ ἐν τοῖς πρόσθεν μοι λέλεκται), καὶ ἂν ἐκώλυεν αὐτὸν τὰ συμμεμειγμένα, ὥστε μηδενὸς χρήματος κρατεῖν ὁμοίως ὡς καὶ μόνον ἐόντα ἐφ' ἑαυτοῦ.

完全不相混合呢?

在我看来,阿那克萨格拉的意思是这样的:组成我们的身体的东西或者就是(基于我所偏好的解读),或者至少包含了成对的相反属性,像热和冷、湿和干。理智与它们"混合"就是使自身具有一定的温度、一定的湿度,等等。而这会让理智经受物理变化,以使其能够受到物质的作用,例如在夏天被加热和晒干,在冬天被冷却和弄湿,然而事实上它才是支配物质的那个。因此,说理智是不受混合的,也就是阿那克萨格拉对它自身不冷也不热、不湿也不干,不具有任何可见的正反两面的性质的表述方式。简而言之,说理智是不受混合的,是阿那克萨格拉对它没有物质属性的表述方式。

据说,阿那克萨格拉从未将心灵/理智与物体的区分等同于"非物质"与物质的区分,而当他将努斯称作"万物中最精细和纯粹的"的时候,以及后来在 B 12 中用数量来谈论它("努斯都是相似的,无论是较大的还是较小的")的时候,确实都背弃了这种假设。因此,尽管他承认它是非常特殊的,但还是把努斯当作物质来看待。但在我看来很明确的是,他将心灵视为"不受混合的"的方案,约等于如今通行的非物质性与物质性之区分,这一区分在公元前5世纪上半叶在概念上成为可能。[35]

---

[35] 尤其可参见 Renehan 1980,该研究将柏拉图对非物质性的明确归因,与前柏拉图思想家对此的缺乏预见做了对照,这些思想家中就包括(pp. 114–18)阿那克萨格拉,虽然该研究完全没有讨论 B 12 中的混合问题。

四 太阳和月亮

阿那克萨格拉说,起初存在一种未分化的混合。通过搅拌——使之在旋涡中旋转,分层析出我们熟悉的土、水、气和以太,努斯成功地在混合中造成了各部分的分离。让我们重提对残篇 B 15 的解读,并为之做一收尾:

> 稠、湿、冷和暗聚合在这里,就是现在的土,稀、热和干跑到了以太的远端。[36]

---

[36] τὸ μὲν πυκνὸν καὶ ⟨τὸ⟩ διερὸν καὶ τὸ ψυχρὸν καὶ τὸ ζοφερὸν ἐνθάδε συνεχώρησεν, ἔνθα νῦν γῆ. τὸ δὲ ἀραιὸν καὶ τὸ θερμὸν καὶ τὸ ξηρὸν ἐξεχώρησεν εἰς τὸ πρόσω τοῦ αἰθέρος. 当亚里士多德写到,对阿那克萨格拉而言,四种元素中的每一种都是复合物时(GC 314a24–b1, ἐναντίως δὲ φαίνονται λέγοντες οἱ περὶ Ἀναξαγόραν τοῖς περὶ Ἐμπεδοκλέα· ὁ μὲν γάρ φησι πῦρ καὶ ὕδωρ καὶ ἀέρα καὶ γῆν στοιχεῖα τέσσαρα καὶ ἁπλᾶ εἶναι μᾶλλον ἢ σάρκα καὶ ὀστοῦν καὶ τὰ τοιαῦτα τῶν ὁμοιομερῶν, οἱ δὲ ταῦτα μὲν ἁπλᾶ καὶ στοιχεῖα, γῆν δὲ καὶ πῦρ καὶ ὕδωρ καὶ ἀέρα σύνθετα· πανσπερμίαν γὰρ εἶναι τούτων),我怀疑他的说法主要是基于这一残篇,即使在这么做的时候,他也与自己通常的解释保持一致,将同层物提升到了比对立者更高的位置上。如《论天》(DC) 302a28–b5 中证明的那样,他补充的 πανσπερμία(复合种子)这一术语反映了如下的信念(我将在下文第五节中反驳它),即阿那克萨格拉将同层物称作 σπέρματα(种子)。如果阿那克萨格拉本人的确将宇宙物质(例如土和气)叫作 πανσπερμίαι(混合种子,它的含义远未澄清),他最可能指的是,每种物质都是普遍的种子田(seed-bed),我将在下文捍卫"种子"的字面含义。诚然,火几乎不可能在这个意义上成为一块种子田,但以太可以;并且,既然亚里士多德错误地相信,阿那克萨格拉是用"以太"代指火(DC 302b4–5,参见上文注释 [29]),在这里,他就可能有进一步的理由来断定所谈的"种子"就是元素,而非生物学意义上的种子。

土的显著特性在这里积聚,而它们的反面——轻、稀、亮等性质——被部分地分离出来,向外运动到宇宙的边缘,抵达以太的远端,[37]形成燃烧的外周天。不过阿那克萨格拉告诉我们(B 16),石头也有变热并运动到宇宙边缘的特定趋势。因此,据他所说,太阳本身就是一块庞大的红色热石头,其反常的位置(被卷入宇宙外缘的天的旋转而非在这里静止)证明了由理智启动的分离从不是清晰或绝对的。与之相比,月球是一团远离中心的土,自身并不灼热但受到太阳的辐射。[38]在阿那克萨格拉看来,分离过程仍在进行,一些地外石(celestial rocks)逐渐回到地面上并冷却下来,周期性的陨石雨证实了这一点。[39]

五 世界和种子

记住这一概述,然后让我们回到我关心的核心段落 B 4,它由辛普利丘(Simplicius)一字不差地引自阿那克萨格拉论著的第一卷,但没有给出任何背景提示。在该段的第一部分,阿那克萨格拉似乎是要论证,类似于我们自己的世界的

---

[37] 注意,以太并不是由这一分离造成的,因为如 B 1 所暗示的,以太一直在那里。

[38] Panchenko 2002.

[39] 对于他预测了公元前467年发生在伊格斯玻塔米(Aegospotami)的陨石雨的说法,这似乎是最好的解读,见 A 1 (10), 11–12。

其他世界必然存在：

事情既然是这样，人就必须相信，正在被聚合的东西有许多并且种类各异，各种形式、颜色和味道的万物的种子也包括在其中。我们还要相信，人是复合物，并且所有其他的有灵魂的动物也是如此。这些人有自己所寓居的城邦也建造了农场，如我们一样。他们也有太阳和月亮[40]等，如我们一样。他们的大地也出产各式各样的许多东西，[41]他们收集其中最好的，并将其带回住所使用。对于分离我就说到这里——它不仅发生在我们所在的地方，也发生在别的地方。[42]

---

[40] 我没有将"太阳和月亮"翻译成"一个太阳和一个月亮"，是为了避免采纳辛普利丘的预设（*In Ar. Phys.* 157.22–24），亦即在我们的日月之外必然别有一组日月。虽然这一预设可能会支持我的解读，但可惜的是，它是没有根据的。不过，如我们马上就要看到的，重要的是注意到阿那克萨格拉的表述完全没有表明，其他的每个文明都恰有一个太阳和一个月亮。

[41] 当我将 τὴν γῆν αὐτοῖσι 翻译成"他们的大地"而非"大地为他们产出各种各样的许多东西"时，是跟从了 Sider 2005, p. 99 的翻译，将 αὐτοῖσι 当作一个表所属的与格。

[42] B 4. τούτων δὲ οὕτως ἐχόντων χρὴ δοκεῖν ἐνεῖναι πολλά τε καὶ παντοῖα ἐν πᾶσι τοῖς συγκρινομένοις καὶ σπέρματα πάντων χρημάτων καὶ ἰδέας παντοίας ἔχοντα καὶ χροιὰς καὶ ἡδονάς. καὶ ἀνθρώπους τε συμπαγῆναι καὶ τὰ ἄλλα ζῷα ὅσα ψυχὴν ἔχει. καὶ τοῖς γε ἀνθρώποισιν εἶναι καὶ πόλεις συνῳκημένας καὶ ἔργα κατεσκευασμένα, ὥσπερ παρ' ἡμῖν, καὶ ἡέλιόν τε αὐτοῖσιν καὶ σελήνην καὶ τὰ ἄλλα, ὥσπερ παρ' ἡμῖν, καὶ τὴν γῆν αὐτοῖσι φύειν πολλά τε καὶ παντοῖα, ὧν ἐκεῖνοι τὰ ὀνήιστα συνενεγκάμενοι εἰς τὴν οἴκησιν χρῶνται. ταῦτα μὲν οὖν μοι λέλεκται περὶ τῆς ἀποκρίσιος, ὅτι οὐκ ἂν παρ' ἡμῖν μόνον ἀποκριθείη, ἀλλὰ καὶ ἄλλῃ.

在这里，阿那克萨格拉首先根据此前的论述假设，在任何一堆物质中不仅有各类事物——或者指成对的相反性质（如我偏好的解读所言），或者它们再加肌肉和金子等原初物质——而且还包括他叫作"各种形式、颜色和味道的万物的种子"的东西。这些种子是什么？

由此我们再度回到了论辩的战场。在亚里士多德之后，人们普遍假定阿那克萨格拉的"种子"（*spermata*）是用来称呼他基本的物理原理的专业术语，无论它们是相反者和/或其他基础物质，还是某种组成微粒。另一群为数甚少的解释者[43]认为它们仅是普通的生物种子。我完全相信这后一种解释。像前者假设的那样在此处引入专业术语的做法，在哲学上的出现惊人地迟，最早的明确实例是在阿那克萨格拉之后一代的原子论者。即使阿那克萨格拉本人确实对这一发展作出了卓著的贡献，他也并不是通过引入专业术语，而是通过取缔在他看来有误导性的日常语言做到这一点的。因此，在残篇 B 17 中，他反对使用"生成"（become）和"消亡"（perish）二词，并指出希腊人用这些动词粗略指代的东西，其实不过是混合（mixture）和分离（separation）。他忠于自己的说法，从未在现存的残篇里用过上述两个词语的任意一个，相反他坚持使用结合（combination）和分离。不过，他对希腊哲学词汇的核心贡献，在于通过细致的排除（*exclusion*）净化了哲学语言。进一步创造新的术语，或者将

---

[43] 突出的有 Furley 1976, Schofield 1980。

现有词重新用作陌生的专业词汇,只在后来出现。如果阿那克萨格拉将"种子"作为新造的专业术语使用,那它大概是我所描述的模式的特殊例外[44]。[45]

那么,在我看来十分明显的是,B 4中的"种子",远非任何理论化的成分或原理,而是普通的生物种子,是动植物的起源。这在后文完全得到了证实。因为阿那克萨格拉紧接着作出的推断就是,其他地方和我们这里的宇宙一样,都存在包含一片大地、一个太阳和一个月亮的结构的世界,在其中人类像在我们的世界中一样产生。而且,这些人也在城邦和农村中生活,因为他们建立了城邦,也建造了农场。他继续写到,在这些农场中,一切都产自大地,他们从中收集最好的作物带回家去。

为什么这一切能从混合物中存在种子这条初始假设得出呢?阿那克萨格拉坚信同种生命形式(包括人类)也在其他世界中出现的原因显然是,他认为存在于宇宙混合物内的"种子",与我们的经验中产生生命的生物种子,是完整的同一套。阿那克萨格拉推断,宇宙中任何出现合适条件的地方,都必定出现同样的生命形式。[46]

---

[44] 关于赫拉克利特的逻各斯(logos),参见下文第226页注释[49]。

[45] 的确,阿那克萨格拉的失败之处正在于,他没能为自己提出的成分提供一个术语,只是叫它们"东西"。这留下的是继亚里士多德之后的每个解释者重构他的理论的困难。参见本章附录。

[46] 诚然,在起初,动物种子能够直接从地里萌发和生长,这会引发某些假设,诸如同时形成替代子宫(surrogate wombs)。关于卢克莱修(Lucretius)对这种"子宫"的设定,以及它在前苏格拉底时代的先声,参见Campbell 2003, pp. 75–77。

我在这里提到了其他的世界,不过就阿那克萨格拉是否认为存在其他世界上,人们远未达成共识,[47]这主要是由于古代的论述集(doxographies,学说编录)显示他不这样认为。[48]出于这一原因,有些人更乐意认为我们所引的段落指的是仅存于假设当中的世界:一旦理智发挥作用,**就会**在宇宙之中的任何地方造成同样的结果。然而,从希腊语的句法上看,它更倾向于指一个实存的而非反事实的文明。还有人提出这些文明只存在于我们世界中的其他地方,这也是不可能的。作为地平(flat-earth)说理论家[49]的阿那克萨格拉不会认为有人住在对跖点(antipodes),而如果他的意思只是指在我们寓居的同一地平面上的偏远文明,那么他几乎完全不需要像这样为之声辩,因为希腊人很熟悉偏远蛮族的存在。是的,他一定指的是其他的世界,即使他从未发展出一套清晰到能在后来的论述集中占有一席之地的学说。在这个意义上我猜想,论述集编者忽略 B 4 的重要性的原因在于,他们已经将阿那克萨格拉归为单一世界理论家,这是基于 B 8:"在这**一个世界**中的东西并未相互割裂,热也未从冷中被斧子劈开,反之亦然。"阿那克萨格拉在这里很可能是在突出世界的统一性而非其独特性,但这一表述无疑足以误导在文本中探寻阿那克萨格拉在"存在一个还是多个世界"的争

---

[47] 其中,对这一问题的晚近讨论对早期文献的爬梳颇有助益,参见 Schofield 1996,亦可参考 Louguet 2002。
[48] Aetius II 1.2,参考 Simplicius *In Ar. Phys.* 178.25。
[49] DL II 8; Hippolytus, *Ref.* I 8.3; 59 A 87 DK.

论中所持立场的论述集编者。

那么,阿那克萨格拉告诉我们的就是:必然存在另外的世界,它有和我们这里一样的动植物,有我们所知的人类文明。更进一步,这一自信的预言正是基于生命据以发源的全部种子在宇宙混合物中的普遍存在。

如果我理解无误的话,他在 B 4 的剩余部分接下来说的证实了这种印象:

> 在这些东西被分开之前,万物都在一处,甚至没有任何分明的颜色。万物——湿的、干的、热的、冷的、亮的和暗的——的混合避免了这一点。在混合物中也存在无限量的土和种子,它们互不相似。因为其他事物也是互不相似的。这些事物是这样,我们就必须相信在宇宙中万物都存在。[50]

该段话造成了不少困惑,我认为主要原因是它被公认为对最初的原始状态的描述,那时理智尚未启动宇宙的旋转。在我看来,这一状态中已经有大量土存在的事实就证明此种观点是错的,因为如我们已在 B 15 中看到的,由于重的和稠的等

---

[50] πρὶν δὲ ἀποκριθῆναι ταῦτα πάντων ὁμοῦ ἐόντων οὐδὲ χροιὴ ἔνδηλος ἦν οὐδεμία· ἀπεκώλυε γὰρ ἡ σύμμιξις πάντων χρημάτων, τοῦ τε διεροῦ καὶ τοῦ ξηροῦ καὶ τοῦ θερμοῦ καὶ τοῦ ψυχροῦ καὶ τοῦ λαμπροῦ καὶ τοῦ ζοφεροῦ, καὶ γῆς πολλῆς ἐνεούσης καὶ σπερμάτων ἀπείρων πλῆθος οὐδὲν ἐοικότων ἀλλήλοις. οὐδὲ γὰρ τῶν ἄλλων οὐδὲν ἔοικε τὸ ἕτερον τῷ ἑτέρῳ τούτων δὲ οὕτως ἐχόντων ἐν τῷ σύμπαντι χρὴ δοκεῖν ἐνεῖναι πάντα χρήματα.

东西聚在一起，土在宇宙分离进程启动后才产生。那么这些句子可能就不是描述物质在理智着手创造世界之前的原初状态，而是单调和统一状态的世界，早于前几句描述的那个生命从中产生的时刻。导语"在这些东西被分开之前……"用"这些东西"指代的是我们世界中的生命形式，而非世界本身。

有了这种想法，让我们再看一遍阿那克萨格拉挑出来谈的东西：在这个无色的原初世界里有干的和湿的、热的和冷的、亮的和暗的事物组成的混合物，以及大量的土，和无数的各类种子。与似乎是普遍的研究假设不同，他在这里列的清单并不是任意的。随便问一个农民或园丁就会发现，阿那克萨格拉设置了产生生命的完美温室环境：土、种子以及湿度、温度和光线的合宜平衡。正是因为世界已经如阿那克萨格拉在残篇结语中说的那样有了如此惊人的生物多样性，理智用来造世界的宇宙物质必定已经具备了所有这些必要成分，包括种子。而这就是为何我们能进一步发现，如我们在残篇较前的部分看到的，同样的生命形式多样性必然会在努斯作用的宇宙各处出现。

如果这种解读是正确的，它的意义就不容小觑。生命形式的出现并不是因为理智计划、设计和构建了它们，而是因为宇宙物质已经充满了种子。[51]这听上去可能像是科学家放弃了**阐释**生命的责任，但基于可供阿那克萨格拉采用的假设，这甚为合理。

---

[51] 参见阿那克萨格拉 A 113：动物最初由从天上落到地里的种子生出。

第一，通行的经验事实是，任何一部分能受潮、受热和感光的大地都会产生生命。这些生命形式不仅包括杂草、霉斑等生长物，也包括原始动物，如蠕虫、蛆类和昆虫等。

第二，在古代和后来，很多小有机体都被认为（甚至亚里士多德也这样想）是自发生成（spontaneous generation）的产物，[52]它们没有种子也能形成。所以如果阿那克萨格拉是通过将种子的普遍存在作为原初事实，以避免另诉诸自发生成的方案的话，他确实值得赞扬。诚然，泰奥弗拉斯托斯（Theophrastus）正是在这一点上赞扬了阿那克萨格拉的普遍存在的种子的学说——它消除了假设自发生成的需要。[53]

第三，当时人们普遍认为最初的大地比起后来要远为

---

[52] 关于亚里士多德对自生的信念，参见如 *HA* 569a29—570a3, *GA* 761b24—763b16, *Met.* 1032a12—b1，进一步的引述参见 Bonitz 1870 s.v. αὐτόματος 4。对于伊壁鸠鲁主义者，参见 Lucretius II 871—73, 898—901, 926—29, III 713—40, V 795—800。即使这一学说很可能起源于"地生的"种族的传说而非科学观测，它至少是在前苏格拉底时代晚期的物理学中流传的证据，参见 Plato, *Phd.* 96b2—3。它与阿那克萨格拉的弟子和苏格拉底之师阿基劳斯（Archelaus）的关联，参见 DL II 16—17, 以及 Hippolytus, *Ref.* I 9.5—6。与之相关性极强的版本出现在 Diodorus Siculus I 7.3—6, 10.1—7 以及 Ovid, *Met.* I 416—37中，这也可能是它的前苏格拉底时代的起源或启发。它们引述了地域的证据，例如尼罗河谷，据说那里的生物是在半有机半无机的泥土中形成的。更多的讨论参见 Blundell 1986, pp. 62—65, 以及 Campbell 2003, pp. 61—3, pp. 330—33，那里集合了一整套的类似说法。然而，有人可能会基于 DL II 9（"动物最初从湿的、暖的和泥土般的东西之中生成，后来从彼此之中生成"）的解释力，对后者把阿那克萨格拉囊括进来提出质疑。这句话的第一部分抓住了 B 4 的意思，它并不意味着要取消种子的地位。
[53] Theophrastus, *CP* I 5.2, 参考上书 III 1.4。泰奥弗拉斯托斯在这里提到了在气之中孕育的种子——它是阿那克萨格拉的泛种论（panspermia）的实证之一。参见上文注释〔36〕。

丰产，因此与当今相比，那时的大地上可以降生更多种动物。那么在这一背景下，阿那克萨格拉将大幅提升的通过普遍存在的种子创生的能力归于大地，似乎是对所有生命（甚至包括人类）起源的令人满意的解释。实际上希腊的一些部族，包括雅典人，都称自己是"自生"（autochthonous），即土生土长的，这有时被用来指他们最早的祖先是"土生"（earth-born）的，是真的从当地的土壤里"蹿"出来的。[54] 此类"土生"种族的故事在神话中广为流传。

简而言之，不仅这些证据指向一种对阿那克萨格拉的解读，也即普遍存在的种子是原初事实，不需要进一步的阐释，而且在其文化背景中，预设这样一种解释原则至少与它的主要对手（自生论）是同样合适的。

我们知道，阿那克萨格拉的确论及了种子的内在结构（B 10）。[55] 他坚称，一粒动物种子（gonē）已经包含了骨头、肌肉、毛发等细小的部分，因为只有基于此我们才能将其理解为具有因果力，足以产生由它长成的精细成品。然而没有任何暗示表明他将种子的结构进一步解释为努斯的计划和施为，那么在缺乏此类证据的时候，更稳妥的做法就是假定他将其作为宇宙的某种无法还原的原初事实。[56] 无论努斯可能

---

[54] 如上文注释〔52〕中引用的Diodorus和Ovid；Aristotle, *GA* 762b28-30；Philo, *Aet. Mundi* 57。进一步参见Campbell 2003, p. 331。

[55] 在下文注释〔71〕中将全文引用。

[56] 事实上，我怀疑，在B 1中提到的原初混合物中的东西"由于小"而不可见，至少部分是为了呼应种子的存在。

做了什么,"设计生命形式"此举在阿那克萨格拉的文本里都无迹可寻。要么种子一直存在——努斯大概也是如此,要么我们可以更大胆地推测,它们就是先前形成的世界所散播的。后一种假设至多能够无限推后种子最初如何产生的问题,而非解决。[57]

六 作为创造者的努斯

那么,在我们的和其他的世界里,理智为生命的产生作出了多少贡献?[58] 我们已经看到,阿那克萨格拉坚称,由

---

[57] 参见如下令人意外地经久不衰的理论,即生命从外太空来到地球。它最初由凯尔文勋爵(Lord Kelvin)在1864年和1871年的讲座中提出("生命通过另一世界遗迹中的长有苔藓的残片出现于这片土地"——以"含有种子的陨石"的方式),并在后来得到了在陨石残片中发现的大量氨基酸和其他有机物的支持。

[58] 我将如下这个困难的问题置于脚注中,即创世的努斯是否在任何意义上是一个个体,并且如果是如此,是否每个世界都是由一个不同的努斯创造的。由于在这时,努斯并不经常被用作一个可数名词(参见 Menn 1995, p. 16),所以有人也许会怀疑,阿那克萨格拉怎么能如此轻易地提出这个问题。人们可能认为,创造世界的不是一个(an)理智,而是理智。在另一方面,考虑到 B 14(基于 Diels-Kranz 1952),ὁ δὲ νοῦς, ὅς ἀεί ἐστι, τὸ κάρτα καὶ νῦν ἐστιν ἵνα καὶ τὰ ἄλλα πάντα, ἐν τῷ πολλῷ περιέχοντι καὶ ἐν τοῖς προσκριθεῖσι καὶ ἐν τοῖς ἀποκεκριμένοις,"那心灵永远存在,现在也一定存在,在周边大量的事物,以及被聚合和分离的事物都存在的时候",在这里,ἵνα 通常被翻译成"在那里",但在有时间前缀的情况下,它更可能指的是"在那时"(参见 Antiphon 6.9),基于此这一句子也变得更为通顺:如果 νοῦς 是**永恒**的,就能推出它**现在**存在,但不能保证进一步推出它在**何处**。然而,如果 ὁ νοῦς 只是指一般的理智(转下页)

于努斯是纯粹的,所以它具有因果力。在 B 12 的后续中,他也对努斯的认知能力着墨甚多。他告诉我们,当理智在我们的世界中启动创生宇宙的旋转时,它完全知道结果将会如何:

> 为了在一开始让它转起来,整个旋转都由理智支配。起初它只是轻微地旋转,随后转得越来越频繁,而且还会转得更加频繁。并且,理智理解全部那些被混合、分离和隔开的事物。理智安排了一切,包括它们曾要成为的和曾经是的——现在所非和所是的——和将要成为的。理智还安排了正在分离的星辰、太阳、月亮、空气和以太的旋转。[59]

(接上页)(它**显然**在现在存在,即在我们之中),那么这里的推论就毫无意义了。因此,几乎可以肯定地说,这指的是创世的努斯,阿那克萨格拉认为这种努斯依然作为原因运行着,正如也在 B 12 中得证实的,努斯会继续为旋转加速。这也能解释加入的定冠词,ὁ...νοῦς,"理智"(the intelligence),即那个创造了我们的世界的理智。因此在 B 14 中,它也可以被当作不同于我们自身的理智,也不同于创造其他世界的理智的独特理智。

[59] καὶ τῆς περιχωρήσιος τῆς συμπάσης νοῦς ἐκράτησεν, ὥστε περιχωρῆσαι τὴν ἀρχήν. καὶ πρῶτον ἀπὸ τοῦ σμικροῦ ἤρζατο περιχωρεῖν, ἔπειτε πλέον περιχωρεῖν, καὶ περιχωρήσει ἐπὶ πλέον. καὶ τὰ συμμισγόμενά τε καὶ ἀποκρινόμενα καὶ διακρινόμενα πάντα ἔγνω νοῦς. καὶ ὁποῖα ἔμελλεν ἔσεσθαι καὶ ὁποῖα ἦν, ἄσσα νῦν μὴ ἔστι καὶ ὅσα νῦν ἐστι, καὶ ὁποῖα ἔσται, πάντα διεκόσμησε νοῦς καὶ τὴν περιχώρησιν ταύτην ἣν νῦν περιχωρέει τά τε ἄστρα καὶ ὁ ἥλιος καὶ ἡ σελήνη καὶ ὁ αἰθὴρ οἱ ἀποκρινόμενοι. 当我采用 Ritter 的 ἔπειτε 而不是 MSS 的 ἐπεὶ δέ 时,我遵从了 Sider 2005。

很明显,在启动旋涡的时候,努斯不仅知晓必然出现的结果,还在实际上支配着它。但这一先见到底能延伸到多远呢?在由理智预见并支配的事物中,生命的产生在此处没有被提及。阿那克萨格拉明确举出的是星辰、太阳、月亮、空气和上层大气的旋转——至少这是由努斯计划的。

既然我们已经对努斯的计划的限度有所担心,我们就必须额外考虑柏拉图和亚里士多德皆提到过的对阿那克萨格拉的批评。[60] 如苏格拉底在柏拉图的《斐多》中所抱怨的,虽然阿那克萨格拉**说过**一切都是理智造成的,但实际上他几乎没有利用理智的因果作用,而是退回了传统的质料因——空气、水、以太等等。在某种意义上,这一批评无疑是中肯的。柏拉图抱怨的是他推崇的创世论者的方法论在阿那克萨格拉论著中的缺失,这一方法论是通过解释为何它是最明智的(也即**最好**的)构建方式来说明宇宙结构的。无疑阿那克萨格拉并未采用这种方法。然而,从他没能清楚地展现世界结构的善好(goodness),不必然推出他的叙事没能(甚至是隐含地)体现理智旨在至善的计划。正如对多数阿那克萨格拉的学说那样,我们要能够读出言外之意。如果我们做到了,如下的创世论学说就浮出了水面。

努斯在这里和别处开启了宇宙旋转,完全知晓并全盘计划了将会造成的结果。首个成果是一个至少粗略分层了的

---

[60] Aristotle, *Met.* A 4, 985a18–21. 关于柏拉图,参见下文第三章第三节。

世界，土聚集在中央，空气和以太在上空盘旋。在土中分布着无数的生物种子，准备产生生命。另外，它造成的环境是温度、湿度、光线的适宜组合，绝对适合种子萌发。

到目前为止，有人可能仍心存疑虑，认为这种生命产生本身只是宇宙安排的纯粹偶然，而不必然是理智计划的必要环节。不过，如下考虑能够打消这种怀疑。

在B 4中，阿那克萨格拉坚信其他世界的人类文明也是农业文明的原因是，他们和我们一样，也拥有一个太阳和一个月亮。太阳是农业所必需的，这很显然。这些文明也拥有月亮，这与它们是农业文明的关联可能看上去不那么明显，但我们只要忆及赫西俄德在他的农诗《工作与时日》（尤其是765—828）中赋予如下事实的重要性，其中的关联就豁然开朗。即，农民有条不紊地遵守阴历，而阴历中每个月的每一天都与特殊的性质相连。[61] 在赫西俄德笔下的世界中，以及整个古代的世界中，月亮与星辰——阿那克萨格拉在B 12中将之与日月并列作为努斯计划的世界的特征——一起为人类文明贡献了绝对无可替代的农业历法。[62]

但是，为何阿那克萨格拉会坚信，这些世界中的每一个都有一个太阳和一个月亮呢？让我们回顾一下，这些天

---

[61] 与之类似，德尔维尼莎草纸文献（Derveni Papyrus）col. 24（关于该文献的解读问题参见Jourdan 2003, pp. 98–101以及Betegh 2004, pp. 247–49）指出，月亮对我们的两种用途是使农民能够区别时令，以及教会水手何时起航。

[62] 对于这些历法——气象历（parapēgmata）——参见Taub 2003，第二章。

体都是在旋转的以太中被聚在一处的石块或土块，它们距自己在宇宙分离彻底完成后将被置放的地方很远。要是说仅凭偶然就能确保每个世界的上层大气中都恰好有一块庞大的热石头，和一块能吸收和反射前者的光线的不那么火热的石头，似乎是绝无理由的。如果能推测所有其他的世界都有一个太阳和一个月亮，唯一合理的解释是努斯就是如此计划和创造它们的。[63]一旦我们理解了这一点，其中为柏拉图忽视的目的论潜文本，就重新回到了我们的视野中心。在理智创造世界时，它有意地将其造成适于农业文明的样子，阿那克萨格拉自己所处的文明就是这样。理智不仅创设了普遍存在的种子能在其中萌发的原始温室环境，还提供了合适的天体，以服务于即将生自原始大地的人类的农耕需要。在这里我们还要提醒自己，一旦努斯创造了旋涡，它就要被倾斜到一个合适的角度，否则我们不会有日夜交替和阴历。[64]

如我从一开始就说明的，这些假设不见于阿那克萨格拉的文本的原因是，在几乎所有的前苏格拉底时代思想中，人格或半人格存在对世界的支配都是得到默认的预设。不同于柏拉图，阿那克萨格拉没有想过要将它的善好结果讲出来。柏拉图在迥异的智识环境中写作，并被原子论者质料主

---

[63] 或者，是否那些**恰好**有一个太阳和一个月亮的世界才产生生命，其余世界不能？这似乎不是对 B 4 的可靠解读；相反，它给人一种将所有其他的世界一般化的强烈印象（"在被聚合的所有事物中"）。

[64] 关于阿那克萨格拉的旋涡的两个阶段，参考上文第6页，以及 DL II 9。

义的反目的论挑战所威胁。

在先前讨论赫西俄德的时候（第3—4页），我提出神圣技艺的主题至少在他对人类起源的叙述中已具雏形。从赫西俄德笔下的宙斯派去创造女人的是赫菲斯托斯（《工作与时日》60，将在下文第54页引用）这一事实，我们能推出铜匠的技艺在某种意义上被挑选为神圣技艺的典范。在阿那克萨格拉的体系中，努斯充当了神圣创造者的角色，而我们现在要问**他**心中设想的是何种创造技艺。

答案应该很明确。努斯是个农民。创世是它安排适合于种子萌发的环境的方法，其结果是产生动植物。

我们能更进一步吗？阿那克萨格拉是否关心推动努斯行动的是什么？我下面的评述只能越来越像是推测了。

首先，据阿那克萨格拉所说，一切有灵魂的东西都包含某种努斯（B 11，B 12.11-12）。这至少包括了所有动物，而且，植物也有灵魂的说法，在希腊传统里并不算罕见。[65]所以，努斯播种的全部或者至少是大部分有机体一旦长成，就成了理智在全世界散播的载体。为什么努斯比起之前广袤的宇宙空间更偏爱这个有形的寓所，就是另外的问题了。到目前为止，我在这一问题上还没有从文本中得到启发。[66]

---

[65] Aristotle *DA* II 2, 404b1-5. 虽然他自己为植物赋予了灵魂，但他似乎认为阿那克萨格拉的理论中只包含动物。但是阿那克萨格拉在 A 116 和 117 都提供了植物具有灵魂和努斯的证据。进一步参考 Sider 2005, pp. 97-98。

[66] 无论出于何种原因，努斯都倾向于寓居在某个身体内，这一明显事实能解释为何无限的努斯（B 12）需要不断地像上文所论的那样创造新的世界。

然而,我认为我们仍能有所推进。我说过,努斯是一位宇宙农民。那阿那克萨格拉是如何看待农耕的实质的呢?幸好,同一文本(B4)包含了这一答案的雏形。[67] 如我们所见,首先,文中说农民"建造"农场,这个动词(kataskeuaszein)准确反映了庞大的宇宙农场由努斯有目的地建造。其二,阿那克萨格拉这样说农耕文明:"他们的大地也出产各式各样的许多东西,他们收集其中最好的,并将其带回住所使用。"那么,农民所做的就是实现内在于大地的生产能力。在他们的规划下,它长出了很多东西,其中无疑包括蠕虫、蛆类以及其他无人需要的生命形式。农民促成大地的产出活动,不是为了这些低等有机体,而是为了它所产出的最好的东西,也即农作物。[68]

那么,我们难道不该认为宇宙农场也是类似的吗?像人类农民一样,努斯让大地出产各种东西,但我们可以推测,它这样做是为了让大地出产最好的东西。那宇宙农耕最好的那些产物是什么呢?即使缺乏明确的文本证据,我们也可以大胆猜测,阿那克萨格拉同样持有这种普遍的共识,即自然最好的作品是人。这种一目了然的猜测在亚里士多德那里得到了直接支持(《动物的构造》[PA]第四卷第十章,687a8-10),他对阿那克萨格拉所说的"人是最智慧的动物,是因为

---

[67] 我相信,农业在阿那克萨格拉世界观中的重要地位,倾向于证实在B4中ἔργα的确是指"农场",如我们在上文(第14页)所译的那样,而不是"被生产的东西",如最近Sider(2005, p. 99)论称的那样。

[68] 这是一种看待农业的独特方式,对比柏拉图《理想国》(*Rep.*)的589b1-3,"……像一个农民,抚育和驯服家养的品种,**不让野生的品种生长**",就可以看出。

他有手"的观点提出了批评（据亚里士多德，应该反过来：因为人是最智慧的动物，所以他有手）。如果对阿那克萨格拉来说人是"最智慧的"动物，那么几乎无须怀疑这已经隐含了"最好的"的意思，考虑到如下这个明显的假设时尤其如此，即智慧是努斯最为偏爱的那种至高的善好。[69]

因此，阿那克萨格拉的文本中似乎最终暗示了努斯构建和耕耘了世界，其初衷是产生人类。这一目的论有人类中心主义的倾向。既然他进一步将人类作为所有生命体中努斯寓居的最佳载体，他至少就有可能将世界看作努斯出于纯粹自利动机的产物。

基于这些发现，我认为，阿那克萨格拉是比柏拉图所承认的强得多的创世论者。当阿那克萨格拉坚称世界必须是理智的产物时，努斯不仅被作为最初搅动混合物的动力因，更被当作了为增殖像自身一样的理智存在而创世的目的因。[70]

---

[69] 努斯是追求善好的，参见 Aristotle, *DA* 404b1-2，"阿那克萨格拉……在很多地方说，努斯是善好的起因，也是事物的正确状态……"在阿那克萨格拉看来思辨知识是人类的善好，参见 Aristotle, *EE* 1216a10-16中的传闻证据，亦参见上述1215b11-14。然而，即使这是正确的，也不会将实践技艺（无疑包括农耕）从智慧的领域中排除出去，在阿那克萨格拉谈到手使人成了最优的动物时，这一点得到了证实。

[70] 很难拒斥如下的进一步推论，即阿那克萨格拉可能预设了努斯会从一个身体转世进入到另一个身体。这种推论的理由是（参见上文注释[22]）：赫尔摩底谟，这位来自阿那克萨格拉故乡克拉佐门尼的稍早时候的居民，(1)被认为是阿那克萨格拉努斯理论的潜在先驱，并且(2)与转世说有关联（进一步参考 Betegh 2004, pp. 283-84）。

七　科学的创世论

如果阿那克萨格拉真像我论称的那样，是个热诚的创世论者，这似乎与他在自己的时代所获得的"不信神的思想家"名号相矛盾。然而这一名号并不符实。毕竟，据传，在阿那克萨格拉因不虔敬的罪名于雅典受审时，他的攻讦者指出，他的太阳和月亮不是神圣存在，而只是庞大的无生命物。就算是他的至高力量努斯，也显然并非就是一位神祇。他所描述的力量更容易被人看作普遍的人类理智，这在本质上与超人（superhuman）相去甚远。就算在阿那克萨格拉称颂它的大能之时，他也并未借机令其适合于传统的神灵标准。我们更有理由认为，他反而将传统的至高神的观念，替换为了一个本质上是自然主义的概念，它最适合通过对我们的人性的研究习得，并在动物世界中有更为广泛的体现。

在阐发希腊哲学家的理性神学时，宗教与科学的对立几乎是无法避免的疑区。站在前者的角度，人们常把对传统宗教的理性化理解为赋予传统宗教的神圣力量以科学事实，以此对宗教提供支持；而站在后者的角度，与前者同样常见的是，理性化常被看作对宗教的挑战，它将宗教中的神祇解释为大众对自然实体的误解。当然，阿那克萨格拉可能两者皆非，因为在这两极之间有广阔的中间地带，在其中，神学和科学的解释可以被卓有成效地结合应用。柏拉图的《蒂迈欧》（第四章）将会成为典型的居间之作。不过，就阿那克萨格拉而言，我认为科学还原的解读方式很适合捕捉他笔下的自然主义基调。他主张心物二元并将心灵设为安排物质的终极原因，其动机在本质上并不是神学的，而是科学的和因果的。

因此，我的第一章的结论多少有些出人意料。目的论解释在阿那克萨格拉的创世论中萌生了，并逐渐开始推动宗教性的工作，这是我们在接下来的三章将会看到的。直到在思想史上相当晚的阶段，亚里士多德才最终将目的论和创世论两脉分开，保留目的论的同时抛弃了创世论。这段后续故事可能会让人猜想目的论有一个本质上是宗教性的开端。但这种猜想要落空了。因为阿那克萨格拉的创世论本身完全属于自然科学的领域。如果这一学说从神学中引入了任何东西，那阿那克萨格拉也没有大肆宣扬它。而宗教一方对目的论的运用，要到下一章才能见分晓。

附录　阿那克萨格拉的质料理论

即使亚里士多德对阿那克萨格拉的解读占了主流，我们也不应该急着采纳它。阿那克萨格拉留存至今的论著足以将他展现为一位令人恼火的、晦涩且有失精确的作者。当他说每一事物都分有每一事物时，在现存的文本中，他没有停下解释是一部分**什么**在**什么**之中。我想，亚里士多德在假设这指的是面包和肌肉这类东西的时候，可能是被误导了。他所根据的是阿那克萨格拉的一处文本,在那里阿那克萨格拉问:"毛发怎能从非毛发中生成,肌肉怎能从非肌肉中生成?"[71]我们有明确证据表明这一问的语境**不是**营养(阿那克萨格拉可能在解释为何面包必已包含肌肉和毛发),而是动物种子的构成。他论称,长出人类的种子必已包含微量的毛发、肌肉、骨头等,才能诞生出由这些东西构成的完整的人类。很显然,阿那克萨格拉对关于种子的这一因果命题的接受,本身不会导致他得出结论,认为肌肉等东西是世界的不可还原的最终构成成分。然而,这里的论述可能误导了亚里士多德,也误导了一长串当代的阿那克萨格拉解释者。

相反,如果我们转向阿那克萨格拉现存的原文,就能

---

[71] B 10, ὁ δὲ Ἀναξαγόρας παλαιὸν εὑρὼν δόγμα ὅτι οὐδὲν ἐκ τοῦ μηδαμῇ γίνεται, γένεσιν μὲν ἀνῄρει, διάκρισιν δὲ εἰσῆγεν ἀντὶ γενέσεως. ἐλήρει γὰρ ἀλλήλοις μὲν μεμῖχθαι πάντα, διακρίνεσθαι δὲ αὐξανόμενα. καὶ γὰρ ἐν τῇ αὐτῇ γονῇ καὶ τρίχας εἶναι καὶ ὄνυχας καὶ φλέβας καὶ ἀρτηρίας καὶ νεῦρα καὶ ὀστᾶ καὶ τυγχάνειν μὲν ἀφανῆ διὰ μικρομέρειαν, αὐξανόμενα δὲ κατὰ μικρὸν διακρίνεσθαι. "πῶς γὰρ ἄν, φησίν, ἐκ μὴ τριχὸς γένοιτο θρὶξ καὶ σὰρξ ἐκ μὴ σαρκός;" οὐ μόνον δὲ τῶν σωμάτων ἀλλὰ καὶ τῶν χρωμάτων ταῦτα κατηγόρει. καὶ γὰρ ἐνεῖναι τῷ λευκῷ τὸ μέλαν καὶ τὸ λευκὸν τῷ μέλανι. τὸ αὐτὸ δὲ ἐπὶ τῶν ῥοπῶν ἐτίθει, τῷ βαρεῖ τὸ κοῦφον σύμμικτον εἶναι δοξάζων καὶ τοῦτο αὖθις ἐκείνῳ. "阿那克萨格拉,在发现了无物从不存在中产生这条古老原则后,取消了生成,并引入了分离作为替代。他有这样疯狂的想法,亦即一切事物都是相互混合的,只在生长的过程中发生分离。他说,因为在同一颗种子中,存在头发、指甲、血管、动脉、肌腱和骨头,它们都不是可见的,因为它们都是很小的部分,而在生长过程中它们逐步分离。他问:'毛发怎能从非毛发中生成,肌肉怎能从非肌肉中生成?'他断言说,这不仅对于身体适用,对于颜色也适用。因为他说,黑色在白色中存在,白色也在黑色中存在。并且他认为重量也是同样的情况,轻混入重之中,反之亦然。"

第一章 阿那克萨格拉

发现他不断提及的成分并不是这些东西,而是像热的和冷的、湿的和干的、亮的和暗的这样的相反者。[72]少数阐释者(Tannery 1886, Cornford 1930, Vlastos 1950, Schofield 1980)得到了有力的证据支持,他们认为基本成分只是相反者。一处尤为有力的证据是B 15,在那里阿那克萨格拉解释了地球在宇宙分离时是如何形成的:"稠、湿、冷和暗聚合在这里,就是现在的大地。"这么说来,大地并不是混合中的基本成分,而是努斯启动的相反者部分分离的产物。[73]同一印象在辛普利丘的逐字引用当中得到了肯定,在引文中相反者不断地被列为构成成分。的确,虽然辛普利丘自己在评述亚里士多德《物理学》(*Physics*)的第一卷第四章时,也带着他从亚里士多德和阿芙罗蒂西亚的亚历山大(Alexander of Aphrodisias)那里继承的关于阿那克萨格拉的阐述性假设,但是在结尾处(178.28–179.12)他还是表达了自己的强烈怀疑,认为实际上只有相反者是阿那克萨格拉笔下的真正成分。

基于这一解读,每一事物都分有每一事物的说法就并非是在夸大其词,而是一条形而上学公理,也是柏拉图的"相反者共存"原则的直接先声。除去一些显而易见的例外,世界上的任何可见事物确实总有一定的温度、颜色、重量、亮度、密度、味道等阿那克萨格拉所谓的"成对的可见相反

---

[72] 的确,"毛发怎能从非毛发中生成……?"不仅在残篇的文本中出现,也在原文中出现。参见前一注释。
[73] 进一步可参见上文注释[10]。

者"。再者,"没有彻底的分离"这一原则带来了进一步的事实,也即温度、味道等的程度似乎是可以无限增加的。例如,没有不能变得更热的东西——也即所有热的东西也在某种程度上是冷的。如阿那克萨格拉所言(B 8):"热也未从冷中被斧子劈开,反之亦然。"

其次,这一假设令如下的原则更为合理,即每一有明显特征的事物都由它之中的主导者决定:"……若非含量最高的事物,没有什么东西〔除了努斯〕能与他物相似,它们是每一个别事物最明显的所是和曾是。"(B 12结尾)[74] 根据亚里士多德的解读,在每一情况下,对主导权的争夺只能有一个绝对的胜者。在商店货架上的商品中,如果一件商品的面包的含量比啤酒多,就算多出的量极微,它也是面包而非啤酒。然而,面包显然也可以有多种味道、质地、光泽和重量。并且,亚里士多德无法否认一个明显的事实,即甜的和不甜的、稀的和稠的、暗的和亮的、轻的和重的也都是混合物中的成分。但如今这意味着将主导性原则拆分为两条截然不同的分原则。造出一条面包的是相比之下完全胜过了其他成分(包括油、泥、毛发、水、尿液、皮、铁、面包等)的面包成分。不过,让这条面包具有其独特的味道、颜色和质

---

[74] ἕτερον δὲ οὐδέν ἐστιν ὅμοιον οὐδενί, ἀλλ' ὅτων πλεῖστα ἔνι, ταῦτα ἐνδηλότατα ἓν ἕκαστόν ἐστι καὶ ἦν. 辛普利丘在他的阿那克萨格拉抄本中发现的是 ὅτῳ 而不是 ὅτων,虽然如此,这个简单的修订不仅给出了一个更为可靠的文本,也与它在亚里士多德和泰奥弗拉斯托斯那里的平行表述一致(参见 Sider 2005, p. 141,虽然他本人更倾向于未经校订的文本)。

地的，是一系列分立的竞赛，每场竞赛都发生在一对相反者之间——分别是甜的和不甜的，黑的和白的，稠的和稀的。这些竞赛没有完全的胜者，因为没有事物重到不能再重，或者甜到不能再甜。因此，这些次级竞赛只会造成热之于冷、重之于轻等的比例。构建主导性原则不太可能是为了同时照顾到这两类迥异的竞赛。而如果我们必须从二者中选择其一，相反者之间的竞赛不仅有更强的解释力，也因其能够提供全部的解释而更有力，这将在下一段中清晰地展现出来。

类似地，阿那克萨格拉的知觉理论也让肌肉和金子之类的东西难以在组成成分中占有一席之地。根据他的知觉理论（A 92），知觉是成对的相反者之间的互动。我们通过将外在的相反者与自身中内在的对应相反者比较来认识它。你通过脚趾的冷感觉到洗澡水的热，通过腿的热感觉到海水的冷；像我们一样深色眼睛的动物看见亮的东西，而夜间活动的动物拥有能看到暗的东西的明亮眼睛。其余类推。因此，该理论是特别用来解释我们如何知觉到相反者的，它与如下论点完美相契，即每种外在对象或多或少地都包含每一对相反者的混合。[75] 当阿那克萨格拉写下"……含量最高的事物……它们是每一个别事物最明显的所是和曾是"时，我们

---

[75] 我说"或多或少"并不是为了接受诸如无气味的事物，而是特别为了适用于听觉相反物。因为对于无气味的事物，一个完美的解释是，它们与我们的鼻子具有同样比例的气味相反物。阿那克萨格拉完全可以相信这些事物自身没有或高或低的音调，因此至少这组相反者并不属于事物自身，而是属于其他东西，例如作为中介的空气。

能发现这一理论与知觉理论的相合之处。注意复数：每一事物的明显特征（properties，复数）都是由主导者决定的——用"主导者"指代像面包这样的单个特征并不算自然的方式。更糟的是，我们甚至不清楚没有相反者的面包或肌肉是如何被感知的。对于面包，我们所能感知的应该是特定程度的白、重量、质地等，这让我们再次意识到，相反者才是真正的组成成分。

阿那克萨格拉的著名宣言"每一事物都分有每一事物"是什么意思呢？一种时常被提出的标准解读坚称，这里出现的"每一事物"这个词在两处的意思相同。[76]那么，基于这一对成分的主流解释，"每一事物"在两种情况下指的都是如肌肉和金子一样的同质物：在每块肌肉中都有一部分金，反之亦然。[77]那我偏好的"相反物"解读又如何呢？如果有人希望坚持同样的原则，就要说，任何热的东西不仅包含了一部分冷，也包含了一部分重和轻、甜和苦等。但我不认为这是对该格言的自然理解，一个更简明的解读是，一切可见物（如一匹马或一块石头）包含着所有的相反者。这可能违反了标准解读，但我认为从一开始就不该设立这个标准。我的两个原因如下。

---

[76] 例如 Guthrie 1969, pp. 284–85，他将 Bailey 和 Raven 作为这一论证先前的支持者。

[77] 在这里，我将当代解释者发现的对"金""肌肉"等词的解读的问题放在一边——是现象中（不纯粹）的金和肌肉，还是作为原料（纯粹）的金和肌肉？尤其可参考 Strang 1963。

第一，很容易找到这两处出现的"每一事物"并非相互指涉的非正式语境。如果一个对坚果过敏的人看到一堆食物时问每份菜里都有什么原料，那他可能合理地被告知"对不起，每种菜里都有一部分每种原料"。在这里，第二个"每种"指的是原料，第一个指的是菜肴。第二，就阿那克萨格拉的格言来说，他通常不会在这两种情形下用同一个词。因此在 B 4 中可以看到，在"所有结合起来的事物中"（ἐν πᾶσι τοῖς συνκρινομένοις）有"很多不同种类的事物"（πολλά τε καὶ παντοῖα），而且"在宇宙中"（ἐν τῷ σύμπαντι）存在"所有事物"（πάντα χρήματα）。在 B 6 中可以看到，"在每一事物"（ἐν παντί，单数）中有"所有事物"（πάντα，复数）；"所有事物"（πάντα，复数）都分有"每一事物"（παντός，单数），而"在所有事物中"（ἐν πᾶσι）有"很多事物"（πολλά）。最后，在 B 12 中可以看到，"其他事物"（τὰ ἄλλα）也分有"每一事物"（παντός）。这六例的措辞都没有突出强调前后相连的两项是对称的。事实上，比起这些翻译希腊文更缺乏对称性，在翻译时我们难免加入的"事物"一词的某些形式可能造成了错误的印象。

还是这六个例子，阿那克萨格拉使用同一个词的情况只有两处：B 11，"每一事物都分有每一事物"（ἐν παντὶ παντὸς μοῖρα ἔνεστι），它在 B 12 中以明确回溯上文的形式得到重申。即使在这里，他也不能让这两项成为相互指涉的，原因如下，在 B 11 中他写道："每一事物都分有每一事物，而在某些事物中也有努斯。"额外存在努斯的事物一定是有生命物,因此为了保持融贯,第一个"每一事物"(ἐν παντί)必然指的是复合物的属(genus),而有生命物是其下的一个亚属(sub-genus)——他的意思是,在每一事物之中,即在任何一个复合实体中,都分有每一事物,而在一些事物中,即在一些复合实体中,也有努斯。在每个复合实体中的"每一事物"自身不能是所有的复合实体,否则他就是在说每个复合物都分有每个复合物,而这是荒谬的。因此,即使在这里,两处"每一事物"也不能是相互指涉的。

有鉴于此,极有可能是亚里士多德误解了这种理论,考虑到阿那克萨格拉的阐述殊为难懂,误解是很有可能发生的。

第二章 恩培多克勒

一 宇宙循环

在本书第一章，我在阿那克萨格拉的作品中，辨认出了我认为是理性创世论的首次"希腊宣言"。我的结论是，阿那克萨格拉自己的工作本质上不是为宗教所驱动的，而是为科学所驱动的，是要去展现理智在作用于物质并产生世界时的力量，也即揭示不可还原的心物二元论——它构成了自然本身。在第二章继续讲述这个故事时，[1]我们会转入宗教色彩更浓厚的领域，在其中被提到的神祇扮演了至关重要的角色。不过，就本章的主角恩培多克勒（公元前5世纪中期）而言，尤其重要的是：不要假定宗教和科学是相互排斥的思维模式。

西西里的诗人、医者和术士恩培多克勒在自己的诗《论自然》（*On Nature*）中描述了两个循环：一个宇宙循环和一个精灵（daimonic）循环。宇宙循环由交替的世界区间

---

[1] 本章的大部分内容来自 Sedley 2005a。

组成，它们由爱和恨两种神圣能力交替支配，每一区间显然都包含着自己所创造的生命形式。精灵循环也由爱和恨支配。在爱的统治之下度过和乐时光后，精灵中更高贵的一支受恨之害，犯下了杀生、食肉和渎誓的重罪。由于这些罪，他们被逐出福乐之地一万年（"三万个季节"），[2]被判处重生为各种活物，直到他们最终回到福乐之地。恩培多克勒在他的诗《净化》（*Purifications*）的开头宣称自己最终实现了这种回归。

学者们曾采用将这两个循环完全分离的方案——它们的确分属不同的诗——也尽可能将二者分别归到恩培多克勒思想中无法调和的相异领域，一者是科学的领域，一者是宗教的领域。在1999年，一卷来自斯特拉斯堡（Strasbourg）的莎草纸文献被释读出来并出版，它包含了恩培多克勒《论自然》的一部分。[3]在那时，旧的分离方案已经几近绝迹，这份文献则给了它最后一击。因为，在这份文献中，精灵循环发生在恩培多克勒物理学的直接语境下。如果我们要恰当地理解恩培多克勒的创生论（zoogony，也即他的生命起源理论[4]），那么它就必须包含这些精灵的创造。这是因为，不同于学者所持的一种通行假设，这些精灵本身是有血有肉的

---

[2] 这一等式，可参见O'Brien 1969, pp. 85–88，它基于将一年分为三个季节的荷马式划分。

[3] Martin and Primavesi 1999.

[4] "创生论"应被理解为**生命**（ζωή）的产生，而不是特指动物（ζῷα）的产生，因为植物也被包含在其中，与兽类和诸神并列。

有机体，而非灵魂或精灵的转世。的确，要不是这样，他们恐怕就很难犯下食肉之罪。

如阿那克萨格拉一样，恩培多克勒要面对巴门尼德挑战宇宙论的后果。巴门尼德留下了一个著名的两难：我们是该跟随表象，接受常识中以球形天（spherical heaven）为界的可变宇宙，还是该跟随理性，认为现实中的"球形世界"（sphere）其实是不分化的和不变的？[5]恩培多克勒解决这一难题的方式是将二者解释成历时的，因此它们能轮流实现。[6]他提出，在爱和恨两种神圣力量的交替支配下，世界处在永远的变化循环之中。爱，又名阿芙洛狄忒（Aphrodite），是致力于最大限度地促进和谐和混合的神圣力量；而恨的目的正相反，它致力于最大限度地促进分离。爱周期性地取得完全的主导，在这时，世界的确如巴门尼德所述，成了不变的福地。然而，在该循环的大部分区间，恨的影响都足以扼杀这种纯粹的巴门尼德式的结果。在本章中，我们会集中考察爱恨交战的诸时期，因为恩培多克勒将活的有机体（包括我们）的创造和增殖置于这些阶段

---

[5] 我将巴门尼德所认为的现实按照字面意思理解为球形的，而这样的解读颇受争议。我在别处捍卫了这一解读（Sedley 1999c），但是为了当前的目的，只需要提出如下两条评论就足够了：(a)举证责任在于任何想去否认这一字面理解的人。(b)如果像广为人信的那样，恩培多克勒的"球形世界"（sphairos）是来自巴门尼德的启发，那么他必然与柏拉图（《智者篇》[Sph.] 244e2-8）一样，自己就假设了这一字面解读。

[6] 柏拉图《智者篇》242d4-243a1将恩培多克勒的模型作为处理爱利亚学派的一元论的一种可能方案。

之中。

这部戏剧中的神圣角色事实上不是两个，而是六个，因为爱和恨把它们相互竞争的力量施加在土、水、气和火四种元素上。[7] 四种元素本身就是神，能够在连续的混合与分离的过程中持存，在这个意义上它们是不朽的。当恨的力量达到巅峰时，四种元素按照它们通常的分层彼此分离，土在最底层，火在最上层，组成一个彻底空荡荡的世界。当爱的力量返回的时候，她将四种元素的一部分混合在一起，造成生命体。到了一定的时候，恨再度占据主导，随着它力量的增强，新一代生命体就产生了。一时因爱，一时因恨，生命的这种双重产生就是恩培多克勒著名的双重创生论，该理论长期以来聚讼纷纭。

---

[7] 因为在31 B 6.1中，恩培多克勒把四种元素叫作"根"（roots），或者更忠实地说，"根部"（rootings, ῥιζώματα），而在他的现存残篇中，没有一处将其称作"元素"（στοιχεῖα）。长期以来，人们都认为更应该采用前一种表述，并一律以"恩培多克勒的四种'根'"称之。我在这里抛弃了这个传统，并要承担令人更深地误入歧途的风险。没有证据表明"根（部）"是恩培多克勒的通常表述，事实上，使用单独的术语表达任何概念都不符合他的风格——如果我们比较地看他对爱、气、水、火和土的不断变化的丰富指称。（假若我们只能看到B 21，还会坚持采用"雨"而不是"水"吗？）对"根"的坚持暗示了这是他选中的术语的意思。基于这一点，使用由此衍生的"元素"一词就会少些误导性，尤其是现在στοιχεῖον已经被证明在前柏拉图时代便已流行的情况下（参见Crowley 2005）。在我看来，优德谟（Simpl. *In Ar. Phys.* 7.10–17 fr. 31 Wehrli处的Eudemus）并没有如一般所认为的那样，将柏拉图作为首个使用στοιχεῖα来指称物质元素的人，而只是将其作为首个坚称这一术语要被限制在**不可还原**的物理原则（τὰς στοιχειώδεις ἀρχάς）意义上的人，柏拉图的确是这样坚称的，见《蒂迈欧》48b3–c2。

二 双重创生论

关于双重创生论，人们普遍持有如下观点或者其变体[8]：创生的一个区间是由爱支配的，另一个区间则由恨支配。爱的创生发生在爱增加的区间，并在世界变成完全均质的球形世界时达到顶峰；恨的创生发生在恨增加的区间，并在四种元素彻底分离时达到顶峰。在每个区间的顶峰，生命体会不可避免地灭绝，并且在下一区间从头再造。我们自身就生活在恨增加的阶段。因此，寓居在我们的世界之中的只有恨的产物，没有爱的产物。

最后这个假设所面临的最大障碍是：现存的文本集中在爱的创造上，而几乎没有包括任何恨的创造。对于种（species）的出现，我们的文本证据反复指向递增之爱的创造，在下文中（第42—43页）这一点会得到充分的证明。如果文本证据能够在统计学意义上反映该诗的全貌，"我们处在恨增加的阶段"这一传播甚广的解读就是有问题的：比起我们所知的恩培多克勒对生命的解释，他应该将更多时间花在了解释生命形式的起源上，而他只是猜测它们产生于宇宙历史的遥远时期，并且在我们寓居的世界中没能留下任何后代。[9]

---

[8] 值得注意的是 O'Brien 1969；Guthrie 1969，第三章；Wright 1981，尤其是 pp. 53-56；Graham 1988；McKirahan 1994, pp. 269-81；Inwood 2001，尤其是 pp. 44-49；Martin and Primavesi 1999；Trépanier 2003a。

[9] 虽然如下问题——为何恩培多克勒会在假设的"反世界"中预设反向的宇宙进程，将我们在自己的世界中发现的生命形式一概丢掉——的答案并不明确，但人们广泛认为，出于某种原因他的确持有这种（转下页）

对我来说更为可信的是，恩培多克勒的生命起源学——同别人一样——就我们所知也致力于寻找生命之起源。有人通过将恩培多克勒的循环限定在爱增加时的单个（但是一再复现）宇宙过程的单一创生上，[10] 从而达到了这一结论，但是这面临着另外的挑战，即恩培多克勒明确地（尽管是令人困惑地）谈到了两种创生，一种因爱，一种因恨。下面是备受争议的 B 17.1–8，多亏了新的斯特拉斯堡莎草纸文献，我们现在知道它位于诗的第233—240行：

> 我要讲一个双重的故事：一时它从多中长成一， 35
> 一时它在生长中重新分开，一成为了多。
> 这是必朽者的双重生成，也是双重消亡。
> 其中一重，在万物的聚合（synodos）中产生又毁灭，

（接上页）观点。然而经过考察后发现，在这一点上证据是极少的。主要证据是亚里士多德的论断（《生成与毁灭》[*GC*] II 6, 334a5–7=A 42），即恩培多克勒"也说如今在恨的支配下的世界，与此前在爱的支配下的世界处在同等状态"。亚里士多德尝试揭示恩培多克勒关于爱和恨各自的动力的不同论断之间的矛盾，他在这里的问题是：如果爱和恨在各自的动力上不同于对方，那么恩培多克勒如何能够坚持，在当今被恨支配的世界中，与此前被爱支配的世界中（亦即在爱恨交替支配宇宙进程的时代），四种简单元素的基本安排是相同的？在我看来，之前的被爱支配的时代，显然应该被解读为我们的世界在精灵堕落之前所享有的黄金时代，那个基普里斯（Kypris，也即"爱"）持有君王之权、完全排除艾瑞斯（Ares，也即"恨"）的时代，就像 B 128 描述的那样（将在下文注释〔23〕引用）。

[10] Hölscher 1965; Bollack 1965–69; Solmsen 1965; Long 1974a; Kirk, Raven and Schofield 1983, ch. X.

而另一重,在它们再度趋向分离时,孕育又消失。
这些事物的持续变化永不停息,
有的时候因爱万物聚合为一,
其余的时候因恨造成的敌意再度彼此分离。[11]

我们从中得知,当万物因爱聚合起来的时候,存在一重必朽者的生成,在万物因恨再次趋向分离时,则有另外一重。同样的双重创生理论亦在别处有过重复(B 26.4—6,将在下文第39页引用)。个别学者尝试不将其解读为生命形式的创造,而在斯特拉斯堡莎草纸文献面前,这些重释方案再次受阻。

在新发现的第291—300行中,恩培多克勒进而颇有条理地承诺,他在开头将会向听者保赛尼阿斯(Pausanias)传授"生的聚合(synodos)[12]和开展(diaptyxis)"之道,并在该段结尾处重述这一阶段,以此强调其重要性。但愿我在这里提供的是对文本的合理重构:

---

[11] δίπλ᾽ ἐρέω · τοτὲ μὲν γὰρ ἓν ηὐξήθη μόνον εἶναι
ἐκ πλεόνων, τοτὲ δ᾽ αὖ διέφυ πλέον᾽ ἐξ ἑνὸς εἶναι.
δοιὴ δὲ θνητῶν γένεσις, δοιὴ δ᾽ ἀπόλειψις·   235
τὴν μὲν γὰρ πάντων σύνοδος τίκτει τ᾽ ὀλέκει τε,
ἡ δὲ πάλιν διαφυομένων θρεφθεῖσα διέπτη.
καὶ ταῦτ᾽ ἀλλάσσοντα διαμπερὲς οὐδαμὰ λήγει,
ἄλλοτε μὲν Φιλότητι συνερχόμεν᾽ εἰς ἓν ἅπαντα,
ἄλλοτε δ᾽ αὖ δίχ᾽ ἕκαστα φορεύμενα Νείκεος ἔχθει.   240

[12] 294和300:ξύνοδόν τε διάπτυξίν τε γενέθλης。为了简洁,并且为了避免造成异词可能导致的误导性印象,我将"聚合"一词音译为 *synodos* 而非 *xynodos*,前者是在我们对B 17的MSS报告中出现的标准词形(参见前一注释)。

确保我的叙说不仅触动你的耳朵。

如果你在听我说的时候，向你的周围正确探看，

我也会为你的眼睛展示，好让你能比公平交易得到的更多，[13]

首先是所有的生的聚合（synodos）和开展，

以及这次生成中还剩下的全部。 295

这里有野生的漫游在山中的猛兽。

这里有双生的人类。这里有

根生花的后代和蔓生葡萄藤丛。

它们向你的心灵传达着对这一叙说的明证。

因为你会**看到**聚合（synodos）和开展属于生。[14] 300

---

[13] 也即，作为集中注意力的回报，保赛尼阿斯会得到双重的收获：他不仅能**听到**恩培多克勒讲述的创生论，也能在他周围的生物中**看到**这一真理。我不确定要将ἴσων作为比较性的属格（这在我的翻译中已经假设）还是价值性的属格，即"你能以多的换取公平的"。无论是哪种译法，都可能呼应了荷马 Iliad VI 230–36中的发生在格劳库斯（Glaucus）和狄奥梅德斯（Diomedes）之间的不平等交易，那里使用了同样的提示词ἐπαμείβειν。

[14] σπεῦ]δε ὅπως μὴ μοῦνον ἀν' οὐατα [μῦθος ἵκηται.
εἰ δέ] μεν ἀμφὶς ἐόντα κλύων [ν]ημερτ[ὲς ἐπόψει,
δεί] ξω σοι καὶ ἀν' ὅσσ' ἵνα μείζον' ἴσων [ἐπαμείβῃς,
π]ρῶτον μὲν ξύνοδόν τε διάπτυξίν τ[ε γενέθλης,
ὅσ[σ]α τε νῦν ἔτι λοιπὰ πέλει τούτοιο τ[οκοῖο.   295
τοῦτο μὲν [ἂν] θηρῶν ὀριπλάγκτων ἄγ[ρια φῦλα,
τοῦτο δ' ἀ[ν' ἀνθρώ]πων δίδυμον φῦμα, [τοῦτο δ' ἀν' ἄνθεων
ῥιζοφόρων γέννημα καὶ ἀμπελοβάμ[ονα βότρυν.
ἐκ τῶν ἀψευδῆ κόμισαι φρενὶ δείγματα μ[ύθων·
ὄψει γὰρ ξύνοδόν τε διάπτυξίν τε γενέθλη[ς.   300

大部分文本来自Martin and Primavesi 1999。我自己的原创是：第292行，用εἰ δέ替换他们的ἠδέ（需要的空位几乎相同），以及用（转下页）

"生的聚合和开展"在第294和300行的框架性位置得到强调，它似乎概括了六十余行前引入的双重创生主题，[15]同时指向了爱的聚合之生和恨的分离之生。中间几行的一些关于生命形式的例子应该足以打消我们的疑虑，亦即在前面的段落被称为"必朽者的双重生成"中的"必朽者"——它们确实指的是活的有机体。[16]

然而待挖掘的还有更多。双重创生论显然是作为**我们自己所知**的生命起源被提出的。在第291—293行，恩培多克勒督促他的听者保赛尼阿斯运用自己的眼睛：他不仅会听到也会看到创生论的真理。接下来，恩培多克勒承诺向后者传授创世论，以及"这次生成中还剩下的全部"（294-295）。

（接上页）[ν]ημερτ[ὲς ἐπόψει 来替换他们试用的 [ν]ημερτ [έα δέρκευ；第293行，用 μεῖζον᾽ ἴσων [ἐπαμείβης 替换他们的 μείζονι σώμ [ατι κύρει。我将第296行用 ἄγ[ρια φῦλα 替换 Martin and Primavesi 的 ἀγ[ρότερ᾽εἴδη 的做法归功于 Janko 2004（劳拉·葛梅丽·马齐亚诺 [Laura Gemelli Marciano] 也独立地向我提出了同样的建议），同样归功于 Janko 2004 的还有在第297行用 ἀνθεων 替换他们的 ἄγρων。在一处，扬科（Janko）提出了如下极具吸引力的想法，也即在第293—295行每一行的结尾加入 fr. g 作为最后一组词。如果我们遵从这一提议，就会进一步走向对第293和294行结尾的添加的确证：我们就会得到 ἴσων [ἐπ]αμείβ[ης（293）和 διάπτυξίν τ [ε] γενέθ[λης（294）。然而，这一方案面临着两个困难。第一，扬科提到，他在此后就对是否根据这一存疑改变立场表示犹豫，并满足于一种不同的搭配：将 fr. g 置于紧挨 fr. h 的左侧。第二，如果我们接受这一方案，即使在对应的 fr. g 末句的字母顺序现在不能得到准确解释的情况下，目前的第295行的结尾也需要改变。因此，尽管我仍在考虑这一添加最终也许是正确的，但依然没有将 fr. g 纳入我的文本。

[15] 对于这一观点，参见 Trépanier 2003a, p. 24。
[16] Trépanier 2003a 很好地表述了这一观点。

在后文中得到确证的，是再接下来的内容，即对双重创生论的**证据**的引用；而被当作证据的，就是当前存在的各种生命形式。我这么说，是因为"这里有……"（τοῦτο μὲν...τοῦτο δέ）[17]是恩培多克勒在从自然世界引用经验证据时的表达偏好。[18]此外，罗马诗人卢克莱修（II 1081-83）从恩培多克勒那里翻译了一系列生命形式，它们虽不同于第296—298行的名单，但也是它的变体；并且，他认为恩培多克勒的表达是"因此你会发现['invenies sic']漫游在山中的猛兽，同理['sic']有了双生的人类，同理['sic']最终……"[19]卢克莱修对恩培多克勒的诗作了如指掌，[20]而他的证词也表

---

[17] 296-97, τοῦτο μὲν ἂν...τοῦτο δ' ἂν'...τοῦτο δ' ἂν'...

[18] 在B 76他写道："这些在［τοῦτο μὲν ἐν］海生生物的硬壳中，以及在那些有着石头般外壳的法螺和乌龟之中：在那里你会看到［ἔνθ' ὄψει］土在肉体上寓居……"我相信这对B 20.1，也即Strasbourg papyrus c2也适用。Janko 2004令人信服地将这段残篇认定为第301—308行，也即紧接着上文（291-300）。如果我们假定它的位置是这样，那么我猜残篇包括了相应的"第二……"这一段，这是由第294行的πρῶτον μὲν预示的："[第二，我会在那里向你展示]各自的[死亡历程]。这里有（τοῦτο μὲν ἂν）各种可朽肢体：有时我们因爱合一，就像身体焕发生机时得到肢体；但在另一个时候，与之相反，它们被邪恶的恨分开，分别流散在生命的边缘。灌木、水生的鱼、山中的兽、能飞的禽，都是一样。"因此，我同意扬科的说法，这些诗行说的是我们在自然世界中体会到的死亡。（我在这里翻译的也是扬科的文本，只是调整了推测性的首句，以此我把这段话与前文用不尽相同的方式关联在一起。）如果确实如此，那么认为τοῦτο μὲν ἂν（但这次并不是由τοῦτο δ' ἂν而是由ὡς δ' αὕτως指示）指的还是我们熟悉的证据——动植物的生命循环——就不成问题。这大概指向了稍后对该论题的展开：恩培多克勒在B 8中认为"死亡"的真正本质是分离。

[19] "invenies sic montivagum genus esse ferarum,/ sic hominum geminam prolem,/ sic denique mutas/ squamigerum pecudes et corpora cuncta volantum."

[20] 我在Sedley 1998a第一章中对此给出了充分论证。

第二章 恩培多克勒

明，他所模仿的恩培多克勒式的语言，是为了促使读者直面周围的自然世界。

在这些新发现的诗句中，恩培多克勒首先告诫保赛尼阿斯，要运用眼见的证据。接下来，他宣称自己会向他讲述双重创生论，并补充到，当今还有一些产物尚待发现。接下来，他通过列举一些特别的动物、人和植物——当今动植物的寻常代表——作为这一双重创生论的证据。然后，他在第299行补充，"它们向你的心灵传达着对这一叙说的明证"，再次证明了他的证据是由现存的生命形式组成的。[21] 最后，他在第300行重申，保赛尼阿斯自己会通过他的眼睛"看到""聚合和开展属于生"。这时候他才承认，这就是双重创生论的全部过程，其证据就是现存的生命体。

然而，如果在上一个爱增加的区间和我们当今的世界

---

[21] 299: ἐκ τῶν ἀψευδῆ κόμισαι φρενὶ δείγματα μ[ύθων. Martin and Primavesi 翻译为"这些叙述向你的头脑传达了无误的证明"。通过将τῶν（它们）诠释为μ[ύθων]（叙述），这种翻译认为恩培多克勒是将保赛尼阿斯的确定性的预想来源置于自己的论述中，而非置于前文提到的经验据中。然而，在恩培多克勒的文本中，它另外出现过两次（B 23.5, 98.5），同样的表述ἐκ τῶν也在句首，它回指了前文的"从这之中"。此外，在恩培多克勒引入双重创生论这一主题时，他已经明确劝诫保赛尼阿斯不要只依赖自己的耳朵，而是要使用自己的眼睛（291–93），这与对第299行的一种解读相违背，亦即恩培多克勒告诉保赛尼阿斯只通过他所听到的论述来获得证明。综合这些考虑，上文所采用的翻译更为优越："它们 [例如动物和植物] 向你的头脑传达了无误的证明⋯⋯"如果句尾μύθων 这一复原是正确的，那么无论它是复数还是单数，我们都可以以"对这一叙述的无误证明"收尾：简单名词μῦθοι无疑指的是恩培多克勒的叙述，就像在B 17.14（ἀλλ᾽ ἄγε μύθων κλῦθι [来听另外的叙述]）一样。

之间，同质的球形世界介入并抹除了爱的所有产物的话，那么这种确证就几无可能。因此，是时候重新思考恩培多克勒的宇宙循环了。在我看来，下面的修正是基于无懈可击的原始证据的。恩培多克勒多次强调，两种力量交替占优，这应当优先被理解为**在一个世界中**的交替模式。诚然，这种球形世界终会回归，但这只在多轮循环之后（究竟是多少轮会在本章附录2中探讨）才会发生。再后来，球形世界自身又会被恨再次开启的运动干扰，这造成了四种元素的分离。[22] 在这种宇宙创生活动之后，爱将会重整旗鼓，于是爱与恨之间的长久争战就再次拉开了帷幕。除去球形世界再现时爱和恨相远隔的时间，爱的增加和恨的增加的区间之间存在完整的连续性。这样，爱的产物（不仅包括一般的动植物，也包括蒙福的长寿精灵们）就存活了下来。这能够解释的问题之一就是，为什么在爱的统治下蒙福的精灵们[23]在恨的统治下正遭受着长久的放逐——如果爱的统治在球形世界之中终结

---

[22] 我不能完全否决这样一种可能性：如传统解读那样，从球形世界到分离元素的这段话本身说的就是一个宇宙区间，是它自身创生的反世界。然而，我看不到这个反世界存在的证据或推定的居民，因此我强烈倾向于排除这种可能性。这与Hölscher、Bollack、Solmsen、Long和KRS（在上文注释[8]引用）一致。当亚里士多德（《论天》301a15-16）说恩培多克勒省略了在爱之下的宇宙创生时，我将其解读为证明了恩培多克勒的诗中只有一种宇宙创生行动，也就是恨的创生，它体现在对球形世界的扰乱上。

[23] B 128："他们也没有艾瑞斯这位战神，/也没有作为王的宙斯，也没有克罗诺斯，也没有波塞冬，/但基普里斯是王后。……/他们以圣像，以绘画，以各色香水使她息怒，/又以没药粉（myrrh）和沁人心脾的乳香作为祭祀，/还把黄色的蜂蜜洒在地上作为奠酒。/为此杀了不可计数的牛，但祭坛没有被浸透，/那里站着人的心头大恨，/在夺取它们的生命后大快朵颐。"

了，这些精灵在因恨的重临失去福佑之前就已经被消灭了。

这就是循环的运行方式。虽然在当代文本中难以辨认，但它在恩培多克勒的文本中体现得相当清晰。残篇B 26中有如下几句：

> 随着循环轮转，它们交替统治，
> 且在命定的交替之时，它们消亡又变成彼此。
> 因为它们在自身之中是同一的，但在穿入彼此时
> 它们成为了人类和其他兽类，
> 有时因爱聚合为一个世界秩序，　　　　　　　　　　5
> 有时因恨造成的敌意再度分离，
> 直到作为一个整体生长，它们才——整个地——
> 偃旗息鼓。[24]

40　四种元素凭借持续的交换（1–3）成为创生的质料（4）——更具体地说，是在爱增强的创生区间（5）和恨增强的创生区间（6）。这一"循环"自身并不在每一轮都以球形世界作为终结，这由第7行能很明显地看出——加入该行不利于传统

---

[24]　ἐν δὲ μέρει κρατέουσι περιπλομένοιο κύκλοιο,
　　καὶ φθίνει εἰς ἄλληλα καὶ αὔξεται ἐν μέρει αἴσης.
　　αὐτὰ γὰρ ἔστιν ταὐτά, δι' ἀλλήλων δὲ θέοντα
　　γίνοντ' ἄνθρωποί τε καὶ ἄλλων ἔθνεα θηρῶν,
　　ἄλλοτε μὲν Φιλότητι συνερχόμεν' εἰς ἕνα κόσμον,　　　　5
　　ἄλλοτε δ' αὖ δίχ' ἕκαστα φορούμενα Νείκεος ἔχθει,
　　εἰσόκεν ἓν συμφύντα τὸ πᾶν ὑπένερθε γένηται.

的对循环的看法，为此，如维拉莫维茨（Wilamowitz）[25]这般杰出的学者都提议将其删去。第5—7行的顺序告诉我们，根是通过交替地（5）在宇宙统一进程中因爱聚合以及（6）因恨被迫分离而形成有生命物的，**直到最终（7）它们在球形世界中完全合一**。如果**球形世界**只是每个爱增强的区间的高潮期，这三句的顺序就毫无意义了。[26]

现在，我们有合适的理由承认，世界历史在爱和恨的区间之间是连续的，这使得前一区间的创生物在我们所处的当下区间保有存活的可能。那么，我们可以转到"双重创生包括什么"的问题上。这要求我们特别注意埃提乌斯（Aetius）的著名证词（V 19.5，即A 72）：[27]

---

[25] Wilamowitz 1930.

[26] 参考 Graham 1988, pp. 310–11 的讨论。在那里，他展示出这一点：如果将 B 26 解读为只是关于微观变化来解决这个问题，那么就会面临困难。跟随 Stokes 1967, p. 167，Trépanier 2003a, pp. 28–30 提供了另一种解决方案，其认为恩培多克勒在这部分残篇中两次在宏观和微观描述中**切换**。这不仅给读者增添了极大的负担，还要求我们在单个生命体的层面上理解 εἰς ἕνα κόσμον（朝向一个秩序，[5]）——这与世界的层次不同——不顾今天 κόσμος 已经毫无疑问地指向了宇宙（亦参见 Strasbourg papyrus a(i) 6，即 267 中出现的同一表述）。Ritter 1818 和 Bignone 1916 提供的另一种解决方案认为第 7 行指的是恨而非爱的完全支配，这已经在 O'Brien 1969, pp. 314–24 对这一残篇的长注释中遭到了充分反驳。不过，对我而言，O'Brien 自己对这一行所扮演的角色的解读（p. 321）尚不清晰。

[27] Ἐμπεδοκλῆς τὰς πρώτας γενέσεις τῶν ζῴων καὶ φυτῶν μηδαμῶς ὁλοκλήρους γενέσθαι, ἀσυμφυέσι δὲ τοῖς μορίοις διεζευγμένας, τὰς δὲ δευτέρας συμφυομένων τῶν μερῶν εἰδωλοφανεῖς, τὰς δὲ τρίτας τῶν ὁλοφυῶν, τὰς δὲ τετάρτας οὐκέτι ἐκ τῶν ὁμοίων, οἷον ἐκ γῆς καὶ ὕδατος, ἀλλὰ δι' ἀλλήλων ἤδη, τοῖς μὲν πυκνωθείσης [τοῖς δὲ καὶ] τοῖς ζῴοις τῆς τροφῆς, τοῖς δὲ καὶ τῆς εὐμορφίας τῶν γυναικῶν ἐπερεθισμὸν τοῦ σπερματικοῦ κινήματος ἐμποιησάσης.（转下页）

1. 恩培多克勒说最初生成的动植物并非是整体，而是分离的，它们的肢体没有长在一起；

2. 第二阶段，这些部分长到一起的时候，像是幻影 [εἰδωλοφανεῖς]；

3. 第三阶段，是那些有整全自然的存在 [ὁλοφυεῖς]；

4. 第四阶段，并非是从同质物（如土和水）中生成，而是在当下通过交配产生，部分是因为动物开始偏好固态养料，部分是因为女性的美在他们之中激起了精子的运动。

和双重创生论解读的众多支持者一样，我假定最初两个阶段（分离的肢体，以及其后组合起来的混合种）是爱之下的创生，第三和第四阶段（有整全自然的存在，以及性交的实践者和产物）是恨之下的创生。[28] 与之相反，有些人尝试将全部四个阶段解读为一次创生，[29] 或按照不同于埃提乌斯的两种各异的秩序——一种代表恨之下的创生，一种代表爱之下的创生。[30] 后一种观点及其变体会面临一个主要反驳，也即人类如若既在第二也在第四阶段产生，那么这两个阶段就很难被置于同一个创生序列之中了。

（接上页）尽管不十分确定，我选择删除括号中的部分（将它们视作出自下一个从句的错误重复），并认为这个简洁的改动足以让这里的语法通顺。这样，我就与 Diels-Kranz 的解读产生了分歧，该解读将 τοῖς ζῴοις 保留了下来——毕竟，这两个词也表达了切题的观点，也即从液态养料转向固态养料影响了动物，但没有影响植物。

[28] 特别是 Bignone 1916, pp. 570–85; Guthrie 1969; 以及 Martin and Primavesi 1999，尤其是 pp. 54–57, 80–82, 95–97。

[29] Kirk, Raven and Schofield 1983, pp. 302–5.

[30] O'Brien 1969, pp. 196–236; McKirahan 1994, pp. 278–81.

第一阶段始自埃提乌斯没有特别提及的一段初始过程：通过将四种元素按照测算好的不同比例进行混合，爱备好了她的原料，如肌肉、骨头和血液（B 96、98）。至少就肌肉而言，原料的比例经过了精细调整，以适用于一系列不同的类型（B 98.4–5）。恩培多克勒也谈到了（B 82）羽毛、叶子和鳞片，他观察到它们在功能上彼此相近，我们可以猜测，它们也是爱所创造的各异的复合物的初级形态。[31]

备好原料后，爱继续构想"独肢"（single-limbed）生物的生成。[32] 从"独肢"而非"众多独肢"（single limbs）的描述中，可以看出第一阶段的产物并不是作为简单有机体的、各有专长的独立的身体部分。虽然恩培多克勒举例时将它们称作（B 57）无颈之头、无肩之臂和无面之眼，但这并不是个静止的器官储备库，而已经是一批原始的自主生物了，因为他紧接着认为，它们可以独立自主地四处飘游。进而，既然恩培多克勒据说是区别了夜视眼和日视眼的结构，[33] 我们就可以确信，在最初那批自主的眼睛当中，就存在各有专长的不同类型。各种翅膀、爪子等也适用于类似的假设。由此，存有的肢体和器官种类极其丰富。尽管它们在生物学上是独立的，也不能设想它们通过生殖存续其类，那么我们最好将这些最初的生物当作爱创造的原型，它们的存在从一开始就是为了在第二阶段合成复杂的有机体。

---

[31] 也就是说，我假设第二阶段并不将单个的羽毛、毛发等算作"独肢"动物。
[32] μουνομελῆ, B 58.
[33] Theophrastus, *Sens*. 8, 以及 Simpl. *In De caelo* 529.26=DK 版残篇 B 95 开头。

我们在这里看到了爱的创生的第一阶段,这是屡经检验[34]并且得到广泛承认的。确实,辛普利丘的一段关键文本(《论亚里士多德的〈论天〉》[*On Aristotle's De caelo*] 529.1-530.11)足以打消我们的任何疑虑,这不仅是处在增强状态的爱的创生,而且也是我们所知的生命起源。残篇 B 35 描述重获优势的爱运用它的混合能力创造各式各样的生命形式。辛普利丘指出,在此处引入爱的创生之后,残篇 B 86、87 和 95 都将爱的工作描述为构造各种眼睛。(我们有理由确信关于眼睛的详细构造的 B 84 也应该被加进其中。)[35]他接着引用了 B 71,将"现在,产生的一切各种形式和颜色的有朽物,都曾被阿芙洛狄忒合为一体"[36]当作描述当下世界的明证,由此清楚地表明该段也属于同一语境,也即爱的创生的叙述。他补充到(530.5-10),B 73 和 75 紧随其后,它们也关于爱的创造。[37]于是,我们在这里就能清楚地证明:不仅个别肢体和器官的创造都发生在爱增强的阶段,而且它的产物今天仍与我们相伴。

---

[34] 例如 Aristotle, *DC* 300b24–31; Simplicius, *In Ar. Phys.* 371.33。

[35] 参见下文第 52—53 页。

[36] Trépanier 2003a, pp. 43-45 的尝试并没能说服我放弃如下明显的结果,即爱的产物在当下世界仍然存在。特别是,对我而言,他的翻译"如今生成的全部都曾由阿芙洛狄忒**集结**"并未抓住简单过去时 συναρμοσθέντα(曾被合为一体)的含义,它一定意味着这些如今的事物曾经——在早先的时候——是由爱实际创造的。

[37] 这些残篇——B 35、71、73、75、86、87、95——都极为接近,这在辛普利丘的结语(530.11)中进一步得到暗示,"我从就在手头的一些诗句中读到并引述了它们"。

进一步证明这是爱的创生的开端的，是第二阶段奠基于第一阶段的方式。由于恨的力量依旧强劲（B 35.8-9），爱最初只能创造简单的生物。但随着爱的优势逐渐扩大，她将分离的、功能单一的生物结合成复合物，这是一个明显表明了爱的结合愿望而非恨的分离愿望的综合过程。

第二阶段是恩培多克勒创生论中最负盛名的阶段，部分由于它激怒了亚里士多德，部分由于它作为达尔文式的"适者生存论"的先声而广受赞誉。[38] 随机拼凑起来（B 59）的身体部分的复杂组合在多数情形下都被证明是不可行的，并且消亡了，但有些组合能够长久存在。我们的文献来源（包括埃提乌斯）都强调了不可行的生命形式，也即恩培多克勒称作"像是幻影"的畸异杂交种。我们从残篇 B 61 中得知，它们被叫作"双面的"、"双胸的"、"人面牛"和"牛头人"，也包括双性人。

这仅是恩培多克勒的异想天开吗？事实上，这位哲学家似乎没有留意希腊丰富的化石记录，这些记录本可能是这些已灭绝的畸形种曾经存在的有力证明。[39] 但是其他证据

---

[38] 关于恩培多克勒在这一革新性理论发展史中的地位，参见 Campbell 2000。
[39] 关于古希腊人发现已经灭绝的哺乳动物的化石时的反应，一个有趣的叙述可参见 Mayor 2000。在第五章，她讨论了为何哲学家似乎或多或少都忽略了这些化石的重要性。在我看来，她整合的材料支持这样的回答：因为大块骨头是在地下发现的，人们认为它们是被掩埋的，并因此合理地认为这是古代英雄的遗骨（奥瑞斯忒斯、忒修斯，等等），或者是类人的巨人的遗骨，如库克罗普斯（Cyclopes），而不是亚人种的。这一解释不尽充分的一例是萨摩斯（Samos）的化石床，那里有数量庞大的大型骷髅，在这种情况下，误认令人难以置信。因此，地方神话提供了（转下页）

方便地取而代之。一则双性人是个被广为承认的生物学事实，[40]二则希腊传说保留了"牛头人"这种生物（即米诺陶[Minotaur]），以及人马杂交种等其他跨种动物真正存在的时代的记忆。此外，亚里士多德指出，恩培多克勒在暗示，不可存续的生物今天依然在产生。[41]恩培多克勒会想到的是人类和其他生物出生缺陷的情况。因为亚里士多德在别处（《论动物的生殖》[*On generation of animals*]第四卷第三章，769b13—16）指出，人们普遍相信杂交产生的怪胎是存在的，即使他并不赞同："人们说生出的有公羊或公牛的头，在其他动物的一些类似情形下，则是有婴孩的头的小牛犊，或者有牛头的绵羊。"我想，这一现象被恩培多克勒用作某种暗示，并非是说爱的创生方式在当时仍然适用，[42]而是这种方式留下了不少遗存，足以证明它是历史事实。[43]

（接上页）对于化石在地下被发现的另一种解释：它们是叫作尼德斯（Neades）的灭绝物种的遗存——它们过于喧闹，导致大地裂开把它们吞噬了！这种特殊的起源论证明，零星被发现的掩埋着的巨型骨头，不太可能如其所是地被理解。

[40] 参考 Brisson 2002a。

[41] *Physics* II 8, 198b31，将在下文第189—190页全文引用。如果辛普利丘在讲到"在如今一切依然这样发生"（*In Ar. Phys.* 372.8–9）时只是对此进行回应，那么他指的很可能就不只是恩培多克勒的胎生论——如 Campbell 2000, p. 151 所认为的——而是更具体地指向怪物持续的生育和毁灭，这与亚里士多德类似。

[42] 参见下文第六章，第191页。我在那里提出，亚里士多德仍然这样解读恩培多克勒。

[43] 关于恩培多克勒对于各种出生异常的看法，参见 Aetius V 8.1（=DK版残篇 A 8 部分）。其中，"种子的增殖"和"分裂成多于一个"听上去是最可能导致杂交种的方式。

我顺带发现，要是爱产生大量不可存续的生命形式的混合物的过程见于流行的神话，并且还留存在出生异常的情形中，那么就强烈暗示了曾经的爱的创生本身发生在我们世界的更早阶段，而非发生在由于球形世界毁灭而与我们的世界相隔的平行世界。在描述爱的创生时（B 35.16–17），恩培多克勒以一种心醉神迷的描述来为她庆功："成千上万的有朽种族，与每一种形式相合，真是个共赏的奇迹。"难道真的有人会怀疑，他在这里赞颂的是我们所知的自然吗？

在爱所创造的产物中，人类无疑是成功的。因为，既然失败的杂交种显然包括了现实中的男性和女性的特征，那么不容置疑的就是，成功的产物包括真正的男人和女人——恩培多克勒似乎的确是这样认为的。[44] 我们能在如下显见的事实（参见本章附录4）中找到明证，即成功的种包括狗、负重的野兽、绵羊和牛，它们在最初阶段就靠人的保护才得以存活。将人包含在爱所创造的成功产物中，迟早会为我们制造一个巨大的困难，但我在这里只是一提。

先前我们在新的残篇中看到了恩培多克勒是如何让保赛尼阿斯注意当前的动植物所提供的经验证据的，他也以此为双重创生论的两部分提供了支持。爱的创生的直接证据是什么？在爱的创生的第一阶段，亦即设计和组合独肢生物时，我们只能认为，经验证据就在于个别身体部位的显然有目的导向的运转，它们依据眼睛所见分为不同类型。既然同

---

[44] Simplicius, *In Ar. Phys.* 372.6–7.

一器官或肢体就功能而言能够在其他种内复制并得到恰当调整，那么恩培多克勒一定认为，个别功能是先被设计出并被赋予肢体，其后才被组合进种类繁多的复合物中，基于他的说法，这些复合物又是第二阶段的主要产物。而对于第二阶段，证据主要存在于如今大量的可存续生物中，它们（如我试图表明的）是爱的创生的幸存者。对于产生于第二阶段的已灭绝的米诺陶式杂交种，如我们所见，经验证据则在于在其遗存的延续，也即偶尔诞生的（据信是）杂交种之中。

我现在会转向恨增强的时代的创生，事情则平淡得多。在 B 62 中，与埃提乌斯的第三阶段相合的"有整全自然的形式"，仅被描述为拉开了男人和女人之产生的序幕，而非大范围的植物、动物乃至诸神的产生。他们也是存活至今的男女的先祖，新的斯特拉斯堡残篇证实了这一点——如果它还需要证实的话。在那里（d以下），恩培多克勒参考了后文[45]对恨的产物的完整叙述（自诗的第二卷［B 62］

---

[45] 在 Sedley 2005a（本章的内容大部分来源于此）之前，我只是在口头上提出了这一观点，但是它在 Osborne 2000, p. 336 n. 9; Inwood 2001, p. 20 n. 43; Laks 2002, p. 129 n. 6; 以及 Trépanier 2003a, p. 15 n. 37 得到引用，并且受到了 Kingsley 2002, p. 339 n. 10 的批评，之后的批评还有 Janko 2004, p. 7。我的看法是，这一新的残篇是前言的一部分，而不是要**向前**溯至第二卷中恨的创生（αὖθις在d10的意思是"后来"，并且我在d11开头进一步提出λυγρῶν, ὥς ποτ]ε δή这样的解读），这是 Martin and Primavesi 1999第一版的解读法。从这种经济的假设中我们能获益颇多，它使所有这些新残篇来自同一份莎草纸文献的看法可行。"前溯说"的要点如下：恩培多克勒专注于概述当今世界的可恨状况，而这一世界最大的弱点，亦即恨带来的悲惨的人类，要在后文中才完全展开，因此在这里只有五行的篇幅，并承诺会回到这一点。我不确定为何（转下页）

古代创世论及其批评者

始),[46]并且补充了"日光依然照耀着恨的遗存"这句话。

恨最初的创生似乎是广为流传的希腊传统的一种变体。传统上认为,人类最初是从地里长出来的(对此参考上文第19页)。在恩培多克勒的变体中,产生的还不是男人和女人,而是性别上未分化的存在,它们与树类似。恩培多克勒其实认为(A 70),作为从地里长出的典型有机体,树也在同一时间由恨产生(详情参见下文)。恩培多克勒说,它们只是受热形成的副产品(至少 B 62 给人以这样的印象),恨在致力于分离的过程中促使被土困在底下的火升上来与它天上的同类重聚,就产生了这些东西。将其解读为恨有意的理智创造行动是毫无根据的。相反,这里遵循的是自发产生的模式——在古代传统中,这通常被认为是生命形式的起源——而且,就算是像亚里士多德和卢克莱修这样迥然不同的思想家,都相信它是当时的现实情形(上文第18—19页)。

只有在埃提乌斯随后列出的第四阶段,恨才通过将

(接上页)Kingsley 和 Janko 认为这一方案与(据说是)与之平行的 B 35.1 矛盾,在那里恩培多克勒谈到了现在"又"——πάλιν——回到某个主题。αὖθις 与 πάλιν 不同,前者从荷马开始就有"后来"这另一重意思(LSJ, s.v., II 3),并且,读一首诗开篇的读者会毫不犹豫地将 αὖθις 当作这样的将来时,另一个例子是对于恩培多克勒而言更晚近的埃斯库罗斯的《阿伽门农》(Ag.)第317行。这里不存在与 B 35 的相互矛盾,也不与任何 αὖθις 指"又"的文段矛盾。当然,Janko 令人信服地论证到,斯特拉斯堡莎草纸残篇来自这首诗的前面部分,这让"恩培多克勒已经重提这一主题"的想法变得几乎不再可能。

[46] 对这一指示的阐明,参见 Martin and Primavesi 1999, pp. 307-8(虽然——参看上一个注释——他们认为这是回指前文,而非像我认为的那样指示后文)。

这些生物分成两种性别接近了自己的目标——分离。人们会合理地从这一模式想到柏拉图《会饮》中的阿里斯多芬（Aristophanes）的寓言（参见下文第55页）。虽然这可能使人想要将两性的创造与爱联系在一起，[47]但是这显然不是恩培多克勒的观点，因为其实有证据表明他反对婚姻、生殖和异性间交媾，并把它们都看作助长恨之创造并妨碍爱之创造的形式。[48]似乎对他而言，性别政治代表着分裂和失和，而不是爱。

恨的分离活动其实看上去像是恩培多克勒对赫西俄德的潘多拉神话（《工作与时日》47–105，下文第54页将部分引用）的发展。根据潘多拉神话，女人是由神圣的恨引入先在的男性人群中的，此举完全是为了造成不幸和失和。在赫西俄德那里，这一邪恶的创造活动是对普罗米修斯将宙斯藏起来的火盗走并还给人类的惩罚。恩培多克勒的恨创生的两个阶段都源自对赫西俄德神话的富有寓意的解读，这似乎是

---

[47] 我认为这是 Kirk, Raven and Schofield 1983, p. 305 的意思，他们评论到，爱似乎在第四阶段达成的比第三阶段更多。然而，这一点似乎与 ἔρως（欲爱）而非 φιλότης（友爱）更为相关（参见 B 62.7, ἐρατόν [怀有欲爱]）；并且，虽然后者的另一名字"阿芙洛狄忒"可能意味着"欲爱"，但事实上在恩培多克勒残篇中从未出现此类用法。

[48] Hippolytus, *Ref.* VII 29.22, 30.3–4; 参见 Osborne 1987, p. 123; Inwood 2001, p. 48。反对这一解读的有 Mansfeld 1992, pp. 219–20, 他辩称这是 Hippolytus 自己的生造，缺乏任何他找到的恩培多克勒原句的支持。Mansfeld 主要基于 Hippolytus 没能引用的章句作出了精彩的论证，但我并不同意他的意见（尤其是他的注释[44]），亦即"对性的限制是与恩培多克勒的教导相违背的"。我希望自己的理由能够在本章中清晰地呈现出来。

有可能的。因为在第一阶段，正是创造无性别生物的地下之火被释放的时候；在第二阶段，正是通过将女人与男人相互区分，恨的计划才得以推进。

我已经描述了恩培多克勒所认为的爱的创生在当下的经验证据。在新的残篇中我们看到，他将恨的创生在当下的经验证据看得同等重要。那么证据何在？

在它最初的阶段（即埃提乌斯所说的第三阶段），埃提乌斯的另一处文本（V 26，DK 版残篇的 A 70）提供了一个可能答案的材料。如我所言，恨的活动似乎不仅产生了人，也产生了树木。因为这里（连同 B 62）将拔地而起的树归于地下火的分离力量，这又一次暗示了恨的作为。那么我们就可以推测，当下的树，或者至少是它们中的一部分，[49] 继续表现着恨在其第一阶段的创生效力，也即从地里长出"有整全自然的形式"。因为从地里长出的有整全自然的形式是如今的树——根据埃提乌斯的说法，这是因为它们混合得如此均匀，以至于在其中无法发生任何性别分化——所以，从树自地下不断萌发上，我们能看出恨最初的分离力量的残余标志。

对于当今的人类——他们进一步分离为男人与女人——我们看到恨独有的分离性创造力又向前迈进了一步（埃提乌斯的第四阶段）。根据埃提乌斯的说法（上文第 40—41 页），对恨的产物而言，从地下自发产生的方式如今已经

---

[49] 我推测，至少月桂树是个例外。既然恩培多克勒据说将月桂树当作最合适转世成为的植物（参见 B 127，包括它在埃里安 [Aelian] 那里的语境），那么它更可能是爱的产物，而不是恨的产物。

消亡了，这有两大理由，即固态养料和性吸引，而植物的生理结构不包含这二者。拥有固态养料意味着它们再也不用简单地摄取土、水以及土壤里的其他养料。而在任何时候，有性繁殖都会让自发产生不再必要。

恨的创生的两个特征尤其值得注意。第一，这时的生物多样性大大减少了。除了树木，目前所能确定的恨的作品就只有人类的产生。这一限制顺带着使恩培多克勒在 B 21 和 23 中两次列举的生命形式的顺序（将在下文第58页引用）立即变得可理解了：（1）树木；（2）男人和女人；（3）猛兽、飞禽和鱼；（4）长寿的诸神（它们也包括精灵，见下文）。[50]这一选定的顺序代表着一种上升秩序，恨产生的后代整体（1—2）被置于爱之先（3—4）。

第二，不同于爱的创生的任何有记载的成果，恨占优时的人类产物被描绘为悲惨的。在斯特拉斯堡莎草纸文献中，有整全自然的生命形式已经是"包含悲惨的混合物"了。[51]而在残篇 B 62 中，当它们进一步分为两种性别时，被描述为"男人和**极悲苦**的女人"，这很可能是另一条对悲惨的暗示，而非一个惯常的修饰词。[52]

---

[50] 我用分号表示分组，这在恩培多克勒的文本中或者通过连词的变化，或者通过分行展现出来。
[51] π[ο]λυπήμ[ον]α κρᾶσιν, d12.
[52] 普鲁塔克（Plutarch）在 *Q. conv.* 683E中坚称，恩培多克勒的表述一般都试图抓住事物的本质或力量，而非只是修饰性的。在这一方面对恩培多克勒诗作的完整讨论，参见 Gemelli Marciano 1988。进一步参见下文第73—74页。

创生产物的这层阴暗面，[53]连同恨的标志性行动——两阶段的分离（第一阶段是"由火造成的貌似分离"）所扮演的角色，[54]都令人觉得创生确实是恨本身的作为。然而另一种解读认为，一切创造活动（包括这里的）都是爱的作为，逐渐分离的发生只是由于爱的工作越来越为恨所妨碍。后一种阐释面临着诸多困难，[55]其中的一个就是解释什么才能促使爱在恨增强的时代继续创生，[56]而我们已经有理由相信，爱先前占优时创造的种在这样的时代依然存在。[57]不过，我在接下来的讨论中会将这两种解释都牢记于心。

前述的重构带来的最大谜团如下：虽然绝大多数种类的植物和动物（包括自然出生的神族）主要是在爱之下同时创造的，但是男人和女人却拥有双重起源。他们首先来自爱之下的创生，又在恨之下的创生中再次出现。如果我将两次人类起源置于线性世界的不同区间是正确的，那我们如何解释恩培多克勒对解释的经济性原则的公然违背？尤其是，如

---

[53] 关于恩培多克勒将有性繁殖和不幸联系起来，参见巴门尼德B 12.3—6。
[54] κρινόμενον πῦρ（由火造成的貌似分离），B 62.2。
[55] 关于恨在其有限的意义上也是创生主体的证据，亦参见上文注释[16]。
[56] 有些人可能如此回应，即对爱和恨的人格化做弱化的或简的解读，认为这展现的只是特定物理进程的本质，因此对它们的"动机"的讨论就是不恰当的。我坚持强创世主义解读的原因，参见下文第三节。
[57] 有人也可能想利用B 22来支持前一种可能，根据B 22，恨是自己创生的创造主体。第4—5行描述了爱的造物过着和谐的生活，之后的第6—9行似乎转向了恨的造物过的不谐的生活。如果如一些编者认为的那样（例如Inwood 2001, pp. 234—35，"由于它们从恨中产生［νεικεογεννήτῆσι］，它们是在愤怒中产生"），第9行错乱的νεικεογεννέστησιν中藏着一个意为"为恨产生"的词或短语，这就可能成为颇有价值的证据。

果爱已经创造了人类以及成千上万的其他种类，为什么像恨这样的神圣行动者通过再次创造这一种类就使方向颠转了？

在探讨这个问题时，请让我以另一个问题开头。既然证据的确指向了当下人类的双重起源，那么新残篇的第297行（即a［ii］27；上文第36页）中提到"人类的双重产生（或'自然'）"仅仅是偶然吗？[58]我承认，认为它只是偶然，并赞同这仅仅指的是男人和女人（这是马丁和普力马韦西［Martin and Primavesi］的观点），似乎还需要更多解释。因为，虽然仅仅由于性别分化之故就单独将人类挑出似乎有些奇怪，但是当同样的情况对大部分动物都适用时，恩培多克勒仍在他的标准的种的清单上将人类称作"男人和女人"（B 21.10、23.6）。并且，在B 61、爱的创生的第二阶段产生的杂交种里，公牛、男人和女人一同被当作无序地混杂的种族的例证。把男人和女人当作截然不同的种族，这种做法的背景无疑可以追溯至赫西俄德，他给了女人一个更晚的单独起源（上文第47页）。但是，一个更直接的解释大概是恩培多克勒对转世的看法：[59]他在转世的等级中将女人置于男人之下的做法可能是柏拉图观点的先声。的确，柏拉图用如下的话引入了他的等级关系："既然人性是

---

[58] ἀνθρώπων δίδυμον φύμα. 我选用"生育"来替代Martin and Primavesi的"后代"。在φύμα中，独特的短音υ似乎把它和φύσις联系起来，但是恩培多克勒频繁使用了φῦσις一词本身，并且将其正确地与"生育"联系起来——如B 8所证实的那样。

[59] 这最初是由迈尔斯·伯尼耶特向我提议的。

双重的……"〔60〕这可以说是对恩培多克勒的回应。最后，在我引用过的一段文本中（第37页），卢克莱修在一次援引自然的证据时，直接翻译了恩培多克勒的表达（人的双重后代[*hominum geminam prolem*]，II 1082），很难认为**他**会将其理解为除了男人和女人之外的东西。

除了这一强力辩护，我还没有做好充分准备，能够完全忽略恩培多克勒的表达除了人类的双重起源外另有所指的可能性。不过既然在第297行他如我们所见地援引了现存种的证据，那么他得以在此处引述"人类的双重产生［或自然］"的唯一方法就是，在后续中将两种类型的人——并非男人和女人，而是基于其他方式区分——作为一个经验事实。这样，两种人的区分就会成为区分两种独立的人类起源的经验基础。就算我们更谨慎一些，不对第297行做这样的解读，仍需要问为何恩培多克勒会给当下的种群中的人类一种特殊的双重起源，而现在看来他的确这样做了。

我的解释如下：在起源上，恩培多克勒本身就是爱的产物。因为爱的创生包括了"长寿的诸神"，而它们或者就是，或者包含了"享有了长久寿命的精灵们"（B 115.5）。〔61〕

---

〔60〕 *Ti.* 42a1–2, διπλῆς δὲ οὔσης τῆς ἀνθρωπίνης φύσεως（原形 φύσις 取代了恩培多克勒的变体 φύμα）。

〔61〕 参见 B 146：人的上升历程于成为神祇时达至终点。正如恩培多克勒本人在《净化》（B 112.4–5）中达到的那样。实际上，人和精灵与被造神同属一个物种。例如，那些由于杀生失去神恩的精灵（B 115）据说就是人（ἄνθρωποι），在 B 128.8–10，这些人在基普里斯的时代还未犯罪。对赫西俄德的黄金时代寓言的一种解读，参考 Plato, *Crat.*（转下页）

由于精灵失去了福佑，恩培多克勒告诉我们，他被诅咒，要"离开蒙福的精灵游荡三万个季节，届时会成为各种形式的可朽者"（B 115.6-7）。他有信心最终恢复自身的神性的原因，是曾身为精灵的这一起源，以及他所经历的一系列漫长转世——至少最后几轮转世是人形（恩培多克勒在 B 129 中告诉我们，毕达哥拉斯经历了足足二十代人的生活）。[62] 并且，能加速他恢复神性的净化过程的部分，在于节制性欲。他清楚地表示，并非所有人都能享有他的地位（B 115.13），而我们必须推测那些没能如此的就是在恨的阶段产生的悲惨的男人和女人，他们深陷在恨所强加的制造分歧的性别政治之中。这就是"大量灭亡"的人类，恩培多克勒在别处宣称了自己相对于他们的优越（B 113）。他们并不经历转世。他们唯一的传宗接代的替代模式是有性繁殖，与之形成对比的是精灵们，它们据恩培多克勒所言极其"长

（接上页）397e5–398c4。在寓言中，人类（黑铁种族的一员）能够通过自我改善**成为**精灵（黄金种族的一员），这不仅在死后是可能的，甚至在生前也是可能的。柏拉图很可能想到了恩培多克勒。

[62] 在这里我必须表明而非辩护我对 Barnes 1979, vol. II ch. VIII (e) 解读的恩培多克勒转世论的赞同。精灵——也即恩培多克勒的"长寿的诸神"——是通常的有机体，它们和其他物种一道产生，并非转世的灵魂（无论后来认为它们是非物质实体、纯粹的爱的独立部分，还是别的）。在堕落的精灵"成为"其他生物的时候，关于是什么使之连续，并不存在某种独特的形而上学理论。就我们所知，这一连续只是主观上的知觉：在之后作为精灵活着的恩培多克勒，突然意识到自己现在是一条鱼或一丛灌木（披着"陌生的鱼的外观"，B 126）。如果连续者比这多了点什么，那很可能也是纯粹形式性的，像是某些毕达哥拉斯主义者所认为的作为"和谐"的灵魂一样。斐洛劳斯（Philolaus）也可能是这些毕达哥拉斯主义者之一，参考 Sedley 1995, pp. 11–12 and pp. 22–26。

寿",并不需要借助有性繁殖来确保种的存续。[63]

恨罕见的创造行动是出于何种动机呢?恨将"有整全自然的形式"分开,并将受苦的人类带到世界上,这些人不是即将再度蒙福的堕落的精灵,而是被诅咒永遭分裂,并也一定会残杀其他生命形式的种族。我们很容易认为,恩培多克勒笔下的这种人类,是受到了赫西俄德所描述的第五(也是最后的)种族的启发,他们是人类的"黑铁"种族,与早得多的精灵的黄金种族形成了悲惨的对比(《工作与时日》109-201)。如果是这样,让此类存在遍布世界,就是恨阻碍爱前进的策略的一部分。毫无疑问,恩培多克勒笔下的这段话所指的就是这一由恨造成的人类起源[64]:"啊,悲惨和不幸的有朽者种族,你是从诸多的恨和困难之中产生的。"[65]

三 创世论者的论辩

"目的论在前苏格拉底哲学中(至少在这时)无足轻

---

[63] 那么,由爱创生的人类又如何呢?若是不存在有性繁殖,他们能存活吗?我认为爱最初造的"人"只是蒙福的诸神或精灵,因此只有在他们堕落了、有了人类那种相对较短的寿命之后,才会诉诸有性繁殖(根据 B 115.14,这由恨启动)。(关于人类、精灵和诸神之间缺乏显著的物种区分的问题,参见上文注释[61]。)基于这一假设,最初只有爱创生的较低物种才依赖有性繁殖存续,因为它们代表的是爱所实现的次完满的那个层次。

[64] B 124: ὦ πόποι, ὦ δειλὸν θνητῶν γένος, ὦ δυσάνολβον, | τοίων ἔκ τ' ἐρίδων ἔκ τε στοναχῶν ἐγένεσθε.

[65] 关于本段中的"恨"的重要性,参见 Trépanier 2003a, p. 13。

重"的预设曾是如此之强,以至于恩培多克勒在创世论的思想史上所扮演的重要角色被系统地忽略或贬低了。那么,让我来强调一下这种神圣技艺的模型是多么明显。爱多次被呈现为一种技艺的实践者。另外,我已经提到过,在 B 35 的结尾,爱对成千上万种族的混合是"一个共赏的奇迹"。这一表述在荷马史诗中共出现了八次,都是表达对一件杰出作品的赞美,而同样的含义难免也保留在了恩培多克勒对它的使用之中。[66]

如我在第一章所证明的,阿那克萨格拉的创造力量是一位农夫,恩培多克勒的爱是一位工匠——她被形象地描绘为在和谐的构造中使用了"暗榫"和"胶水"(B 87、96)。在创生论的第一阶段,她所创造的眼睛得到了极其详细的描述(B 84、86、87、95),并与造灯笼的人为在夜里照路造灯笼进行类比。[67] 假设残篇 B 86 和 B 84 是相连的,我们的读法即可如下:

---

[66] B 35.17, θαῦμα ἰδέσθαι(一个共赏的奇迹).(在这一点上我得益于詹妮弗·布莱恩。)它也适用于在赫西俄德《神谱》(575、581)以及赫西俄德式的《赫拉克勒斯之盾》(Shield of Heracles, 140、224)中同样出现的这一表述。恩培多克勒的用法最重要的先声,可能是 Merkelbach/West 15 中的 Hesiod fr. 33a,在那里,这一表述被用在某种神赐的蜕变上。

[67] 我在 Sedley 1992a 中论述过,B 84 的主题是阿芙洛狄忒,我也在同篇文章中对下述解读做了辩护。一个类似的解读参见 Inwood 2001, pp. 258–59。关于本段的目的论内涵,我在 Sedley 1998a, p. 20 中已经论述过。

（B 86）神圣的阿芙洛狄忒从中造了可靠的眼睛。

（B 84）而且正如有人计划在风雨夜中远行

准备了一盏灯，火焰熊熊，

为它配置防各向来风的灯笼罩，

它们分散了刮来的风，

但火光的精细部分蹿了出来 5

并以它不屈的光芒遍照此间；

所以她一时生成圆脸的眼睛，

原初的火被包裹在膜和精细的外壳中。

它们隔开了环流在周围的一片水，

但火的精细部分射到了外面。[68] 10

恩培多克勒也持有这一广为传播的早期信念，即眼睛的反射性表面是视觉的最初场所。这一反射能力是通过水和火按比例混合获得的，其中水（"环流在周围的一片水"）是其表面

---

[68] (B 86) ἐξ ὧν ὄμματ' ἔπηξεν ἀτειρέα δι' Ἀφροδίτη.
(B 84) ὡς δ' ὅτε τις πρόοδον νοέων ὡπλίσσατο λύχνον
χειμερίην διὰ νύκτα, πυρὸς σέλας αἰθομένοιο,
ἅψας παντοίων ἀνέμων λαμπτῆρας ἀμοργούς,
οἵ τ' ἀνέμων μὲν πνεῦμα διασκιδνᾶσιν ἀέντων,
φῶς δ' ἔξω διαθρῷσκον, ὅσον ταναώτερον ἦεν, 5
λάμπεσκεν κατὰ βηλὸν ἀτειρέσιν ἀκτίνεσσιν·
ὣς δὲ τότ' ἐν μήνιγξιν ἐεργμένον ὠγύγιον πῦρ
λεπτῇσιν ⟨τ'⟩ ὀθόνῃσι λοχεύσατο κύκλοπα κούρην,
αἳ δ' ὕδατος μὲν βένθος ἀπέστεγον ἀμφιναέντος,
πῦρ δ' ἔξω διίεσκον, ὅσον ταναώτερον ἦεν. 10

的泪液，而火从眼睛中央的虹膜射出。[69]一个内部的火能够到达表面而外部的水不能内渗把火源浇灭的结构使之成为可能。在此功不可没的角膜——它可能是唯一为古希腊世界所知的完全透明的固态物体[70]——是爱创造出来执行这一功能的。恩培多克勒在最后三行中赞颂的，正是阿芙洛狄忒所设计的这套过滤系统的精巧。

忽略这段灯笼类比中任何可能引起争议的细节，其中对理智技艺的着重强调仍然难以被解释为缺乏理论内容。[71]时至今日，眼睛的复杂结构仍被引作创世论的头等例证。恩培多克勒对眼睛的描述也基于类似的严肃的创世论动机，一旦我们考虑到它所塑造的更长久的传统，这就是显而易见的。

虽然赫西俄德已经清楚表明男人和女人起初都是神圣技艺的产物，[72]但无论是他还是任何我们熟知的作者，都未发展出恩培多克勒现在所采用的这种包含详尽技术性细节的

---

[69] 更全面地说，在夜视动物中，**所有**的火都是由眼睛内部提供的，因此它们的眼睛显然是火热发亮的。对于日视动物而言，有些火是由被照亮的外界环境提供的，因此它们的眼睛没有那么明亮。参见 Theophrastus, *Sens.* 8。

[70] 参考 Cicero *ND* II 142 的斯多亚式描述："[自然]为眼睛披上一层精细的膜来保护它，她把这膜造得极为透明，让我们能透过它看；又把这膜造得极为坚韧，让它能够成为载体。"

[71] Solmsen 1963 支持一种对恩培多克勒的技艺类比的高度还原式解读："他的诗歌里完全没有表明技艺对他而言是有目的的行动，或者明显的是有技巧的行动。"（p. 477，参考 pp. 478–79）这一说法完全忽视了造灯笼者的预先计划和有条理的制作过程。

[72] 参见上文第3—4页。

思想。在赫西俄德的两部主要诗作中（《工作与时日》47–105，《神谱》521–616），女人的神圣创造其实发生在寓言的语境下，具体而言是宙斯因普罗米修斯盗火对男人的惩罚。赫西俄德的全部重点是诸神和次级神祇之间的诡计，而这甚至延续到了对创造行动本身的描述中（《工作与时日》59–68）：

> 人类及诸神之父说完这话，大声发笑。
> 接着他命令著名的赫菲斯托斯尽快
> 将土掺进水中，并在其中加入人的语言
> 和力量，造了模样类似永生女神的：
> 一位可爱宜人的少女。他命令雅典娜
> 教她手艺，如何编织不同的织物。
> 他命令金色的阿芙洛狄忒在她头上倾洒优雅的气度，
> 连同痛苦的欲求和倦人的操心。
> 再给她似狗的狡猾和欺诈的天性
> 这是他对赫尔墨斯的命令……

即使这可能是恩培多克勒笔下的阿芙洛狄忒的创造活动的根源形态，体裁的转换在这里也是很明显的。赫西俄德的故事属于起源式寓言一类，它解释了神施与的惩罚给人类造成的一些困境状况。为了理解这一点，以及理解它与恩培多克勒观点的区别，我们应当及时地铺垫在接下来的哲学语境中出现的体裁。[73] 所有这些故事（包括恩培多克勒的）的共同点之一就是它们的两阶段结构：最初的形态在后来被改变了，通常是由于某种罪或者缺陷。[74] 不过，更普遍的差异也不容忽视。

最著名的类似"原来如此"的故事是阿里斯多芬在柏拉图的《会饮》（189d5-191d5）中讲述的极荒诞的神话：我们最早的祖先是蒙福的球形生物，宙斯及其下属通过将它们劈为两半来惩罚他们的叛乱，并诅咒每一半人终身寻找失落的另一半。与赫西俄德的模型相比，这一时期的叙事中包含了不少的伪科学，[75] 因为对球形生物的分解，以及神对人进行的一系列实验性改造——其使人类最终取得我们当下所熟悉的形态——都需要相当谨慎的描述，才不过仅仅初步可能使切割后的半人产生像**我们**这样的人类。不过除去与恩培多克勒创生论表面上的相似（尤其是恨之分离创造了性别分化的人），没有读者会认为阿里斯多芬的故事包含了他的或别人的真正的人类起源的理论。它接续赫西俄德的模型，主旨是道德的，和罪与罚相关。两个寓言都致力于解释人性的困境——赫西俄德故事中的性别政治，以及阿里斯多芬故事中

---

[73] 在后文中，我会不失幽默地将创世论者的故事交到欧里庇德斯口中，它出自阿里斯多芬喜剧《蛙》（*Thesm.*）的第14—18行。这些句子过于简短，令人无法判断这里得到戏仿的是前苏格拉底的伪科学，还是赫西俄德传统的创世寓言。

[74] Betegh（即出）极富启发性地分析了这一结构。

[75] 要注意到190a8-b5一闪而过的提法，也即大地是圆形的——这是跨入真科学的一瞬，但阿里斯多芬并未关注这一点。

的性激情——并在一个神罚故事中给予它一个起源的远祖。

再将柏拉图《普罗塔格拉》(Protagoras)中的普罗塔格拉所讲的人类起源作为道德存在。应宙斯的命令，厄庇墨透斯（Epimetheus）为新创立的动物王国配备了自卫的能力，但还没来得及轮到人类，他就意外地在其他物种上耗竭了自然的防护资源。为了补偿弟弟的失误，普罗米修斯从诸神那里盗来火种并把它传给了人类，让人类从技术中受到保护之益。后来，为了平息逐渐增长的民愤，宙斯的属下赫尔墨斯赋予了人类先天的社会性。

这个故事同样保留并进一步发展了赫西俄德式的神圣计划的模式，后者导向了对人类的逐步再造，而前者与之不同的是对神之仁慈的新兴的乐观关注。在这时，我们也能看到一些绝对严肃的科学推理。无论这一讲词的内容是出自在公元前4世纪早期写作的柏拉图，还是据推测要回溯到公元前5世纪晚期的普罗塔格拉本人，[76] 为了本书的目的，我们都不能忽略它对生存能力与物种形成之间的系统因果关系的深刻思考。即使恩培多克勒创生论的第二阶段无疑是它的半个先驱，这里的考虑之周详却没有明确的先例（320d8-321c3）：

> 在分配能力时，厄庇墨透斯让一些生物强健但不敏捷，而让那些柔弱的具备敏捷。他给一些生物武器，

---

[76] 我赞同 Morgan 2000 第五章中对后一种观点的论证。

而让另一些天生缺少武器,但给它们一些其他的能力来保存自己:对那些他赋予了小体量的生物,他分给它们可用来逃的翅膀或栖居地下的能力,而那些他造的大的,他就用大来保护它们。他就是这样平等地分配的。他这样巧妙设计的原因是要确保没有一种生物会灭绝。当他为它们提供了避免相互毁灭的方法后,他又为它们设计了抵御宙斯降下的四季的方案,给它们裹上厚厚的毛和坚韧的皮,这既适于御冬,又耐得住炎夏,而且也是为了在它们躺下睡觉时,让这些东西作为它们天然的床。他也给它们中的一些套上蹄子,给另一些坚韧和不会出血的毛发和皮肤。这之后,他为每个生物提供了各异的食物:给其中一些地上的青草,给另一些树上的果实,其他一些被给予根茎,而让有些以其他的动物的肉为食。对最后这群他安排了低出生率,而给被捕食者高出生率,这样来保种。[77]

厄庇墨透斯并不那么聪明,他没意识到自己在这些无理性的动物身上耗尽了所有的能力。人类仍有待他安置,而他却束手无策。

若我们做些必要的修正,其中不少内容便可以直接移植到达

---

[77] 根据希罗多德(写作时期为公元前5世纪后半叶),这类推测至少能被追溯到智者时代。在 III 108–9,他认为这是神恩的一种标志(108.2)——部分是由于它确保了人类的存续(109.1)——即那毁灭性的物种被造成只能产下少数子嗣,而自然中的被捕食者(如野兔等)则子孙兴旺。

尔文的设定中，而毋庸置疑的是柏拉图或他的思想来源颇具洞察力地考虑过物种分化的原则。不过，被赋予神圣创造者的创生职责远非科学论辩的一部分，而仅仅是个提供叙事背景的虚构情节。因此，即使考察各种保种方法可以被看作真科学，伴随之的每种能力只能被赋予一次观念则未必应该得到严肃对待，相反更可能被归为说明性寓言。[78]确实，普罗塔格拉在引入他的故事时，明确选择了将其设想为一个"神话"或"寓言"（*mythos*），并坚称他能同样好地将其呈现为说理（*logos*）。整个神圣大戏都只是普罗塔格拉为了解释而引入的精彩内容，并且读者能轻易地将其与论辩中坚实的理论内容区分开，后者既体现在人与动物王国的其他生物的动物学区分上，也在后续里体现为对人的特殊禀赋的伦理解读。

我们将会在第四章讨论柏拉图的后期对话《蒂迈欧》。在那篇对话中，神话叙事与科学叙事的混合更为复杂，柏拉图疑似在玩弄区分两种范式的传统界限。[79]然而，我的想法暂限于如下几条：赫西俄德的起源论方案是将我们的生物学起源确立在神圣的处置决意上，它带来了一种后恩培多克勒的传统；它在这一传统中虽然有时与科学论辩相交织，但是保留了可供识别的独立地位。我们在恩培多克勒的文本中所见的对神圣技艺的描述，代表了赫西俄德遗产的另一支。纵然他的爱

---

[78] 参考Philemon（希腊化时代早期的喜剧诗人）fr. 93 K.-A.，其中兽与人的差别在于，普罗米修斯为任何非人的物种赋予的都是单一不变的本性，而人类被赋予了各异的本性。

[79] 尤其参见下文第四章第七节。

和恨彼此对立，神圣存在的似人般的质疑和争吵也已经不具解释性，取而代之站上舞台中央的是爱占优的理智和创造能力。

让这些差异呈现出来的方法之一，就在恩培多克勒在神的技艺和人的技艺之间建立的复杂类比中——这清晰表明他最重视的是科学性解释。与荷马式的前身相比，恩培多克勒的类比的新颖和重要之处在于，它们难免将自然现象与人的制作进行比较（B 23、84、100），这开创了创世论者阐释神圣技艺的长久传统。[80]

在 B 21 与 23 这组残篇中，[81] 出现了另一种不那么技术性的技艺类比：

（B 21）因为一切过去、现在和未来存在的东西都从它们［四大元素］之中 1
产生：树木、男人和女人
以及野兽、飞禽和水生的鱼，
甚至享有至高荣耀的、长寿的诸神。
因为它们自身保持不变，却相互贯穿 5
它们改变外形，这是混合造成的巨变。

（B 23）正如画家装饰祭品那样—— 1

---

[80] 技艺类比在非目的论语境下亦有重现，例如 Hipp., *De victu* I 12-24，但对自然中的神圣工匠角色的强调不如恩培多克勒。
[81] 两残篇之间文本上的连续性，在 Bollack 1965-69, vol. III, p. 120 中得到了令人信服的论证。

智谋让他们都各擅其职——
　　他们拿到色彩各异的颜料,
　　将它们和谐地调配在一起,有的多一点,有的少一点,
　　他们用色彩造出了与万物相似的形象, 5
　　他们都造了树木、男人和女人
　　以及野兽、飞禽和水生的鱼,
　　甚至享有至高荣耀的、长寿的诸神,
　　同样不要让欺诈攫取你的心,让你认为别的来源
　　是产生无数有朽者的源泉, 10
　　而是要在听了神的叙述后,明白地知道。[82]

---

[82] ἐκ τούτων γὰρ πάνθ᾽ ὅσα τ᾽ ἦν ὅσα τ᾽ ἔστι καὶ ἔσται, 1
δένδρεά τ᾽ ἐβλάστησε καὶ ἀνέρες ἠδὲ γυναῖκες,
θῆρές τ᾽ οἰωνοί τε καὶ ὑδατοθρέμμονες ἰχθῦς,
καί τε θεοὶ δολιχαίωνες τιμῇσι φέριστοι.
αὐτὰ γὰρ ἔστιν ταῦτά, δι᾽ ἀλλήλων δὲ θέοντα 5
γίγνεται ἀλλοιωπά· τόσον διὰ κρῆσις ἀμείβει.

ὡς δ᾽ ὁπόταν γραφέες ἀναθήματα ποικίλλωσιν 1
ἀνέρες ἀμφὶ τέχνης ὑπὸ μήτιος εὖ δεδαῶτε,
οἵτ᾽ ἐπεὶ οὖν μάρψωσι πολύχροα φάρμακα χερσίν,
ἁρμονίῃ μείξαντε τὰ μὲν πλέω, ἄλλα δ᾽ ἐλάσσω,
ἐκ τῶν εἴδεα πᾶσιν ἀλίγκια πορσύνουσι, 5
δένδρεά τε κτίζοντε καὶ ἀνέρας ἠδὲ γυναῖκας
θῆράς τ᾽ οἰωνούς τε καὶ ὑδατοθρέμμονας ἰχθῦς
καί τε θεοὺς δολιχαίωνας τιμῇσι φερίστους·
οὕτω μή σ᾽ ἀπάτη φρένα καινύτω ἄλλοθεν εἶναι
θνητῶν, ὅσσα γε δῆλα γεγάκασιν ἄσπετα, πηγήν, 10
ἀλλὰ τορῶς ταῦτ᾽ ἴσθι, θεοῦ πάρα μῦθον ἀκούσας.

在这里，创生被与画家装饰祭品的工作相比。在自然世界中，四大元素混合起来创造各种树木、男人、女人、野兽、鸟类、鱼类和诸神。与之类似，绘画技艺中各种树木、男人、女人、野兽、鸟类、鱼类和诸神是通过颜料的混合和拼凑呈现的。恩培多克勒将大部分精力放在了解释的经济性上：一组少量的原初颜料混合起来（如果恩培多克勒所设想的是古代绘画实践中的通常情况，那大概是四种）[83]足以构成无数各异的活物的画像，类比而言四大元素的混合也足以构成这些画像的有生命的原型。[84]不过，艺匠在创造时的技艺也得到了相当的强调："正如画家装饰祭品那样——智谋让他们都各擅其职……"（B 23.1-2）因此，诗人的本意并不是说元素的混合自身就足以产生生命，理智在其中扮演了至关重要的角色，它精到地控制着这些元素的混合。这一面准确地反映了另一些恩培多克勒残篇的重点，在那些文本中，混合物的创生能力一定要和作为创造者的爱的角色同时出现（B 21、22、35、71、73、96、98），并且后者至少与前者并重。[85]

很少有人注意到这里预设了**两位**画家的事实。[86]这从三次以复数形式提及艺匠可以看出——如果将其解释为偶然

---

[83] 参见 Ierodiakonou 2005。
[84] 参见 Kirk, Raven and Schofield 1983, p. 294; Curd 2002, p. 150。
[85] 在这一列举中，我去掉了 B 107，它将四大元素**以及**爱和恨（参见 B 109）当作混合物中的成分，我们凭借它们思考和感觉。
[86] 其重要性在 Trépanier 2003a, pp. 35–36 中得到了精到的论述。

用法恐怕也太多了[87]——并且几乎可以确定，恩培多克勒心中所想的既有爱的创生，也有恨的创生。两位画家被描述为似乎是在并肩作业，这一隐匿的同步体现了（如我先前论述的）两种创生都参与了同一个世界（也即我们的世界）的动植物的形成。由两个神圣行动者的创生所代表的连续而非同时的创造，是另由我先前提到的方案展现出来的（第48页），按照升序，方案首先列举了恨的产物（树、男人、女人），随后列举了爱的产物（野兽、飞禽、鱼、长寿的诸神）。

即使出人意料，恨还是成了某种意义上的制作者，无论这有多隐晦。[88]

四 设计与偶然

仍遗留的问题是，我们如何解释通过技艺创造的混合物，以及恩培多克勒的论敌的起源故事中纯粹的偶然性。爱对有机物和单一器官与肢体的创造无疑是理智的、有目的的

---

[87] 虽然在史诗传统中以双数代指多数的用法偶有出现，但是要注意：（a）它们是在恩培多克勒除B 137.6之外的残存诗作中仅有的双数，而（尤其参见Wright 1981）在B 137.6中很可能指的是一对主体；（b）这集中的三组连续的双数看上去不像是随意为之；（c）在第2行，其中一组甚至不是出于格律考虑。

[88] 恩培多克勒此处的含混是可以理解的。一方面，这两个艺匠将颜色混合在一起，因此爱和恨的产物都是混合物；另一方面，恨的贡献在于逐步的**分离**，如果将它与艺匠的类比说得更明确些，就会不恰当地强调这一类比里最不像的部分。

行动。由此她可以通过将四大元素更紧密地混合，推进令世界变得和谐的工作。恨创造出分裂的、低等的人类无疑是爱之目的的镜像，恨的行动有一部分是为了分裂的最大化——如果爱是理智计划下的行动者，恨则更像是理智被扰乱的结果。然而，创生的至高成就显然不在他们之中，而在爱第二次产生有机体的时候。这里面就包括了长寿的诸神或精灵，它们能过上蒙福的和乐生活。它们是爱用她此前造的成分生成的，爱并未有心计划，而是随机组合（B 59），其中仅适者得以生存。为什么会发生这种从设计到偶然的解释转向？两阶段的巨大落差，无异于有人精心设计了一副牌但转头就随机洗牌。

恩培多克勒在第一阶段对个别成分的理智设计的强调并不难懂。回顾一下，恩培多克勒着墨最多的器官创造，是当下仍担任创世论的首要例证的眼睛。那么，毫无疑问他是有意站在创世论者的角度写作的。问题其实是为何他在第二阶段放弃了计划。

亚里士多德[89]对恩培多克勒在第二阶段转向偶然创生说持轻蔑态度，将其当作物理学中反目的论的典型论调。基于我们所知的，将恩培多克勒描述为目的论的敌人没有多大说服力。不过尽管如此，恩培多克勒退而使用偶然的创造力量这一点也亟待解释。这是不是意味着他最终承认了，由于缺乏设计能力，爱完全不能在一开始就直接造可存续的复杂

---

[89] 尤其是 *Physics* II 8，如下文第189—190页所引。

生命？我对此表示怀疑。

我认为，恩培多克勒在此处更多的是被证据的性质所驱使，而非受他对爱的能力的任何先见所支配。在宏观的视野下，"创造中的试错"这一假设有不少解释上的优点。

首先，它解释了恩培多克勒所赞颂的不可思议的生物多样性，也即"成千上万的有朽种族，与每一种形式相合，真是个共赏的奇迹"（B 35.16–17）。"每一种形式"的说法甚至可以等于宣称每种**可能**存在的种都被创造出来了，这就为柏拉图在《蒂迈欧》中认为"世界被造成包含着一切可设想的动物"做了铺垫（30c7–d1，39e6–40a2，69b8–c2）。在自己的关于永恒存在的理型（Form）的学说中，柏拉图就能找到这一信条——该学说中的创造者将理型作为其追求的复杂生物多样性的模板。然而，恩培多克勒的对应学说则是无穷的试错，他指的显然是爱在第二阶段的创生。

其次，过去尝试所有可能排列的方法已经在神话中——米诺陶们、喀迈拉（chimaera）们，等等——以及（如上文第44页注意到的）当下的据传是它的遗存的杂交种中得到了证明。

在这个意义上，如果恩培多克勒的叙述是证据驱使的，尚存的问题就在于，他是否由于遵循证据牺牲了理智创造的原则，后者是他用来支配爱的创生行动的。我认为答案是否定的。我们可以将其与当代进化论者中的聚合派（convergentist）的立场做一对比。化石记录——这很像恩培多克勒文化中的神话记录——使他们接受自然选择已经导致某些物种的灭绝。然而他们与论敌偶然派的想法不同，指出在进化之战中决出的胜者并非纯凭偶然。现存物种（包括人）最终的聚合是注定要发生的事。我们也可以在更为基础的自然律层面上，将之与时兴的人择原理（anthropic principle）做一对比。根据人择原理，自然律只有在人的产生的视角下才能被理解。我认为，相当一部分科幻小说作家在让类人动物成为别的星球上的优势物种时，就有意无意地采纳了与之类似的原理。

这样的模型极其接近神主导的进化理论，尽管前者未必是对后者的积极采纳。神能够启动进化过程，甚至可能启动背后的自然律；神能确定自然律的结果，也就是我们。同样的观点似乎是恩培多克勒创生论的基础。他自身的聚合论倾向体现为将人类作为爱与恨两种创生的最终产物的自负，否则这种自负就是不可理解的。

尽管有上面的推测，我仍然认为，思考生物学问题的恩培多克勒显然既是科学思想家，也是宗教思想家。他将自己笔下的六个主要角色解释为希腊诸神中的神祇（"宙斯""赫拉""阿芙洛狄忒"等），并且它们是不可进一步还原的。不仅如此，神祇和半神的精灵族也源自爱的创生。它们在恨之下的堕落和在爱重整旗鼓时的得救，都是宇宙循环的组成部分。恩培多克勒的工作乍看是科学的、受宇宙论的经典问题所推动的，而在赫西俄德传统下又是宗教的、关注罪和拯救的。

如果恩培多克勒既是科学的又是宗教的创世论者，那么在他眼里创世是被什么推动的呢？我认为爱对调谐的追求无疑是为仁慈所推动的。虽然球形世界大一统的终极目的被一再推迟，但是她利用了自己占优的诸时期来推行精灵们所过的和乐生活。基于眼前的证据，我们大概难以超越这一粗略的观察。然而这已经为有关圣爱的更详明的理论奠定了基础，它们是由恩培多克勒之后的创世论者提出的。恩培多克勒的贡献在于发现了一种有独立来源的世间之恶，它体现为恨的分裂倾向，而这是柏拉图和斯多亚学派都无法匹敌的。[90]

附录1　重思双重创生论

我在之前（本章第二节）曾论证，宇宙循环在大部分轮转内都不会终结在球形世界上。不过这样的解读如何经得起B 17的挑战？恩培多克勒在那里引入循环时将其作为一种合为"一"与再次成为"多"之间的交替。在常规交替中提到的"一"当然是指球形世界吧？很明显，正是这一假定让辛普利丘将球形世界置于每一轮循环的开端，因为B 17.7–13（即诗中第239—245行）是他引用以支持这种解读的（《论亚里士多德的〈论天〉》293.18-294.3=A 52 DK）。[91]

---

[90] 亚里士多德在 Met. 984b32-985a10 中将恨当作恩培多克勒的"恶"的原则。
[91] 在这之外，我发现的唯一确定无误地分享了这种解读上的预设的，是 Aetius II 4.8。它无疑也是出自同样的证据。

63　不过这几句并没有明指球形世界，恩培多克勒的读者需要在进一步深入该诗之后才能确定它们的准确内涵。

当我们注意到 B 26 的时候，这就很清楚了。我在上文第 39—40 页论述了 B 26 的重要性。我们在那里知道四种元素在频繁的彼此交换（1–3）中成了创生（4）的原料——具体而言，一是在爱增强区间的创生（5），一是在恨增强区间的创生（6）。这一循环（如这部残篇在首末几行所称的）本身并非在每一轮循环中都被球形世界打断，我们看到第 7 行说明了这一点。第 5—7 行告诉我们，根成为有生命物是通过交替地（5）在宇宙统一的阶段因爱聚合，以及（6）因恨被迫分离，直到最终（7）它们全都在球形世界中结合。

我们能从同一残篇的后续（8–12）中获得更重要的信息：

因此，它们就学会了由一变多，
以及当一再次长开它们就成了多而言，
在这个意义上它们是生成的，而且无法永生；　10
但是就它们持续地改变从未停止而言，
在这个意义上它们在一个循环内永远不变。[92]

---

[92] οὕτως ᾗ μὲν ἓν ἐκ πλεόνων μεμάθηκε φύεσθαι
ἠδὲ πάλιν διαφύντος ἑνὸς πλέον' ἐκτελέθουσι,
τῇ μὲν γίγνονταί τε καὶ οὔ σφισιν ἔμπεδος αἰών·　10
ᾗ δὲ τάδ' ἀλλάσσοντα διαμπερὲς οὐδαμὰ λήγει,
ταύτῃ δ' αἰὲν ἔασιν ἀκίνητοι κατὰ κύκλον.

既然第8—9行所描述的"一"-"多"交替明确地接续先前对循环的描述，那就很清楚，恩培多克勒的成为"一"并不专指完全的统一，也即球形世界，而是也指第5行的"聚合为一个世界秩序（εἰς ἕνα κόσμον）"，意即被爱支配的世界（如B 128的情况），这是一种幸福的统一，但还不是均质的球形世界。

这一用法带来了重要的后果，当我们回到B 17恩培多克勒对循环的介绍性描述中，我们就无法假定"一"与"多"的交替仅仅是用来指球形世界的来临和毁灭了。我们必须特别关注该残篇的前五行，也即诗的第233—237行：

> δίπλ᾽ ἐρέω· τοτὲ μὲν γὰρ ἓν ηὐξήθη μόνον εἶναι 1
> ἐκ πλεόνων, τοτὲ δ᾽ αὖ διέφυ πλέον᾽ ἐξ ἑνὸς εἶναι.
> δοιὴ δὲ θνητῶν γένεσις, δοιὴ δ᾽ ἀπόλειψις· [235]
> τὴν μὲν γὰρ πάντων σύνοδος τίκτει τ᾽ ὀλέκει τε,
> ἡ δὲ πάλιν διαφυομένων θρεφθεῖσα διέπτη. 5

在以下面这些著名词句开头，即

> 我要讲一个双重的故事：一时它从多中长成一，
> 一时它在生长中重新分开，一成为了多，

并在第7—8行用与B 26.5–6几乎完全一样的诗句概括这一交替时，即

> 有的时候因爱万物聚合为一,
> 其余的时候因恨造成的敌意再度彼此分离。[93]

他是在描述统一与多元的交替,这在他看来(如 B 26 明确指出的)仍是在单一世界的线性历史中运作,而非在一个接一个的世界运作。辛普利丘把这个"一"阐释成专指像球形世界一样的绝对统一,这对于读到诗的开头(如 B 17 处)的读者而言是很自然就会作出的假设。但是有了 B 26,这就被证明是个错误的假设。辛普利丘常常逐字引用证据,这是他的一大美德,而当下正是他引用的证据既指出了他误解了恩培多克勒的本意,也指出了为什么。

B 17 的开头两行之后紧接着出了名的难解的第 3—5 行,双重创生就是在那里第一次被提到的:

> 这是必朽者的双重生成,也是双重消亡。
> 其中一重,在万物的聚合中产生又毁灭,
> 而另一重,在它们再度趋向分离时,孕育又消失。5

这几句有多种解释[94],它们自身都能决定我们对恩培多克勒循环说的解读。这里的任务其实是探明,基于现已独立地得

---

[93] ἄλλοτε μὲν Φιλότητι συνερχόμεν' εἰς ἓν ἅπαντα,
ἄλλοτε δ' αὖ δίχ' ἕκαστα φορεύμενα Νείκεος ἔχθει.
[94] 尤其参见 Mansfeld 1972 对各种替代方案的讨论,亦参见 Trépanier 2003a, pp. 26–28。

到捍卫的说法，如何给出对这段文本的最令人满意的解读。

首先，我们可以排除任何将"双重消亡"（3）解释为"先毁灭爱的创生产物（4），再毁灭恨的创生产物（5）"的解读。我们已经看到，这些产物在爱恨占优的交替之间通常不被毁灭，而是从一个阶段延续到另一个阶段。

其次，在斯特拉斯堡残篇中（上文第36页）这些过程被概括为"生的聚合和开展"（ξύνοδόν τε διάπτυξίν τε γενέθλης），我们可以从中推出如下几点：万物的"聚合"（σύνοδος，4）是支配更具体的"生的聚合"（ξύνοδος γενέθλης）的宇宙进程，后者是爱的创生。因此，与之对称，万物的"生长分离"（5）是支配更具体的"生的开展"（διάπτυξις）的宇宙进程，后者是恨增强的分离性创生。既然"聚合"和"开展"都是指示创造过程的名词，我们就可以毫不迟疑地认为，如我先前发现的（第36页），斯特拉斯堡残篇使用的那对术语可以与 B 17.3 中提到的"双重生成"画等号。

基于这两条，我们可以转向在第3行出现的双重"消亡"（ἀπόλειψις）的平行问题。这之后显然接的是第4行的"毁灭"和第5行的"消失"。既然如我们所见，它指的并不是种的绝灭，那么唯一的替代就是：消亡的（被毁灭的，消失的）是生成自身。在爱增强的区间有活物生成，而在同一区间它也会"消亡"——就其在该区间告终后不会继续存在而言。在恨增强的区间有另一次活物的生成，而它"消亡"的方式也是相同的，即无法长过自己所处的阶段。

如果这是正确的，那么第3行的意思就不是"存在有朽物的双重生成和双重消亡",而是"存在有朽物的双重生成,和生成的双重消亡"。接着第4—5行补充到,一次生成及其最终的消亡是爱增加阶段的结果,而另一次生成及其最终的消亡是恨增加阶段的结果。[95]这样说来,这些谜一样的诗行就可以与之前提出的对循环的阐释相合。

这一解读也有其劣势,即 γένεσις 和 ἀπόλειψις 可能不是如我们所愿的那样对称搭配。[96]不对称解读也有一个解释上的优势作为补偿——否则它就是评释的巨大麻烦——也即为何第4—5行会用单数(τὴν μὲν...ἡ δέ——"一者……另一者")而非一组复数接续第3行的指意:第3行只与"有朽物的生成"(γένεδις θνητῶν)的双重历史有关,"消亡"(ἀπόλειψις)则是严格地从属于它的,而不是与它对称的。

再考虑一下丹尼尔·格雷厄姆(Daniel Graham)设下的关键条件,[97]他证明B 17的整体文本结构都是为了强调宇宙进程的对称性交替——单一世界中的长期振荡与传统的双世界循环至少同样满足条件。最终我提出的模型与传统模型在

---

[95] Trépanier 2003a, pp. 26—27考虑了与这一提议前半部分相应的解读,但最终拒斥了这种看法。

[96] 关于这样的对称,参见阿波罗尼亚的第欧根尼(Diogenes of Apollonia)B7 *fin.*。然而,这一文段中意料之外的不对称与恩培多克勒B 8.1–2部分平行:φύσις οὐδενός ἐστιν ἑκάστου | θνητῶν, οὐδέ τις οὐλομένη θανάτοιο γενέθλη(有朽之物没有自然/也没有可怖的死亡)。在这里,普鲁塔克的 γενέθλη(起源)相比埃提乌斯的 τελευτή(终结)更应该对应于 *lectio difficilior*(更艰深的课程),它表明恩培多克勒玩笑似的采用了毁灭自身也有其生成的观点,这多少与我们对第3行的解读相反。

[97] Graham 1988.

结构上非常类似，而二者的核心区别在于，在大多数时间内，交替的区间并不止于球形世界或完全分离。而这一差别是至关重要的，因为它如我强调的那样使得此区间创生的一些产物能够存活至彼区间，并因此让文本的清晰线索得到尊重。

对传统图景的这一修正也让我们在精灵的浮沉与爱恨的交替之间更容易确立合适的关联。精灵与其他的被造物都能作为个体从一区间活到下一区间，它们的好运可以精准地对应于两种宇宙力量各自的成功。举例而言，我们无须担心精灵和宇宙循环的一一对应，会导致将只崇拜阿芙洛狄忒的精灵的黄金时代（B 128）与爱统治宇宙的**球形世界**时期等同，由此要求承认精灵在其他动物存在之前的时代就已经杀生了。精灵是爱的造物，在爱占优时它们享有完全的福佑；但是到了恨重新掌权的时候，它们就被诱向罪恶，这导致了它们被放逐和惩罚（B 115）。对它们的三万个季节也即一万年[98]的惩罚很可能对应于恨统治的时期，在那之后爱返回并恢复了精灵的福佑。

附录2　循环的时序

可见，**球形世界**并不在爱增强的每个区间的末尾都重现。既然仍有无可辩驳的证据表明它最终还是重现了，那么

---

[98]　参见上文注释[2]。

也一定只是每隔一段更长的时间才会到来。那这些时段究竟有多长呢？明确的答案可以在对亚里士多德的《物理学》和《论产生和毁灭》(De generatione et corruptione)的拜占庭评注(Byzantine scholia)中找到，它在最近(2001年——译者注)由麦尔万·拉西德(Marwan Rashed)发现并出版。[99] 将这些激动人心的发现整合到关于循环的传统图景的工作面临着诸多难以克服的困难，而我相信，把新的文献整合进我对传统图景提出的修正相对容易，这正支持了我的判断。关键证据出现在拉西德的评注b和c中，我认为应当这样倒着读：

[c] καὶ εὐθὺς μετὰ τὴν παρέλευσιν τῶν ξ΄ χρόνων ἐν οἷς ἐ⟨κρά⟩τησεν ἡ φιλία γενέσθαι ἀπόσπασμα. [b] παυομένης γὰρ καὶ τῆς φιλίας μετὰ τοὺς ξ΄ χρόνους οὐκ εὐθὺς ἤρξατο ποιεῖν ἀπόσπασιν τὸ νεῖκος, ἀλλ᾽ ἠρεμεῖ.[100]

---

[99] Rashed 2001, 亦参见Primavesi 2001 and 2005。这些研究包括了大量对新的释读带来的困难的开创性讨论，也讨论了许多我在当下无法提及的问题。

[100] ἐ⟨κρά⟩τησεν这一校订是Rashed的功劳。[c] 中原来的καί也被Rashed和Primavesi修订为οὐκ，见下文。我没有按照这两处释读对两个连词进行修改，因为对他们来说，这两个词都把本句与亚里士多德的词目(lemma)相关联，而非与任何邻句相关联。这两个词目都是亚里士多德在《物理学》中提到的(释读b在250b26-29，释读c在252a7-10)，这样这个循环就包括了其他被扰乱的时期。在前面的释读b是通过告诉我们休止时期何时产生来作出解释的(因此有γάρ)：在经历了完整的六十轮循环之后。而在第二次机会中，评注者增加了一点信息(因此由释读c的καί引入，无论是将其译成"和"还是"也")：(转下页)

[c]爱占优的六十个时段(的每一个)[101]都逝去后,混乱就紧接着出现了。[b]再有六十个时段之后,当爱也停息的时候,恨并未立即进行干扰,而是仍在休息。

这样读来,评注c描述的是爱增强和接下来恨增强的每一区间的常规衔接,补充了它每六十轮循环发生一次("时段"[time-periods]字面上只是"时间"[times],很可能体现着恩培多克勒自己的αἰῶνες一词,即"长期"[aeons]或"时代"[ages])。[102]评注b补充了,当爱在六十轮**之后**达到巅峰,随之而来的是恨仍不活跃的一个时期。这一定是球形世界的时代(era)。因此看上去我们有了答案:六十个"时代"或经历诸轮完整的循环之后,球形世界才最终出现。

现在回到评注c。它与对循环的传统解释形成了鲜明的

(接上页)在这六十个连续的时代之中,没有一个插在爱的支配和恨的回归之间的休止时期。如果这两个释读都来自连贯的原始文本,那么在我看来,它们的顺序很有可能是颠倒的,就像我的翻译所体现的这样。
[101]即使这一含义并没有被明确地展现出来,在我看来,将这个不定过去式ἐ⟨κρά⟩τησεν理解为"获得主导"也是非常自然的。如果释读者的意思是爱的主导不间断地持续了整整六十个时段,就需要用未完成时。
[102]在我看来,像我提出的这种按照宇宙区间的度量方式,比任何认为这些"时代"只是人类语言中对年份的某种固定度量(例如像Rashed和Primavesi提议的,以一个世纪,也即最长的人类寿限为单位)的假设,更清楚地揭示χρόνοι极不寻常的复数形式的重要性。他们认为恩培多克勒的原词很可能是αἰῶνες(参考a[ii]6,即斯特拉斯堡莎草纸文献的第276行,πολλοί δ᾽ αἰῶνες πρότεροι),这把我说服了。但是,如果确实是这样,那么必然会存在极长的宇宙的时间(B 16.2 ἄσπετος αἰών,参见[Ar.], *De mundo* 397a10–11, 401a16),这与该词指代生物学上的生命周期(B 17.11, 26.10, 110.3, 129.6,参考21.12, 23.8, 115.5)的独特用法不能一概而论。

对立，以至于目前对它的讨论都只能假设这是文本的讹误，即在原文开头缺了一个否定词，引入这个否定词（"〈不〉紧接着"）就能重拾传统解读，即使代价是令它与评注b没有任何明显的区别，从而难以说明评注者加上这段话的合理性。我希望自己提出的对循环的再解读具有如下的优点：不仅能免于修改评注c，还能让它成为独立的、有内容的文本。

如果像我设想的那样，一个"时代"是完整的一轮循环，这在将来也可能会有不少价值。如果把恨统治的时期当作三万个季节（即一万年）[103]的话，合理的猜测就是一个完整的"时代"（包括与之相对的爱的统治）是它的两倍，也即两万年。至于球形世界期本身的时长，基于评注g似乎它总共不会少于一百个时代（"……经过分离，恨在一百个时段之后开始统治"），[104]若是这样，这就是恩培多克勒对两百万年这段时间的代称。

因此，我列出了循环时长的如下数据：爱和恨交替主导的区间每段是一万年，最终，在六十轮完整循环、总计一百二十万年之后，出现的是两百万年的极乐统一（blissful unity），也即球形世界期。[105]恩培多克勒选取的数字听上去

---

[103] 参见上文注释[2]。

[104] διακρίσει, μετὰ ρ´ χρόνους νείκους ἐπικρατοῦντος.

[105] 因为这球形世界的两百万年超过了大循环的全部宇宙时间，所以它似乎与亚里士多德在 *Phys.* VIII 1, 252a31 的说法相矛盾——如果后者被解读为恩培多克勒预设了运动的时期等于静止的时期的话。O'Brien 1969, pp. 59–69 以及 Rashed 2001, pp. 248–51 都是这样解读亚里士多德的好例子，但是后者十分正确地没有排除另一种可能，即亚里士多德（转下页）

似乎不仅失之武断，还很可疑。[106]尤其是，就算"一万"和"两百万"听上去像是用来计量长时段的好用的整数，"六十万"在这一语境下也是个惊人地具体的数字。但是，这个数字最后也许是可理解的。整个世界从一段球形世界期到另一段球形世界期总计要六十轮循环，每个循环两万年，总共是一百二十万年。它的十分之一刚好是十二万年，在肯索里努斯（Censorinus）[107]的记载中，这是俄耳甫斯（Orpheus）算出的大年（the Great Year）的数字，即诸天再度回到它们的确切的先前状态后的极长时期。当然，很可能这个数字是在恩培多克勒之后确定的——或许就是受了他的影响。同样可能的是，在恩培多克勒的年代这个数字就已经是俄耳甫斯传统的一部分了，而他计算宇宙循环周期是为了与之相合——他让

（接上页）的意思只是，运动和静止的时期的长度在两轮循环间都是不变的。无论如何，人们总会强烈怀疑亚里士多德对恩培多克勒的解读是否可靠，而在我看来，他在250b26–251a5为静止的宇宙时期所提供的证据，就算考虑到O'Brien 1969, pp. 252–61努力作出的修正，仍是十分可疑的。

[106] 2003年9月在牛津举行的古典哲学南部学会（Southern Association for Ancient Philosophy）上讨论的一个问题对此颇有帮助，即我们应该在何种程度上信任这些材料，尤其是考虑到释读a和f（参见Rashed 2001）的毫不掩饰的新柏拉图主义倾向。更何况，恩培多克勒到底有多大可能精确数出这些持续的过程，也是值得怀疑的。进一步思考后，我认为B 115的"三万个季节"，以及根据B 153a认为《净化》中暗示胎儿形成的"七乘七"个日子，以及与之平行的阿那克西曼德就相对宇宙距离给出的精确数字（这是凯瑟琳·奥斯本［Catherine Osborne］在牛津会议上提出的），都足以让我们对这些信息的基本真实性抱有信心。但毋庸置疑的是，在B 115和153a，恩培多克勒以殊为晦涩的方式给出了这些数字，因此它们的实际内涵确实可能被评注者的来源文本误解。

[107] *De die natali* 18.11.

世界的寿命正好是十个大年。无论是哪种情况，我们都手握鼓舞人心的独立证据，能够表明评注中的数字应该是真实可信的。[108] 而如果我们采纳第二种假设，也即在恩培多克勒的时代"俄耳甫斯"数已经是通用的，那么我们就能获得一个额外的解释支点：在历史语境中，他的宇宙数字并非完全是任意的，反而是基于公认的天文学或占星学权威的。[109]

附录3 我们身处循环的何处？

我们自己的世界是这番情形：爱曾经占优，因为据传曾经有过一段基普里斯的黄金时代（B 128），[110] 那时爱创造了蒙福的精灵和世上的大部分动植物。在那之后恨重新占优，它通过造成精灵的堕落（B 115）和产生不和谐的新人

---

[108] 在我写完上文剩下的部分后，麦尔万·拉西德好心提醒我注意"俄耳甫斯"（Orphic）数字。我提到这段衍生的论证，不仅是为了向他表示感谢，也是想强调，我重构的数字并非被先前确定数字的目标主导。恰恰相反，这一数字让我重构了相当一部分独立于之的证据。然而，如果我认为60这个数字及其公倍数隐含着六十进制计数系统的使用，那么一个亟待解决的问题就是，这种源自巴比伦的系统出现在前希帕克斯（pre-Hipparchan）的希腊文本中是否合理。（我们不需要怀疑它使用的是希帕克斯之后的希腊天文学。）亨利·门德尔颇有帮助地向我指出，希罗多德频繁使用六十进制的数字（例如 I 202-3, III 90-95, IV 124），这暗示希腊人最早在公元前5世纪就熟悉这个系统了。想要再进一步，就需要完全独立的一项研究了。

[109] 关于"俄耳甫斯"数字可能的宗教和天文学背景，参见 van der Waerden 1952 and 1953。

[110] 在上文注释[23]引用。

进行回击。[111]

那我们是否还生活在恨继续增加的时代？我怀疑恩培多克勒没有给出一个完全明确的答案。他本身是个堕落的精灵，正要恢复他失去的福佑，但这是否因为三万个季节即将结束，而爱将要重获支配权，因此所有其他堕落的精灵都多少离得救不远了？抑或是他通过小有所成的净化技艺发现了一条捷径？我强烈怀疑，是他文本中的词项让这一问题的答案变得模棱两可。而斯特拉斯堡莎草纸文献表明，在古代，对他文本中存在的模糊——即那一连串有争议的第一人称复数——持强调与持忽略立场的人之间发生的论战，针对的正是这一问题。

在这些篇幅较小的莎草纸残篇中，修订者两次通过将词尾改成中性复数分词去掉了第一人称单数形式，根据这一形式，它表示的是"我们"聚合起来成为一体。我们可以合理地推论，类似的解读上的分歧在诗的其他部分也出现了。修订者当然是想要清除任何对我们生活在爱增强的时代的可能的暗示，在那样的时代，所有堕落的精灵都可以很快同恩培多克勒一起重返福乐之地。[112]如果像一些解

---

[111] 既然在一个区间产生的种族通常能够存活到下一个区间，那么就很难确定，是否每个宇宙区间都需要一次新的创生。至少，在上一次球形世界之后的两个区间分别都必须有一次创生——一次是爱，一次是恨。

[112] a (i) 6（=诗的第267行），c 3。对于这个文本问题的其他解决方案，参见Martin and Primavesi 1999同一处，Algra and Mansfeld 2001, Laks 2002, Trépanier 2003b；综述参见Nucci 2005。我自己的意见是，争议的一方——它们作为主流，影响了辛普利丘后来在他自己的恩培（转下页）

读那样去掉"我们",就更容易假设我们仍生活在恨增强的时代,[113]而恩培多克勒重获神性体现的是他自己的捷径,我们只有学会他的净化技艺才能效仿。[114]所以,它的宗教影响就基于有争议的第一人称复数是否存在。因此我怀疑,这篇文本像德尔维尼莎草纸一样都在墓葬中被发现是否只是巧合。[115]

(接上页)多克勒读本中提出的解读——系统性地去掉了任何可能(或对或错地)被怀疑为将"我们"置于爱增加区间的第一人称复数,并且在d10处不必要地将ἐπιβ[ήσομ]εθ᾽修订成ἐπιβ[ήσόμ]εν᾽(因此是作为中性复数分词,而不是罕见的将来主动态ἐπιβ[ήσομ]εν,与其他修订保持一致),这只是同一过程太过粗心或机械的应用。十分重要的是,Martin and Primavesi 1999, pp. 23–23, 309注意到,在上一个例子中,修订者通过在被替换的nu两侧加点,暗含了他的修订基于可靠手稿的权威的意思;不过这并没有证明该修订是可靠的,它可能只是证实了机械地造成的改动在修订者的底本中已经存在了。确实,在这个例子中,暗含的手稿权威的意思完全可能有"原文如此"(sic)的力量,修订者承认了自己对修订后读法的惊讶。

[113] 即使斯特拉斯堡莎草纸文献对d1–10的重构基本是推测,在细节上也未必可靠(例如,第8行复原的δῖνον在我看来极不可能),它显而易见的悲观内容似乎也可能支持了这一理解,并且,在葬礼上使用包含它的扩展了的恩培多克勒诗作,很可能也不是偶然(参见下文注释[115])。

[114] 我认为(Sedley 1998a)恩培多克勒是在《净化》而不是在物理学诗作中继续阐述了这些净化技艺,正如前一作品的题目本身倾向于确证的那样。因为我也相信(同上书, p. 6),证据有力地支持了将其置于《净化》B 111的做法,在那里恩培多克勒承诺教授一些魔法。我不同意如Kingsley 1995a, pp. 217–32, Kingsley 2002以及Gemelli Marciano 2005的观点,他们基于这一残篇支持如下论点,也即物理学诗作的主要关切是获得对自然的控制。

[115] 与在希腊本土的德尔维尼莎草纸不同,这卷恩培多克勒莎草纸并没有为了与逝者在来生相伴而被烧掉,这直接反映了埃及通行的丧葬实践。如果(见上文注释[45])它只是一页莎草纸文献,并且至少包含一部分末世论的内容,而非如编者在编后记中宣称的那样只是一些随意拼凑的废纸,我的期望还会更大些。

附录4　卢克莱修对恩培多克勒创生论的证明

伊壁鸠鲁主义者（包括卢克莱修）发展出的一套创生论吸引着人们将之与恩培多克勒创生论进行直接对比，[116]详见下文第五章第三节。然而，伊壁鸠鲁版本的创生论省去了恩培多克勒创生的第一阶段，也即世界上充满单个肢体和器官的阶段。它也与恩培多克勒的创生的第二阶段中的一部分——非适者**不能**生存的部分——有意保持了距离。恩培多克勒在这里引入了各类杂交的幻想生物，而伊壁鸠鲁主义者据说是拒绝了这一假设。[117]与这种说法相符的是，卢克莱修更愿意将建构失败的生物完全限制在一种动物上，因为紧接着他就在他的创生论中坚称（V 878–924）半人马等类似的杂交种（这让人联想到恩培多克勒创生论中的牛头人之类的怪物）绝不可能存在。[118]

然而到了适者生存（这区别于非适者不能生存）这一点上，伊壁鸠鲁主义和恩培多克勒的叙述就趋同了。这并不令人意外，因为事后看来，幸存者的本性很明显是为当今生物的实际种类所决定的，这为分歧留下了更少的余地。就这一趋同我的证据如下。

新的恩培多克勒莎草纸文献令其编者在卢克莱修《物性论》II, 1091—93中辨认出了对恩培多克勒原话的直译，

---

[116] 这一附录基于Sedley 2003b。
[117] Plutarch, *Col.* 1123B.
[118] 关于这一批判的反恩培多克勒性质，参见Campbell 2003, pp. 139–45。

这是恩培多克勒的一张典型的生命形式清单,虽然与其诗第296—298行(=斯特拉斯堡莎草纸文献a[ii]26-28,上文第36页)并不一致,但用词似乎是相同的(上文第37页)。这个发现又带来了新的证据,以支撑我此前提出的[119]用来辨认卢克莱修笔下的恩培多克勒文本的原则,也即这些文本总是倾向于堆叠复合形容词——这在恩培多克勒文本中典型,而在卢克莱修文本中不典型。我们讨论的文本就是四处具有这一特征的卢克莱修文本的其中之一。[120]

V 864-70是另一处具有同样的恩培多克勒手法的卢克莱修文本,这是从他的创生论中截出的:

> at *levisomna* canum fido cum pectore corda,
> et genus omne quod est veterino semine partum　865
> *lanigeraeque* simul pecudes et bucera saecla
> omnia sunt homininum tutelae tradita, Memmi;
> nam cupide fugere feras pacemque secuta
> sunt et larga suo sine pabula parta labore,
> quae damus utilitatis eorum praemia causa.　870

---

[119] Sedley 1998a, pp. 24-25. 新的证据表明,我在那篇文章中不按照同样的标准将 II 1091-93 本身承认为恩培多克勒式的太过谨慎了。

[120] 其他的包括 I 3(在 Sedley 1998a, pp. 24-25 中,我论称这是扩展了的对恩培多克勒的模仿的一部分),V 789(在 Sedley 1998a 当中被忽略了,但在 Campbell 2003, p. 54 中得到了注意)以及在下文要谈到的 V 864-66。

> 但至于**浅眠**的狗,连同它们忠诚的心,
> 以及由役畜的种子所生的每一种, 865
> 与它们一道,**长绒毛**的畜群,以及有角一族,
> 都被置于人类的牧养下,梅米乌斯(Memmius)。
> 因为它们自愿远离野兽,并且爱好和平,
> 所以它们的食物充足,自己无须费力就能获取:
> 这就是我们对它们的用处的奖赏。 870

这几行诗更完整的伊壁鸠鲁语境将会出现在下文的第五章第三节,不过我目前的关注点是它们与恩培多克勒显而易见的渊源。

在恩培多克勒的原文中,长绒毛的畜群极易与荷马的 εἰροπόκων ὀΐων 或 εἰροπόκοις ὀΐεσσιν("毛茸茸的羊")联系在一起。我一直没能为卢克莱修只用过一次的 levisomna 找到对应的希腊词,但这样的术语的确有可能是恩培多克勒创造的(例如 κυνῶν ἐλαφρύπνων?)。第866行的源自希腊的词 bucera "有角的"可能也对应着一处恩培多克勒的文本,这里也包括一个复合形容词,例如属格 βουκέρω εἴδους。要注意无论 levisomna 还是 lanigerae 在这里都不是作为荷马惯用修饰语的例子被引入的,它们都负有直接的说明职责,也即将所言的种被人类称赞的特点摘出来。这再次与恩培多克勒的用法完美相合,即在某些时候相似地赋予它们说明性的角色——尽管他常使用复合形容词作为修饰词。[121] 最

---

[121] 参见上文第48页注释[52]。

接近的对应例子是B 61的"人面牛"(βουγενῆ ἀνδρόπρῳρα，参见上文第43页)，这对复合形容词概括了该生物存活和繁殖失败的原因。最后一条可证明诗行来自恩培多克勒的特征，是其突然以呼格提到梅米乌斯。这是否呼应了恩培多克勒以同样的方式提及他的听众保赛尼阿斯？[122]就算不看这些细节，这些诗行源出恩培多克勒的假设也让我难以抗拒。

在一些问题上，卢克莱修与恩培多克勒的创生论有意地保持了距离，[123]但是我们知道，适者生存的主题在此是两位诗人所共享的。如果卢克莱修在自己的创生论中选择了翻译恩培多克勒的原文，那他极有可能是在承认自己的学说与那位可敬的诗坛先驱的学说有相当多的一致。如果是这样，我们就有证据认为，恩培多克勒自身对创生论的完整表述，包括了某些物种因其对人有用而得以存续的主题。接下来，我们要注意这些被列出的种对人而言如何有用——保卫、运送、产羊毛和奶——这还不包括它们可屠宰供人吃肉，但猪毫无疑问符合这一点。唯有猪仅在供人食肉的意义上对人类有用，恩培多克勒后来进一步将食肉作为人对原初生活方式的可耻的背离。[124]

---

[122] 同样的提议由Sedley 2003b, p. 11和Campbell 2003, p. 135分别独立提出。
[123] 参见下文第五章第三节。在Sedley 1998a第一章，我强调了卢克莱修和恩培多克勒之间的理论差异，不过现在我很乐意将家畜当作一个罕见且重要的例外。
[124] B 128，在上文第39页注释[23]引用。

如果V 864–70与恩培多克勒的渊源得到确证，那么整个V 855–77这段关于野生和家养动物的自然选择的文本，极可能都有同样的渊源。不过，我无法提供具体证据来证明它。

第三章 苏格拉底

一 阿波罗尼亚的第欧根尼

要为本章的主角苏格拉底扫清障碍,我必须先简要解释一下,我为何不相信他大致的同时代人阿波罗尼亚的第欧根尼在我们的叙事中是至关重要的。这种观点不时地被提及,因为(大致说来)设计论证(Argument from Design)的最早版本常被认为是出自第欧根尼之手,这组论证从世上有理智的被造物的实例,推断出一位至上神的存在。[1]在我看来,一些出自苏格拉底的论证也被错误地归于第欧根尼。

第欧根尼其人可以追溯到公元前5世纪晚期,他绝不在前苏格拉底杰出思想家的第一阵营中。然而,他还是被冠上了"首位目的论思想家"的头衔。唯一一本关于古代目的论思想史的专著,是1924年出版的威利·蒂勒(Willy Theiler)的作品,在其中,第欧根尼的篇幅超过柏拉图和亚里士多德

---

[1] 即使明鉴如皮斯(Pease),也在他1941年的论著中将其归功于第欧根尼。

的总和，而阿那克萨格拉只得到了五页的篇幅，恩培多克勒更是完全没有被提及。到目前为止，我希望自己已经澄清了这样潦草地对待后两位前苏格拉底思想家为何是不公正的。而现在，我必须为相反的论点补充理由，以说明阿波罗尼亚的第欧根尼并非像人们普遍认为的那样是这一叙事中的重要角色。

第欧根尼的"目的论先驱"的名号是由一份残篇（64 B 3）奠定的，其原文如下：

> 因为要是没有理智（noēsis），它就无法被分开，从而使万物具备尺度——如冬天和夏天，黑夜和白天，下雨天、刮风天以及晴天。如果有人要考虑其他的事物，也会发现它们被安排得最好。[2]

万物都得到了最好的安排，这听上去像是后来的斯多亚主义者和莱布尼茨的目的论的预演。同样持有这一观点的还有伏尔泰在书中讽刺的潘格罗斯博士（Dr. Pangloss），他坚持"在一切可能世界中的最好的世界"的论调。不过在我看来，我们的引文来源辛普利丘对这一语境所述甚详，足以将此类

---

[2] οὐ γὰρ ἄν, φησίν, οἷόν τε ἦν οὕτω δεδάσθαι ἄνευ νοήσιος, ὥστε πάντων μέτρα ἔχειν, χειμῶνός τε καὶ θέρους καὶ νυκτὸς καὶ ἡμέρας καὶ ὑετῶν καὶ ἀνέμων καὶ εὐδιῶν· καὶ τὰ ἄλλα, εἴ τις βούλεται ἐννοεῖσθαι, εὑρίσκοι ἂν οὕτω διακείμενα, ὡς ἀνυστὸν κάλλιστα. 我这样断句并翻译最后五个词，是特别遵从了 Laks 1983，他指出通常倾向的翻译"最好的安排"直接将 ὡς 作为 οὕτως 的关联词，意为"可能的……"的最高级。

解读完全排除。

第欧根尼是个物质一元论者,他将气作为普遍的基础物质。所幸辛普利丘不仅为我们提供了第欧根尼论著开头部分的大量引文,也指出了它们的文本顺序。为了把"气"树立成第一位的,第欧根尼先是坚称(64 B 2 DK),应当将单一物质而非众多相互配合的元素设为基础物质,因为前者具有更强的解释力。接下来,他找出了这种单一的基础物质,并论证了自己的独特观点,也即这种物质实际上是气。他援引了气的特殊能力作为证明,这当然不是指空气能化作万物的隐秘基质(那就会是循环论证了),而是最明显地表现在它最直接可见的形式上的证据,如风、人所呼吸的空气,等等。他特别(B 4)指出,人所呼吸的空气是动物生命和理智的绝对基础:

> 进一步,下面这些也是重要的迹象。人类和其他动物都靠他们所呼吸的空气才能生存。本文会清楚地表明,气既是他们的灵魂也是他们的理智。如果气被抽离了,他们会死去,他们的理智也会消散。[3]

在这之后(在B 5的开头)他才进一步巩固了自己的结论,

---

[3] ἔτι δὲ πρὸς τούτοις καὶ τάδε μεγάλα σημεῖα. ἄνθρωποι γὰρ καὶ τὰ ἄλλα ζῷα ἀναπνέοντα ζώει τῷ ἀέρι. καὶ τοῦτο αὐτοῖς καὶ ψυχή ἐστι καὶ νόησις, ὡς δεδηλώσεται ἐν τῆδε τῆι συγγραφῇ ἐμφανῶς, καὶ ἐὰν τοῦτο ἀπαλλαχθῇ, ἀποθνήσκει καὶ ἡ νόησις ἐπιλείπει.

也即气是万物的神圣的普遍原则:

> 在我看来,具有理智的是人们叫作气的东西,每个人都由它支配,而且它也支配着万物。在我看来这就是神,它遍布四方,安排万物,并存在于万物之中。[4]

听上去高度技术化的残篇 B 3 正好位于第欧根尼对"人所呼吸的空气是个体理智的基础"的论证之前。那么当他在 B 3 中说"因为要是没有理智,它〔即空气〕就无法被分开,从而使万物具备尺度——如冬天和夏天,黑夜和白天,下雨天、刮风天以及晴天"的时候,他想表达什么呢?与他讲到呼吸时想表达的大同小异:空气在世界之中的功能指向了它作为最终的理智之源的角色,并由此奠定了它在因果上的首要地位。这次,证据并不来自人所呼吸的空气,而是来自大气展现自身的显而易见的高明方式,因为他提到的冬天和夏天、黑夜和白天,以及天气,都是对大气的陈述。[5] 这就是

---

[4] καί μοι δοκεῖ τὸ τὴν νόησιν ἔχον εἶναι ὁ ἀὴρ καλούμενος ὑπὸ τῶν ἀνθρώπων, καὶ ὑπὸ τούτου πάντας καὶ κυβερνᾶσθαι καὶ πάντων κρατεῖν· αὐτὸ γάρ μοι τοῦτο θεὸς δοκεῖ εἶναι καὶ ἐπὶ πᾶν ἀφῖχθαι καὶ πάντα διατιθέναι καὶ ἐν παντὶ ἐνεῖναι (κτλ).

[5] 参见 Hippocrates, *On breaths* 3,以及 Menn 1995, p. 31 的评注。关于第欧根尼对气象学的特殊兴趣,参考辛普利丘所记述的(*In Ar. Phys.* 151.20;这种说法并未被广泛接受,参考 Kirk, Raven and Schofield 1983, pp. 435-36),他就这一主题单写了一篇文章。关于前苏格拉底气象学背景下的第欧根尼,参见 Taub 2003, pp. 72–76。

说，如果你问四大元素——土、水、气、火——中的哪一个最直接地体现了理智，答案是气，它不仅维持理智的生命，也参与了季节、天气和日夜的有益循环。因此当第欧根尼在B 3的结尾补充"如果有人要考虑其他的事物，也会发现它们被安排得最好"时，他不能用"其他的事物"代指世上的所有事物，例如生物和地理结构，否则他对气的首要地位的论证就被摧毁了。相反地，他一定指的是**大气**的其他表现形式。

一旦重构了这段文本，我们就能理解为何这里并没有建立一种潘格罗斯式的目的论。这与如下事实相符，也即当第欧根尼后来转而讨论诸如人体中的血管分布这些物理细节时，[6]他使用的讨论形式无论如何都没有为人体内在结构的目的论描述做铺垫，这是柏拉图后来开创的，并由亚里士多德和盖伦（Galen）进一步发展。

要说第欧根尼在我们的故事中仍占有一席之地，那就是因为他将先前宇宙论传统中的如下思想明确表述了出来：（a）宇宙中作为基础的物质原则必须是理智的，并且（b）理智通过可能的**最好**（best）或**最精**（finest）的方式安排事物来将自身展现出来。（b）是柏拉图的宇宙论将会努力发展的基本观点之一，我将在本章稍后回到这一点。

第欧根尼是前苏格拉底传统的最后几位代言人之一。另一位是他的同时代人德谟克利特，我将会在第五章讲述他

---

[6] 参见 Laks 1983, pp. 42–72。

的基础性贡献。在本章内，我们的主角是苏格拉底本人。

二 色诺芬笔下的苏格拉底

公元前399年，苏格拉底在七十岁时被雅典人以不虔敬和败坏青年的罪名处决。传统上认为他是让哲学从宇宙论转向伦理学的关键人物。我认为这一描绘不仅是正确的，而且还得到了一些同时代的对他的评价的支持，即使他们很少提到他在创世问题上的激进立场。对他在这一话题上的贡献的忽视无疑源自如下事实，也即它最好的证据并非来自柏拉图，而是来自不那么流行并且对多数人而言稍显平淡的色诺芬（Xenophon）的《回忆苏格拉底》（*Memorabilia*）。

《回忆苏格拉底》的第一卷第四章和第四卷第三章是于我们的论题最为重要的两章，尽管它们几乎落在了当代复兴的苏格拉底研究的视野之外。[7] 我在上一节提到的蒂勒的确意识到了这两章的重要性，但他将其中大部分的哲学内容从苏格拉底那里转移到了第欧根尼身上，这很不合理。后果是，其他学者也纷纷效仿，包括瓦纳尔·耶格尔（Werner Jaeger）。[8] 我说"很不合理"是因为这两章的论述与前苏格

---

[7] 据我所知，主要例外是McPherran 1996，特别是pp. 272–91，以及Viano 2001。
[8] Theiler 1924; Jaeger 1947（这其实是他1936年的吉福德讲座［Gifford Lectures］），pp. 167–70。对此的批评见Vlastos 1952, p. 115, n. 84; Solmsen 1963, pp. 479–80; Laks 1983, pp. xxvii–xxviii, 250–57。

拉底自然哲学的世界几乎完全不同。

色诺芬笔下的苏格拉底在根本上是个反科学的创世论者。[9] 在他眼中，自然哲学家试图理性地重建神所创造的体系，他们的方案是逾越人性的限度（《回忆苏格拉底》I 1.11-15）。苏格拉底认为，真正的虔敬并不在于效仿神的功业，而在于感激神对我们的恩赐，并由此达到对联结人与神的特殊纽带的理解。根据色诺芬的描绘，这种对虔敬的阐释和倡导，为苏格拉底推进他的创世论学说提供了直接的背景和动力。

我们无法假装认为色诺芬在这里是个中立的记述者。他在《回忆苏格拉底》中的主要工作就是针对苏格拉底被控的不虔敬之罪为苏格拉底申辩。他对精灵（to daimonion）一词的使用，就可以证明他愿意为之做到何种程度。

苏格拉底被控不敬雅典城邦承认和崇拜的神，而引入新神。特别是（参见柏拉图，《游叙弗伦》[Euthyphro] 3b5-9;《申辩》[Apology] 24c1, 31c7-d6）后一条控告与他个人的神灵相关，他常用"向我显现的那个精灵（to daimonion）"这个表述来指代它（柏拉图《泰阿泰德》[Theaetetus] 151a3-4），并且以"苏格拉底的精灵"为人所知。to daimonion 这个词在希腊用法中本来仅可以指"神圣者"，为了将这类个人的神从苏格拉底崇奉的神灵中排除出去，色诺芬把它变成了

---

[9] DeFilippo and Mitsis 1994 就该主题进行了有益的讨论，虽然与我相比他们所呈现的苏格拉底与物理学更为亲和。

苏格拉底所提诸神的一般表述。因此，当色诺芬的苏格拉底说to daimonion让他这样做或不那样做的时候，他的意思仅仅是"诸神"如是命令他，它们借以交流的神圣"语言"与被希腊的宗教实践所承认的其他神启并无本质区别。[10]

我在此处关注的两个论虔敬的经典章节中，色诺芬的苏格拉底谈论了我们从to daimonion那里所受到的恩惠（I 4.2, 10; IV 3.15），这里指的还是诸神。这一策略提醒我们，这两章也同样是申辩工作的一部分。因此我们自然也会指望看到，苏格拉底的宗教观点被尽可能地削弱成了极传统的一种。不过若是这样，我们就有了一桩意外之喜。然而，这些章节远非对宗教惯例的重述，它们将一套极不传统的神学归到了苏格拉底名下。毫无疑问，这套神学也与色诺芬捍卫苏格拉底的虔敬的目的相符，但它所采用的方法却新颖得惊人。

这两章所呈现的苏格拉底是通过赞颂诸神的赐予，劝其对话者正确地尊重神灵的角色。两章的论证都发生了几乎相同的转向：对话者惊叹于苏格拉底所列举的神的恩赐，但也指出人类在这些方面似乎并不比其他动物更得恩

---

[10] 这种一般化最明显地体现在 Xen. *Mem.* I 1.2–4 和 *Apol.* 12–13 中，它解释了为何在色诺芬的著述中，*daimonion* 并不像在柏拉图的文本中一样，仅限于禁止苏格拉底做这做那，而是与对神的主流观念相符：这个精灵也告诉苏格拉底应该做什么（例如第四卷3.12、8.1）。而在色诺芬的非苏格拉底著作中（*On horsemanship* 11.13 和 *Hellenica* VI 4.3 是罕见的例外），他用于"神"的常用形容词是 θεῖος，在他的苏格拉底著作中，同样的地方则代以反复用 δαιμόνιος，这是同一种策略的表现。色诺芬方案的这一面向没得到充分注意，不过现在我们可以参考多里安（Dorion）在 Bandini and Dorion 2000, pp. 50–53 中的宝贵讨论。

第三章 苏格拉底

宠。[11]苏格拉底接着说明，与之相反，我们在某些方面**是独得神的恩宠的**。

第一卷第四章所关注的是我们的自然禀赋。感觉器官、牙齿、内在本能等可能是我们与低等物种共享的，但我们也专享一整套特权，如理智、手、直立姿势和宗教感。第四卷第三章的关注点转向了环境。与之类似，日夜交替、季节循环和丰沛的水资源可能是我们与整个动物王国共享的东西。然而，在这里苏格拉底论称，我们的特权要从我们与动物王国的**关系**当中发现。一系列低等动物正是因可为人所用才存在的，没有别的物种享有这种殊荣。出于本质上是宗教性的动机，苏格拉底通过这几步发展出了一套目的论，它比我们所见的任何前人的理论都远为公然和明显地以人类为中心。[12]这对一位最被看作（即使仍与他的时代精神一致）将哲学的

---

[11] 在可得的《回忆苏格拉底》英译本中，马尚（Marchant）1923年的译本不幸地在当代学者的讨论中影响甚巨，完全遮蔽了争论的这一面向（还有许多其他的面向），例如，不恰当地将φιλοζῴου（Ⅰ 4.7）翻译成"爱的"而非"爱动物的"。Tredennick and Waterfield的译本更为可靠，虽然在上文的例子中它的翻译也不准确。Bandini and Dorion 2000是我所查阅到的最精准的译本，就当前的问题，该译本的n. 251（p. 143）也令人受益匪浅。

[12] 对于阿那克萨格拉目的论中隐秘的人类中心主义，参见上文第24页。希罗多德类似倾向的暗示，参见第二章注释[77]（上文第56页）。有的人会将色诺芬的相关章节与欧里庇德斯的《乞援人》（*Suppl.*）第196—210行中忒修斯（Theseus）讲出的人类中心主义的神意做对比。然而，这些句子与人类的被造无关，而是关于神为人类赋予文明和适宜环境——除非第204行的γλῶσσαν指的是言辞的赠予，而不是"语言"，联系前几行来看，这是不可行的。

关注重心从宇宙转到人的哲学家而言，完全不令人意外。

更为惊人的是科学性解释的完全缺失——回顾一下恩培多克勒是如何通过详述眼睛的结构来把关注点引到神圣技艺上的（上文第52—53页）。色诺芬的苏格拉底在赞颂眼睛时同样极具说服力，但他将自己限制在眼睛显而易见的外部优点上（Ⅰ4.6）[13]：

> 再则，你难道不认为这也像是神的作品吗？我的意思是，由于眼睛的脆弱性，它被给予了堪作壁垒的眼睑，用时打开，入眠时闭上；它还被给予了作为滤网的睫毛，因此风也不会对它造成伤害；并且它有作为顶盖的眉毛悬在眼睛上方，所以即使额头上的汗也不会伤害眼睛。

在赞颂诸神的仁慈时，如果是柏拉图的而非色诺芬的苏格拉底在讲话，我们在其中就不会发现如预料中那样朴素的优点论。色诺芬的苏格拉底被恰当地称作一个"温和的快乐主义者"[14]，他在这里愿意将快乐列为诸神的馈赠之一。因此据他所言，排便通道被安排在尽可能远离我们的眼鼻的地方并不是出自实用考虑，而是出自对我们的舒适的关心（Ⅰ4.6）。[15]

---

[13] 完整的文本参见下文第214—215页。
[14] Gosling and Taylor 1982, §2.2.
[15] 参见西塞罗笔下的斯多亚主义的回声，*ND* Ⅱ 141。在本书中，自然与将排污口谨慎地置于房子后面的建筑师在这个意义上相类比。

诸神不仅给人理智，还给人非季节性的交配这一特殊恩典，以此将人置于其他动物之上（Ⅰ4.12）。[16] 自然世界所提供的快乐和效用在其他地方也有提及（Ⅰ4.5，Ⅳ3.5、3.6），并且他甚至提到了神自己的快乐——作为神如是安排世界的动机（Ⅰ4.17）。

很显然这是色诺芬的苏格拉底，[17] 然而借他之口表达的观点所代表的激进革新，几乎与前苏格拉底宇宙论毫无关系。柏拉图对苏格拉底的描述所造成的（积极或消极）影响，其实也没有波及色诺芬。[18] 的确，色诺芬与柏拉图的唯一相似点是"宇宙理智"的论证（Ⅰ4.8），它在这里与在柏拉图的晚期对话《斐勒布》（29a9–30d9）中一样出自苏格拉底之口，我将会在第七章第三节回到这一点。《斐勒布》甚至可能晚于色诺芬之死，那么似乎更像是柏拉图借鉴了色诺

---

[16] Gigon 1953, p. 137; 以及 Dorion in Bandini and Dorion 2000, pp.144–45, n. 255。这两处讨论了苏格拉底在 *Mem.* Ⅰ3.14–15 中提倡的禁欲主义。有种看法是，出于该原因，Ⅰ4的信息来源并不是苏格拉底本人。对这一看法的反驳是，注意苏格拉底在之前建议尽量少地沉湎于饮食和性，这是因为节制的生活能提供同等的快乐，还更加安全。这与他的节制的快乐主义是一致的，而他很可能也会认为，没有时令限制的交媾让人得以更自由地推迟性行为，不用全都攒在生物循环的几个短暂周期内完成。亦可参见 *Mem.* Ⅳ 5.9。

[17] 这种快乐主义倾向大概反驳了将安提西尼（Antisthenes）作为色诺芬记述苏格拉底的直接信息源的看法，Caizzi 1996, pp. 100–101 基于神学原因对此做了简要的暗示。参考 McPherran 1996, p. 287。关于安提西尼对快乐主义的厌恶，参见 Caizzi frr. 108–13 and notes。

[18] 对于色诺芬是在整体上回应柏拉图而非相反的观点，参考 Vander Waerdt 1993, pp. 9–11。

芬,而不是相反。[19]

在我看来,色诺芬这里对苏格拉底的神创世思想的历史描述不仅就其本身来说是可信的,也准确反映了我们意料中的苏格拉底从创世论科学到创世论虔敬的重新定向。无论色诺芬及其思想来源可能对材料做了何种改造或调整,它的原创性和重要性使我们自然地假设它根本上仍是出自苏格拉底之手。[20]我们马上就会看到,它的确包含着设计论证的先声,并且是最早的记录。

如果这两种合理方案在历史上属实的话,这个苏格拉底就标志着一个新开端,象征着并且在思想层面宣告了前苏格拉底时代的终结。造成这一结果的原因之一是,在苏格拉底的时代,由于原子论者的倡导,[21]偶然的创造力量成为了一种

---

[19] 参考 D. Frede 1997, p. 215, n. 183。一种版本也出现在 Aristotle, *PA* I 1 641b13-15 中(将在下文第194—195页引述并探讨)。这可能只是反映了亚里士多德本人深受 *Mem.* I 4 的影响(例如,将 *Mem.* I 4.6 对牙齿的安排与 Aristotle, *Ph.* 198b24-26 和 *PA* 661b6-9 相比;将同一章对眉毛和眼睫毛的安排与 *PA* 658b14-26 相比)。关于该章对亚里士多德的启发,可参考 Johnson 2005, p. 117。

[20] 指向同一方向的结论可参考 McPherran 1996, pp. 273-91, 以及尤其是参考 Viano 2001。在两章中,色诺芬明确表示自己是对话的在场者(I 4.2, IV 3.2),这只在《回忆苏格拉底》的另外五章中出现,它本身不足以提高自己的历史真实性(参考 Kahn 1996, p. 33; Dorion in Bandini and Dorion 2000, pp. xxxix-lii),但至少与它作为历史真实的情况毫无矛盾。

[21] 或者,苏格拉底的时代是否有其他的激进质料论者?很可能没有。柏拉图对话中的此类角色基本都出现在他的晚期作品中(例如, *Sph.* 265c1-10, *Laws* X),而在早些时候的《斐多》中(下文第三节),质料论解释的典型代表是阿那克萨格拉,《斐多》认为阿那克萨格拉等人试图为努斯找到一个位置,但最终失败了。在原子论者之前,没有任何自然哲学家积极地将理智能力从作为基底的质料中排除出去。参见上文第一章第一节。

与理智的创造相抗衡的解释模型。几乎可以肯定,这就是为什么苏格拉底成了首个**用论证**支持创世论并反对与之抗衡的质料论假说的人。设计论证就这样登上了历史舞台。

苏格拉底的第二个革新是把宗教从物理当中分离出来。它们最终成了两个思想领域,但直到前苏格拉底时代的末尾,它们仍是相互结合的整体。二者的融合在恩培多克勒的著作中被呈现得最为生动,同样的融合也体现在赫拉克利特、阿波罗尼亚的第欧根尼或那个时代除了阿那克萨格拉之外的几乎任何思想家的著作中。在苏格拉底这里,思想的两种模式——宗教的和科学的——分开了,这并非意味着它们完全不相容,而是意味着色诺芬的苏格拉底一方面主张培养正确的宗教态度对道德而言不可或缺,一方面又强烈反对在理论层面上研究物理学。感恩诸神对人的特殊关照,绝不在于对神如何造出这些馈赠的沉思。

要是我们在色诺芬文本中所见的苏格拉底容许自己在这一领域作出任何理论推测,那就是与神学相关的。一旦从物理学中解脱出来,神学理论就能在苏格拉底的工作中得到保留。因此,苏格拉底已经能够提出一种具体论证来说明世界具有理智("宇宙理智论证",我会在第七章第三节回到这一点)。并且他不仅将仁慈归于至高的神,还在将神描述为"极其伟大而且同时看到一切、听到一切,在每一处存在并照料万物"的时候,将无所不知和无处不在的力量归于神(Ⅰ 4.17-18)。这套神学在前苏格拉底思想中尤其传统,但并非是物理学的传统。它确凿无误地呼应和发展了色诺芬尼的激进神学，[22]色诺芬尼在公元前6世纪晚期或公元前5世纪早期讽刺地抨击了神人同形同性论（21 B 11–16 DK），并将至高神重新描述为仅通过思想就能移动万物的不动的存在（B 23–26）。

下一节我将会回到苏格拉底与先前传统的彻底决裂，在第七章回到色诺芬记录的苏格拉底的论证在后来造成的重大影响。不过首先我们必须暂停，以检查他在《回忆苏格拉底》I 4.2-7中运用的论证，这次他旨在展示理智创造在世界中的存在。（这一论证的完整译文参见下文第214—215页。）

对话者阿里斯多兑谟（Aristodemus）受邀提名最智慧的人，并选出他最爱的诗人和工匠。接着苏格拉底问他："你认为何者更值得敬佩，是那些创作了无心灵和静止的图像的，还是那些创作了有心灵和活动的生灵的？"这里重提了恩培多克勒在创造活的三维动物的神圣技艺与画出它们的二维图像的人类技艺之间的比较（31 B 21+23 DK，参见上文第58页）。不过，不同于恩培多克勒的是，苏格拉底将直接的比较变成了对比，用它来凸显神的技艺相对于人的技艺的巨大优势。

阿里斯多兑谟回答，他更敬佩创造真的有生命物的神，但他说，只在神有计划而非纯凭偶然地创造了它们的前提下才是这样。[23]苏格拉底进而开始展示诸神一定确实是有计

---

[22] 参见McPherran 1996, p. 287。

[23] 即使我批评了Marchant 1923（上文注释[11]），我依然充满感激地沿用了他对γνώμη的翻译——"计划"（design），在尝试了各种变体之后，我最终认为这最好地符合了文意。托尼·朗告诉我，这一翻译也同样适用于赫拉克利特（22 B 41 DK）。

划地创造了有生命物:"将显然服务于一个善的目的的事物,与没有明显迹象表明其目的的事物对比,你认为何者是偶然的产物,何者是有计划的产物?"阿里斯多兑谟自然把服务于可见目的的事物选为有计划的产物。而这令苏格拉底开始列举(在上文中已概述的)我们身体上的及其他的财富的标志。它们为我们自身的建构是有计划的提供了直接证据,因此我们的原初创造者就比最为人敬佩的人类工匠更值得敬佩。

苏格拉底的这一论证在色诺芬笔下是十分典型的,它有些排斥形式论证,它的主旨如下:

1. 模仿性的工匠是值得敬佩的创造者,即使他们的产物并不是有生命物。

2. 若有生命物的创造纯凭偶然,其创造者就不比模仿性的工匠更值得敬佩。(隐含理由:它比起工匠展现了更少的理智。)

3. 若有生命物的创造出自计划,其创造者就比模仿性的工匠更值得敬佩。(隐含理由:这是一位理性的创造者,工匠们也是,但前者比后者更值得敬佩,因为前者的产品比后者的更优越。)

4. 要判断有生命物的创造是仅凭偶然还是出自计划,我们必须问,其产品(有生命物)是典型的偶然的产品还是有计划的产品。

5. 典型的偶然的产品并不服务于一个明显的目的,而典型的有计划的产品反之。

6. 有生命物(在这里由人类代表)被创造成它们的每一

特征都服务于某种明显的目的。[24]

7. 因此最初有生命物（包括人类）的创造是出于计划的。

8. 因此最初有生命物（包括人类）的创造者比最为人敬佩的人类工匠都值得敬佩。

在这里，我们第一次见到了偶然和计划的明确分离，它们被呈现为相互竞争的两种创生性生命起源。接着，苏格拉底引用本质上是有系统的目的结构的证据来贬抑偶然，支持计划。他清晰的（虽然是隐含的）结论是：生命形式起源于至高的创造者，它高于一切人类创造者。难道这里不是我们的首例（或至少屈居第二）设计论证吗？[25]

这个标签仍存在争议，因为设计论证也意味着对神存在的论证。苏格拉底斥责对话者阿里斯多兑谟轻蔑地无视了宗教实践（I 4.2），但没有迹象表明他是个无神论者，因此也没有迹象表明苏格拉底对他的驳斥是为了证明神的存

---

[24] 在I 4.5，苏格拉底问到，是否 ὁ ἐξ ἀρχῆς ποιῶν ἀνθρώπους，即"人类的原初创造者"是为了我们的福祉才赋予我们眼睛等事物。这里的阳性用法隐含了对第四步出现的困难的回应，它已经将创造我们的原因理解成了一位有人格的创造者。我认为，我们希望色诺芬在这里是运用逻辑不严格，而不是暗示理智创世甚至无法在该论证中得到积极捍卫。至于使用现在分词而非不定过去分词，当然有可能意味着苏格拉底是为了指出"那个从起初就造了人的存在者"，并由此暗示神的制造体现在每次新的诞生中。然而，连续创造的观点并未得到其他部分文本的支持。与之相反，我认为选用现在分词只是为了与I 4.4的 οἱ ἀπεργαζόμενοι 相对应，这是为了强调人类工匠和作为工匠的神的直接的平行关系。

[25] D. Frede 2002, p. 86将其称作"一套出于设计的高度精密的论证"，还（p. 90）提出了一个重要的反面论点，即在我们最期待设计论证出现的柏拉图《法篇》（Laws）第十卷中，此类论证并未出现。

在。[26]恰恰相反（I 4.9-11），如阿里斯多兑谟亲自解释的，他没能看到神在世间劳作，是故假设神远远超出人类，因此不需要我们的崇奉。作为对这一立场的回应，苏格拉底的论证必须致力于展现的那种存在，就应该是被理解为仁慈和全知的创造者的存在，而非神本身的存在。

然而，若是坚称它与设计论证存在重大分歧，这不仅是欺人，终究也是自欺。如果被界定为设计论证，"任何一种宣称通过引用自然世界中的理性设计的证据来证明一位创世神的存在的论证"，那么它似乎是无害的。很自然，任何此类论证若是有效，就不仅在驳斥无神论时**始终**有效，还要在驳斥任何神学（如伊壁鸠鲁的神学，也可能包括阿里斯多兑谟的神学）时也同样有效。因此，我们在这里讨论的是一种在逻辑上和核心结构上都是单一的论证类型，它可能充当对无神论的驳斥，也可能不会，这仅仅取决于运用它的辩论语境。

设计论证不仅在这里初次登场，苏格拉底还是它的作者，这大概并非偶然。对我们当前的故事稍做回顾就能发现，它背后的生命起源是出于偶然还是经过设计的难题，其产生时间不会早于前苏格拉底时代最后几年。因为只有那时候，随着原子论的出现，另一种纯凭偶然的生命起源方案才

---

[26] 我仍未发现任何证据，能够支持将阿里斯多兑谟描述为"臭名昭著的无神论者"（DeFilippo and Mitsis 1994, p. 255）、"不信者"（Pease 1941, p. 166）或者仅仅是"不可知论者"和"实践上的无神论者"（O'Connor 1994, pp. 151 and 167；然而，该书 pp. 165-67 十分有用地概述了阿里斯多兑谟在讨论中扮演的角色）。

被构想出来。这种方案是第五章的主题。不过我们已经能够窥见，它的诞生如何可能促成了创世论者的首次正式辩护。而辩护的任务最终落在了苏格拉底身上。

三　柏拉图《斐多》中的苏格拉底

因为柏拉图精彩的对话录让其他关于苏格拉底的资料都黯然失色，所以色诺芬那里的关键文段也没能得到足够的重视。然而我的论点是，柏拉图独立呈现出的苏格拉底对物理学的态度，在很大程度上确证了色诺芬的描述的真实性。

他的中期对话《斐多》将对话背景安排在苏格拉底被处决的几小时前，在对话中柏拉图借其师之口讲出了苏格拉底的自传，尝试解释为何苏格拉底抛弃了自然科学并开始采用他自身独特的考察方式——辩证法。苏格拉底解释到，他年轻时所热衷的那种自然科学致力于将自然进程的原因归为基础性的物质。例如（96b3-9），对人类思想或智慧（*phronein*）的探究最终落在"我们身体的哪个组分该为之负责"的问题上——是我们吸入的空气、血管中的血液，还是我们的大脑？然而，这种方法（由于一些我在此存而不论的复杂原因）[27]在上一个论证中就被证明在解释上不能自洽。

---

[27] 我在Sedley 1998b中提供了对它们的一种解读。

苏格拉底接着说，有天他听到某人在读阿那克萨格拉的书，并激动地得知阿那克萨格拉所考察的原因迥然不同：他将一切归于努斯——理智或心灵——的创造。年轻的苏格拉底心想，终于有人言之成理了。接下来，他自然以为阿那克萨格拉会进一步描述世界主要组分的安排和运动——由于阿那克萨格拉认为它们是理智的产物，所以他进而就会解释为什么这样安排事物是最合理的，换言之，是**最好**的。

很遗憾，当苏格拉底终于亲手拿到阿那克萨格拉的论著时，真相令人极度失望。除了口头侈谈理智创造之外，阿那克萨格拉还将自己的论述重点限于先前传统中主流的物质或机械解释，他将"空气、以太、水以及其他荒谬之物"指定为背后的原因（98c1-2）。拿"为何大地是静止的而不处在坠落中"这个经典的宇宙论问题（上文第3—4页）来说，苏格拉底期待读到对"为何整体的宇宙安排（包括静止的大地）是理智设计出的最优方案"的解释，而他在阿那克萨格拉那里似乎只发现了对标准的前苏格拉底式的解答的重复：大地很可能[28]是由于空气而保持静止——意即大地垫在一层空气上。

在第一章中我已经论述过，为何我认为对阿那克萨格拉的这一刻画可能是有误导性的。即使阿那克萨格拉没有停下来解释为何努斯的安排是最好的，我们只要尝试，仍能仅从当今可得的残存证据中发现他设下的支配着努斯的动机和

---

[28] 参见99b8-c1，以及 Aristotle, *DC* 294b13-17。

目的。然而，阿那克萨格拉和苏格拉底就一个正确的物理解释中的不同重点相互对峙，这是完全合理的。如苏格拉底所说，将创造归给自然现象背后的物质，是将正确的原因与"没有它原因不能成为原因"（99b2-4）的东西相混淆。理智是世上万物的真正原因，[29]这一因果关系要被理解为它考虑何者是最好的。作为基础的物质并**不**是原因，它只是故事中让理智的命令生效的条件。

苏格拉底通过一个精彩的类比（98c2-99b2）展现了阿那克萨格拉著述中的重点，但也歪曲了这一重点。他说，想象某人先说，苏格拉底完全凭借理智行事，却又解释说，组成人体的骨头和肌腱等才是苏格拉底现在坐在监狱里的原因；他闭口不提，是苏格拉底的理智的运作，才让骨头和肌腱处在坐着的状态。这是由于苏格拉底的理智在全盘考虑后得出，他继续坐在牢房里比起通过逃跑蔑视法律更好。骨头和肌腱的确是坐姿所必需的，但它们本身用于逃跑和用于在监狱里坐着没有区别，因此并不能当作苏格拉底依照后者而非前者行事的理由。因此，基于理智的解释，和基于与之类似的支配着一切理智的决定的善的解释，绝不能被物质运作的描述所替代。

一种可能富有吸引力的解读是，它是对一套心理因果（mental causation）的明白的还原式描述的戏仿。具体而言，

---

[29] 在苏格拉底看来，这一定指的是宇宙的整体结构，而非单个考察的个别行动和事件（包括坏的事件）。参考 *Rep.* II 379c2-7，以及下文第四章第五节。

它是将理智的运作还原成了物质的运作,像今天我们尝试将思想还原为脑中的物理变化一样。与这种一元论立场相对,二元论者倾向于问,通过追踪大脑和神经系统中的特定化学变化如何让数学家的右臂伸缩,并洒下一定序列的墨点,为什么就可以为本身是理智的思想过程(如数学计算)提供因果解释。苏格拉底举出骨头和肌腱(而非理智)作为类比的例子,完全可以被看作这种对物质论提出的挑战,尤其是(如前文提到的)他年轻时在自然科学上绕的弯路,已经让他陷入了"思想的身体性原因是什么"的问题,而他后来为此深感后悔。

然而,这种解读不仅没能恰切地贴合上面的例子,[30] 就连公开的二元论者阿那克萨格拉,也很难成为还原式心理学的攻击者的明显靶子。事实上,还原论是极端物质主义的原子论者的标志(参见上文第7页,以及下文第五章第一节)。苏格拉底所攻击的这个人,一方面给予理智不同于物质的主导性创造地位,另一方面又没能展现出理智是如何工作的——换言之,没能解释理智产生的结果为何是合乎理智的,也就是说,没能解释它为何是善的。

---

[30] 气、血和大脑(在96b3-9被当作思想的可能原因提及)不在苏格拉底的戏仿中的质料因之列。这种对应的缺乏在98d6-8苏格拉底的第二个或说从属的戏仿中甚至表现得更清楚:"……再一次地,就我正在与你对话而言,如果他想要讲出另一套这样的因果解释,将发出的声音、气体、听到的声音和千万种他物作为原因……"这也展现了将理智排除出因果关系叙述的错误,并且简单地列举了相关的质料性因素,但我们不可能怀疑后者想要**取代**前者。

四　一种历史的综合

这与历史语境令人信服地相吻合：几乎可以确定，原子论成为显学晚于苏格拉底年轻时的研究阶段，考虑到他生于公元前470年或前469年，这一阶段大概可被溯至公元前450年。然而，阿那克萨格拉的主要作品不仅比这更早，更是对如下前苏格拉底思想的长期传统最清晰的表述：该传统从一开始就倾向于认为理智能力是物质世界的首要特征，而且是不可还原的（上文第一章第一节）。即便说阿那克萨格拉在首次将理智当作在本体论上有别于它寓居的物质这一点上比传统走得更远，在相关问题上他也没有反驳之前的观点，只是补充了之前没有的功能区分。阿那克萨格拉这个二元论者即使强烈坚持理智至高的创造能力，也对物质的运动太过重视，以至于无法为这一现象提供可信的目的论解释。正如苏格拉底所见，如果这是事实，那么比他更物质主义的同仁也因这一失败加倍地受害。

就早期的苏格拉底而言，这些都是史实。还要注意《斐多》的自传性文段中没有出现如下观点，也即在年轻的苏格拉底看来，理智在宇宙进程或结构中的存在是需要辩护的。相反，他的问题是该传统中是否有人（阿那克萨格拉是其最好的代表）真正探明了理智是**如何**运作的。更进一步驳斥那些将理智从宇宙进程中完全排除的人，是成熟期的苏格拉底的工作，正如我们在色诺芬那里看到的苏格拉底的论证那样。到公元前5世纪最后的几十年原子论者登场之后，才产生了对这种反驳工作的需要。

在《斐多》的这一文段中,苏格拉底的另一重点是,理智是内在的善因,必须通过它旨在实现的善好理解它。除了与他同时代的阿波罗尼亚的第欧根尼的简单假设,这一观点在已知的前苏格拉底思想家当中并未得到发展。第欧根尼(上文第一节)发现每当事情被安排得尽可能最好或"最精"的时候,理智的运作就展现在其中。理智和善好的这种联结要等到苏格拉底[31]登场时才得到完整的表述[32],其原因是很显然的。苏格拉底对神的善好的理论描述开始于将理智或智慧(phronēsis)作为人的善好之核心的伦理考察。先前的传统强调了神圣理智、技艺和能力,但直到苏格拉底才给神圣善好赋予了相似的重要性。在柏拉图笔下的苏格拉底对话中,以及在色诺芬的《回忆苏格拉底》的神学章节中,神的

---

[31] 苏格拉底和第欧根尼之间某种程度的互动(参见DL IX 57)在时间上是可能的,因为根据泰奥弗拉斯托斯(Theophrastus, fr. 226A FHS&G=64 A 5 DK),第欧根尼是"几乎最年轻的"自然哲学家,晚足以受到原子论者留基波(Leucippus)的影响。进一步,在当时的公共认知中,苏格拉底和第欧根尼可能在某种程度上被结合在一起,因为显而易见,阿里斯多芬的《云》(Clouds,公元前423年)中的"苏格拉底"所讲的部分物理观点,听起来都像是第欧根尼的(尤其参考Vander Waerdt 1994b)。出于本章第一节和本节下文中即将给出的原因,我反对任何打算从《云》中提炼出苏格拉底自己的物理学的尝试,也一般地反对将第欧根尼作为苏格拉底的重要影响者的看法。但我不会完全排除苏格拉底在某种程度上影响了第欧根尼的可能性。

[32] 在22 A 102 DK中,"赫拉克利特说对神而言一切都是恰当和好的,只有人类认为有些事物是不正义的,另一些是正义的",这可以算作此种联结的先声,但这一处引文的字句并非准确无误,它可能是靠某个斯多亚化的文本流传下来的。一个足够谨慎的讨论参考Kahn 1979, pp. 183–85。

本质的善好的确毫无意外地成为了一项经常性的主题。

至此，色诺芬和柏拉图的叙述中没有任何不合史实和相互矛盾的地方。而且，在他们的叙述中，苏格拉底都拒斥了整个希腊宇宙论传统进行解释的努力，并认为它们有根本性的缺陷。他主张以对造物者之善好的感恩来取代对"它是如何产生的"的思考——他的先辈正是由于后者被引入了歧途。鉴于几乎没有证据表明柏拉图和色诺芬的叙述相互影响，他们的相似程度就十分鼓舞人心。在这里，我们似乎真的掌握了苏格拉底背离前苏格拉底物理学的外在事实。

这两位诠释者最大的分歧，在于对苏格拉底抛弃物理学的动机和结果的解释。首先，就其动机而言，色诺芬的苏格拉底认为研究宇宙科学是不虔敬的行为，是错误地试图模仿神的工作，背弃了人在等级秩序中的恰当位置。然而，柏拉图的苏格拉底出于别的原因绕开了物理学，这个原因是：有意引起《申辩》的读者的共鸣。在他看来，那些声称了解宇宙的人并不真正具备有关宇宙的知识，甚至连阿那克萨格拉也不例外。苏格拉底与众不同，至少有足够的自知，能承认他并不理解宇宙。不过，与他在伦理领域的回应不同，在物理领域他承认自己抛弃物理只是因为缺乏相应的天资，而在伦理领域他将无知之知作为推进考察的动力。

类似地，两位解释者也在对结果的解释上分道扬镳。对色诺芬来说，他想传达的信息是很清楚的：他的苏格拉底发现了绕开物理学、专注于探寻德性这种道德智慧。但柏拉图的工作指向了一种不同的诠释。他会在时机成熟时写下

《蒂迈欧》这部新对话，在其中他重启了先前搁置的科学问题，也即造物主是如何工作的。这次，在将这一问题与神的善好的原初论题一并加以考察之后，他对该问题的回答比任何一位前辈都要成功。柏拉图如何让创世论科学与他继承的苏格拉底遗产兼容呢？这一点柏拉图在《蒂迈欧》之前就想过了，这体现在《斐多》的苏格拉底自传里的一句随口评论中：在解释过自己放弃物理学的缘由后，苏格拉底补充到，如果有人能教给他在阿那克萨格拉那里寻找未果的这种因果理论，他仍乐意学。柏拉图向我们暗示，苏格拉底对物理学丧失希望，只是对到那为止既有的物理思辨方式的反应，而不是要排除一种得到恰当修正和理论化的物理学，而这正是柏拉图自己最终要发展出的物理学。

在同一段里苏格拉底谈到遥远的未来，"我仍会非常乐意成为任何人的学生……"（99c7-8）要是我们想到他在《斐多》的戏剧性的场景中只能再活不到一小时，这就十分奇怪了。但在作者看来，它是极为合理的：在后来的柏拉图对话《蒂迈欧》中，为了学习至高的理智是如何创造出世界的，苏格拉底的确完全成了某人的听众，那人就是蒂迈欧（Timaeus），疑似一位毕达哥拉斯主义者。通过在自己的文本中埋下这一线索，柏拉图为他终生的方案提供了正当理由，他后来的物理学转向被他描述为对苏格拉底的推进，而非对苏格拉底的背叛，而这正是苏格拉底会乐于看到的。

现在，我们必须转向柏拉图自己的方案了。

第四章　柏拉图

一　《斐多》中的神话

在上一章的结尾处我曾述及，早在写作《蒂迈欧》这一继《斐多》后数十年内的最佳对话之前，柏拉图就已经在计划建立一种目的论宇宙观，这是他笔下的苏格拉底会赞同的，但苏格拉底本人却没能实现。[1]现在我还可以补充说，柏拉图无须等到《蒂迈欧》才开展该计划。因为，就在《斐多》的结尾，苏格拉底向他的观众讲了一个神话（107c1–115a8），并且无论他是否意识到了（几乎可以断定他没有），这个神话都概述了阿那克萨格拉**本该**说的话。

让我们来回顾一下（见本书第三章第三节），年轻而乐观的苏格拉底曾希望阿那克萨格拉首先描述大地的形状以及它在宇宙中的位置，再解释就大地而言其形状和位置为何是最好的。《斐多》结尾的神话含蓄地回答了这些问题，它不仅描绘了大地的形状和位置，还让我们看到了由此产生的善好。

---

[1]　关于柏拉图宇宙论的苏格拉底渊源和启发，参考 Graham 1991。

这一神话的内容大致[2]如下：大地近似球形，位于球形天的中央，仅凭对称均衡保持静止。在地表之下，分布着纵横交错的地下河；地表之上的起伏程度不一，因此有些区域在水下，有些在空气中，有些则升入稀薄的高空大气层——这一层又名"以太"。处在每个净化阶段的灵魂都位于一个合适的区域，从塔尔塔洛斯地狱中的受罚者，到鱼类，或如我们一样在空气中生存的生物的肉身，直至近于纯精神存在那般纯净美好的以太中的高贵栖居者，都是如此。任何一种状态的气——无论是水、空气还是以太——的疏密程度，都与其中栖居的灵魂的理智纯度相适合。由此看来，我们比鱼类优越，但劣于以太中的栖居者。这里暗示的最终理念范型，是与这一级纯度相应的纯精神存在。

稍做回顾就能发现，这个神话暗示了什么叫"大地的形状和位置都是最好的安排"。无论柏拉图是否严肃看待了神话中这段精彩的地理学描述，[3]他都成功地传达了自己的观点，即大地被赋予这样的形状和位置，是为了灵魂长久的福祉。同时，苏格拉底所抱怨的、几乎被阿那克萨格拉在阐释上赋予全部重要性的三元素——水、空气和以太，在这一神话中也分别被降格至特定的位置上：它们根本不是原因，

---

[2] 虽然对于我的主题而言，《斐多》中的神话处在不能不提的中心地位，但我在这里提出的解读在Sedley 1990中已经详细阐述过，因此我在此处对它的处理会较为粗略。对这一解读更为充分的辩护可见Karfik 2004，而关于《斐多》中的神话重要的新观点，参见Betegh（即出）。

[3] Kingsley 1995a, pp. 71–111论称这一神话的原型是与毕达哥拉斯学派有渊源的西西里神话。

只是理智在构建气的三个等级时**借用**的物质。

很显然，苏格拉底并没有充分理解这一神话中潜藏的目的论，因为他早先承认自己从未懂得目的论宇宙观，并且直到临死前都持此说。他对这一神话的采信无疑源自他对神的正义的信念，而非任何宇宙论的知识。但是，那个给他讲述了这一神话、被他仅称作"某人"的人，一定比苏格拉底更好地理解了目的论宇宙观。谁是这个不具名的知情者？我唯一的候选人就是柏拉图自己。[4]众所周知，柏拉图（因病）缺席了在苏格拉底的死囚牢房里上演的那一幕，然而他作为记述者的在场在整个对话中都难以忽视。并且，苏格拉底在他生命的最后时刻无意中传达给我们的，正是柏拉图对目的论学说进路的构想。

接下来，让我们记住这一新的目的论最显著的特征：世界的智慧安排的直接受益者是灵魂。与色诺芬笔下的苏格拉底不同，柏拉图并未如最后一组论证那样将自然理解为人类中心主义的。当我们从神圣理智的安排中得益之时，我们并非作为人类得益，而是作为灵魂得益，而灵魂的终极奖赏

---

[4] 金士利（Kingsley）在 Kingsley 1995a, pp. 89–90 认为"某人"是西西里的毕达哥拉斯主义者。基于这一目的论解读，我认为不排除有这种可能性，因为《蒂迈欧》中的同名发言者也是宇宙目的论的支持者，而他很可能是（无论是真实存在的还是虚构的）一位西西里的毕达哥拉斯主义者。另一方面，我认为《斐多》本身没有金士利所说的那样情愿将其归功于毕达哥拉斯学派（Sedley 1995）。关于《斐多》中紧随其后的一处对柏拉图自己的隐含指涉，参见 Most 1993；《泰阿泰德》中的一处提及，参见 Sedley 2004, p. 37。

第四章　柏拉图

恰是脱离人的肉身。《蒂迈欧》的主题，就是一种专于使灵魂达至实质神性的宇宙安排，并且这一主题正是在《蒂迈欧》中更充分地成形。

二　引入《蒂迈欧》

我花了不少笔墨勾勒《蒂迈欧》的背景，现在是进入这篇对话的时候了，即使我很难在本章的篇幅内完全展现它独特的丰富性和开创性。[5]我会从"神圣的技艺"这一具体观念出发分析这篇对话。《蒂迈欧》比其他任何古代文本都更全面地挖掘了这一观念。不过，让我先做一个整体的概述。

将柏拉图的《蒂迈欧》作为论宇宙的"对话"实在太简便和自然了，但严格来说，这只是一篇对话的残篇，它记录的是从一段更长的文字中截取的一篇演说。此外，实际的对话的架构也是未完成的，《蒂迈欧》-《克里提亚》（*Timaeus-Critias*）是删节过的一系列独白，由某个知识分子小团体呈现，苏格拉底就是其中一员。

我们从对话开头得知，前一天，苏格拉底在他的独白中，用在柏拉图的读者看来与《理想国》极为相似的语

---

[5] 既然我不能充分地处理关于《蒂迈欧》的丰富的研究著作，那么至少让我在这里表达对Cornford 1937、Brisson 1992、Zeyl 2000、Harte 2002、Fronterotta 2003、Velásquez 2004和Johansen 2004的谢意，这些专著都是我写作本章时经常查阅的。

句构思了一座理想的城邦。《蒂迈欧》一开篇，克里提亚（Critias）就应苏格拉底的要求，描绘了这样一个运转中的理想城邦——九千多年前的雅典正符合苏格拉底的叙述，而克里提亚有幸知道雅典与大西洋岛（Atlantis）的战争这段久已失传的故事。在克里提亚就此主题发言之后，另一名参与者赫谟克拉底（Hermocrates）也要就某一主题发言，可惜的是，这一主题再未被提到。但是首先，作为克里提亚叙述雅典旧事的序幕，蒂迈欧这位西西里的政治家、哲学家和天文学家答应详述世界的起源，直至人的创造。正是这一发言构成了《蒂迈欧》余下的部分。对话在《克里提亚》中无间断地继续进行，但随后在克里提亚发言时中断了，我们既没能听到他故事的结局，也没能听到后面赫谟克拉底的话。

为何这一文本的形态如此令人不满？《蒂迈欧》被公认为柏拉图晚年之作，约作于公元前350年（他于公元前347年去世）。一个看似合理的猜测是，柏拉图出于某种原因抛弃了更宏大的计划，决定止于蒂迈欧演说的结尾，并公开了他此前写过的所有东西。这对他而言是一个绝妙的决定。毕竟，由此呈现的文本的确在一开始就成为他最具影响力的著述，大概也是在所有的古代作品中最具开创性的哲学或科学文本。假使这篇对话的不完整性阻碍了其传播，此后的古代哲学史一定会呈现出迥异的面貌。然而，这一妥协的代价是，在公开的残篇开头保留了那些若非借助后半部分文本就不能理解的内容，而那部分文本终未面世。

我这么说，是因为蒂迈欧发言之前的开场白显然是作为

第四章 柏拉图　　*149*

序幕出现的,并不仅仅是蒂迈欧发言的专门铺垫。它适用于(却不限于)包括此后克里提亚未完成的演说在内的整篇对话,是为更广泛、全面的对白设计的。[6]我们无法重构柏拉图为长篇对话结构所做的规划,甚至无法确认这一规划是否真的完成了。然而,我们绝不应该仅仅因为克里提亚在21a7—26e1处的开场发言和蒂迈欧随后关于宇宙起源的演说是相连的,就期望在它们之间发现任何特殊联系。[7]我们从中发现的任何关联都只能是偏狭和片面的,因为这些关联必然要根据整篇对话重新进行考察。在我看来,总体上较为稳妥的方法是将蒂迈欧的演说(连同《克里提亚》第一页的结尾)看作一个独立存在的整体,并忽略或削弱其与上下文的联系。

蒂迈欧的演说表面上大抵是一个创世神话,即使它常在神话、寓言、祷辞、科学分析[8]以及哲学论证几种语体之间摇摆。它是用让人望而生畏且极尽铺陈的古希腊文写成的,尽管是散文体,却遵循了诗的诸多定例,这无疑与神话叙述相称。下面是它的要点(并非与蒂迈欧的叙述顺序完全相合):

第一原则。在一段公开的祷告过后,蒂迈欧带来了柏

---

[6] 我有意将《蒂迈欧》-《克里提亚》-《赫谟克拉底》(*Timaeus-Critias-Hermocrates*)作为一篇"对话"而非"三部曲"。《泰阿泰德》-《智者篇》-《政治家》(*Theaetetus-Sophist-Statesman*)是柏拉图三部曲的典范,并且,比起《蒂迈欧》和《克里提亚》,它的三部分对话之间显然更为独立。在如此面世时,它们之中没有一篇像《蒂迈欧》一样未完成自己的主题。

[7] 我这样说,主要是为我疏于关注蒂迈欧的讲述的对话背景辩护,并不是要否定其他学者对这一文本所做的精彩研究,例如Osborne 1988 and 1996, Broadie 2001, 以及Johansen 2004第一至二章。

[8] 对于该对话的科学内容,Lloyd 1968的分析仍属经典。

拉图的"两个世界"形而上学的增强版本,将理智存在者的领域和可见的生成物的领域区分开。物质世界属于后一个领域,需要通过与这一领域相配的叙述方式来阐明;此种叙述旨在达到"近似",而非适用于不变实体的绝对确定。

世界图式。自身善好的"制作者"或"德慕格"(Demiurge)的作品。我们的世界模仿了一个永恒的理型,是单一的、球形的理智实体,包含了彼此近似的土、水、气、火四大元素,还有灵魂。

质料。德慕格设计了四大元素的微观结构。他将美和功用赋予一种叫作"载体"的基质,后者的运动在德慕格未介入前尚处于混乱之中。载体的基础组成是一些为拼合(以及分解后的重装)成四种标准立体的平面而选用的特定原始三角形,而这四种立体又是土(正六面体)、水(正二十面体)、气(正八面体)和火(正四面体)的粒子。

世界灵魂。这是德慕格利用同、异与存在的复杂混合创造的,它被排列为同和异的两组圈,且被划分为和谐的间隔比例。这一结构也是天体运行秩序的基础。

人类的理性灵魂。同样由德慕格制作的人类理性灵魂是根据世界灵魂仿造的,随后寓居在我们近似球形的头部,模仿世界灵魂遍布并围绕球形天旋转的方式。灵魂进入肉体使自身原本的环形运动被扰乱了,但它能通过模仿世界灵魂以求最终恢复原本的运行。

人类的身体。任何由德慕格创造的事物,包括我们的理性灵魂,都是不朽的。为避免将人造为不朽的,人类身体的具体设计和组合，包括可朽灵魂的部分，都需要由次级的、被造的神来完成。他们将人类的身体造为理性灵魂的合适居所。

其他动物。它们的躯体被有意造为相对于人类原型的堕落，在一段惩罚和救赎的期限内，用于囚禁曾是人类的灵魂。

三 一种创世活动？

柏拉图《蒂迈欧》中的创世神被称为工匠或 *dēmiourgos*，所以确定无疑的是，在我们的语言中引入"德慕格"一词是用来代指一位神圣的工匠。在恩培多克勒传统中（经常被恰当地认为影响了《蒂迈欧》），为支持这一模型所援引的最突出的技艺是木工手艺。蒂迈欧所用的各种行话（车床和混料钵［lathes and mixing bowls］）实在过于明显，以至于必须超越字面意思理解。从柏拉图时代开始，读者就想知道要在什么程度上超越字面意思。在某些确切年份之前，一位从先在的混沌质料中创造世界的神圣工匠真的存在吗？还是柏拉图仅用这一构造的意象描述在过往无尽的时间中本质始终不变的理智在世上所扮演的"原因"角色？

这个问题始终是《蒂迈欧》解释者们最爱争论的。[9] 在不完全打破本书平衡的前提下，我没法分给它应得的篇幅。

---

[9] 对这一古代争议的开创性研究是 Baltes 1976–78。更简洁的综述参见 Sorabji 1983，第十七章。

不过，从本书的整体论题出发，我又不能完全忽略下述问题：柏拉图设想的神的技艺是否如此类似于人的技艺，以至于这种技艺也要按照计划和渐进式建构的不连续阶段进行？因此我转而探讨这一问题，并十分清楚我的态度可能在有些人看来是挑衅性的或不合时宜的，或两者兼具。

发言者蒂迈欧叙述了这样的故事，亦即一个至善的神圣工匠是如何决定要创造一个世界、准备他的材料，并将世界造成一个有自己的理性灵魂的球形生命体；以及如何决定要创造一系列不那么纯粹的理性灵魂，它们适于同可朽的身体结合；还有那些他所造的次级的神，是如何被赋予创造人和其他有机体来承载这些灵魂的任务。这些阶段并不是确切地按照它们实际发生的时间顺序来叙述的，不过在一处蒂迈欧解释道，偏离严格的时间顺序——他有意先描述世界身体的被造，再描述灵魂的被造，然而实际上，作为统治者的灵魂必然要高于它所统治的身体——并不该误导我们（34b10-35a1）。[10] **存在**一种时间顺序——宇宙创生按照连续的阶段进行——的强烈印象贯穿了文本。[11]

---

[10] 的确，在 *Laws* 892a2-c8、896b2-c8 和 967d6-7 中，这种印象得到维持，并未受到神话叙述的误导，这些地方特别提到了灵魂自己的"生成"（γένεσις）或"生育"（γονή），"在一切身体之前生成"（σωμάτων ἔμπροσθεν πάντων γενομένῃ, 892a5）。

[11] Baltes 1996, pp. 77-85 系统地展示了找到创世的可靠时间顺序的困难。虽然巴尔特斯（Baltes）认为，这证明了柏拉图并非执意采用字面上的时间顺序，但这同样也可以用来解释，为什么这里的蒂迈欧并未试图描述真实的时间顺序，而我们注定要对此保持无知。

不过柏拉图真的相信这一点吗？解释者们为反对这种按照时间顺序的字面解读提出了各种困难，[12]在这里我只提一个。有一种解读常被认为包含了两种全然不兼容的主张：(a)由于庞大的天钟（celestial clock），时间在世界被创造时产生（37c6-38c3）；(b)世界被创造之先，载体中就有无序的运动（51d2-53c3）。无序的运动似乎不可能发生于时间存在之前。

乍看上去，我们可能有希望提供这样的可靠解释：创世的故事显然是个神话。[13]而柏拉图经常用神话表达非字面意义上的重要真理。例如本书第二章（上文第57页）中短暂提及的，柏拉图笔下的普罗塔格拉要就"美德是可教的"给出自己的论证，并向他的听众展示（《普罗塔格拉》320c2-4）同样的教导既可以通过理性言说（logos）实现，也可以通过神话（mythos）实现。他选择用后者阐发我们内在的道德本能的实质，讲述了一个有趣的创世故事。一方面，没有任何头脑正常的人会按照故事的字面意思理解；而另一方面，这给予了读者充足的余地进行不同**程度**的去字面化的解读。例如，几乎没有人会认为他指的是，当人类仍然处在"筹备阶段"时，宙斯、厄庇墨透斯和普罗米修斯之间那些常常失败的谈判真正发生过。不过，有些人从故事的字

---

[12] 参考Baltes 1996, pp. 82-85中的列举，亦可参考Dillon 1997。
[13] 蒂迈欧将他的发言称作 *mythos*（在69b1中很明显），但更经常的称呼是 *logos*。我在这里将其称为"神话"，不是因为蒂迈欧自述如此，而是因为它能够被明确地归为某种形式的创世神话。

面意思中读出了某种暗示，即我们的道德本能是或至少可能是神的馈赠；而另一些人抛弃了整个神圣架构，将其翻译成纯粹的自然主义语言。这种解读上的自由并不是普罗塔格拉自述的不幸失误，而是神话表现形式无法避免的特点。追问普罗塔格拉的神话究竟就人类社会的起源说了什么，和问一首赞美诗中的"上帝的王座"或"天使的歌唱"所喻指的是什么，是同样毫无意义的。神话叙述本身就带有这种不确定的特征，正如大部分宗教叙述一样。而《蒂迈欧》首先就是一种宗教叙述。[14]

出于这些考量，我们希望可以满足于关于《蒂迈欧》的下述结论：《蒂迈欧》采用叙述的形式首先是出于解释上的原因（柏拉图的学生色诺克拉底［Xenocrates］的著名说法是"出于教学目的"）。[15]不是叙述中的所有细节——举个最明显的例子，在41a3—d3德慕格对刚刚被造的诸神的讲话——都**能**被当作字面上的真理采信，它们不比普罗塔格拉口中厄庇墨透斯和普罗米修斯的对话更加可信。那么，我们应该去掉多少，又留下多少？至少，蒂迈欧的宇宙起源论可以被解读为用虚构形式向我们展示世界的目的论结构及其主要内容。不过，大部分读者至少都会推进到这一步，也即认为《蒂迈欧》中坚称的神圣创造的不可或缺是一条解释原则。有些读

---

[14] 在《蒂迈欧》众多的宗教表述之中，要注意蒂迈欧在讲话的开头（27c1–d1）、结尾（《克里提亚》106a3–b6）以及在开启一个危险的新讨论时（48d4–e1）的祷告。

[15] Xenocrates frr. 153–57 Isnardi.

者会走得更远,认为它的意思是神圣原因通过一种原初的、时间可考的创造行动产生了世界。每个读者都会在不同程度上权衡此种解读的利弊:采信故事中这个或那个方面的字面含义会让整个叙述变得过分简单——或者更糟——变得自相矛盾吗?不过没人会认为,对于"到底应该停在何处"的问题存在唯一的正确答案,尤其是在这个神话上。

那么,为何《蒂迈欧》的读者仍未满足于柏拉图包装成神话的物理学赋予他们的自由?毕竟这种自由会让"柏拉图从未坚称世界有一个时间上的开端"的观点变得毫无问题。

下文(28b4–c2)给出了这一简单的解答所面临的障碍:

> 那么对于它〔宇宙〕,我们开始的问题是就任何主题一开始都应当问的首个问题:它是一直存在、没有生成的开端(*archē*)的,还是生成的、始于某个开端的?它是生成的(*gegonen*)。因为它是可见、可触的,并且具有形体,所有这些都是可感的。而在由知觉协助得到的意见(*doxa*)中,可感事物展现为生成的和被创造的事物。[16]

---

[16] σκεπτέον δ' οὖν περὶ αὐτοῦ πρῶτον, ὅπερ ὑπόκειται περὶ παντὸς ἐν ἀρχῇ δεῖν σκοπεῖν, πότερον ἦν ἀεί, γενέσεως ἀρχὴν ἔχων οὐδεμίαν, ἢ γέγονεν, ἀπ' ἀρχῆς τινος ἀρξάμενος. γέγονεν· ὁρατὸς γὰρ ἁπτός τέ ἐστιν καὶ σῶμα ἔχων, πάντα δὲ τὰ τοιαῦτα αἰσθητά, τὰ δ' αἰσθητά, δόξῃ περιληπτὰ μετ' αἰσθήσεως, γιγνόμενα καὶ γεννητὰ ἐφάνη.

这几句并没有将世界的原初创造作为一个属于神话叙述而非真科学的可选项。相反，它们为原初的创世提供了支持。在《蒂迈欧》的其他地方我们都不会怀疑这些获得了哲学论证的观点是严肃的——例如，世界以永恒范型为模板（28c5-29b1），它的唯一性（31a2-b3），以及理型的存在（51d3-e6）——无论我们对这些论证的质量产生了怎样的怀疑。那么，我们怎么可能合理地质疑柏拉图的"世界具有开端"这一观点的严肃性呢？

自古以来，寓意（nonliteralist）解释者对这一问题的回应方案是：一方面，承认这些句子是认真的；另一方面，在细致分析后，否认这些句子表明了世界有一个时间上的开端。他们倾向的替代解释是，"它是生成的（*gegonen*）"描述的不是此前它开始存在的情景，而是世界基于其神圣原因所处的永恒变化状态。并且，*archē*一词指的也不是时间上的"开端"，而是世界始终依赖的因果"原则"。

我会直接进入余下明显的反驳意见，而非记录和分析针对这几句产生的各种细致解读，它们当中不少都很有力而且精巧。世界"是生成的"这一结论在蒂迈欧的讲话中不仅是（a）世界"一直存在"的观点的正式替代，也是（b）他紧接着为世界设定一个"创造者"的正式理由。在这之后，描述这一创造者行动的语言，就有意指向一种在时间上可考的创世活动。下面是上一段引文的后续（28c2-29a1）：

第四章　柏拉图　　*157*

> 接着,对那已生成的,我们说它必然由于某种原因才得以生成。然而,找到创造者和宇宙的父亲是困难的任务,向所有人解释他也是不可能的。对于他,我们要提出的问题是:造物者选择两种模型中的哪一种来建造世界……?[17]

在这里,仍在**论证**的蒂迈欧按适合过去一次性创造行动的通常叙述方式使用(并且在对话余下的部分仍会使用)过去式。不过,如果疑团尚存,柏拉图似乎便下决心要在蒂迈欧讲话结束时打消人们的一切疑虑。这段文本很少得到注意,因为它并不在《蒂迈欧》的结尾,而是在《克里提亚》的开头(106a3–4):

> 我向神[亦即世界]献上祷告,他很久之前在现实中生成,而刚才在言语中生成……[18]

蒂迈欧本人对世界"生成"(*gegonoti*,此前的*gegonen*即"生成"的分词形式)是什么的直白解释,为从字面上按时

---

[17] τῷ δ' αὖ γενομένῳ φαμὲν ὑπ' αἰτίου τινὸς ἀνάγκην εἶναι γενέσθαι. τὸν μὲν οὖν ποιητὴν καὶ πατέρα τοῦδε τοῦ παντὸς εὑρεῖν τε ἔργον καὶ εὑρόντα εἰς πάντας ἀδύνατον λέγειν· τόδε δ' οὖν πάλιν ἐπισκεπτέον περὶ αὐτοῦ, πρὸς πότερον τῶν παραδειγμάτων ὁ τεκταινόμενος αὐτὸν ἀπηργάζετο...

[18] τῷ δὲ πρὶν μὲν πάλαι ποτ' ἔργῳ, νῦν δὲ λόγοις ἄρτι θεῷ γεγονότι προσεύχομαι...

间顺序解读他早些时候的讲话设置了障碍。[19]

看起来，我们难免得出如下结论：神通过一次先前的创造行动创造了世界，而这是柏拉图令他的主讲人系统地论证过的。由于这个原因，世界的神圣起源必须得到严肃对待，尽管它被置于大体上是神话的语境中。普罗塔格拉的讲话甚至都发展（《普罗塔格拉》323a5-328c2）成了一种明显是严肃的伦理解释，读者会毫不犹豫地按照字面意思理解它，即使它具有神话的架构。确实，就普罗塔格拉而言，这一严肃的哲学论述并不包括我们道德的神圣起源的开场故事。但这也在意料之中，因为普罗塔格拉是个宗教不可知论者，他援引的神圣起源作为方便的虚构比作为理论预设更有效。在柏拉图这里正相反，世界的神圣起源是哲学学说的绝对中心。

这一论辩的反字面含义阵营的确受到了一些有力的论证的鼓舞，它们针对的是"创造是时间可考的过去事件"这一预设可能产生的矛盾。有些矛盾是与其他对话之间的，有些矛盾——例如上文提到的时间的创造——是在《蒂迈欧》之内的。除了下述评论，我在这里不会对此深究。读者从柏拉图著作中的每一部分都发现了无数明显的矛盾。通常来说，本着善意理解原则（Principle of Charity），我们要去寻找能够消除或减弱这些矛盾的解读。[20] 但是作为一种策略，希

---

[19] 对这一结论的支持，亦参见下文注释[58]。
[20] 在这一原则下，并考虑在28c1-2处蒂迈欧的说法，如果从字面理解就会引发质疑：世界是可见的，可见的事物"被呈现为**生成**的和（转下页）

第四章 柏拉图

望消解柏拉图对某些具体对话中的具体论证的坚持的学者，有时就会认为论证中自明的矛盾、谬误或不可行之处就是柏拉图放弃它们的标志。在我看来，这一策略的通用性令采用这样的遁词变得极为危险，一旦严格地将其投入使用，就没有任何论证能归到柏拉图的名下。[21]

此外，柏拉图还有意暗示，在他的叙述中一些遗留的矛盾是不可避免的。在29c4—d3处，蒂迈欧说：

> 因此，苏格拉底啊，在有关诸神和宇宙生成的诸多问题上，有不少方面可以表明我们是无法给出在各方面都自洽且准确的叙述的，对此你不要感到吃惊。如果我们能给出与别人同样合理的叙述，[22] 我们就该满足了。别忘了作为讲者的我和作为裁判的你们拥有的都只是人的本性，因此就这些问题应当接受一个差不多的说法后就不再深究。

（接上页）**获得存在**的东西"，因此世界是生成的。这些重点词指回了27d5–8a4，而在那里可见物只能与"正在生成"的东西（现在时）画等号，而不包括一切在过去生成的东西。这是否在提醒我们，柏拉图有意做了偷换？（这个问题的提出归功于理查德·帕特森。）善意理解原则的意思其实是，在27d6，柏拉图一定是想在"永远存在的东西"（ὂν ἀεί）和"生成的东西"（γιγνόμενον）上作出两个世界的区分，前者是**在每个方面**都存在，后者在每个方面都是生成的。在这个意义上，后者确实就需要在质、量等的生成之外，还包括实质的生成。

[21] 参见 Scott 2006, pp. 3–5。他指出在《美诺》(*Meno*) 中，如果将这一原则应用于所有它所支持的段落，则能被归于柏拉图的内容其实并不多。

[22] 我将29c7处的 μηδενός 当作阳性的，这与 Burnyeat 2005, p. 148 n. 13 一致（亦可见 Taylor 1928 同一位置）。

蒂迈欧在这里暗示，矛盾的出现可能只是因为物理论述至多能达到"可能"（详情参见下文第110—113页）。即便如此，他着重补充，他的这种论述也是人类可知的最好的世界起源论。若是这样，就很难说柏拉图是在邀请我们就世界的"生成"形成自己的一套非创生的解读，并且要比他为我们提供的创生解读更加精确。相反，他是在警告我们要对发现的矛盾之处保持宽容，**不要**将其当作他的宇宙创生故事的致命缺陷。

再说，经过细致检查后，我们需要宽容的矛盾实际并未多到令人难以接受。把《蒂迈欧》与其他对话的融贯性问题（我不认为有**哪个**解释者能完全实现这一目标）[23]放在一边，蒂迈欧创生叙事的自相矛盾可能比我们料想的更乐观，也更容易为之辩护，这尤其要归功于格里高利·维拉斯托斯（Gregory Vlastos）的经典研究。[24]维拉斯托斯重提了创造时间的例子，指出时间在这里的恰当含义是**可测量的**时间，它与庞大的天钟一同被造，但这不会取消宇宙尚未被造时简单

---

[23] 例如，反字面含义解读者常援引最初在《斐德鲁斯》（*Phaedrus*）中成形的原则，亦即灵魂是一切运动的原因。他们认为这与《蒂迈欧》中按照字面含义理解的如下观点相冲突，即在德慕格创造世界灵魂之前运动是无序的。诚然，这与《斐德鲁斯》中苏格拉底的第二次讲话（245c5-246a2）不一致，但无论如何，这次讲话也很可能与《蒂迈欧》产生矛盾：（a）考虑到52d4-53a8，任何试图消解载体的内部运动与灵魂在因果上相互独立的解读都是困难的；（b）《斐德鲁斯》中的这次讲话将灵魂的三个部分都当作不死的，而蒂迈欧认为只有灵魂的理性部分是不死的。

[24] Vlastos 1939，以及Vlastos 1965对之的补充。

的"在先"和"在后"的说法。[25]对此，值得补充的是，如我们将在第五章（下文第144—146页）看到的，伊壁鸠鲁对柏拉图创世论的批评表明，《蒂迈欧》中对时间的理解已经是早期古代论辩中的预设了。[26]的确，按照字面上的时序来解读蒂迈欧的创生故事绝非柏拉图所独有，而是本书重构的论辩中双方的普遍预设。由于这两个原因，它是最好的研究对象。

还剩下一个重要的问题：为什么柏拉图要将他对世界的这种神圣起源的历时性叙述作为他的宇宙论的必要部分？毕竟我们可能会认为，就算将其解读为非创生的，他对神圣技艺的刻画也不会遭到严重破坏。即使假设最初的创造行动从未真正发生过，也几乎没有读者怀疑这里描绘的神圣理智是造成世界结构的原因，而这种结构在过去某个时候没有被整合在一套序列中对此几乎没有影响。相比之下，那些认为道德关系在本质上是契约的人不会感受到历史性质疑的强烈威胁，亦即曾经是否真正签订过这样的契约并进入契约状态。

要理解为何柏拉图并未被这条蹊径所吸引，我们需要回到28b4—29a1（上文第101—102页已引用）。在那里，世

---

[25] 与此处不同，蒂迈欧暗示在有序的世界被创造之前没有"过去存在"和"将来存在"（37e3–38a2）。虽然维拉斯托斯没有给出理由，但他想说的是，这种表述方式预设了一个确定的现在，而这是全然的无序所不能提供的。
[26] 古代论辩中的这种及其他的解读，参见Sorabji 1983, pp. 270–71, 274。

界有其创生开端的论证的作用是展现创世者的存在，这又产生了创世者是不是好的工匠的问题。可以毫不夸张地说，对这一问题的肯定答案，成为了随后的整个宇宙起源论的不可或缺的基础。

在这里，蒂迈欧从世界有起源推出有创世者的时候，他是只想将前者作为后者的**充分**条件，还是充分**必要**条件？28c2—3处的文本使得答案悬而未决："接着，对那生成的，我们说它必然由某种原因才得以生成。"在这里，他至少是说任何生成物都有一个原因。他可能是也可能不是在额外暗示**只有**生成物才有原因。如果我们认为他暗示了后者，那么他就是在断言，只当世界有其创生起源的时候，我们才能认为它是技艺的产物。不过即使我们认为他的意思可能只是前者，他对世界具有创生起源的预设仍然在他的论证中扮演着不可或缺的角色，对于得出世界是技艺的产物这条首要结论而言尤其如此：拿掉预设，结论——尽管它当然可能仍为真——就得不到论证支撑。无论是哪一种解读，世界有一个创生起源的预设，都是蒂迈欧为了坚守他神圣技艺的构想所需要的。

因此，如果我正确地论证了这段文本在分析中显示出它不能——考虑到更广的上下文语境——通过可靠地去字面化，变成对宇宙秩序的非历时性或永恒的起因的预设，那么柏拉图本身并不与他的众多前辈持有同样的观点，亦即神圣技艺能够被还原成一种不变的、始终存在的因果关系，这一点已经清楚了。在他眼中，人的技艺和神圣技艺之间的创世论类比，要求在确定的过去有一个宇宙创生的过程。

为什么是这样？柏拉图毕竟对无须在过去被创造就能运作的原因概念并不陌生，因为据《理想国》第六卷，善的理型是这样的原因——例如，它是"真"的原因（508e2-3）。那么，他一定是认为用这种因果关系来描述世界的神圣设计是不恰当的。[27] 德慕格对世界的共时性影响似乎被限制在了维持世界的存在上。因为只有创世者才有能力让它永恒存在或毁灭它（32c2-4）；德慕格是好的，他自然选择了前者，按照自己的善意将世界的毁灭无限推迟下去。这种仁慈的维持不需要德慕格作出任何行动，而即使它做了，至多也是令有益的架构保持运作，让世界灵魂不至于堕落。在古代世界中，维持一种现存结构的能力最好地体现在医学当中，它与起初产生一种结构的能力分属不同的序列，后者更好地体现在立法、建筑、建造和木工手艺当中。蒂迈欧对德慕格的刻画的确是基于这些构造的技艺之上的。[28] 因此我认为，正是柏拉图的技艺类比中吸引人的解释力，令他持守了一种生成的而非静态的对世界的神圣原因的描述。

柏拉图自己的学生亚里士多德很快指出了历时性创世存

---

[27] 除去在下文中考察的困难（亦即如果将世界当作永恒的就会与柏拉图的解释策略相冲突），进一步的困难可参考 Broadie 2007。

[28] 关于立法，参见42d2-3。亦参见《高尔吉亚》（*Gorgias*）对技艺的划分，里面将体育和立法归为一类，将医术和司法归为与之相对的另一类（464b2-c3）。前一类显然是（分别在身体和灵魂中）能造成有益的新状态的学问，后一类是维持和恢复现有状态的学问。

在的问题。其中之一是,它让柏拉图坚持一条令人困惑的非对称论点,亦即世界有其开端却没有结尾。而亚里士多德与后来的伊壁鸠鲁主义者一道,[29] 都认为这种非对称性让人难以接受。与此同时,坚定的柏拉图主义者发展出了另外一种对柏拉图论述的非历时性新解,在亚里士多德看来,他们是在"自救"(《论天》279b32–280a2)。然而即使在柏拉图主义者内部,也有不少人认为他们无须靠这种方案得救。[30] 在柏拉图主义者之外,更**没有人**采用这种方案。[31] 本书接下来三章和结语中的主角——亚里士多德、伊壁鸠鲁主义者、[32] 斯多亚主义者[33]

---

[29] Aristotle, DC I 10–11. 关于伊壁鸠鲁主义者,参见 Cicero ND I 20=Long and Sedley 1987, 13G 2。

[30] 有时它造成这样的印象,即只有普鲁塔克和阿提库斯(Atticus)两个按字面解释的柏拉图主义者,因为普罗克洛(Proclus)在 *In Plat. Tim.* I 276.30–227.1 中只提到了他们俩。但普罗克洛其实是说,同样的观点为"许多其他的柏拉图主义者"所共有。其中大概就包括波勒莫(Polemo, Sedley 2002 就是这样论述的)、安条克(Antiochus;在 *Academia* II 118 中,他被西塞罗所援引)、西塞罗(*Timaeus* 5, *Tusc.* I 70)、塞涅卡在 *Ep.* 58.27–29 所转述的同时代柏拉图主义者们、塞维鲁(Severus;Proclus, 出处同上, I 289.7–9, II 95.28–96.1, III 212.6–9)以及哈珀克里特斯(Harpocrates;Proclus, *In Remp.* II 377.15 Kroll 中的评注者,参见 Dillon 1971, pp. 142–43)。

[31] 泰奥弗拉斯托意识到了当时学院中存在的观点分歧,并承认非创生的解读是可能的,见 frr. 241A–B FHS&G。

[32] 关于伊壁鸠鲁,参见下文第五章第二节。

[33] 对于斯多亚主义者,我心里所想的是我在 Sedley 2002 中的结论(亦参见 Dillon 2003, pp. 166–74),即斯多亚宇宙论脱胎于波勒莫对《蒂迈欧》的解读,在这个问题上它本身就是按照字面意思解释的。希腊化晚期的斯多亚主义者巴内提奥斯(Panaetius)和波埃图斯(Boethus)抛弃了宇宙创生的信念,但并不清楚他们是否将这一修正与对《蒂迈欧》的解读关联起来。

和盖伦[34]——似乎一致赞同对柏拉图创世论的字面解读。

四　神圣技艺

那么，神圣技艺的基本特征有哪些？根据柏拉图的早期对话《高尔吉亚》，[35]一种真正的技艺或专攻（technē）有三个标志。任何技艺的专家（a）参照一个理想的模板、样式或标准，（b）理解其对象的本质并能够解释他最终作品的成因，而且（c）以"最好"为目的，亦即恰当安排他的材料或对象。举例说明：一位医生（a）参照健康的定义并将其作为模板或标准，（b）对人体的本质有足够的了解，从而明白他的治疗是如何导向其所欲的结果的，并且（c）为了好的目的，具体而言就是身体及其组分的正常秩序。

第一个标准，亦即参照模板，是柏拉图在写下《高尔吉亚》之后发展出的著名的理型论（theory of Forms）。一个工匠所参照的模板是个独立的理型，它是一种理想标准，至多能被不完美地实现或模仿。当木匠造一张桌子的时候（如《理想国》X，596a10-b8那段），我们可能会想到桌子的理型是他所参考的桌子的理想**功用**本身，他在现实中造出的木桌从哪一方面而言都无法完美复现这一点。不过，通过这样

---

[34] Galen，引自 Philoponus, *Aet.* 599.22–601.19; *Compendium Timaei* 39.13 (ed. R. Waltzer and P. Kraus)。参考 Donini 1992, pp. 3497–98。

[35] *Gorgias* 500e3–501c1, 503d5–504a5。

回溯第一原则并参照理想标准，而不是复制其他造出的桌子，木工专家能够让自己的产品（就一项复制品能达到的而言）无限地接近完美。同理，根据蒂迈欧，神圣的工匠无疑也参照了一种永恒的理型，而非凑合复制了某些现存的被造实体（28c5-29b1）。

那么，他参照的是**何种**理型？根据蒂迈欧，他参照的是动物的属。[36]以及，为什么是动物？下面这个复杂的论证（29d7-31a1）给出了原因。[37]根据支配所有技艺的通常原则，

---

[36] 即使大部分翻译者和评注者倾向于"活的被造物"以及近似的翻译，我还是坚持将ζῷον直白地翻译成"动物"。在柏拉图看来，世界本身就是一种动物。（诚然，在76e7-77c5处动物属于ζῷα，但即使在那里它的意思也是"动物"，因为它们属于这一类部分的原因是具有知觉、快乐和痛苦；进一步可参见下文注释〔74〕。）另外，我将"可被理知的动物"（intelligible animal）当作动物属的理型，而不是——如被大部分评注者采纳的另一种常见解读那样——指整个可被理知的世界，它自身就被看作以某种方式活着。（Zeyl 2000, pp. xxxvii–xxxviii, n. 66很好地总结了这两种选项。）在我看来，文本通篇都清晰地指向前一种更严格的意义。将《理想国》第十卷的躺椅的理型与其他的工匠作品做一对比，可发现它既被称为躺椅（κλίνη，597b4-6, c2, d1-2），也被称为躺椅的本质（ὅ ἐστιν κλίνη，597a2, 4, c3, 9）。类似的，德慕格的作品既被称为动物（ζῷον，30c2-3, 31b1, 37d1, 3, 69c2）也被称作动物的本质（ὅ ἐστιν ζῷον，39e8）。它包括了动物的四个亚属（39e3-40a2），并且还包括所有的动物的种（30c5-8, 31a4-5, 69c2-3），但除了动物的种之外别无**其他**。它很明显是某种属，并且虽然《理想国》第十卷中没有明说躺椅也是这样，但在《克拉提鲁》（Cratylus）389a5-390e5处的平行文段中，也将梭子的理型与它各异的种相区分，因此它显然也是一个属的理型。简而言之，任何承认《理想国》第十卷的躺椅指的是躺椅的理型的人，都应该推出《蒂迈欧》中的动物是动物的属的理型。进一步参见Cornford 1937, pp. 40-41，他在其中的论述在我看来极适于反驳诸如Taylor 1928, pp. 80-82的观点。

[37] 30b1-c1的全文及译文参见下文第227页。

第四章 柏拉图

创世者一定旨在创造最好的作品；一切理智存在都优于其非理智版本；[38]因此世界被造成了具有理智的。他论述道，理智只能存在于灵魂之中，因此他必然选择赋予世界灵魂；只有动物具有灵魂，因此他的结论是世界必然是一种动物；一个真正的专家在造任何东西的时候都会参照相应的理型；动物的相应理型是动物的属。原则上，他有两种方案将其付诸实现：（a）通过属之下的某个种（例如兔子或海豚）模仿动物的属；（b）直接通过创造没有分化成任何种的一般性动物来模仿动物的属。在两者中他选择了后者，因为完整本身就是一种完满，而属是完整的，种是个别的。

我们重构的这条德慕格的逻辑链，展示了一种在《蒂迈欧》中反复出现的方法论。世界的结构和运作都表现为理性的，这其实是柏拉图基于他的苏格拉底和前苏格拉底背景发展出的信念，它有强大的经验基础。不过，蒂迈欧的论述并不是解读这些经验事实的一次实践，而是一种重构善神创世所必经的推理过程的前经验（*a priori*）尝试。[39]世界是所有被造物中最好的，而创世者是所有原因中最好的，这是柏拉图在一开始（29a2-6）就大胆提出的预设，并且在他看来是无须论证的——毕竟，不这么想就是渎神（29a3-4）。如果世界被设计和创造的方式的故事在事实上与我们的经验事实恰好相符，读者无疑就要将后者看作对该故事的支持，

---

[38] 对此的确切解读参见下文第228页。
[39] 参见Lennox 1985a。

但它并不构成实际论证的一部分。在恰当的时候,类似的策略也被用于断定世界必然是球形的(33b1-7),并且必然正好具有四种元素(31b4-32c4)。这两点都是蒂迈欧从第一原则中推出的,而没有提到它们已经作为经验事实被广泛接受。

我们可以凭借如下观察来解释这一策略。物理世界很容易被看作一堆偶然事实的王国,尤其是对于柏拉图这样的理性主义者而言。在发掘其中的秩序时,他的工作有一部分就是向我们展示这一点:物理世界体现了理性本身所施加的原则。通过将物理学从主流的实证科学转向纯粹的理性思辨,柏拉图缩小了物理学与他偏好的辩证法之间的距离。这帮助柏拉图把物理学拯救出来,使它免遭在苏格拉底那里被抛弃的待遇。而正是柏拉图对重构创世者推理的全新关注,推进了物理学的理性化。

在这一语境下,我们也能最好地理解蒂迈欧在宇宙论研究方法上的保留(29b1-c3)。由于世界只是与永恒模板"近似"(*eikōn*),适合它的就是一个"近似的"(*eikōs*)论述,这与针对不变模板自身的恒常叙述不同。为什么会这样?[40] 他的意思可能是,仅与X近似不能给人关于X的完全可靠的知识,正如你永远不能从一幅人像中获得关于此人的

---

[40] 下文是我在读到Burnyeat 2005之前写下的,并且受此启发仅仅做了微调。虽然我们观点相异,但并非直接冲突。只是在解释为何对一种*eikōs*的叙述对于一种*eikōn*也适用的问题上,我提出的解读是更成功的,至少我相信是如此。

准确知识一样。但这其实不可能是他的意思，因为在物理研究中，它对应的是通过研究近似者来理解模板（在这里是动物的理型），无论与之近似的是单个的狗、马，还是世界动物（world-animal）自身。

毫无疑问，这种间接理解理型的方案或多或少地都不够精确。但是，理解理型不是《蒂迈欧》的任务，也不是宇宙学家的工作。恰恰相反，宇宙学家是要理解这一近似——亦即宇宙——本身。因此，蒂迈欧所想的一定是从模板到近似者（而不是从近似者到模板）的推理过程中产生的不精确。而从模板推到近似者，的确像是他所认为的宇宙论的工作。他致力研究的这一学科重构了创世推理，德慕格用它来完成最好地在物质中造出模板的近似物的工作。虽然这个模板是单数——举个（大概是唯一完全符合的）例子，对于这位辩证家而言只有一种动物的属——它也可以派生出众多的近似。经过全面考虑后判断何种近似是最好的并且是德慕格所选的，这对人类研究者而言不是一种精确的科学，因为这会涉及许多相互矛盾的观点，其中的大部分还是玄妙难懂的。[41] 这尤其解释了如我们在上文（第104页）看到的，为何蒂迈欧的方法论开场白要包括对人类认知缺陷的提醒（29c4–d3，它明确针对苏格拉底，考虑到后者专门论述过人类智慧的界限，这绝不是偶然的）。[42]

---

[41] 参考 Hankinson 1998, p. 109。
[42] 现在产生的问题是，既然神必然完全知道他是如何创世的，那么神是否至少能可靠地描述宇宙？蒂迈欧在这一问题上有意避而不谈：（转下页）

要明白这一考虑为何与之相关,让我们来看表面上毫无关联的两个问题:四大元素是如何产生的?德慕格造了几个世界?

蒂迈欧认为四大元素是由粒子组成的,这些粒子的形状与四种或五种正多面体的形状一一对应:火的粒子是正四面体,土的粒子是正六面体,等等(上文第97页)。这些选择本身都基于一定的经验:正四面体是尖锐的,正六面体较为稳定,在简单意义上这些特点都与火和土分别符合。不过在很多方面,包括德慕格对正多面体而非其他多面体的偏好,都没有类似的经验解释。这一选择的动机至少有一部分可能是规则相比无规则而言具有的内在美感和完满性。的确,德慕格选择球形作为世界的形状,这在一开始(33b1-7)就采用了类似的审美式的(aesthetic)[43]表达:球形是一切形状中最完满、最美和最全面的。我们届时将会看到,这两例中也存在实践层面的原因,不过至少就世界的形状而言,球形的内在完满性(sphericity)被作为首要的选择动机。

当我们转向第二个表面上不相关的问题——有几个世

(接上页)他只是指出,作为人类我们的探索"不"应当"超出"可能的故事(29d1-3),对其中暗含的神的描述所需的认知层次并未做进一步展开。然而,就37b8和72d4-8判断,对物理世界的神圣描述其实应该既"可靠"又显然为真。这证明29b3-c3对描述的二分讨论仅限于人的描述。

[43] 对这种情况我找不到比"审美式的"更好的词,但在用该词的时候,我并非是想暗示柏拉图的"美"(καλός)排除了实践和道德上的"好"。

界——的时候，要记住四大元素与四种正多面体相对应。这里依然没有经验事实来帮柏拉图作出选择。因此柏拉图所想的问题一定是前经验的，理性认为世界**最好**有几个？第一个充满信心的回答（31a2–b3）是"一个"，支持它的理由极为繁多。首先，工匠会让他的作品与其模板尽可能相像，而由于综合的动物理型只有一种，他就会倾向于通过只造一个摹本来实现最大程度的近似。有些人[44]认为创世者的这种推理是荒谬的，但我们应当记住，理型的**一切**特征（包括统一性），在柏拉图看来本身都是好的，并且在后文中明确提到（37c6–38c3），德慕格尽其所能为他的世界额外赋予了理型的一项特征，亦即它的永恒。支持一个世界的第二组理由是，世界的永存若不被外界干扰就能持续下去，而考虑到它是由一堆物质组成的，去除外部干扰也会使它更加完整。这两种考虑共同证实了创世者为创造他手头的这个世界用尽了所有可用的物质（32c5–33b1）。这一结论又反过来支持了世界是球形的原则。因为（33b7–34b3）既然根据创世者的智慧决断，在世界之外无物存在，它就不需要任何器官或肢体来感知外界、移动、自卫或消化食物；[45]这也使得嘴巴、胳膊、腿以及任何使之对称的附肢或孔都不再是必需的。因此，世界被赋予了完美的球形，这是次级的非对称动物难免会缺乏的。这是在起初赋予世界性质的方法之一，我们大概

---

[44] 尤其是 Keyt 1971。
[45] 它也不会通过排泄创造任何外在于自身之物，因为在33c4–d3中，它被设计成通过回收实现自足。

可以将其归为审美式的原因,而它又进一步为现实考虑所支持。另外,彻底缺乏一切外部器官和生物学上的种的特征,最终也为听上去十分怪异的世界概念提供了理由。世界是属一级的动物,因为它以动物的一般理型为模板,并不属于任何的种(30c2–31a1)。又一次,即使这一选择的原初理由并不是实用性的,而是审美式的(对最完满的追求),它在后来也会得到德慕格的实用理性的肯定。

这样,我们就找出了创世者设计世界时所做决定的诸多理由,它们几乎在同等程度上结合了审美和实用的考虑。不过由于经验事实的缺乏,假设只有一个这样的世界的理由比起得到(即使是隐含的)经验事实支持的情况,难免像是暂时的,有待进一步考虑。因此在后文中(55c4–d6),当蒂迈欧将四种基本物质对应于四种正多面体之后,我们就看到了柏拉图对该方案在审美上的一处缺点的担忧。如何处置第五种未使用的正多面体——正十二面体?他将整个世界的形状(此前是球形)与正十二面体对应的尝试显得敷衍和表述不当,[46] 在这之后他又给出了下述可能选项:也许有五个世界,每个的形状都对应于一个正十二面体。如果这得到证实,那么复制品与特定原型最为相似的原则,就要被复制品与选定的一系列模型之间的复杂关联所取代了。不过,这片刻的迟疑充分说明了柏拉图的目的论工作

---

[46] 有人可能出于这一原因,认为正十二面体是用来装点世界的,与它的实际形状无关,就像在《斐多》的神话中(110b5–7)它被用来装点球形的大地一样。

的前经验性,以及说明了当这一工作宣称自己重构了创世者的思考时,它的界限所在。模仿一个永恒的模板绝不简单,而我们永远也无法确定,自己在相互竞争的各种近似中找出了创世者的选择,及其背后的原因。这就是为什么一场关于纯粹近似的讨论永远都无法得出比"可能"更进一步的结论。

五　世界是完美的吗?

我所选的例子展示了柏拉图尝试按照第107—108页的三原则中的两条来解读神圣技艺的复杂面向:一个好的工匠(a)必然参照一个永恒的模板,(c)旨在将最好的秩序加于物质之上。

剩下那条柏拉图的技艺原则(b)是关于原因的:工匠理解其对象的本质,并因此能够解释所求结果的有系统的成因。在《高尔吉亚》中,柏拉图最初设立这一原则是为了将真正的专家与那些仅从试错中学会如何达到目标,但由于不理解相应的前因后果而使得行动缺乏科学控制的人(如厨师和修辞家)区分开来。作为至高工匠的创世者一定不会依靠试错,并且一定完全掌握了他设计的因果过程。但这些因果过程是什么,它们又有多规律呢?

蒂迈欧的答案非常明晰(46c7–48b3,68e1–69a5)。在世界中起作用的是两种原因,主要的原因在于理智行动者。[47]创世者本身在世界的因果过程中可能不再出现，但即使是这样，他的理智的直接产物仍然体现在他创造的架构中，上至诸天，下至物质的原初组分。不只这些，他的理智还间接地体现在诸神之中，他们也是他创造的。被造物中最首要的就是世界灵魂，因为世界是有其灵魂的理智存在，这种安排确保了它从上到下都是由理智支配的。在极低程度上，甚至我们人类自己的理智（它们同样是创世者的作品）也扮演着类似的原因角色。

在这类理智原因之外还有第二类原因，亦即机械的、非理性的"从属原因"，蒂迈欧用"必然性"[48]和"不定

---

[47] 在《蒂迈欧》中，理智是（用亚里士多德的术语来说）指向目的的效力（*efficient*）因。我认为，在《形而上学》A卷中，亚里士多德正确地认识到，他的前辈们（包括柏拉图）没有一个预见到了目的因——亦即将目的本身作为原因——的发明。在这一点上，我与当代文献所广为承认的、并在今天由 Johansen 2004, pp. 106–10 精彩论述的观点相左。我这样理解 *Ti*. 47b5–e2（参考 76d6–8）的复杂表述："让我们将（a）**这**称为（b）**这个**的原因，出自（c）**这样**的理由。"亦即"（a）神（b）发现并赋予我们视力，以使我们（c）通过观察到作用于天的理智，使自己也可能运用理智……"（等等）。基于这种解读（其他解读参见 Johansen 2004, pp. 107–8），这里的实际原因是神。但无论如何，如果目的也是原因，蒂迈欧对原因的谨慎的二分——理智行动者和他们所用的质料（46e2–6）——就会被破坏。

[48] 在《蒂迈欧》中，并不是所有的 ἀνάγκη 都指向这个概念。可以确定的几处是 47e4–48a7、56c5、68e1–69a5 和 75d5–e5。可能的几处是 46e2、53d5、69d7 和 70e5。重要的是，75a7–b1 并**不**是这种用法（虽然有时被认为是如此），它在关于人的头颅的脆弱性的著名文段中出现（可进一步参见下文第120—121页）。身体组织在那里被描述为某种"必然（ἐξ ἀνάγκης）经历生成和生长"的东西（φύσις），这里使用的副词词组在《蒂迈欧》中多次出现。我认为 Zeyl 2000 的翻译"……万物的生成和构成都是必然性的结果"是毫无根据的。

（wandering）因"（48a7）来指称它们。这包括质料及其属性，亦即当理智在世界中运作时，它需要借助质料的内在属性，但没有趋善的内在倾向的质料若不经引导，或是像蒂迈欧所可能说的被理性"说服"，就会做无目的的运动。

要最好地理解这一点，我们可以适时忆起柏拉图的第二种技艺标准：一个工匠理解其对象的本质并且能够解释他的最终作品的成因。在这里的宇宙创生论中，理智原因本身就是一位"工匠"（46e4），而"从属原因"是它作用的对象。柏拉图通过运用第二种技艺标准得出，一个理智的创生原因要真的像个工匠，就必须具有绝对可靠的一系列知识，包括它安排的质料因会导致怎样的结果，以及反过来，为了造成每种结果需要哪些质料因。在《斐多》中（99a4-b6），苏格拉底成功地将质料因排除在外，并辩护说在因果过程中用到的质料更应该被称作必要条件而非原因。然而，《蒂迈欧》对宇宙工匠这一角色的强调，多少迫使柏拉图撤回了这种排除并重新将质料归为一类原因。[49]工匠必须了解他致力于造成的结果之原因，而既然这些原因很难与工匠本身等同，那么就必须要有由质料

---

[49] 在 Johansen 2004, pp. 104-6 中，作者将《斐多》中的必然性条件与《蒂迈欧》中的"从属原因"分开，这是有争议的过分保守之举。在两种语境下，理智都是主要原因，次要原因是它使用的质料。唯一的区别是，苏格拉底在《斐多》中否认了后者可以被恰当地称为"原因"，而蒂迈欧不然。

组成的第二类原因，他了解质料因并将其导向自己的目的。[50] 神圣工匠的具有必然性的"说服"就蕴含在其中。

我们现在应该解决的问题是，这一说服的内容是什么，以及它有多成功。对柏拉图宇宙论的一种颇受青睐的解读将质料的顽固性——亦即它对理智劝导的拒斥——当作世间之恶的原因。[51] 我会驳斥任何这样的解读，不过，我的结论仍然是，《蒂迈欧》的确包含一种神义论（theodicy）——对善好的神为何容许坏事发生的解释。

我认为，想要捍卫"质料在某种程度上成功拒斥了德慕格的劝导"这样一种解读会面临极大的困难。柏拉图的神学果真允许宇宙中最好的事物——神，有时会被最低的事物——质料所击败吗？这是极其非柏拉图式的想法，要有

---

[50] 在 Phaedo, 99c6–102a1 中，理型被认为是一类真实的原因。这一学说并未在《蒂迈欧》中重现，《蒂迈欧》只列出了上述两种原因。这或是因为柏拉图找到了更好的解释，或是因为他认为就物理而言，理型是无关紧要的一类原因。

[51] 在古代的柏拉图解释中，这种解读有很长的历史，也为当代解释者所广泛接受。可以参考 Cornford 1937, pp. 161–77。我对此的质疑基本来自 Lennox 1985a，我也推荐 Morrow 1950 对蒂迈欧式目的论的精彩叙述，它没有采用这种解读，令人耳目一新。它很可能源自古代将蒂迈欧的质料等同于柏拉图的未成文学说中的"不定的二"（Indefinite Dyad），因为后者显然（参见 Aristotle, Met. 998a14–17）在很早之前就被认为是坏的原则。这种解读常常是假设的而非得到论证的（如 Strange 1985 就隐约试图解释为何必然性拒斥努斯，而没有在之前证明它事实如此）。一个罕见的例外是 Reydams-Schils 2003, p. 12。作者的证明 1 引述了《蒂迈欧》中出现多次的 βία，"力"，但在我看来，它们指的都不是质料对努斯施加的力。我相信，作者的另外三条证明都在下文——得到了回应（对于证明 2，参见下文注释 [57]）。

极为明确的证据才能对它表示赞同。我认为这种证据并不存在。

首先,即使"必然性"与理智初对比下显得像是绝对的必然性(46e1-2),是力量的机械转移,单凭自身就能决定结果,但实际上这只是质料**就其本性**而言的样子——典型的是前宇宙时期的混沌,在那时只有质料的倾向决定结果。当我们继续读下去,会发现由理智安排的世界中,质料"必然性"又越来越像是条件必然性——在《斐多》中苏格拉底已经将其称作"没有它原因[这里指理智]不能成为原因"(上文第88页)。[52] 这样理解的话,宇宙中被说服的质料就不再单凭自身决定结果了。相反,结果是由理智选定并达到的,而理智为了目的组织的质料在实现目的的过程中(46c7-d1)不过是它的"从属原因",是达到目的所必需的。没有理由认为,在理智的劝导下,质料必然性会造成任何意外的干扰。(关于亚里士多德对这一论题的发展,参见下文第六章第三节。)

其次,根据蒂迈欧的创世神话,创世者从或多或少没有确定特征的液状质料着手,尽管它表现出四大元素——土、气、火、水——的短暂迹象(52d2-53b5),这些迹象也没有任何稳定的基础。创世者可以全权决定如何将这些东西组织起来建造宇宙,在这个阶段质料的本性几乎无法对它构

---

[52] 在上文注释[48]列出的在技术的意义上指向必然性的几处,最后两条(68e1-69a5、75d5-e5)明显是有条件的,在70e5才得到进一步确证。

成限制。的确，似乎有一条限制，亦即我此前提到过的，他认为用完所有可得的质料才是明智的，而不是留下任何可能对他的造物造成伤害的东西（32c5-33b1）。这意味着进入世界的质料数量是固定的，并独立于他的判断。但是，蒂迈欧从未暗示这一限制会造成任何不利，而且我怀疑柏拉图也并无此意。蒂迈欧预设了先在质料而非**无中生有**，这不仅反映了希腊宇宙论历史悠久的公理，也即无中生有在概念上是不可能的；并且也方便地解释了为什么起先德慕格感到有必要造一个世界，也即动因出自给无序物质施加秩序的愿望。另外，他需要用尽**所有**先在的质料是——如我们所见——他仁慈的体现，而并非任何限制，因为他明显手握为了自己的目的选择构造世界的方式的全部权力。

同样，即使德慕格据说用尽了所有的土、气、火和水，我们也不能推出他全盘接受了不由他选择的确切数量，因为我们在后面会看到，即使他将这些元素按照几何原则进行重构之后，它们仍是可以相互转化的。诚然，土是其中的例外，但这是他自己的选择，而且事情似乎是，除了已经在载体之中的混沌土状物质，他极有可能随心所欲地将土状粒子加于载体之上。因此没有什么束缚得了他。

创世者将"四"选作元素的恰当数目（我暂且不论31b4-32c4这里复杂的数学或准数学理由）之后，他接下来要为它们每个都设计一个结构。为什么他为这些组成粒子选择了五个正多面体中的四个？我提到过，柏拉图对美的注重使他认为对称好于非对称，不过这也有实用上的考虑。火、土、水、气的粒子越是不对称，它们在理智开工时用起来就越不稳当。因此，创世者赋予它们四种最为对称的形状，一方面是为了保留它们之间在行动和因果上的差异，另一方面是为了让它们的运动尽可能规律。[53]

根据第二种技艺原则（上文第108页），工匠是为了确保取得有系统的好结果掌握了他手头的质料的本质及支配了它的因果进程的理智行动者。神圣的工匠将质料的本质规划得最为规律并且在实现他的目标时最为可靠，从而满足了这一要求。他可以更有效地引导质料的因果进程，因为这是他一手构造的。

那么，在什么意义上，我们的创世者受限于他的质料呢？他完全按照自己的心意把它们造得最为可靠。但如果是这样，为何蒂迈欧会将质料称作"不定因"呢？他的意思只是：如果让质料完全自行其是，它们的运行就是完全漫无目的的。[54] 这一任意性首先呈现在前宇宙的混沌中，即创世者通过使质料具有规则的几何形状来为它赋予秩序并以此说服质料之前。的确，蒂迈欧在描述前宇宙的混沌时，最主要的

---

[53] 那么，为什么他不将球形粒子也一并包括在其中？球体没有由三角形组成的平面，它们不能像四元素那样被分解和重组。如果这是他将其排除在外的原因，就会产生进一步的问题：为什么柏拉图认为元素粒子的非永恒性是必须的？一个更偏审美（然而也只是隐含在文本中）的原因是，球形是一切形状中最完满和最美的（33b1-7），它被留给世界自身，并且派生地（44d3-6）被赋予了人的头颅——这是我们最好的部分，所以不能仅仅得到物质微粒。

[54] 这并未隐含因果上的非决定论——参见 Johansen 2004, pp. 93-95。

是通过描述"若质料自行其是，到了今天会怎样"来帮我们理解理智赋予质料秩序带来的益处（参见53a7-b5）。

不过，有一点可能让问题复杂化。在48a3中我们得知，理智（*nous*）说服必然性"让**大部分**生成物处于最好的状态"。这难道不是理智一定程度的失败吗？[55]并非如此。如果蒂迈欧在这里暗示[56]原初质料的某些部分在当今世界仍保留了一定程度的独立性，那就没有理由不将其也当作计划的一部分加以解读。[57]

以火为例。在被理性说服时，火是组成绝大多数神的身体的材料（40a2-3），还提供了光线和视觉流（illumination），

---

[55] 奇怪的是，我并未找到评述者们引用以支持质料的顽固性的这条证据，有可能是因为他们将柏拉图对这一学说的认同当作无须置疑的。的确，A. E. Taylor 1928, p. 303对相反的问题颇感兴趣，亦即为何柏拉图指望我们同意是足有一半的物质被置于理智的控制之下。然而，要注意泰勒（Taylor, pp. 299-303, 491-92）对必然性的意涵有着独特的理解：必然性就是在我们**看来**不服务于任何目的的纯粹事实。

[56] 这与另外两种常被引用以展示质料的顽固性的观点（参见Zeyl 2000, p. liii）不同：（a）前宇宙的混沌的无序运动（52d4-53a7），以及（b）由于三角形大小不均在宇宙中导致的运动（57d3-58a2）。这些运动中，（a）与宇宙的有序程度无关，而（b）出自德慕格的自由选择，很可能是因为将可得的原初元素分为不同等级（例如，产生光和火焰）利大于弊。

[57] 我借此机会也要削弱另一条明确的证据（参见Reydams-Schils 2003, p. 12）。在56c5-6中，元素粒子的数学安排说来自神，ὅπηπερ ἡ τῆς ἀνάγκης ἑκοῦσα πεισθεῖσά τε φύσις ὑπεῖκεν，"必然性的自然以某种方式屈从于有意的说服"。在这里"以某种方式"指的只是神需要基于先定的必然条件工作，例如（55d8-56a1）在一切立体中，最稳定的必然是正六面体。我查阅的每种译本都将其当作"必然性的自然在某种程度上屈从……"，这造成了"屈从"是不完全的这样一种印象，这在希腊语文本中是没有根据的。（然而有一种解释能够避免导向这一结果，参见Brisson 1992，以及后来的Fronterotta 2003。）

使视觉得以发挥其功能；作为理智的"从属原因"(synaition, 46c7–d1)，火对整个体系都有益，它是绝对可靠的。可另一方面，经验教导我们（这必然是蒂迈欧在理智对质料的说服中所指的可能的例外情况），世上也存在未被说服的或无序的火，这表现为森林之火。地震、洪水和飓风也与之类似，四者分别是四元素之一失控的表现。但没有迹象表明，为四元素不时失控所留有的余地在柏拉图看来是某种失败、疏忽或是宇宙理智的怠惰之举。

与之相反，出于极其隐晦的理由，柏拉图在他的晚期对话中（包括《蒂迈欧》，参见22c1–e2）成为如下理论的忠实拥护者，即文明每经过由天体运行决定的一长段时间后都会被大灾（如洪水和大火）抹去，每次都被迫从头开始。[58]这一理论被他的学生亚里士多德所继承。天体运行的有序和构成世界的质料中残存的无序相结合，让文明有了类似单个有机体的有限生命循环。并且柏拉图极可能将这种循环看作有益的。[59]因为根据《蒂迈欧》中克里提亚的讲述，九千年前新兴的雅典文明是最有德性的（23b3–d1），而根据《法

---

[58] 对亚里士多德而言，循环的轮数是无限的（*DC* I 3, 270b16–25，与 *Met. Λ* 8, 1074a38–b14连读），这方便地支撑了他关于世界的永恒性的观点，因为这令永恒世界与明显相对年轻并仍在发展的文明协调起来。为了防止将柏拉图对灾难理论的认可也当作他支持世界永恒性的标志（这与我在本章第三节中论称的相反），请注意，蒂迈欧对灾难的描述包含了"很多"而非无限的循环轮数（23b3–6），对于雅典人，这发生在原初的神圣创造之后（23d4–e2）。关于灾难理论的更多面向，尤其可参见Cambiano 2002。

[59] 关于柏拉图对原初人类的细致解读，参见Boys-Stones 2001, pp. 8–14。

篇》第三卷中的描述，文明继续发展不可避免地会堕入恶，因此它由天灾而得到的周期性更新是对朴素德性的回归，值得欢迎（678a7–679e5）。那么，世界趋于周期性地遭遇天灾就完全不是计划之失，反而是神的计划的又一表现。[60] 即使这一天灾理论的原理从未在柏拉图著作中得到完全的阐述，那也可能是因为他从未写完《蒂迈欧》-《克里提亚》，该对话缺失的后半段可能正适合展开这一原理。

那么，我们就没有理由认为，柏拉图的德慕格没能全面地实现质料的最好安排，而质料对理智劝导的拒斥更不会阻碍德慕格的成功。这并不是说世界在每一点上都是完美的；相反，重要的问题是，它的不完美是何种类型，以及它们是否是不可避免的，即使只是理论上如此？

拿《蒂迈欧》中的一个著名例子来说，诸神将人类的头造得较理想状态而言脆弱一些。他们本能够给我们的头骨舒适地裹上肌肉，就像造我们的大腿时那样，但耐受力之得就是感受力之失（74e1–75c7）。[61] 凭借他们的技艺，他们能对这一缺陷作出部分补偿：使一些残留物从毛囊中长出，成为一层毛发，以此作为防护而不削弱感知（76b1–d3）。结局并不完美，但无疑他们尽力做了最佳的决定。

---

[60] 参见 *Ti.* 22d7，"当神通过用水漫过大地来使它得到净化……"。
[61] 在 Aristotle, *PA* II 10, 656a14–27 中，亚里士多德拒绝了这种解释，将头颅缺乏防护的原因归为大脑需要高效的冷却。虽然他的解释在解剖学上更为正确，但这是源自他对大脑的主要功能是冷却（而非认知控制）的错误信念。

几乎无须思索就能知道,世界的规划一定充满了类似妥协。但将其归于质料的拒斥显得十分奇怪且缺乏文本支持。任何一个理性的工匠都要在得失之间权衡,无论质料听从与否。例如,假设将头造成方形的有一些益处,如果是这样,那为了圆形头的益处牺牲方形头的益处就与质料的本性无关,而只与一点有关:一样东西不能同时是圆形和方形的,因此要在通盘考虑后选择更有益的形状。与之类似,在头的例子中,活组织(而非质料本身)的耐受力和感受力不可兼得,因为它要具备生成和生长的能力。[62]无论蒂迈欧为该观点给出了何种理由,他给出的限制也是由生理需求造成的,而非质料的本性造成的。

蒂迈欧也十分清楚另一种更深一层的世界之恶:集中展现在人类身上的道德之恶或缺陷。因此我们必须问:柏拉图如何解释它在世界计划中的存在?以及,他是否至少认为这是神圣创造的失败?又究竟是为什么一定要创造人类?

创造人类的原初动机是形而上学的(39e3—40a2,41b7—d3)。世界所模仿的动物属的理型本身包含了四种亚属,是分别和火(诸神)、气、水、土相关的动物;而在三种较低的亚属之下是个别的禽类、水生类和陆生类动物。如果世界没有被造为相应地包含全部这些种类的动物,它就没有可能与自己的模板(动物属)相似,这种不完善本来是可以避免的。这就是为什么德慕格在创造了灼热

---

[62] 75a7—b2.对75a7—b1的正确解释,参考上文注释[48]。

的星体-神（star-gods）之后，他令他们创造剩下的动物。（如果我们认为先在的动物物种的理型包含一切可能的动物，[63]那么用柏拉图式形而上学的表述来说，我们可以发现，德慕格创造的理型所蕴含的生物多样性，与恩培多克勒的爱在尝试将肢体按各种可能排列组合并找出哪些可以存活所达到的，如出一辙。[64]）

次级神得到的命令是，这些寓居在气、水、土之中的次级动物应被置于一套等级秩序之中。动物世界背后的结构性原则是（42b2-d2），轮回的不朽灵魂会按系统性顺序一个接一个地寓居在物种之中，先进入男人的身体，之后根据他们所过生活的价值或降或升。从男人降一级是女人，再降为相应的动物。"提升"可以将灵魂带回女人或男人，灵魂如果过的是真正的哲学生活，甚至会被提升出转世循环，永远居住于它被指定的星体上。

那么我们可以说，一方面，要求世界是其模板的最好和最完善的摹本，就需要存在一个复杂的动物王国；另一方面，德慕格理智规划的卓越能力，令动物王国被恰当地用于

---

[63] 在 Ti. 39e7-40a2 中，德慕格的指示只是将动物分为了在火、气、水和土中居住的四个属。但是在 30c6-d1 处，已经很明确的是，这四个属又被分为单个的种的理型，而世界的完整性就在于它包含了所有这些物种。

[64] 参见上文第61页。至少有一个显著的不同：爱的尝试消灭了一些动物，它们也许本身能够存活，但不能与动物王国中的其他部分共存，那些不能恰当地自我防御的动物就是例子。即使柏拉图真的思考过可能的和可能共存（compossible）的动物的这种差别，也没有迹象表明他由此认为一些物种可能没有实现。更可能的解释是，先在的物种理型就已经仅限于可以共存的物种。

理性灵魂的逐级提升。虽然个体灵魂必然要受苦,但是它们在其中受奖惩的整体等级结构,在柏拉图看来并不是德慕格对被造物的先前缺陷的相应补偿。这一结构自身就是极好的,个体所具有的道德恶和不幸并非标志着世界的不完满——只要这些缺陷是宇宙正义的更广阔图景的必要组成部分。

为了理解柏拉图这样的思想家何以认为世界因拥有不完满的存在而变得更好,我们需要从他赋予完满性这一内在价值的极端重要性说起。诚然,用来表达"完满"(complete)的词 *teleios* 的含义与"完美"(perfect)有所重叠,这让它们彼此难以区分。神本可以选择将完美的意思收束得更为狭窄,让被造物只限于最好的东西。但这样做的代价是造出一个理智的却空荡荡的世界。这就像开始建一个完美的动物园,最终却决定没有动物好到足以住在这里。与柏拉图(他希望神也是这样)的完满或完美观念更为相符的是具有整全的自然等级秩序的世界,特别是在等级本身是道德价值的首要体现的情况下。

然而,神自身与宇宙之恶的关系问题现在变得更为尖锐。一方面,世界必然包含低等动物,以及相应地因被降等而寓居在它们之中的灵魂。另一方面,创世者本质是好的,因此只能成为好的事物的原因,这是柏拉图始终坚持的"相似原因产生相似结果"的原则。[65]因此,就算本性善好的德

---

[65] 这一原则参见 Sedley 1998b 和下文第178页(亦参见 Makin 1990-91),它在《蒂迈欧》中系统性地充当了一种实质的分析性原则,然而相随而来的结果听起来却像是综合性的。在29d7–30b6处,善好的(转下页)

慕格是好的世界秩序及其多种组分的原因，他也要避免成为个体之恶的原因（42d3-4）。而个体之恶或缺陷只会在动物王国中出现——主要在人类之中，并派生到堕落的灵魂转世进入的低等生物中。因此，即使德慕格创造了寓居在人类和其他动物之中的理性灵魂，他也不能让它们进入肉身，因为这是一切灵魂变坏的根源。正是出于这个理由，他才将造人的任务交给了他造的次级神。[66]

在这时我们很可能感到，柏拉图的创世者占据了绝佳的道德高地，把最好的工作留给自己，将肮脏的活儿丢给他的手下。然而，这种分工的原因来自柏拉图的因果理论，且在柏拉图看来，因果理论造成的这一不易的妥协至少对展现宇宙之恶的复杂面向有所帮助。一方面，恶和苦难是德性和幸福的对立面，前者的存在也是整体上好的规划的一部分；而另一方面，这本身并不足以让它们变成好的。无论宇宙视角还是个人视角，都不能为了支持一者彻底取消另一者，而

（接上页）创造者必然将世界造成好的（对于柏拉图而言这是常理，参见Sedley 1998b），对此的进一步解释是神的无私（29e2），这进而意味着他不吝于赋予他的产物一切的善好。在41a7-d3处，本身不朽的创造者出于形而上学的原因，想把自己的产物造成（偶然地）不朽的，而这里的解释也是动机论的：一个善好的创造者不愿在不必要的时候毁掉自己的产物。这种解释上的完全决定论是《蒂迈欧》独有的特点。参见上文第112页。

[66] 我们必须认为，这些成分虽然也是好的，但它们只是偶然好的而非本质上好的。与容许它们存在的原则相类比，这些只是偶然不朽的东西能创造有朽的存在，这才让坏的东西的创造在形而上学上可能。但即使是这样，在实际上变坏的主要责任也在于人类自己（42e3-4）。

且局部的恶本来就是整体之善的必要组成部分。

人类在生命等级中占据着绝对的核心位置。因为直到理性灵魂进入人体，它才有可能得到净化，从肉体中脱离并享有精神上的至福。如此构造人体和我们周围的世界就是为了使之得以可能，而且可以不夸张地说，自然的整个目的论结构都趋向于这一个目标。让我展开叙述这一观点。

让我们再次（参考上文第52—54、81页）回顾创世论者的黄金证据——人的眼睛。虽然蒂迈欧在眼睛的内部结构上的缄默令人失望，但他在解释为何人类会有眼睛时仍然极为雄辩且出人意料（46e6-47c4）。眼睛并不像我们想的那样，是出于诸如捕食和避害的实用目的而赋予我们的。与下文将要阐述的巨大益处相比，这些只是视力微末的和次要的功能。

为了创造世界灵魂，德慕格首先将理性灵魂的材料混合起来，再将其形塑成一对天体圆环，它们被和谐的间隔分开。永恒旋转的神圣的世界灵魂就这样被造了出来，而神这样的复杂环形运动实际上就是它的思考进程。[67]德慕格将星体造成灼热的，他以此仁慈地照亮了这些环形运动，让它们得以直接为肉眼所见。[68]这样，我们才得以研究数理天文

---

[67] 对于思想的"旋转"的字面意思的解读"位移"（locomotive），参考Sedley 1999b。

[68] 只有在39b2-c1处谈到太阳的照射能力时，目的论观点才得以完全明确，但是要注意40a2-4处，所有的天体都由火构成，这是为了可见性（以及美）。

学,才能理解组成神圣理智的运动并将其内化为我们自己的思考。掌握天体运行的数理规律也就是思考神的思想,这是通向哲学和真正的幸福的门径。不过想要实现它绝非易事,因为理性灵魂在第一次进入我们的头部之后,因感觉器官而受到了传入物的冲击,这干扰了它们自然的环形运动(42e6-44c4)。在此,柏拉图是站在物理学的视角上解释他的经典学说,亦即对感官的依赖对纯粹思辨活动来说通常是有害的:感官在物理上干扰了理性思考的环形运动。然而,如果我们正确地跨过天文学的感觉之桥,就能将理性灵魂带回它在自然状态中的纯粹理性的环形运动。如此创造的天体和人类都是为了使这样的转变可能。

在坚称眼睛用于天文学的时候,柏拉图揭示了他的等级目的论的显著特征:每一事物的目的都是最高的善好,它们为达到这一善好作出了贡献。[69]对眼睛的解读也同样适用于在顺序上紧随其后的耳朵。耳朵让我们既能参与言辞论辩又能研究音乐,为我们提供了发展哲学能力的手段。[70]

将这一目的论解释原则[71]延伸到人体和世界的其他部分也很容易。毕竟,即使是更低等的动物也有对投生到它们之中的灵魂的奖惩机制,旨在让灵魂在投生为人时能最终实现理智的净化。与之类似,既然整个人体都被设计得可以用

---

[69] 参考 Burnyeat 1999, p. 246 n. 63; Johansen 2004, p. 108。
[70] 亦参见75e3-5,那里的讲话被赋予了同样的价值。
[71] 柏拉图在《克拉提鲁》中将这一原则用于名称的功能,可参见Sedley 2003a, p. 62。

来支持寓居于头部的理性灵魂（44d3-8），那么即使是最平常的生理功能（其设计和被造在《蒂迈欧》69a6-81e5中得到了巨细靡遗的阐述），在柏拉图看来最终也是为了维持理性灵魂在人之中的寓所。[72]这处寓所本身被规划得经久耐用，至少在理想情况下能够久到既让理性灵魂掌握哲学，又不会超出人的寿限，好让理性灵魂在合适的时候得到解脱并转入另一等级的寓所。

现在回忆一下《斐多》中的神话正合适。如我在前文指出的（第95页），这里隐含了好的宇宙安排的直接受益者是灵魂。世界被建造成能够通过奖惩机制为灵魂提供自我净化、神化和享有精神性的永福的机会，这首先在《斐多》的神话中得到暗示，后来在《蒂迈欧》中被明确地表达出来。柏拉图的世界并不是以人类为中心的，但我们可以说它是以精神为中心的。这一持久的主题集中体现了柏拉图在大半写作生涯中的持续性，他从《斐多》开始谨慎地超出苏格拉底对物理学的负面看法，最终汇集为柏拉图自己对物理学的全面重建和复兴。

在前面我问过，究竟为什么一定要创造人类？蒂迈欧的回答可概述如下：出于完满这一形而上学原因，世上须存

---

[72] 在71a3-72d3处，肝的目的是通过神圣化让我们的非理性本性也获得某些真理。在这里，获得真理似乎被当作具有内在价值，独立于任何传递到理性灵魂的善好，但并不需要假设这样的限制，因为在不少其他对话中，柏拉图将与神的神圣沟通视作有道德价值的，这包括了苏格拉底对神迹的运用。柏拉图的《克力同》（Crito）就将苏格拉底所用的神迹作为他道德自律的关键。斯多亚主义者对这一对话的解读，参见第232—233页。

在一个复杂的动物王国，其中就包括人类。为了灵魂的系统性提升而建造动物王国，是造物者的仁慈之举。德慕格在事先知晓的情况下所付出的代价是，被造物容易堕入道德和理智之恶（42d2-5）——根据蒂迈欧，这是因为与造世界灵魂所混合的材料相比，被造物的灵魂使用的纯净材料更少，而且它们还要被置于相应的无序身体中。[73] 很明显，一旦规定了动物的等级，被置于其中的理性灵魂就**必然**是不纯净的，否则它们当即就可以摆脱身体并回到自己的星上。不过关键是，它们的纯净程度没有低到让它们最终的净化和解脱不现实。

现在，我们终于可以回到下面的问题，即柏拉图的创世者是否规划和构建了一个完美的世界？在某种意义上，答案当然是否定的。因为柏拉图的形而上学中最基础的是，一切生成的东西都只是理型的摹本，而没有摹本能完全对应于它的原型。这一原则的部分理由如今已经更清楚了。工匠为质料赋形的全部尝试都要进行妥协，无论产品是一张桌子还是一个世界。一个很好的例子是头骨的设计需要优先考虑感

---

[73] 在41d6-7中，"将它们以某种相同的方式混合起来，但并非按照相同的程度和纯粹性，而是产生第二级和第三级产物"，这里"相同"出现了两次，我们并不清楚两次的意思都是"与他造世界灵魂时相同"（这是标准理解），还是"与彼此相同"。我倾向于后一种解释，它可能暗示产生了三个等级的人类理智灵魂（第一等级的灵魂也隐含在其中）：这种解释与《理想国》中灵魂的三个等级相契合，只要我们合理假设，理智灵魂的等级越高，灵魂整体就越均衡。尽管如此，把次级灵魂也包含进来，而不仅限于人类灵魂，主要是想要确保灵魂降级是完全可能的，这样一来，动物王国中的次级动物就都能拥有灵魂。

受力而非耐受力。毫无疑问，创造不纯净的灵魂是整体规划中令人惋惜的一部分，正如要将头骨造得较为脆弱一样。不过，这两种情况都是一切选项中最好的，而且它们都有助于创造一个最好的物理世界。在后一种意义上，柏拉图的世界的确是完美的。

六　种的起源

我们已经知道了动物王国所以存在的原因：对模板的模仿越是完善，世界就被造得越好；作为模板的动物属包含着所有的（我认为是所有**可能的**）动物种，被造的世界要最好地模仿这一结构，就要将所有这些物种都包括进来，让它们在现实中存在。这既包括了诸神这样的不朽的火系动物，也包括了由气、土、水组成的有朽动物。[74]

如果这些物种的永恒理型（包括人的理型）已经存在了，创造物种的诸神又有多少功劳呢？他们难道不是仅仅机械地复制了现有的蓝图吗？似乎确实是这样。柏拉图在69a6—81e5中详细阐述了人体的被造，他始终将其呈现为一

---

[74] 低等"动物"也包括植物，根据蒂迈欧，它们是不能移动的动物。与野兽们不同，造植物并不是用来接纳堕落的理性灵魂，而是为我们所用（76e7–77b1，参见41d1-3）。将植物归为动物的正当理据，参见上文注释[36]。我怀疑，柏拉图这样分类的真实动机源自他的下述学说，即世界的模板是动物的理型。如果动物和植物是更高的属之下的相互配合的部分，我们其实就很难理解为何德慕格没有按照这个属创造世界。

连串出色的工程决策。除非我们对理型的内涵有所误解,才可能产生另外的看法。一张桌子的理型既不是一张桌子,也不是指导造桌子的一张图示或说明书,而是桌子理想的**功能**,木匠要凭借自己的判断用手头的材料将其付诸实现。诸神无疑参照了人的理型,[75]那么与桌子类似,人的理型也只是人的功能的展现:大致说来,人的功能是在合适的年限内接纳理性灵魂,为它提供适宜发展和开发内在理性能力的环境。诸神对如何实现这一目标的决策——例如将理性灵魂置于球形的头之中,将头安放在一具带有臂、腿和其他移动和生存所必需的器官的身体上,但用狭长的脖子将二者尽可能隔开,以防身体欲求造成有害的影响——都是在运用技艺时设计出的实用方案。稍做修正,同样的技艺也适用于低等物种的设计,我接下来就要分析这一点。

蒂迈欧对身体结构的描述显然主要针对的是人体。但这一侧重也部分体现出,他认为动物王国应当从等级结构的最上层理解。[76]与当代进化理论类似的是,柏拉图发现物种并不是相互独立产生的,而是一个由另外一个演变而来。但

---

[75] 他们必然先参照了某个永恒理型作为模板,因为另一种参照生成的模板的方案不像工匠的作风(28a6–b2)。进一步,只有预设一个永恒模板,才能在44d3–4诸神以(被造的)世界的形状为模板造人的头颅时,避免将技艺在模仿被造实体时可能隐含的缺陷归于他们(参考Burnyeat 2005, p. 158)。并且,如果他们参照的不是既有的人的理型,也很难想象他们会参照何种理型。

[76] 对于后续影响,以及柏拉图的创生论与前后思想家的关联,尤其可以参考Campbell 2000这一颇具启发性的研究。

他认为这一过程是退化，而不是进化。随着理性灵魂在理智和道德上的恶化，诸神设计的人体原型也被逐渐重塑，以适应寓居在其中的堕落灵魂（90e1-92c3）：首先被重塑为女性的身体（90e6-91d5），然后是鸟类（91d6-e1）、走兽（91e2-92a4）、蛇（92a4-7），最终是鱼类和贝类（92a7-c1）。

在这里，一旦转生成人的可能排除，随后的转生都遵循着《斐多》神话中已经探讨过的阶层原则（本章第一节）。灵魂越不爱智慧，就被分配到越低的地理位置上。因此蛇低于四足动物，鱼甚至还低于蛇。连同这些相应的再分配，头由圆形被重塑为椭圆形，反映了其中的理性灵魂在低于人的环境中不再进行推理的自然环形运动（91e2-92a2）。这些兽类只由非理性灵魂驱动。

这里描述的模式是早先讨论（第125—126页）的柏拉图目的论的翻版。几乎所有被造物的目的都是让理性灵魂通过研究天文学进展到哲学，那么降级到动物王国中较低的物种也是由于没能钻研这些学说。那些从事天文学但毫不热爱智慧的灵魂成了鸟（下文详述），而那些完全放弃了天文学和哲学研究的灵魂成了四足动物（91e2-92a4），甚至可能更糟。

这是科学还是寓言？不存在明确的答案。在讲话结尾的高潮部分，蒂迈欧拿自己的讨论对象做起了游戏，在二者通常的边界上穿行往复。

我们很难错认起源神话中的轻松的元素。最明显的例证是对鸟类的阐释（91d6-e1）：

鸟类只长羽毛不长头发，它们是由无害但才智平平的人转生而来的。这些人研究过天上的事物，但由于头脑简单，认为天文学最坚实的证据是由眼睛看到的。

在细节上，这个"原来如此"的故事是非常柏拉图式的，我们看到的是一例诙谐的恰当惩罚。它与《斐多》（81d6-82b9，顺便一说，这并非结尾相对理论化的神话的一部分）中同样俏皮的观点类似，亦即僭主们会重生为狼，出于习俗而非理性过着有德性的生活的人会重生为蚂蚁或蜜蜂。不过为了当下的目的，这一安排被应用于《蒂迈欧》的核心主题（上文第124—125页）：按照《理想国》的建议（第七卷530a4-c2）进行研究的天文学不是经验知识，而是更高的数学的一个分支，它是唯一通向哲学启蒙的道路。好笑的是，那些关注天文现象的前苏格拉底思想家（就像阿里斯多芬在《云》中调侃的在高挂的篮子里望天的"苏格拉底"）的报偿是转生为鸟：他们可以飞上去一窥究竟，并且看看这对他们有什么好处！

这一奇异图景的诙谐意味由它和上下文的脱节得到了加强：如果鸟的自然栖居地比我们更高，投生为鸟怎么可能是投生为人的降等？但我们从《蒂迈欧》中学到的最重要的东西之一，就是诙谐并不必然取消严肃。[77]鸟不长头发却长

---

[77] 这就是为什么我不愿意对Steel 2001得出的结论表示赞成，他将69c5-73a8的生理学解读为玩笑式的，由此得出柏拉图的本意是非科学的。以蒂迈欧对下腹部肠子的盘绕的解释（72e2-73a8）为例，（转下页）

130 羽毛的细节，暗含了《蒂迈欧》在生物学理论上的一条重大贡献。恩培多克勒已经认为头发、羽毛和鳞翅在功能上是等同的（上文第41页），柏拉图却补充道，进化（严格来说是退化）过程中头发会**变成**羽毛。

这里的金牌例子是人类的手指甲和脚指甲。在常见的进化理论中，这些通常被看作残存的爪子，它们的残余功能无论是什么，都并非最初的物种用来移动和自卫的关键功能。柏拉图的退化理论也分享了这背后的洞见，但是将其颠倒了。因此在前文中，当他叙述神对人体的原初设计时，我们看到了如下对指甲起源的高度理论化的阐释（76d3–e4）：

> 手指和脚趾末端由腱、皮和骨三者组成的混合体，在干燥之后形成一张复合的硬皮。这是它被造的从属理由。而创造它的主要理由，亦即创造它们的想法，是为了未来的被造物。诸神知道女人和兽类是由男人

（接上页）他认为这样设计是为了防止我们因暴食而灭绝。斯悌尔这样评述（Steel，p. 119）："没有学者会否认这段对肠子的道德目的的评论是带有讽刺色彩的。那么，凭什么之前的段落就得到更严肃的对待呢？"无论我们感到该段如何诙谐，都不该出于这一原因将其贬为不严肃的。这是因为，在它的"后裔"——极端严肃和科学的亚里士多德《论动物的构造》（*PA*）第三卷第十四章675a31–b28中有这样一段话（675b22–28）："因此那些需要在饮食上变得更加节制（σωφρονέστερα）的动物，下腹部的肠子并没有很多空间，而是层层盘旋，不是直的。因为宽敞的空间激发了暴食的胃口，而直的肠子令进食的速度加快。这就是为什么具有简单的或宽敞的容纳系统的动物，总在［食物的］量或者［进食的］速度上不知餍足。"

变来的，也清楚由于各种原因许多生物需要用到爪子，因此就在造人的时候，他们造了有爪被造物的雏形。

如果野兽是从人变来的而不是相反，那么那些残留在人身上、我们今天认为多少已经弃用的特征，就可以作为我们**不是**被直接创造的证明。反过来，它们在人之中的发端必然预示着未来的发展，[78] 因此是神具有先见的标志。

堕落的过程在四足动物、更多足的动物以及无足的爬行动物的创造中很好地展现了出来（91e6-92a7）：

> 由于这些［非哲学的］追求，它们的前肢和头都向大地伸长，被它们和大地的相似所吸引，并且得到了长形和其他形状的头，这反映了它们头部的环路由于不动而被压扁。这也是它们被造为四足或更多足的原因，因为越没有脑子，神就得给它们越多足以让它们更能在地上爬行。它们之中最没有脑子的，整个身体都贴在地上，因为足对它们而言是无用的，所以它们被造成无足并在地上滑行。

这显然更接近起源寓言的体裁。虽然它难免让我们想起《创世记》（Genesis）中对蛇的惩罚，但是它其实与后来奥维德

---

[78] 这也很容易适用于脚指甲。对于手指甲，盖伦在 *UP* III 16.7-17 中批评柏拉图在此处大大低估了它们的作用，也批评了亚里士多德（*PA* 687b21-24）将它们仅仅作为指尖的保护层的观点。

第四章　柏拉图　　197

《变形记》(*Metamorphoses*)中极清晰的起源故事更为相近。在《变形记》中，物种起源与下面的故事反复联系在一起：一个虚构的男人或女人，他们的赋形是神施加的惩罚——例如阿拉克涅（Arachne）是蜘蛛的起源，她因为和雅典娜比赛编织被变形为蜘蛛（VI 1–145）。柏拉图在《蒂迈欧》写作之前就熟悉这一起源寓言的核心要素，例如恩培多克勒笔下对精灵的惩罚是转生为各种生物，而在柏拉图自己的末世论寓言中，转生是成为与其道德状况相符的动物。[79]而在他早先借阿里斯多芬之口在《会饮》(*Symposium*)里说出的故事中（上文第55页），男人和女人起源于宙斯对早先人的原型的惩罚性改造。

有人可能会认为，这里的语体转变标志着柏拉图有意偏离了科学讨论。但是对这一看法的有力反驳是下面这一极为类似的文段，它出自亚里士多德的《论动物的构造》(IV 10, 686a24–b2)：

> 动物的前肢和胸与它们的脖子和头相邻。人没有前肢和前足，有胳膊和所谓的手。因为他是唯一直立的动物，这是由于他的本性和本质是神圣的。最神圣之物的功能是思想和理智，而对于上半身肥大下垂的生物而言思考并不容易，因为体重影响了理智以及一

---

[79] 在《斐多》之外，注意在上文第129页引述的《理想国》中的神话（620a2–d5），其中灵魂常会为下一世选择适合的动物。

般感觉器官的运动。这就是为什么当身体变得太沉和太具物质性（corporeal）的时候就被迫向地面下垂，结果为了保护它们，自然就让四足动物有了前肢，而非胳膊和手。两条后腿对于所有会走的生物都是必需的，而这样的生物成为四足的，是因为它们的灵魂难以负担这样的重荷。

这与柏拉图的创生论有几点不同。减弱的理智活动在这里是生物退化的必要部分，而非在先的原因。其中的生理学也按照亚里士多德的信念改造过了，亦即，思想的寓所是胸部，而不是柏拉图所认为的头部。[80] 然而，二人笔下主题的连续性是十分突出的。亚里士多德说，人类似乎是在过去某个时间退化成了四足动物，这时的亚里士多德在讲一个寓言，而不是真的相信这些物种有一个时间上的起源；[81] 但毫无疑问的是，他认为从人的原型逐渐退化的说法对于科学地划定出自然等级是有用的。[82] 他这样做是将严肃的科学奠基在明显地受到了《蒂迈欧》影响的这一段上——在这篇对话中，该

---

[80] 柏拉图和亚里士多德叙述的差异在 Gregoric 2005 中得到了深入挖掘。
[81] 对这一文段及其与亚里士多德生物学的关系，参考 Lennox 2001b, pp. 317–18。
[82] 关于亚里士多德自然秩序的"人类中心主义"视角，参考 Clark 1975, II 2; Lloyd 1983, pp. 26–43。它与（假定的）科学的另一个相似之处在于，它类似某种观相术（physiognomic）理论，后者将类兽的身体特征系统地解释为相应性格所表现出的症状。但是这种相似性不比它与伊索寓言的相类性更多，后者用动物物种代表人的性格类型。尤其可参考 Sassi 1988 第二章。

段在我们看来是尤为诙谐的。

在另一种意义上,蒂迈欧的创生论比起神话更像科学。这一末世论(eschatology)位于蒂迈欧讲话的结尾,它的功能类似在《高尔吉亚》、《斐多》和《理想国》篇末有关灵魂的惩罚和拯救的伟大末世论神话。有鉴于此,它就是这些神话的科学版本,死后的惩罚并未被置于另一个虚拟世界中,而是被置于自然王国之内。[83]

蒂迈欧的创世故事是个神话,但它的语体甚至体裁总是在变换。这常会让蒂迈欧的叙述就字面上的真理性而言缺乏稳定的价值。然而,我们在前几章反复地察觉到,低估其论述的严肃性可能会带来巨大的风险。即使最像神话的或最诙谐的文本,也是对柏拉图关于世界的目的论开端、目的和结构的观点的深奥导引。

---

[83] 参见Saunders 1973。

第五章　原子论者

一　德谟克利特

到目前为止，创世论者已经使出了他们所有的招数，柏拉图的《蒂迈欧》这部创世论者的终极宣言就是他们的巅峰。虽然部分柏拉图的拥趸还是坚称，柏拉图从不认为神圣创世的单个行动实际发生过，但是，这样的解读策略从未分散或减轻这篇对话给亚里士多德、伊壁鸠鲁（Epicurus）、斯多亚主义者以及盖伦等思想家（这些人是本书后几章的关注重点）带来的冲击。这些思想家都将《蒂迈欧》看作字面意思上的创世论——也即将世界的起源描述为一次理智的创世行动，并且他们都就此作出了回应。

在本章中，我转向原子论传统。对我们来说，伊壁鸠鲁（公元前341—前271年）是原子论者最杰出的代表，而他正是在早了一代的《蒂迈欧》成为主流话题的时候写作的。不过我们的故事必须再向前推一个世纪，从原子论的创始人留基波和德谟克利特开始。他们都是活跃于公元前5世纪后期、前苏格拉底时代末的开创性哲学家。虽然被冠以原子论创始人头衔的是两人中更年长的留基波,但我们这里的主角,是著述更为宏富且更有影响力的那位:德谟克利特。

在先前的第一章中,我提出,原子论是第一个初步排除了理智原因的前苏格拉底哲学。早期希腊的原子论者并未将理智作为质料不可还原的部分,也不像阿那克萨格拉那样,认为理智是作用于质料的独立能力。他们只承认原子和虚空为原初实体,并且将理智降为第二等——理智与颜色、味道等无数特征一样,是基于原子与虚空的复杂结构的偶性之一。原子本身是无生命的粒子——虚空是它们的反面——只具有尺寸、形状、位置和密度等物质属性。一旦原子构成了世界及其内容,理智有机体就可能从中产生。但任何世界自身绝不可能是先在的理智的产物。很显然,这里所构想的因果关系的基本模式在今天收获了不计其数的提倡者和支持者。

我们马上就会看到,在德谟克利特的后世弟子伊壁鸠鲁手中,原子论变成了驳斥神创论(divine creation)的关键武器。根据伊壁鸠鲁,神创世的信念带来了不可容忍的宗教后果,这迫使我们以为自己生活在神的监视之下,并对由此带来的威胁深感恐惧。在伊壁鸠鲁看来,承认原子论的真理有一条巨大益处,也即,通过将世界及其内容解释为纯粹偶然、不受神控制的产物,我们得以从这样的宗教后果中解脱出来。

但是,在公元前5世纪末,早期原子论者在他们的原始语境下是否已经受到这种对宗教问题的关切的推动呢?时间线显示，这样的设想本身是完全可被采信的。如本书的头三章所呈现的，在公元前5世纪末的公共论域，创世论不仅有阿那克萨格拉和恩培多克勒的科学版本，还有苏格拉底的反科学版本，后者恰恰旨在证明人完全仰仗神的恩惠，并因此要承担宗教义务。作为对这种苏格拉底神学的回应，原子论者的质料论的兴起也就不难理解了。

然而为此类故事寻找证据绝非易事。[1]其中的一个障碍是，在德谟克利特的原子论的限度内，他本人明确承认，神圣存在可能伤害人类也可能造福人类，这一妥协后来不出意外地遭到了伊壁鸠鲁的批评。[2]我们也没有任何特别理由能假设德谟克利特——更别提他的前辈留基波——熟悉同时代的苏格拉底的激进观点。苏格拉底没有写下任何东西。诚然，苏格拉底在雅典的大街小巷树立了哲学论辩者的公共形象，但德谟克利特并未在雅典逗留太久（据说德谟克利特谈到过"我来到雅典，但没人认识我"），[3]而根据传言，两人从未见过面。[4]此外，色诺芬笔下的苏格拉底**反驳**了那些否认世界具有神圣起源的人，部分出于这一原因，我在第三章（上文第86、90页）指出，这里的因果顺序其实是相反的：苏格拉底早早就感到了留基波的原子

---

[1] 就连记述德谟克利特反对阿那克萨格拉的"宇宙秩序和努斯"的68 B 5 DK，也不能作为这一分歧背后蕴含特定宗教动机的证据。
[2] 参见C. C. W. Taylor 1999, pp. 211–16。
[3] 68 B 116 DK.
[4] DL IX 36.

论的冲击力，而他自己的神学，则是通过对此作出回应而成形的。

那么，更为稳妥的想法是，那些驱使原子论者的关切，本质上是非神学的。他们的关切是什么？几乎可以确定，这与我指出的驱使阿那克萨格拉提笔的一系列动机是相同的。伟大的一元论者巴门尼德主张存在是完全的"一"，这与我们似乎身处的分化、变灭的现实世界不同。在巴门尼德的诗作的后半部分，他解释说，承认日常世界的真实性的最低条件，是抛弃一元论采纳二元论——出于某种原因（在他看来绝无可能）需要有至少两个实体，它们通过相互混合或互动产生变化和多。我在第一章指出（上文第11页），阿那克萨格拉对此的解决方案是将努斯——思想、心灵或理智——与其余的存在分开，并且将心灵作用于原始质料的活动（心灵由此与质料相区分）作为在有序的世界中分化、安置后者的方式。与之类似，原子论者将存在与某种第二类事物相区分，但这里的第二类事物是"非存在"（not-being）。巴门尼德试图把非存在当作自相矛盾的观念排除，而原子论者通过将非存在等同于虚空又把它带了回来。[5] 因此，存在与非存在的二元论，也是物质与虚空的二元论。物质由虚空构成的缝隙彼此隔开，不过由于这些物质自身不包含虚空，它们就是原子——不可分、不可变也完全不可入。

---

[5] 至于他们可能是如何融贯地论证"非存在者**存在**"的，Sedley 1982中有讨论。

只基于原子数目无限且形状、大小各不相同的假设，整个现象世界就可以通过它们构成复杂结构的机械组合来解释。因此，早期原子论者其实是凭借其解释的经济性声名鹊起的：通过设定两种等级的存在（而非巴门尼德的一种），就可以构建出一套完整的宇宙论。我们可以猜测，正是出于同样的对经济性的关切，德谟克利特才简化了原子的属性。例如，原子没有必要上色，因为对颜色的知觉已经有了合理的解释，也即无色原子的流出物以某种方式作用于我们（同样由原子构成）的眼睛和心灵。与之类似，原子和虚空也不需要是理智的，因为理智已经被恰如其分地解释为某种复杂原子结构（我们称之为心灵或灵魂）中的一种运动模式。看上去，原子和虚空只具有物质本身那些无法消除和不可还原的属性，这是为了解释上的经济有效，而非出自任何反宗教的动机。

不过，就算原子论者的动机不是神学性质的，神学上的后果也在所难免。既然在背后没有理智组织原子，[6]这些原子就必然是自发组织起来的，而它们确实可以自发组织。

---

[6] 参见 68 A 39 DK, Δημόκριτος ὁ Ἀβδηρίτης ὑπεστήσατο τὸ πᾶν ἄπειρον διὰ τὸ μηδαμῶς ὑπό τινος αὐτὸ δεδημιουργῆσθαι, "阿贝德拉（Abdera）的德谟克利特认定宇宙是无限的，因为宇宙不可能是被谁造的。" 在这里，我们关注的是结尾的阐释句：究竟它为什么会认为这为无限宇宙提供了基础？我认为这是 Melissus 30 B 2 DK 的一个版本，我这样解读（参考 Sedley 1999c, pp. 126–27）：如果宇宙是被生成的，它就是有限的，因为任何生成过程都有开端和结尾；但是，由于宇宙不是被生成的，就没有什么阻碍爱奥尼亚派（Ionian）的基本预设，也即宇宙的无限性。

原子论者指出，既然连那些显然没有生命的粒子（如沙滩上的卵石）都有某种按大小和尺寸类聚的内在倾向，那原子为什么不能有呢？[7]

不过，这种初级的自组织，在解释像我们的世界这样无比有益的结构，以及它的维持生命的复杂生态系统时，就极其欠缺说服力。它更难合理地解释为何原子自发地形成了像我们这样结构复杂的有机体。

在这里，无限（infinity）就出场了。原子论者的宇宙是无限的，包含无限的虚空，后者中存在无限多的原子。这意味着不仅我们所在的地方存在着世界，其他地方也存在；在这个意义上，要是无限空间中只有一块地方或有限的地方享此殊荣，是不合理的。这样推论下去，就不仅有多个，而且有无限多个世界存在。[8]

但另外的世界都是什么样的？除了原子的自组织，人们也广泛认为，旋涡的力量在宇宙形成过程中扮演着重要角色。[9]即使存在这两种因素，原子各异的形状和尺寸，也会让它们随机组成的世界彼此迥异。德谟克利特预测，一些世界不会有太阳或月亮，一些世界有多于一个的太阳和多于一个的月亮；一些世界根本不能有生物存活，甚至连水都没有；等等。考虑到每个世界的形成过程具有很大的随机性，

---

[7] Sextus Empiricus *M* VII 116–18=68 B 164 DK=C. C. W. Taylor 1999, D6.
[8] 例如 Philoponus, *In Ar. Phys.* 405.23–27=C. C. W. Taylor 1999, test. 80d。
[9] 原子论者在解释世界的构成时额外使用了胚胎模型，这一点亦可参考 Furley 1987, pp. 143–44。

在它们之间，诸如此类的偶发差异是不可避免的。[10]这似乎是对阿那克萨格拉的自信预测（见前文第一章第六节，也即其他的世界也都会有一个太阳和一个月亮，并且都能为生命提供支持，正如我们的世界一样）的直接反驳。

不过，德谟克利特认为，存在无限多个世界的事实确保了任何一种排列都可能出现在宇宙中的某处。即使这一学说并不是明文写下的，西塞罗记载的这段罕有讨论的文本（《学园派》[Academica] II 55）也一定是基于它的：

> 你说，德谟克利特宣称有无限多个世界，其中有些不仅彼此类似，更在每一方面都如此相像，它们之间不存在任何区别。当然，那样的世界也有无限多个，里面的人也同样如此。[11]

看上去，德谟克利特是这样推论的：虽然每个特定世界的形

---

[10] Hippolytus, *Ref.* I 13.2–3 (=C. C. W. Taylor 1999, test. 78, 部分), ἀπείρους δ' εἶναι κόσμους καὶ μεγέθει διαφέροντας. ἔν τισι δὲ μὴ εἶναι ἥλιον μηδὲ σελήνην, ἔν τισι δὲ μείζω τῶν παρ' ἡμῖν καὶ ἔν τισι πλείω... εἶναι δὲ ἐνίους κόσμους ἐρήμους ζῴων καὶ φυτῶν καὶ παντὸς ὑγροῦ. "[德谟克利特说]，有无限多个世界，它们的大小各不相同。有些世界没有太阳也没有月亮，有些世界的太阳和月亮比我们世界中的更大，有些世界的太阳和月亮更多……；并且，有些世界没有动物、植物和一切湿的东西（moisture）。"

[11] "ais Democritum dicere innumerabiles esse mundos et quidem sic quosdam inter sese non solum similes, sed undique perfecte et absolute ita pares, ut inter eos nihil prorsus intersit, et eos quidem innumerabiles, itemque homines." 对 et eos quidem innumerabiles 的解读参见下一条注释。

成都纯属偶然,但是产生的世界越多,这一特定世界的形式也就越可能重现;那么,既然确实产生了**无限**多个世界,孪生世界的存在就是板上钉钉的事实——事实上,不只是孪生,而是无数相似的同胞。他口中完全同类的世界指的不是同一属的世界,而是如文本来源表明的,在一切最微小的细节上都彼此相似的世界,它们有完全一样的居民,居民的名称和经历也完全相同。[12]

当今宇宙论者倾向采用的一种假说是,宇宙(或"多元宇宙"[multiverse])的确是无限的,现在我们已经计算出了[13]在太空中穿行多远才能找到和我们的完全一样的世界(我的意思是,包含着具有相同名字和经历的同样的我和你以及其他一切东西的世界):它们之间的平均距离在10的10次幂到10的28次幂(单位为米)之间。对德谟克利特而言,在当时的历史条件下计算世界的确切数目是不可行的,我们至多能说他主张一种版本的丰饶原则(Principle of Plenitude),在没有限制的情况下,一切可能的世界都能实现。他自己的推演并不体现在统计学上,而是体现在他所用

---

[12] 根据 Ac. II 55,有无限多个完全相同的世界,因此,与之相应,寓居其中的完全同名的人(itemque homines)也是无限的,这由续篇的55(in iis quidem innumerabilibus innumerabiles Q. Lutati Catuli)和同一篇的125所证实。因此,对于大部分整理者而言,读为 et eos quidem innumerabiles 只是将 eo 换成 eos,比起 Reid and Rackham 将这一表述删掉更好。世界相同进而有名字的个体也相同,这由 pseudo-Hippocradic Letter 10(IX 322 Littré)所证实,其中描述德谟克利特认为宇宙中有"无数德谟克利特,像他一样",参见 Warren 2004b, pp. 356, 358–59。

[13] Tegmark 2003.

的表达 *ou mallon*，"没有更多的理由……"。在有限的可选项中，给定（a）"没有更多的理由"实现一个而不实现另一个，（b）至少有一种可能得到实现，（c）实现其他可能性的机会是没有限制的，那么其他的可能性也一定会在某时某地得到实现。[14]

我认为，关于德谟克利特是如何用这条原则来解释我们世界的本质的，已经说得足够清楚了。没有了理智的创世者，创造一个像我们这样的世界似乎是不太可能的。即便如此，随机运动导致原子按某种特定方式组合本质上也是可能的，只是宇宙中存在的世界越多，出现这一偶然结果的可能性就越小。那么，对于给定的无限宇宙及其导致的无限多的世界，出现这种偶然其实是不可避免的。德谟克利特推演出空间中每隔适当的远距离任一世界类型都会反复重现，他由此展现了我们的世界中某些方面虽然看上去像神的作为，实际上不必然是如此。和我们的世界一模一样的世界在任何时候都能出现。即使这种一模一样的世界只出现在宇宙中距我们远得难以置信的地方，但同样可以维持理智生命的相似世界无疑能够以高得多的频率产生。

这种借助无限偶然的解释模式，在多大程度上能够令人满意？我们很容易回答，既然与我们的一样好的世界能够纯凭偶然出现的概率最多只有几百万分之一，**我们**只因为幸运就中了这样的头奖实在令人难以置信。这就像中彩票：即

---

[14] Makin 1993是对德谟克利特的这些论证的经典研究。

使今年不免有人中彩，那个人就是你的可能性也微乎其微。

不过，我们应当打消这种怀疑。首先，彩票背后的一套体系已经预设了大概每周都会出现至少一个满腹疑虑、不敢相信自己的好运的中奖者。其次，有疑虑的反对者是在假设，如果事情不尽如人意，我们就正生活在一个不适宜居住的世界中，手中握着没中奖的彩票，嫉妒那些比我们幸运的人，而这并不合理。历史是由胜者书写的，即使他们的胜利可能纯属偶然；与之类似，宇宙创生的故事也难免是由宇宙中理智最为发达的生命体书写的，无论他们的胜利是出于神恩，还是出于运气。

二 伊壁鸠鲁派对创世论的批评

虽然德谟克利特发掘了无限与偶然结合产生的巨大解释力，但是他的同时代人苏格拉底也为相反观点提供了有力的辩护，也即我们能具有这种优越环境是神的选择。一代人之后，这种观点在柏拉图的《蒂迈欧》中发展为精彩的天球物理学（global physics）。原子论者被迫寻找新的武器。伊壁鸠鲁掌握的武器有两种：第一种是强化对偶然的力量的论述，我会在最后重提。我首先关注的是第二种，也即所谓系统性摧毁神恩的证据。虽然这部分内容在伊壁鸠鲁自己的论著中相对较少，但幸运的是，我们仍能从他的追随者卢克莱修（公元前1世纪中期）的拉丁文著作中发现不少充分的论述。我马上就会涉及其中的选段。

《蒂迈欧》显然是主要的靶子，有时它受到直接攻击，有时受到攻击的是由伊壁鸠鲁同时代的柏拉图主义者阐释过的版本。[15]一些最直接的攻击出自西塞罗《论神性》(*On the nature of the gods*)第一卷19中的伊壁鸠鲁代言人维勒尤斯（Velleius）之口，火力点集中在蒂迈欧对神圣技艺的神话式描述。维勒尤斯想知道，神创造时究竟用了什么工具，以及——鉴于柏拉图的暗示，神让神圣理智"说服"了必然性（参见上文第四章第五节）——他是如何让物质元素**听命**于他的？[16]

从文学批评的角度来看，这样的攻击像在不通情理地抠字眼，但站在伊壁鸠鲁反活力论（anti-vitalist）物理学的立场上，这些问题切中了肯綮。无论对神话进行去文学化的精确解读的要求看上去有多不妥当（参见前文第四章第三节），如果柏拉图的后继者们想要就此发展出一套成体系的柏拉图物理学，那么回应这些问题正是他们的工作。由此看来，这段批评中的矛头指向的是柏拉图的原文而非柏拉图主

---

[15] 在Sedley 1998a, pp. 75-78，我论述到，卢克莱修反对神圣创世的主要论证的靶子并不是斯多亚派，而是与他差不多同时代的柏拉图主义者。这些柏拉图主义者宣扬一种对《蒂迈欧》的通行理解。在Sedley 2002中，我较详细地阐释了这种早期学园派的立场，认为这种立场主要由波勒莫的学园所持。

[16] "你的柏拉图是基于何种心灵图示，才构想出这般高屋建瓴的图景，认为神创造了世界？构建这座大厦的建造技术、工具、扳手、器械、工人都是什么？气、火、水和土是如何能够配合并遵从建造者的心意的？"

义阐释者们，这一点绝非偶然。

另一处与《蒂迈欧》的关系相对密切的文本中，卢克莱修提出了下列问题（V 181-86）：

> 此外，创造世界的模板，以及
> 最早存在于诸神之中的人类的概念，
> 是怎么让诸神知道并看到他们希望创造的东西的？
> 或者，他们究竟是怎么得知原初粒子的力量的
> 并且当他们的安排被改变的时候他们能做什么，185
> 如果自然本身并未提供创世的蓝图的话？

这里的第一组问题（181-83）是神怎么有一个其所创造的世界的"模板"或范式的，并且他们是如何能够先有人类的"观念"（notion）或"前构想"（preconception，卢克莱修在这里翻译的大概是伊壁鸠鲁的术语 $prol\bar{e}psis$）的。毫无疑问，这一论点是对《蒂迈欧》的回应：在《蒂迈欧》中，创世者以一个永恒范型——动物属的理型——作为世界的模板，这一理型自身包含所有物种，其中就有人类（上文第108—109页）。柏拉图将理型当作独立存在的、纯粹的思维对象，数学实体就是最直接的例子，当然柏拉图也同意价值表述具有同等的前经验地位。理型还应当包含如动物和人这样听上去像是经验实体的东西，这是该理论向前迈出的极具争议且饱含犹疑的一步，这一步的确让柏拉图

容易招致卢克莱修的反对。与十二面体或质数不同，动物和人的本质在理论上确实**不能**为完全前经验的，它们的理论化甚至不能早于对相应经验实例的接触。卢克莱修追加的挑战（184-86）将这一质疑延伸到了物理规律上，并坚称对它们的理解也必然是基于经验的。这十分大胆，但仍与伊壁鸠鲁的认识论完全相符。

作为古代哲学世界中最坚定的经验论者，伊壁鸠鲁主义者们似乎走向了与柏拉图相反的另一个极端。他们认为，不仅生物种属的前构想，我们的一切前构想都有其经验来源。[17] 他们进一步假设任何神圣创世者都和人类受到同样的认识论限制，这一点更具争议，但仍与他们自己的拟人化神学（anthropomorphizing theology）保持一致。

我们稍后会看到这些观点是如何发挥作用的。不过当下的论点并不必然以这些观点为基础，并且它指出了柏拉图的一个困难，这是从他的创世论所依据的基本形而上学中产生的。我们可以更有益地认为它是在用拟人化神学反对柏拉图自己关于神圣工匠的拟人化叙述，而不是将其看作拟人论者对神圣创始者超出人类的能力的粗暴低估。

我们考察的第一个问题是认识论的：神在创世之前如何能构想世界？接下来，在卢克莱修和西塞罗的文本中，我们能够发现一系列针对下面这个问题的讨论，也即神圣创世活动的**动机**是什么？有时这些论证依赖对神的本质的预

---

[17] DL X 33=Long and Sedley 1987（以下简称LS）17E.

设。像所有的古代哲学家一样，伊壁鸠鲁主义者将神作为人类幸福的范本，神是最适合我们效仿的存在。理想的伊壁鸠鲁式生活就是超然的宁静生活，不受管理事务和政治斗争的烦扰。因此，神就被描绘成这种超然的理想化模型，他们是得以幸福地摆脱世间琐务的至静的存在。是以在伊壁鸠鲁主义者看来，这样的存在竟然自愿地造了一个供自己管理的世界，简直是不可理解的。[18]

到目前为止，我们展示了一系列主要针对伊壁鸠鲁主义者的论证，这些人已经摆脱了希腊世界的主流政治价值观，甚至要把自己的另外一套价值体系加诸神。即便如此，它所代表的是古代论辩中重要的一支，在下一章我们会看到，亚里士多德也让神的行动与他自己对人类幸福的最高理想相合。不过现在我要转向另外一些论述，它们并未公然预设伊壁鸠鲁主义者的观点，也因此更适用于学派之间的论辩。

这些论述中的一组关注的是一个经典问题，它首先由巴门尼德预示出来，在莱布尼茨之后，它被称作充足理由律（Principle of Sufficient Reason）。如果世界是被生成的，那么为什么它在**那个**时刻生成，而不是更早或更晚？[19]巴门尼德的重点不在神学上而是在因果关系上：如果此时此地存在的东西是从此前空无一物的环境中生成的，那之前怎么可能已

---

[18] 关于伊壁鸠鲁式的神的 *prolēpsis* 是一个不被神意定义的独立存在，参见 LS 23B–E, 54K。
[19] 对于这一问题的详细历史纵览可参见 Sorabji 1983，第十五章。

经存在决定在某个时候创世的原因?[20]它和伊壁鸠鲁主义者对创世论的攻击的区别在于，后者没有预设一个空无一物的"前宇宙状态"。根据伊壁鸠鲁主义者的说法，这已经有质料了，并且这种创世论认为这时不仅有质料，还有一个或多个神。出于这个原因，伊壁鸠鲁主义者将巴门尼德的问题改造成了神的动机这一更具体的问题：如果是神创造了世界，那他为什么要在**这个时候**创造？

卢克莱修是这样提出问题的（V 168-73）：

什么新鲜事能诱使一直处在宁静中的存在，在后来
渴望改变它们早先的生活方式呢？
因为那些喜新的人只是 170
厌旧。但若是某人到目前为止
都未遭受任何恶，因为他生活得很好，
什么能在他之中点燃喜新的激情呢？

在这里，他察觉到了神的两种形象之间的矛盾：一种是最幸

---

[20] Parmenides 28 B8.9-10 DK, τί δ' ἄν μιν καὶ χρέος ὦρσεν | ὕστερον ἢ πρόσθεν, τοῦ μηδενὸς ἀρξάμενον, φῦν. "什么东西会刺激它，让它早些或晚些从无中生成？"我将 τί χρέος 翻译成"什么东西……？"，就此参见 LSJ, s.v. χρέος II 2，而不是"什么需要……？"，后一种翻译及其变体，例如几乎无法成立的"什么必然性……？"，无谓地阻碍了对该句含义的讨论。Coxon 1986, p. 198 在评述中解释了该句的正确含义，但是奇怪的是，它的翻译（p. 64）却是"什么必然性……？"。

福的存在，一种是开启一组新行动的存在。如果你是最幸福的，你无疑有足够的动力采取措施维持现状，而不是开启新的事态。

很显然，一些古代创世论能够为此提供令人满意的答案。比伊壁鸠鲁稍小的同时代斯多亚主义者认为世界的寿命是有限的，对于这个问题他们会回答，神创造一个新世界，正是为了取代刚消亡的旧世界，并以此维持而非取代他此前的活动状态。卢克莱修文本中保留的论证显然不是针对斯多亚主义者，而是针对柏拉图主义者的，[21] 这在伊壁鸠鲁的定型期是很自然的，而斯多亚主义至多刚刚起步。柏拉图的《蒂迈欧》似乎描述的不是一串彼此接续的世界，而是一个一旦被造就会在神的庇护下永存的世界。卢克莱修其实明确说过，这就是他所针对的理论（V 156–65）。

在刚才引述的文段中，卢克莱修问："什么新鲜事能诱使一直处在宁静中的存在，**在这么晚的时候**渴望改变它们早先的生活方式呢？"*从西塞罗对这个伊壁鸠鲁论证的展开中（《论神性》I 21）[22] 我们可以推断，该表述的重点是创世

---

[21] 合并或混同这两个靶子也是可能的。因此，公元2世纪的伊壁鸠鲁主义者、奥诺安达（Oenoanda）的第欧根尼，在 fr. 20 Smith 问认为世界是神和人的城市的斯多亚主义者：既然如此，为什么神在荒野等待了无限多年才建造了他的城？

[22] 在这里，西塞罗的代言人维勒尤斯实际针对的是柏拉图和斯多亚主义者，但就这个特定问题而言，针对前者要远为恰当，尽管在原则上，它也可以用来反驳斯多亚主义者对于世界之间的长间隔的论点。（转下页）

* 原书在第一次出现这句引文时用的是"后来"（late on），现在用的是"这么晚的时候"（at so late a stage）。

之前有**无限**长的一段没有任何创造的时间，这自然与创造单个世界的学说相关。不过，对创世论者而言，这并不是问题。如果神要等上特定的年月才开始创世，那么这种推迟的原因是理论上存在的：例如，这就是神进行筹划或（和）准备材料所需的时间。不过，试想一个时间确定的单次创生行动（例如发生在公元前4004年），在这之前历经了无数年的准备过程，为什么神不在公元前4005年创造世界呢？答案不能是他还没准备好，因为如果神在公元前4004年之前准备了无数年，那么在公元前4005年，以及任何早些或晚些的年份，情况都是同样的。

西塞罗笔下的伊壁鸠鲁的代言人是通过提问"为何无数个世纪后创世者突然登场"（《论神性》I 21）指出这一点的。接下来，他继续给出了对这一问题的有力回答：

> 因为如果那时没有世界，也并不代表没有世纪。我口中的"世纪"并不是由每年的环形运动造成的日夜的数目。我承认，这些日夜不可能在世界旋转之先存在。但是在无限时间之前就有某种永恒，它不在时间之内，但我们可以理解永恒的范围，因为在时间尚

（接上页）埃提乌斯记录了同一个伊壁鸠鲁派论证的变体（I 7.8-9），它针对的是柏拉图以及阿那克萨格拉：在创世行动之前的永恒中，他们的创世神或者是（a）不存在，或者是（b）睡着了，或者是（c）醒着的；但是（a）被排除了（神被认为是永恒的），（b）也同样被排除（永恒的睡眠就是死亡），而（c）与神的福佑这一预设结合就排除了创世行动，其原因我们已经看到了（参见该篇7）。

未存在的时候有某个时间是不可思议的。[23]

从中我们可以推出,发生了如下的论战[24]:柏拉图的追随者们辩称《蒂迈欧》中的创生是一个发生在某个时间的真实事件,他们一定已经面临过为何德慕格会在最终创世之前无限期地推迟的问题,而他们的回答是,根据《蒂迈欧》,时间只在世界创造之后才存在——因为像我在上一章注意到的(上文第99页),这一非凡的宣称的确存在于柏拉图的文本中(37c6—38c3)。他们据此推断,创世之前没有时间流逝,因此更没有可供选择的其他的创世时刻。

我们能够推知这就是柏拉图主义者走的那步棋,是因为在我引述的文本中,西塞罗笔下的伊壁鸠鲁代言人显然是在对这种辩护作出回应。他坚称,在宇宙之前不存在的"时间"并不是时间本身,而是**可测量**的时间,是由天体运行计量的日、月、年的序列,而天体的旋转只能发生在诸天存在之后。这一观点不仅在本质上是行得通的,还被从字面意思解读《蒂迈欧》的当代研究者当作十有八九是柏拉图自己的观

---

[23] non enim, si mundus nullus erat, saecla non erant. Saecla nunc dico non ea quae dierum noctiumque numero annuis cursibus conficiuntur; nam fateor ea sine mundi conversione effici non potuisse; set fuit quaedam ab infinito tempore aeternitas, quam nulla circumscriptio temporum metiebatur, spatio tamen qualis ea fuerit intellegi potest, quod ne in cogitationem quidem cadit ut fuerit tempus aliquod, nullum cum tempus esset.

[24] 关于在早期学园出现的《蒂迈欧》的字面含义解释者,参见上文第107页注释[30]。

点。[25]因为,就《蒂迈欧》的字面意思来解读——我重复一遍,这是伊壁鸠鲁主义者所采纳的读法——宇宙连同可测量的时间存在前,的确是一片混沌,质料不受理智的支配,做着无序运动。因为这一混沌存在于时间的创造"之前",并且自身就**包含**了变化所需的前-后序列,所以似乎柏拉图所谓"时间"随着宇宙一同被创造并不是创造了相互接续的时间,而是由庞大天钟支配的某种更具体的时间**秩序**。[26]就更通行意义上的"时间"而言,似乎在德慕格开始工作之前,前宇宙状态的变化已经进行了无限久。那么,遗留的问题就是,为何他在扭转无序状态之前,会允许无序无限地延续下来?[27]

---

[25] 参见上文第104—105页。

[26] Sextus Empiricus, *M* X 181-88试图将伊壁鸠鲁派引向一个与此相似的悖论,柏拉图就逃脱了这个悖论:他将时间称作"日和夜的显现"(ἡμεροειδὲς καὶ νυκτοειδὲς φάντασμα),但认为在某**一个时间**,我们的世界及其日夜都不存在。然而,有证据(Epicurus, *Ep. Hdt.* 72-73等)清楚地表明,伊壁鸠鲁派将时间与广义的变化和静止联系在一起,而提到日夜不过是将之作为一些特别的例子罢了。

[27] 尽管有这种可能,是否能顺利推出前宇宙的时间的无限性也是不清楚的。西塞罗笔下的维勒尤斯谈到了创世前不计其数的"世纪"或"时代",但是仅从一个单薄的预设(即在每个时刻前都有一个时刻)出发,没有什么可以从无限向前延伸的过去中得出,因为,例如,时刻的接续可能只是一系列逐渐减小的间隔,而在没有绝对时间的情况下,就没有能够借以区分这种趋同序列和常量序列的坐标。实际上,认可字面含义的柏拉图主义者大可更进一步,论证前宇宙的混沌必须有一个时间中的开端,和一切可见事物一样(参考 *Ti.* 28b2-c2),尽管这会让他们面临一个难题,也即什么能在混沌之先。如果在这些方向上被逼急了,伊壁鸠鲁派可能会后退一步,论证只要处在任何一段连续的前宇宙时间之内,即使是有限的时段,神都需要理由选择在这一刻还是其他时刻创造世界。但是为什么不能有一个不错的理由呢?例如混沌的质料在那时恰好处在它最适宜的状态。

如果这些柏拉图主义者像犹太教-基督教传统一样认真考虑了无中生有的观点,很可能就会抛弃前宇宙的变化以及历时性的假设。在创世之前,在神之外甚至神之上完全无物存在,神自身是不变的存在。但古代思想中对"无物生自无"的坚持十分普遍,[28]这实际上是通过肯定创世之先存在一种物质的无序状态切断了一切"无中生有"的理论退路。因此,伊壁鸠鲁主义者的挑战的确击中了创世论的一处特别脆弱的环节。

针对神的创世动机的另一组问题涉及的是神人关系。伊壁鸠鲁主义者的批评背后隐含的是,其对手——这令人想到色诺芬笔下的苏格拉底(上文第三章第二节)——提出神对人的仁慈作为他的动机。伊壁鸠鲁主义者反问,如何理解神的仁慈?他们讨论并驳斥了两种可能。

第一种可能(Lucretius V 165–67)是,神创造世界是为了确保我们心存感激。但这迅速地遭到了反驳:最幸福的存在不可能还对我们有所求,而且使我们存在的行动本身就是无私的。不过这如何是可能的呢?如卢克莱修所说(V 174–80):

我们要是从未被造有什么坏处?
在世界诞生之前   175

---

[28] 根据 Galen, *Meth. Med.* I 4.10,"古代人"认为这是一个基础的前经验准则。参考 Hankinson 1991, pp. 126–28,以及 Sorabji 1983, pp. 245–49。

> 我们的生活是黑暗和悲惨的吗？
> 虽然任何已经降生的人都愿意
> 继续活着，只要快乐的爱抚仍留得住他，
> 但如果有人从未感受过生的激情
> 也从来不是我们之中的一员，对他们而言从未被造有什么坏处？   180

看上去，创世论者提出的论证大致是这样的：

1. 我们自然倾向于延长我们的生命，而非现在就终止生命。

2. 因此，现在停止存在比起活到未来、继续存在本身就是更差的选择。

3. 因此，不存在本身就是坏的。

4. 因此，神将我们从此前的不存在之中拯救出来，也就是将我们从本质是坏的的东西当中拯救出来，在这个意义上于我们有益。

即使卢克莱修似乎接受了1，他也不能接受推论2和3，这都与他对怕死的著名批评（III 830-1094）直接相反。[29] 我们通常对活着抱有正当的偏爱，这反映的不是死亡之恶，而是保有我们安享的快乐的自然愿望。[30] 然而，那些尚未出生的人，因为没有快乐可供延长，也就没有失乐之虞。他们

---

[29] 一个综合研究请参见 Warren 2004b。
[30] 参考 Philodemus, *De Epicuro* XVIII 10–17 (Tepedino Guerra 1994)，在那里伊壁鸠鲁问，如果享乐的希望完全破灭，生命是否还值得延长下去。

还不是个体，其利益完全无须纳入考虑，因此，他们也不是神的无私行动的可能受益者。

这会产生一些问题，我不能在此处完全展开，[31]它们与著名的伊壁鸠鲁对称论证（symmetry argument）相关。根据这一论证，死亡是将来的不存在状态，它并不比我们过去未出生时的几个世纪的不存在状态更糟糕。但在这个论证中，我们要考察的是过去的不存在的无害，与将来会重现的不存在的无害的对称性。如果1被理解为对死亡剥夺快乐的默认，对称论证似乎就应当要求，没能出生也包含了对快乐的剥夺。若想要为之辩护，卢克莱修就需要构建另一组与之相关的非对称性。我认为，这就是欲望的非对称性。即使死亡本身不是件坏事，它也会让某些先前的欲望受挫，而未出生则没有先前的欲望，不会因为没能出生遭受挫折。出于这个原因，在不认为死亡是恶的情况下，为某人将来的死亡感到遗憾仍是合理的。为某个起初就不存在的假想个体感到遗憾，就不能以同样的方式理解。

该论证还忽略了一点，也即它的论敌对神的善好有着完全不同的理解。我们可以看到，伊壁鸠鲁主义者的神的主要道德特征是他自身的平静。但柏拉图认为创世者是本质上善好的存在，他出于本性想把万物造得最好。与之类似，苏格拉底和斯多亚主义者的神本性上都是慈爱的，所以他们都

---

[31] 关于伊壁鸠鲁语境下的对称论证，参见Warren 2004a，包括与当前论证相关的p. 209。

会行善。这种创世者显然需要创造我们的世界及其居民，这并不是出自怜悯，而是为了能够运用他自身利他的德性。关于神的道德本性的问题，苏格拉底、柏拉图和斯多亚主义者处在伊壁鸠鲁和亚里士多德的对立阵营，后者不认为神有任何利他德性。正如在当前的例子中，对神的本性缺乏基本共识常常成为不同学派间进行真正的神学论辩的阻碍。

现在我会转向卢克莱修采用的另一个论证。方便起见，让我们假设诸神的确出于仁慈造了世界。然而，他认为问题仍然存在：谁是受益者？主流观点是神的仁慈是为了人类，这主要是苏格拉底的功劳。色诺芬笔下的苏格拉底辩称（《回忆苏格拉底》I 4, IV 3；参见上文第三章第二节），毕竟，不仅我们比其他动物的装备更为精良，而且整个自然世界（包括低等物种）的运行都是为了我们的福祉。卢克莱修的回应是极为尖刻的（V 187–234，参见 II 167–81）：如果你的确相信神的仁慈，只须看一眼自然世界，就足以打消人是神指定的受益者的念头。地球的大部分地方都不宜居住，即使是那些我们开垦出来的地方，也在用荆棘、害虫和瘟疫等各种方式进行反抗。当新生儿看到世界第一眼并且流泪大哭的时候，他就展现出了非凡的预见能力，因为前路有种种艰难。其他动物似乎才是一出生就十分轻松，完全不需要受教育、生产食物、穿衣和自卫这些机巧。这是对以人类为中心的创世论及其预设的绝妙嘲讽。要到斯多亚主义者那里，我们才能看到，这些质疑是如何得到解答的。

为了论述的完整性，让我们短暂地考察另一个论证，在此卢克莱修（II 1090-1104）利用原子论者对无限多世界的推演质疑神支配所有世界的**能力**。[32]针对这一论证，似乎能作出两种回应。

第一种是，无限多的世界可能分别由它们自己的神支配，有多少世界，就有多少彼此独立的神。卢克莱修对此表示反对，他显然认为自己的论敌抱有如下假设，也即无论权力如何下放，必定有一位至高神统领着所有这些次级神。这种有关神的等级的君主制构想是较为完善的。[33]即便这种构想并未被伊壁鸠鲁派自己的神学所采纳，[34]但出于论辩的目的，卢克莱修也显然假设他的论敌持有这种观点：那些被设想为支配人类世界的神的确如他们的信徒所想的那样，相互之间通过具有等级的指令链相连。另一方面，由于神的等级的假设总被应用于单一世界中存在多个神的情况，很难相信他的论敌会乐意将其扩展到包含一系列彼此独立的世界的宇宙。毕竟，这些世界可能像两个自治城市一样各自为政。

对卢克莱修论证的另一种回应是，单个的神可能有能力统治无限多的一系列世界。反对这一点的理由是什么？如果我们能够找回包含这一论证的伊壁鸠鲁的原始文本，那我

---

[32] 对该段的批评，参考 Warren 2004b, pp. 362-64。
[33] 对此，一个尤其清楚的表述参见色诺芬在 *Mem.* IV 3.13 中呈现的苏格拉底。作为一种神学立场，它的起源可以被追溯到色诺芬尼，他对色诺芬的苏格拉底的影响一目了然（见上文第83页）。
[34] Warren 2004b, p. 363 n. 27 的观点。

们大概会发现，它的理由是在空间中无限延展的有生命物不可能存在——就像假想中支配宇宙的神那样。无论如何，从保留在西塞罗那里（《论神性》I 26-28）的伊壁鸠鲁主义者对更早的哲学家的精简版批评中，我们得知，这是个反复出现的主题。因为他们抱怨，阿那克西美尼、阿那克萨格拉和色诺芬尼[35]认为神无限延展的观点都是不融贯的。对一个无限延展的神的表面反驳是，感觉是生命的核心特征，它必然是通过肢体末端传来的，而无限的存在（也即在各个方向都无限延展的存在）没有任何肢体末端。这一步无疑会引发如下的驳斥，也即它全无必要地假定了一种拟人化的神，而伊壁鸠鲁主义者的确是这样做的。这样，我们就又面临了同样的问题，也即，论辩双方都是从自己对神性的预设出发的。言已至此，我们大概可以妥善地转向下一个话题了。

三 伊壁鸠鲁派对创世论的替代方案

现在，我转向伊壁鸠鲁方案中积极的一面，它持续地试图展现偶然如何完全能够胜任为世界提供解释一职，哪怕是解释那些看似最具目的性的特征。

我们在自然上的入手点是物种起源，物种对于自身生

---

[35] 就色诺芬尼而言，这一解读无疑是将21 B 28 DK与B 25-26结合的结果。前者谈到大地的无限深，因此暗含了我们的宇宙是无限大的，后者谈到神能够不通过位移控制一切事物的能力，这暗含了神是无处不在的。

理功能的适应性，似乎是神恩极有力的证据。在柏拉图笔下，连普罗塔格拉这个宗教上的不可知论者都认为，将物种分化当作神的安排是自然的（上文第56页）。

与之相对的伊壁鸠鲁主义叙述被卢克莱修记录如下，早先的大地远比今天丰饶，从中自发地随机长出各类生命形式。（上文第18—19页和第46页中，如我们在阿那克萨格拉和恩培多克勒那里看到的，大地本身有产生生命的能力，无论是自发还是通过种子萌发。这常被当作不言而喻的出发点，而非本身需要解释的观点。）这些原初有机体大部分都不能存活并增殖（V 837–56）：

> 在那时大地尝试造出了许多怪物
> 它们有着奇怪的外表和内部结构——
> 它们是中性的，不属于两性之一而是介于两性之间；
> 有些无足，有些无手； 840
> 有些甚至没有嘴，或者因没有眼睛而盲；
> 有些的肢体全都贴在躯体上，
> 并因此残疾无法行动，
> 无法避害趋利。
> 大地创造了这样那样的怪物。 845
> 但徒劳无功，因为自然终止了它们的发育。
> 它们不能实现成熟期的目标，
> 不能获取营养，或者交配。
> 我们知道，生物要想繁衍后代

需要许多事物的协同。　　　　　　　　　　　850
　　首先，要有食物。其次，要能让体内生殖性的
　　种子流出，摆脱肢体的束缚。
　　第三，为了让雄性和雌性能够交合，双方必须都有
　　能够共享欢愉的器官。
　　许多物种在那时必然已经灭绝了，　　　　　855
　　不能繁衍后代。

但只要机缘巧合，有些物种就能具备得以生存、发育和存续的全部手段（V 857–77）：

　　你所见的一切有生命的被造物，
　　都是凭借机智、勇敢或迅疾
　　让自己的物种从一开始就得以保存。
　　也有很多生物，由于它们对我们有用　　　　860
　　也受到我们的庇护而幸存了下来。
　　对于第一种，凶狠残暴的狮子
　　凭借勇敢自保，狐狸凭借机智自保，鹿凭借奔跑
　　的速度自保。
　　但至于浅眠的狗，连同它们忠诚的心，
　　以及由役畜的种子所生的每一种，　　　　　865
　　与它们一道，长绒毛的畜群，以及有角一族，
　　都被置于人的牧养下，梅米乌斯。
　　因为它们自愿远离野兽，并且爱好和平，

> 所以它们的食物充足，自己无须费力就能获取：
> 这就是我们对它们的用处的奖赏。　　　　　　870
> 但那些本性不具有任何上述优势的生物，因此
> 无法靠自身能力存活或者靠服务
> 来换取我们的保护的，
> 一定会成为其他生物捕猎和采摘的对象，　　　875
> 它们都受命定的缺陷所限，
> 直到自然令它们灭绝。

在某些情况下，迅疾、勇敢和机智是成功的秘诀，而在另外的情况下，它们的成功靠的是对人的用处并以此换取保护。这里并未暗示任何物种进化成了另一种，或是内在结构的适应性演化发挥了作用，所以我们离拉马克（Lamarck）和达尔文还差得很远。[36]但是，自然选择的根本洞见在这里完美地体现了出来，也即范围足够大的偶然性与系统的适者生存结合，能够解释自然中明显具有目的性的结构的存在。

这一理论的原创性如何？卢克莱修对家养动物是如何靠着它们对人类的用处确保存活的描述（V 864–70），明显与恩培多克勒的诗句相呼应，在这里（以及其他一些地方）他无疑是在模仿乃至翻译恩培多克勒的一段佚文。[37]这种对恩培多克勒和伊壁鸠鲁主义之间的哲学传承的间接确认提醒

---

[36] 关于不将伊壁鸠鲁理论称作达尔文意义上的"进化论"的理由，参考 Campbell 2000 和 Campbell 2003, pp. 5–6。

[37] 对这一说法的辩护，参考上文第二章附录4。

我们，适者生存的原则的确已经在恩培多克勒自己的创生论中出现了（上文第43、60—61页）。他对爱的第二代产物做了精彩的叙述，它们由此前产生的彼此独立的肢体部分随机组合而成，不过在大部分情况下杂交都是失败的，产物无法存活。跨物种的怪物（如半人马和牛头人）存活到足以在历史记载中留名，但没能长期活下去。（如果忽略它们寿命的相对短暂，它们就是恩培多克勒世界中的恐龙。）其他生物（包括人类）成功地存活、繁衍并壮大了下来。

虽然适者生存是卢克莱修与恩培多克勒共同的理论基础，但在其他方面，卢克莱修与后者有意地保持了距离。在后文中（V 878-924），卢克莱修接着就言辞激烈地宣称，半人马、牛头人之类的生物永远不能（即使是短暂地）存在于世上，因为不同物种（如人和马）的代谢系统差别过大，根本无法协同一致地运行。

对我们当下的目的更重要的是，卢克莱修公开驳斥了恩培多克勒创生第一阶段的一个特有观念，也即个别的肢体（如眼睛、手和腿）最初是为它们的功能而设计的。虽然在苏格拉底和柏拉图之外，恩培多克勒也并不就是他具体的攻击对象，[38] 但是他的确提醒我们，泛言之，恩培多克勒是属于创世论者一派的。

---

[38] 人们广泛认为，卢克莱修首要针对的是斯多亚主义者，不只是这里，在很多地方都是如此。与此相反的观点参见 Furley 1966 和 Sedley 1998a 第三章，在那里我指出，卢克莱修经常完全接过伊壁鸠鲁的论证，连同被作为靶子的前苏格拉底主义者。

他警告自己的读者,你可能会倾向于认为身体部位就像是为它们目前的功能设计的人工制品(IV 823–31):

> 我坚信,当前语境下的一种错误
> 你应当避免并且预防犯下,
> 那就是认为眼睛中的清晰的光是为了　　825
> 让我们识破谎言的;是为了我们能够
> 大跨步,膝盖和髋部
> 才能以脚为基点屈伸;
> 并且前臂与强壮的上臂相连,
> 每边有一只手供我们操纵,　　830
> 是为了让我们能够为了求生而行动。

他接着说,一切认为自然的肢体和器官与人工制品相似的观点,都是基于技艺和自然的错误类比(IV 832–57):

> 他们提供的所有这类解释
> 都是由推理的偏颇造成的前后颠倒。
> 因为没有什么是为了被我们所用才在人体内产生的。
> 它们产生之后用处才被创造出来。　　835
> 视觉并不在眼睛的光产生之前就存在,
> 舌头被造前,也不会有言语申辩。
> 相反,舌头的被造远在
> 言辞之前,耳朵的被造远在

听音之前，而我们所有的肢体， 840
在我看来，在被使用之前已经存在很久了。
因此它们不可能为了自身的用途才被造。
与之相对，赤手空拳地作战，
伤损肢体，身染鲜血，
都早在铮亮的武器大规模使用之前就存在了。 845
自然迫使人避免受伤，直到
人能够以左臂持举护盾，这是技艺的功劳。
放松疲惫的身体这一传统无疑也
比软床的流行古老得多；
对干渴的忍耐也在发明杯子之前就存在了。 850
因此后者是为了它们的用途设计的
这是可信的，因为它们是出自生活经验的成果。
与之迥然不同的是那些起初
就已经被造的，对它们的用途的前构想是后来产生的。
我们发现，这一类别首先包括感官和肢体。 855
因此我重申，你绝无可能相信
它们是为了自己的用途被造的。

技艺从自然那里接过了主导权，因此技艺预设了自然（843-52）。杯子被发明出来，是因为已经有喝水的自然活动，人的发明正是令这项活动更便利。设计武器是为了改善先前存在的战斗行动，发明床是为了方便睡觉这项自然进程，等等。技艺总是会改善自然中已经存在的进程或活动，将自然实体本身当作神的产物，就是忽略了技艺的这一方面（836-42）。在有眼睛之前根本没有视觉，在有耳朵之前根本就没有听觉，在有腿之前根本就没有行走。因此在那时就没有技艺能够加以改善的活动。那么，将自然与神圣技艺等同的观点就站不住脚了，我们必须反过来承认，肢体和器官在它们的用途被发现甚至得以存在之前就已经出现了（835，853-55）。

当我们以卢克莱修对文明进程的长篇大论（V 925-1457）作为参照，他的想法就十分清楚了。某些文化制度一再由于偶然产生，其用途只在后来才被发现。要是我们自然发出的声响没有成为记号，语言就不会被发明出来；在闪电等偶然点着了火并让人类意识到火的威力之前，没有人尝试寻找点火的方式；在一场意外的火将金属的用途呈现给人类之前，没有人想过要系统地熔炼金属。类似的例子还有很多。人类的认知历程不存在偶然的模式，存在的是伊壁鸠鲁式的对经验的完全遵循：一切观念或"前构想"（卢克莱修大概在 IV 854 处翻译了这一术语，参见上文第141页）首先都是从外界经由感官输入的。只要认为神具有认知能力，就必须认为他们也遵循同样的经验主义定律。[39]因此，如果没有人能在自然带头之前构想出一场文化的革新，那么神也做

---

[39] 将前文第140—141页的伊壁鸠鲁派的预设与前文第149页的相比较，前者认为神在世界存在之先不能有对世界的 prolēpsis，后者认为生命就是在于具有这种感觉能力，即使对神来说也是如此。

不到。

在这个意义上,伊壁鸠鲁主义并没有在文化功能和生理功能的起源之间作出特别区分。而张力就出现在这里。身体部位的**一部分**用途无疑很容易在文化传统所提供的模型中得到解释,例如手指可以用来计数,而(化用伏尔泰笔下潘格罗斯博士的例子)耳朵能够用来挂眼镜。但是像眼睛这样拥有复杂和特殊结构的事物——创世论者最喜欢的例子——要是在被造之后才发掘出视觉这一用途,似乎就不那么可信了。卢克莱修采用了眼睛渐进式进化的方案来弥补这一点。比方说,眼睛表面偶然出现了感光的凹陷,这让眼睛的主人更容易发觉它的捕食者,并且一步步逐渐发展为将远处物体在视网膜上聚焦成像的分层机制。[40] 没有这种渐进式的构想,

---

[40] 在这里,我粗略地概述了 Dawkins 1986, pp. 102–4。通常的解读是,达尔文对自然选择对于眼睛的解释力感到失望,证据如下:"眼睛可以根据距离调节聚焦、接纳各种数量的光线、校正立体或色彩的像差,这种无与伦比的精巧结构,要是认为可以由自然选择形成,我将直言不讳地表示,这似乎极为荒谬。"然而,达尔文接下来的话鲜有人引用:"然而理智告诉我,如果在完满和复杂的眼睛与不完满和简单的眼睛之间存在很多层级,每个层级[的眼睛]都对其拥有者有用,如果这些层级能够被证明存在;更进一步,如果[层级之间]眼睛的变异非常小,而这些变异被传承下来——一定是如此;并且,如果这些在器官内的变异或者改善能够对正在改变的某个动物有用,那么,相信一只完满而复杂的眼睛可以由自然选择演化而来,就不再是个难题了,尽管这难以想象。对我们来说,某个神经如何对光敏感,就和生命本身是如何起源的一样,并不是我们关心的;但我需要指出一些事实,它们让我怀疑任何感觉神经都可以成为对光敏感的,类似地,也可以对空气更明显的振动敏感——后者产生了声音。"(Darwin 1859, pp. 186–87)感谢约翰·范维向我指出这一处引文。

他就必须想象极大范围内的随机排列组合,以保证与今天的我们所具有的同样的视觉器官的产生也是纯属运气,而它的意外用途在后来才被它的首批主人发现。

四 伊壁鸠鲁派的无限

伊壁鸠鲁派被迫将偶然扩展到惊人的范围,这让我们回到了起点,也即原子论对无限的非凡能力的依赖。只要随机排列组合仍是有限的,且受到单一世界的时空范围的限制,完全通过偶然解释眼睛的起源,就需要通过精密的进化理论或了不起的信仰实践,或者同时涉及两者。但是,当原子论者退后一步,把所有的无限世界一概而论时,他们的解释原则的真正力量才显示出来。[41]

伊壁鸠鲁主义者公开谈论过 *vis infinitatis*——"无限的力量"。这是什么呢?根据西塞罗(《论神性》[*ND*], I 50,[42]

---

[41] 参考 Dawkins 1986:"不能[一次就偶然形成眼睛]的概率,是宇宙中的原子的数目的几十亿倍。"认为宇宙中存在无穷多原子的伊壁鸠鲁式预设,不仅仅让这种概率增加了,还让这种概率完全无效了。

[42] 伊壁鸠鲁的维勒尤斯:"summa vero vis infinitatis et magna ac diligenti contemplatione dignissima est. in qua intellegi necesse est eam esse naturam, ut omnia omnibus paribus paria respondeant; hanc isonomian appellat Epicurus, id est aequabilem tributionem..." "更有甚者,无限的至高力量完全值得我们更深入、更仔细地反思。你要明白,其中有某种自然,让一切相似之物都能彼此相配。伊壁鸠鲁将其称作 *isonomia*,也即'等份的分配'……"

109[43]),伊壁鸠鲁将无限的力量,与他称为 isonomia——"分配平等"(distributive equality)的东西相连。不过十分遗憾的是,isonomia 这个表达只在一处独具争议的神学语境中出现,在那里,伊壁鸠鲁主义者们对这个词的使用似乎并不恰当。[44] 这条原则显然也在伊壁鸠鲁派的其他文本中得到运用,并且比此处更有启发性。根据西塞罗对 isonomia 原则的记载,无限的能力如此强大,以至于"一切相似之物都彼此相配"。意即,在无限宇宙中,如果两类事物彼此匹配,它们的数量就相同。正如 isonomia 的名称"**分配**平等"所暗示的那样,两物的总量相等并不只是一个纯粹的事实问题。因为,既然伊壁鸠鲁派的世界是无限的,就原子和世界都有无限的副本而言,就算将原子与由大量原子结合而成的世界进行比较,它们的数目也会是相等的。让我们思考这样一个算术类比:在一系列自然数中,不仅这些数本身是无限的,它们的立方数也是无限的,尽管后者只是自然数总量的一小部分。isonomia 并不出现在相互比较的事物的总量中,而是

---

[43] 学园派的科塔(Cotta):"confugis ad aequilibritatem (sic enim isonomian, si placet, appellemus) et ais, quoniam sit natura mortalis, inmortalem etiam esse oportere.""你求助于'相等的平衡'(如果你愿意,我们就这样翻译 isonomia),并且你说,既然有可朽的自然,就一定有不朽的自然……"

[44] 就我当前的目的而言,我尽量回避关于伊壁鸠鲁神学的最棘手的争论。在冗长地间接引述(oratio obliqua)伊壁鸠鲁自己的说法之后,ND I 50 回到了直接引述(oratio recta)。我认为这(参考 LS II, p. 149)标志着维勒尤斯自此不再复述伊壁鸠鲁,并加入了他自己的(也就是说,一位后来的伊壁鸠鲁主义者的)努力,从而以伊壁鸠鲁的 isonomia 原则为基础支持伊壁鸠鲁对不朽的存在的预设。

出现在它们的分配过程中。在数字的例子中，isonomia通过奇数与偶数的平均分配得到满足；在伊壁鸠鲁派的宇宙论中，isonomia通过对相反的属性（如热与冷）和相配的物种（如大象和马）的平均分配在现象层面上得到满足；并且，isonomia通过不同类型的原子的平均分配在原子层面上得到满足。

卢克莱修引述大象的例子（II 532-40）与原子的例子相类比[45]：

> 某种程度上，你会发现一些动物更为罕见，
> 并且发现它们在自然界中不甚丰富，
> 然而在遥远的其他地方　　　　　　　　　535
> 这一类动物可能有很多，这样它们的数量就增加了。
> 例如，在四足动物的属之中，蛇足（snake-handed）

---

[45] 从II 522-31到532-40的翻译令人困惑。前一段文本仅仅是要证明每一种类都有无限多的原子——这在541-68重演，并且得到支持——而不是要证明这些原子都是平均分配的。我推测，完整的思维过程如下：（1）[522-31]每个种类的原子都有无限多的模板，这从前文（I 1008-51）论证的质料的无限性加上刚论证过的（II 478-521）原子种类的有限性即可推出。〈（2）这对于每一种原子种类都适用，因为如果有一种原子种类只有有限的模型，因此与其他种的原子不同，它就比其他的原子数量少，这就违反了isonomia原则。〉（3）[532-40]……然而，至少在该原则应该差不多适用的自然种的情况中（参考II 333-80），任何看上去相对而言的"少"都是误解，这倾向于支持isonomia原则。（4）[541-68]此外，就算（3）为假，在与之类比的原子的情况中，这也不可能为假，因为在一个无限的宇宙中，只有在每种构成它的原子都有无限个副本的情况下，一个复合物的种才可能存在，即使这个种只有一个成员。（5）[569-80]我们的世界的长期存续，也支持了isonomia原则。

> 的大象令印度骄傲：印度
> 被无数象牙组成的墙拱卫着，
> 这堵墙坚不可摧，如此之多的
> 动物，我们只见过其中很少的一部分。 540

他的意思是，如果完全局限于地方性的视野，你可能认为大象比其他的物种罕见；但如果将视野扩展到整个世界，包括有成千上万头大象的印度，你就会迅速纠正这一不平衡的印象。其中的教导很清楚：如果你的样本过少，或者视野太狭窄，你就得不到分配平等。样本越多，或者视野越广阔，分配就会越平衡。因此，对于无限宇宙所提供的无限多样本而言，它们的分配应当体现完美的平衡。

看上去，这就是"无限的力量"的含义。这不意味着**一切**事物都是平均分配的：很显然，大象的数量分布（也即在给定单位空间内平均的大象数量）与象鼻的数量分布相同，但不能与象脚的数量分布相同。情形与之类似且出于同样的原因，世界的数量分布显然与构成它的原子的数量分布不同。正如每头大象都有四只象脚，每个世界也都有无法计数的大量原子。只在事物之间彼此协调、没有理由出现任何不相等的情况下，*isonomia* 才会带来平均分配。在这个意义上，伊壁鸠鲁主义的 *isonomia* 对应着德谟克利特的 *ou mallon* 原则：当X不比Y更有理由出现时，X与Y在宇宙中的分配就应该是平均的。我们看到，*isonomia* 掌管着动物和各种原子的分配；它也掌管着宇宙中不同类型的世界的分配，我将在最后回到这一点。

理解了 isonomia，让我们考察对伊壁鸠鲁主义立场的一条经典批评。西塞罗笔下的斯多亚主义代言人这样嘲讽道（《论神性》II 93）：

> 我是否值得为之感到惊异，竟然有人让自己相信，某些固态的和不可分的物体依靠自重的力量移动，并且认为，至美至大的世界就是由这些物体的随机组合创造的？我看不出，相信这可能发生的人为什么不也相信，如果字母表的21个字母有无限多的复制品（用金子或你喜欢的随便什么材料制成），只要将它们投进一个容器中，接着摇晃，就能组成一本可读的埃纽斯（Ennius）的《编年史》（Annals）。我不认为仅仅凭运气就能够凑出哪怕是一行。

这是我知道的下面这个故事最好的古代版本。现代有个老套的故事，说的是一只使用打字机的猴子，在无限的时间内就能（在某些人看来）打出莎士比亚的戏剧。这个现代故事的起源总是被追溯到托马斯·赫胥黎（Thomas Huxley）与牛津主教的1860年辩论，但这场辩论发生在打字机发明出来的前几年，这个故事（虽然没有以莎士比亚为例）最初似乎是瑞士数学家埃米尔·博雷尔（Emile Borel）[*]在1913年讲述的。

---

[*] 埃米尔·博雷尔其实是一位法国数学家，而非瑞士数学家。

进化论者常用不同时间和不同形式的猴子的例子为活细胞的偶然起源辩护。这背后的预设是,我们的星球此前的历史虽然有限,但也长到足以让我们相信存在过这样的偶然。凭借空间、物质和时间的实在无限(actual *infinity*)的学说,伊壁鸠鲁主义者甚至更适合担起此类解释任务。

要想知道他们如何用无限原则来实现这一目标,他们的模态理论(modal doctrine)是个不错的起点。这一理论并不基于可能的世界,而是基于现实的世界。任何必要之事,如数学真理,在无限多的**所有**世界中都是现实的。[46]与之类似,任何可能之事至少在**一部分**世界中也是现实的。[47]为什么是这样?如果某事本质上是可能的,那么实现的机会越多,它就越容易实现。那么,如果实现的机会是无限的,它似乎就一定会在某处实现。

这一推演的众多后果之一必然与世界的类型有关:每个可能的世界都是一个在宇宙中某处的现实世界。比起故事里使用打印机在无限期内打出莎士比亚戏剧的猴子,原子论者的宇宙更像一系列有打印机的猴子。当你一个个检查下去就会发现,每n只猴子中总有一只打出了一部莎士比亚戏剧。这里的n可能是极大的数字,[48]但它是有限的。

---

[46] 参考 Philodemus, *Sign.* XV 28–XVI 1。
[47] Lucretius V 526–33=LS 18D 8.
[48] 曾经有一个网站(http://user.tninet.se/~ecf599g/aardasnails/java/Monkey/webpages/)可以就莎士比亚的作品索引运行高速的"猴子模拟器"。光是《亨利四世》(*Henry IV*)第二部分的一段18个词的台词,就需要花 2.75×10^{33} 猴子年(monkey-years)才能产生。

那么，像我们这样的世界确实有可能纯凭偶然出现，无论这一可能性有多渺茫或抽象。这是因为合适的原子能聚集起来并自己组成适当的结构，甚至单个动物部位也是如此。一旦这样的可能性的确存在，世界的实现就不再是奇迹，而是模态现实。不必担心这一世界出现的概率极低，比如一万亿的一万亿次幂。即便这样假设，像我们这样的世界也无疑会产生，并且会源源不断地产生。因此卢克莱修所坚称的[49]其实是颇为合理的，也即在无限的宇宙中，像我们这样的世界一定会由于原子运动偶然地出现。

对无限的准统计学应用，是伊壁鸠鲁从原子论先驱德谟克利特那里继承的学说之一。不过现在，我们必须回头问一句：德谟克利特在这个意义上有多成功？毕竟，德谟克利特提出 ou mallon 原则，并不只是为了证明世界的数目是无限的，也是为了以同样的推理证明不同种类的原子数目也是无限的。[50] 原子只靠形状和尺寸彼此区分。在他眼中，即使在有限的大小范围内也存在无限多的形状，这是个几何学事实。如果在给定大小范围内无限多的原子只能表现出某些形状，就是任意的且不可解释的，因为"没有理由"能解释为什么存在的原子是这种形状而非别的形状。

但是，当德谟克利特顺着他的 ou mallon 原则如此推演的时

---

[49] Lucretius I 1021–28，参考 V 419–31。参考 Epicurus fr. 266 Usener（ps.-Plutarch, *Strom.* 8）："伊壁鸠鲁……说到……由于已经过去了无限的时间，在宇宙中实现的没有任何不寻常（ξένον）的事物。"

[50] 67 A 8 DK = C. C. W. Taylor 1999, test. 45.

候，就给自己带来了麻烦。如果存在无限多种原子，即使在无限多的世界中，一套特定的原子排列也不一定就会重现。基于无限多的世界都是由一堆无限多种的原子构成的假设，对重现的预测是不可能的。很可能在无限多的世界中，没有哪两个世界是由种类完全相同的原子按照同样的数目的比例构成的。

如果不能确保我们的世界构造在无限宇宙的其他地方也能重现，结果就是连它在某个地方出现一次也不再是必然的，而是偶然的。这一妥协不是毁灭性的，因为在物质层面运气仍然**可能**垂青。但它立刻就带回了如下解释性假设，也即一个历尽艰辛将可能性转化为现实的神圣创世者。换言之，如果原子论物理学不能提供我们的世界得以产生的充分物质条件，就可能为某种非物质的宇宙创生原因留下余地。

因此，承认原子种类的无限，似乎威胁到了德谟克利特从自身的"必有世界完全相同"原则作出的推论。这一后果自身可能无关紧要，但它的影响不然。适用于精确界定的世界种类的结论，稍做必要调整后也适用于粗略界定的世界种类。而后者尤其包括了能够像我们的世界一样成功地维持生命的世界。此前德谟克利特的立场似乎是，这种世界的出现并不依赖于万能的偶然（如西塞罗笔下的斯多亚主义代言人以偶然写成的埃纽斯的《编年史》所嘲讽的那样），而是无限宇宙之中的必然。然而到了现在，德谟克利特的宇宙似乎更像一排无限多的猴子用打字机写作，而这些打字机的按键也有无限多个。即使假设中所用的是只有26个字母的键盘，也需要在逐个检查无数多只猴子之后，才能找到一卷完整的《哈姆雷特》。即使在理论上，你能够幸运地找到那只猴子，也没有理由认为，你真的能找到一只打出这部戏剧的首行甚至是首个字母的猴子。

与之相反，经过重构的伊壁鸠鲁派的世界似乎排除了这种危险。因为我们知道，伊壁鸠鲁花了很大力气驳斥德谟克利特的"存在无限多种原子"的论点。长话短说，[51]伊壁鸠鲁得出这一结论，是由于他坚信存在数学上的最小单位。每个原子必须包含一定数目的最小单位，并且因为这些组成单位小到不可分，所以给定的一组单位只可能存在数目有限的排列。在第161页的图中，将每个正方形当作了一个最小单位。（如果你将书拿远，直到每个正方形都成为一个点、小到再远它们就不可见，这想象起来会更容易些。）

在图3所示的这个简单二维[52]模型中，由四个最小单位组成的原子只能有五种可能的形状，如图所示。第六种形状是不可能的，因为这会让一个最小单位与另一个的一**半**相重合。但最小单位是没有"半"的，否则它们就不会是最小单位了，因为它们的一半显然更小。为了简洁，该图将原子简化成了二维的。转回三维，你会发现可能的原子数目增加了，但仍然只有八个。

通过类似推理可以得出，由任何有限数目的最小单位

---

[51] 更长的版本参见LS，第8—12节，尤其是第9节。
[52] 更准确地说，在我的构想中，原子是三维的，但也是扁平的，因此第三种和第五种形状都可以翻转过来，让我们看到它们的反面。或者，这两种翻转后的形状可以被当作第六种和第七种形状。

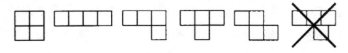

图3

构成的原子,只有有限种可能的形状。伊壁鸠鲁派的结论是,既然原子的尺寸也存在某个上限,那么宇宙中的原子种类就是有限的。即使原子种类的数目是"不可思议"地多,[53]它实际上也不是无限的。

留存下来的伊壁鸠鲁派的最小单位论证,是基于爱利亚的芝诺的悖论。芝诺悖论展现了无限划分这一简单假设中存在的明显矛盾。芝诺说,通过无论多小的一段距离都是不可能的,因为在到达终点之前,你必须到达中点,而在到达中点之前,又要先到达中点的中点,这就将一切运动分解为了无限多的次级运动。即使他们为自己的观点提出了这样那样的论证,我还是认为,伊壁鸠鲁主义者不可能是迫于芝诺的运动悖论,才假设了一个不可分的最小单位。如果他们愿意,很容易就能将芝诺悖论归为诡辩,而根据伊壁鸠鲁诡辩并不需要认真驳斥——认识到其结论中明显的谬误就可以了。[54]芝诺之谜为最小单位理论提供了论据,但不是它的主要动机。

类似地,对于原子的有限类型,伊壁鸠鲁主义者们所引的经验证据虽然不乏可信度,但不足以促使他们发展出这

---

[53] Epicurus, *Ep. Hdt.* 43.
[54] 关于伊壁鸠鲁对诡辩术的处理,参看 *On nature* XXVIII, ed. Sedley 1973, fr. 13 cols. IX–X。

套理论，甚至是采用这套理论。根据卢克莱修，[55]这套理论有自然中显而易见的界限为证。他论称，如果在微观层面上有无限多种原子，那么在宏观层面，数量级会在两个方向无限扩展：原则上，我们可能做现实中不能做的事情——发现当今尚未发现的颜色、气味，等等。虽然我们能够理解这一经验论证的现实力量，但是难以否认，如果他们想转而支持德谟克利特的无限种原子的学说，他们也能够轻易地将其与同样的经验事实协调起来。比如他们可以坚称，无限种的原子对于解释"为何在每种性质的有限连续体*之中*似乎都存在无限的变化空间"是必要的。

我推测，伊壁鸠鲁得出的有限论（finitist）结论——较大量级事物并不能分为无限的部分，由于这个原因，原子的种类是有限的——对他来说，比起用来为之辩护的芝诺论证和经验论证都更为重要。并且我认为，它之所以重要，是因为伊壁鸠鲁需要将德谟克利特式的原子论从对无限多种原子的坚持中拯救出来，而这种坚持恰恰是具有破坏性的。

为了理解伊壁鸠鲁的创新如何能做到这一点，我们需要结合三条假设来看。第一条是，如我们所见，原子的种类是有限的。第二条是，世界有一个最大的可能体积。[56]第三

---

[55] Lucretius II 500–21=LS 12C 3–4.
[56] 在 Lucretius II 1116–17 中，世界的尺寸据说可以达到一个极大值。虽然他并没有告诉我们其中的原因，但这很可能是基于世界和动物之间的类比，这是一个通行的伊壁鸠鲁类比。此外，接下来的论证似乎是最后的备选项。根据 *isonomia* 原则，世界在空间中的分布至少有某种规律可言。假设世界之间的平均距离是 n 英里，那么通常来说，一个世界不会大到（转下页）

条是，由于原子（很可能空间亦然）是由不可再分的最小单位组成的，所以不同的空间关系（在单一世界中两个原子间能够保持的距离）的数目也是有限的。

即使对于两个原子而言，也可能存在很多种空间关系，并且，要是加上极多的（但仍是有限的）相对另一原子运动的可能轨迹，这一数目还会更大。[57] 在给定大小的空间（比如最大的世界可能占据的空间）之内，两个原子之间的空间和运动关系的排列仍是有限的。接下来，如果让这两个原子都依次被所有剩余种类的原子替换，排列方式就多到令人难以置信，但仍是有限的。最终，将同样的变化方式应用于一堆多到能够组成世界的原子，直到应用至一个世界所能容纳的原子的最大数目。现在，可能的排列方式已经超出了人类能够计算的范围，但仍是有限的。由此，可能的世界类型也是有限多的。

（接上页）直径达到3n英里还能避免挤压别的世界从而瓦解。鉴于间隔距离是可变的，有可能偶然出现一个直径超大的世界，例如10n、20n甚至100n，并且与其他世界距离足够远因而能够存在。不过很显然，必然存在**某一个**最大值，超出这个值，世界就不可能形成，也不可能存在。因此，世界必有一个尺寸上的极大值。（如果说存在某个特定的尺寸限制看似太过随意，请注意如下的伊壁鸠鲁派观点，也即原子存在尺寸上的极大值的观点 [LS 12A–C]，它看似更加专断，而虽然对这一观点的辩护较弱，但它已经得到了充分证实。）

[57] 关于原子的运动，请参见LS第11节。幸运的是，原子内部并不存在速度上的差异，因为原子被认为是在空间中以单一且一致的速度运动的。相应地，原子的轨迹就是有限的，鉴于空间的结构被认为是粒子式的——也即空间被认为包含了最小的量，像物体那样。关于伊壁鸠鲁派是如此看待空间的证据，参见LS 11F和vol. 1, pp. 51–52。

的确，可能的世界类型**在事实上**比我推算出的排列方式总量要少得多，因为庞大的原子集合倾向于自身机械地组成某种运动模式，因此很多时候，世界的基本结构都是自动形成的。

如果在庞大到超乎想象的排列方式中，有任何一种世界类型能够像我们的世界一样有益地维持生命，那么在统计学上确定的是，这类世界不仅在此处也在其他地方存在，并且在将来还会不断产生。因此，我们世界能够存在，并不是因为某种奇异的巧合，也不是出自神的创造，而是在无限大的范围内进行分配所导致的不可避免的结果。

在这里尤其需要注意，与德谟克利特和后文（第208页）会提到的斯多亚主义者相比，伊壁鸠鲁似乎并没有谈到彼此完全相似的两个世界的琐碎细节（包括具有同名和同经历的居民，等等）。[58] 这并不是偶然的。[59] 德谟克利特和斯多亚主义者都倾向于决定论（determinism），[60] 认为给定同样的初始条件，同样的事情（包括人类行为）就必然会发生。

---

[58] Epicurus fr. 307 Usener（引自Jerome）是非常特殊的，因为它指出伊壁鸠鲁有向这样一种历史的全然重复理论靠拢的倾向。这大概只是他对Lucretius III 854–58的过度阐释。
[59] 关于原子论者的多世界的预设的其他伦理学面向，参考Warren 2004b。
[60] 伊壁鸠鲁当然认为德谟克利特是个决定论者，但他也认为，德谟克利特没有看到自己学说的伦理学后果（LS 20C 13）。德谟克利特是否在事实上坚持某种普遍的物理必然性，这一点尚未达成共识（对此的质疑，例如Hirsch 1990）。我不想在这里讨论这一点，除了提出如下观察，也即德谟克利特的强相同世界论点本身，还有他是个自觉的决定论者的证据，不过这一证据遭到了忽略。

具有同样的历史的相似世界,正是这一理论在更大规模上的投射。众所周知的是,伊壁鸠鲁通过在原子运动中引入某种程度的不确定性,来与这一决定论倾向抗衡,这种不确定性,是足以使人类行动避免被此前的物质或心理状况预先决定的"偏转"(swerve)。对他而言,这意味着,即使在原子层面上某个时刻的世界A与某个时刻的世界B相差无几,也不会使它们的居民拥有相同的经历。出于同样的原因,完全没有哪种特定的原子状态能够产生一个与当今世界共有同样人类历史的世界。[61]

既然存在这种不确定性,伊壁鸠鲁所设定的相似世界,就理应将自身限制在对组成世界的宇宙、生态和生物的整体环境的精准复制上。就伊壁鸠鲁的目的而言,在与我们的世界对应的世界中,并不需要有另一个完美复制版的你,在看一本恰好包含着这个句子的书。相对应的世界只需要与我们的世界共有能够产生和维持生命的全套物质条件就够了。这一略为消极的预期,不仅将伊壁鸠鲁从悖论和决定论中拯救

---

[61] 诚然,伊壁鸠鲁**可以**这样论证:在一个世界存在的时间内,可能出现的原子偏转的数目是有限的,因此,在任何一个由彼此之间无法区分的世界组成的无穷集中,在它们各自历史中的某个特定的时刻,必然有极小的一部分完全出于偶然与它们各自的历史中一切其他的时刻彼此之间也无法区分。然而,有人可能会质疑,在伊壁鸠鲁眼中,是否连这种偶然都不足以产生某个世界的完美复制。因为伊壁鸠鲁不是一个德谟克利特式的决定论者(我在Sedley 1988中已经论述过),在他眼中,构成某人身体和灵魂的原子,并不足以决定某人全部的知觉状态。因此,即使是具有完全相同的原子层面上的历史的两个世界,可能也不会包含心灵上完全相差无几的人。

了出来，也确保了"同一种"世界类型在统计上会比德谟克利特的更为频繁地重现，并且它的重现也不那么令人意外。

我对统计学频率和概率的说法，很容易被指责为年代错乱。当然，我在这里并不预设任何实际的数学概率计算。不过，鉴于在这种文化中掷骰子的游戏极受欢迎，我们很难相信，不同排列的相对概率是某种全然陌生的概念。众所周知，掷骰子游戏更像是纯凭运气，而不是基于任何统计学概率。[62] 但是，至少亚里士多德将连赢几轮掷骰子与在实践活动中有所成做了类比：轮数越多，就越难取得成功（《论天》292a28-34）。

然而最直接与之相关的是，伊壁鸠鲁明显坚持 isonomia——无穷集合之间的"平等分配"——的解释力。只基于世界类型是有限的，且它们在无限宇宙中的分配大致遵循有规律的无尽重现模式的预设，[63] 下面的情形似乎能够成立：即使没有理智创世，也必然存在像我们这样的世界。

---

[62] 与之类似，掷距骨（knucklebones）游戏也隐喻了命运。关于这两种游戏，参考 Kurke 1999, pp. 283-95。

[63] 简单起见，我一直预设的是数量上的相等（arithmetical equality）：所有的世界都有相同的频次。但是如果将其换成比例上的相等（proportional equality），这一点就可能会遭到挑战。很可能有些世界比其他的世界稀有 n 倍，因为维系它们的原子具有更不平均的分布。这些世界间隔特定时段出现的要求不会遭到挑战，只是需要更改这些时段的长度。

第六章 亚里士多德

一 作为范型的神

亚里士多德(公元前384—前322年)在当了柏拉图的学生二十年后创办了自己的学园。他的成熟著述更多的是反柏拉图主义的,还是某种独具一格的柏拉图主义?虽然这个古老的问题还没有最终的解答,但是我相信就本书目前的主题——对世界的目的性结构作出解释——而言,我们需要强调而非弱化亚里士多德的柏拉图主义背景和训练,才能对这个问题有更多的了解。[1]

亚里士多德是古代(也可能是史上)最伟大的目的论思想家,他的目的论把我们引领到他的物理学、生物学、形而上学和伦理学的核心。[2] 在关于他的这一章中,我无意涉

---

[1] Gerson 2005的题目《亚里士多德以及其他柏拉图主义者》(*Aristotle and Other Platonists*)颇具挑衅性,该书在我写好本章后才发表。它将二者视为同类,比起我的计划更具雄心,也更新柏拉图主义,亦参考第四章与因果性相关的主题。

[2] 这里,我必须放弃处理亚里士多德目的论中的许多重大问题,就这些问题尤其可参见Gotthelf 1997。

及他的著作的所有这些方面。我更希望辩护这样一种对亚里士多德的目的论世界观的描绘，也即，它是对柏拉图创世论的经过思考的改造。诚然，在这一领域，他所做的绝不仅仅是对柏拉图的改造而已。例如，他恰好是古代世界最好的动物学家，他的动物学研究使他将自己的目的论思想提升到柏拉图难以设想的高度。本章主要聚焦于他的《物理学》第二卷，这是他面对挑战者为目的论世界观作出的系统辩护。

和所有古代（以及之后很长一段时间）的思想家一样，柏拉图将目的论与有意图的目的联系在一起。让世界呈现出目的性的结构，就等于设定一个具有理智的心灵，让它作为世界的原因。的确，具有理智的心灵可能创造了世界之后就让它自己机械地运作，但没有一个古代思想家——至少是在该问题上的立场尚有争议的阿那克萨格拉之后——会考虑像这样的一种分级理论（split-level theory）。要么世界的创造和运作都是理智的，要么它就是由无理智的原因创造的，并且（可能除了人类行为）仍然处在同类原因的支配之下。我们已经详细叙述过柏拉图是如何在原子论者主张后一种观点的情况下发展了前一种观点的：他的创世神德慕格将世界置于具有理智又神圣的世界灵魂的全面照管之下。[3]

与这一背景相应，亚里士多德也将世界的创造和世

---

[3] 众所周知，很难确定柏拉图的世界灵魂在何种意义上比天体运行的支配作用更大。但是 *Ti.* 37a4–c5（关于本段参考 Reydams-Schils 1997）清楚表明，世界灵魂对生成变化的可感世界具有真实的"意见"（δόξαι），由此便不会将自己的思想限制在纯粹存在上。

的运作这两个孪生问题看作是严格平行的。世界以及其中寓居的物种不是理智创世的产物，原因很简单，因为世界没有开端，是始终存在的——他借助天体的圆周运动本身的永恒性为之辩护。类似地，在世界持续的运行中也不存在任何神的照管、规划或施为。[4]说到这里，他似乎与原子论阵营更为接近，因为在每个阶段，他都没有引入神，使之参与我们的世界。然而，与柏拉图相似而与原子论者不同的是，他还是认为，自然界中普遍存在着某些无法还原的目的性结构。自然中的万物几乎都有其目的，即使没有理智构想或实现它。

这种有所收敛的目的论为亚里士多德赢得了无数拥趸。因为，正如它正确地指出的，目的性结构是自然的基础，无论神的照管是否存在。这与你是个创世论者还是个最顽固的达尔文主义者无关——你不能不承认，心脏的目的是供血，眼睑的目的是保护眼睛，牙齿的目的是切断和磨碎食物。对于达尔文主义者而言，这些语词也不仅仅只是某种更恰当的生物学解释模式的缩略表达——对于眼睛各部分而言，非目的论的恰当解释是完全不存在的。

一方面，我们可以称赞亚里士多德目的论令人耳目一新的现代气息，并将他的目的论与柏拉图传统的创世论进行比较。然而，认为表面上的现代特征就是亚里士多德如此发展这一理论的关键原因，则完全是另一回事。古代原子论者

---

[4] 诚然，亚里士多德偶尔会将神说得好像有所行动，例如 *GC* II 10 336b27–34，但我同意如下共识，即这只是比喻性的表述（尤其参见 Solmsen 1963, pp. 485–95，但关于没那么消极的解读，参见 Bodéüs 2000）。

也推出了不少貌似现代的论点,然而他们的出发点是与现代乃至早期现代的物理学完全不同的一些预设。与之类似,我会论证,亚里士多德通向自然的目的的极简方案,远远不是他现代特征的标志。不过,这种认识丝毫不该减少我们对他的观点潜藏的启发性的欣赏。

是何种动力驱使着亚里士多德发展出了修正版本的目的论?答案好像出人意料。柏拉图在《理想国》第七卷的著名说法是,对于一位哲学家而言,政治治理与纯粹思辨的生活相比只能是次好的。与之相应,在《蒂迈欧》中,柏拉图坚称,整个世界如此被创造出来,就是为了让理性的人类灵魂得以通过研究天文学和哲学模仿神的心灵。这种对神的模仿体现在纯粹的数学和哲学沉思中,而不是体现在对道德和政治德性的践行上。[5] 然而,柏拉图的《蒂迈欧》中的神圣创世者和神圣世界灵魂,本身就被看作部分参与了世界的治理。如果是这样,即使在柏拉图自己看来,上述二者也不是专一地投身于最好的行动的。

在这个意义上,亚里士多德比柏拉图本人更像个柏拉图主义者。他也认为(《尼各马可伦理学》[*Nicomachean ethics*] X 7-8),通过有德性的政治生活获得的幸福虽然价值重大,但比起纯粹抽离的沉思所提供的类似神的幸福而言,前者只是次好的。但是,亚里士多德也试图令自己的神学与各种幸福的排序彼此融贯,在这个意义上,他改进了柏拉图的学

---

[5] 我在这里捍卫了Sedley 1999d中对《蒂迈欧》的解读。

说。在《形而上学》Λ卷中，他论称，神的作为只能是最好的，因此神必然只能进行纯粹的沉思。[6]

对柏拉图主义的这一看似微不足道的调整，带来了极为深远的影响。如果神只能是纯粹的沉思者，他就不能同时是治理者。[7]因此不可能有德慕格，也不可能有神圣的世界灵魂。在这种情况下，世界不是被造的，并且不在神的照管之下运行。简而言之，这一结果就是亚里士多德的宇宙论。

亚里士多德所预设的，是一个从世界中抽离的、专注于自身的、没有任何介入我们世界倾向的神，这听起来与伊壁鸠鲁出奇地相似。然而不同于伊壁鸠鲁，亚里士多德完全继承了柏拉图的信念，也即神是最高的解释原则。并且，他将这两种明显对立的论调——抽离的神和作为最高原因的神——调和起来，靠的是另一个柏拉图主义观点：神是最高的模仿对象。根据柏拉图信徒的阐释，柏拉图认为人生的目的就是"变得尽可能像神"。[8]柏拉图主要将这一目标作为人类的理想——即使他在一处文本中（《会饮》207c9-208b6）将其扩展到了整个动物世界，将繁殖冲动作为可朽者实现个体不朽和物种保存（亦参见《法篇》IV 721b6-c8）的最佳机会，这种在自己的后代中存续下去的不朽是替代性的

---

[6] 将神从实践领域中彻底抽离出来这种做法极有可能是逐渐发展出来的，它在《论天》中没有完全形成，但即使《论天》中也说到过神不作为，例如292a22-28。

[7] 关于亚里士多德神学的直接发展的代表，参见Sharples 2003引用和讨论的阿芙罗蒂西亚的亚历山大的文章（约公元200年）。

[8] Annas 1999，第三章；Sedley 1999b。

第六章 亚里士多德

不朽。至上神是不动的推动者，是抽离的自我沉思者，他的现实性是纯粹的现实性，而世界中的一切其他东西，都是在以自己的方式努力效仿这种现实性。[9]

最高的人类理想——哲学沉思——是对神的行动最直接的模仿（《尼各马可伦理学》X 7, 1177b26-1178a8；X 8, 1178b7-32）。与柏拉图的观点类似，人类、低等动物和植物的生殖，是通过自身和物种的延续来实现接续意义上的不朽，是对神的永恒现实性的另一种模仿（《论灵魂》[De anima] II 4, 415a26-b7；《政治学》[Politics] I 2, 125a28-30；《论动物的生殖》II 1, 731b24-732a1；《形而上学》Θ 8, 1050b28-30）。[10] 即使在比植物更低等的层级上，世界的自然循环（例如四种基本物质不断相互转化的气候循环）也是对神的永恒现实性的模仿（《天象学》[Meteorologica] I 9, 346b35-347a10；《论产生和毁灭》II 10, 336b34-337a7）。

简而言之，在亚里士多德看来，自然世界和诸天的整体运行，最终都是在努力实现类似神的现实性，这绝非夸大其词。[11] 诚然，亚里士多德并不经常这样全景式地回顾这个问题，因为他对具体的生理结构、生理进程及其对有机体成功的贡献更感兴趣；但是，他的确在《形而上学》Λ卷第十章——他的神学卷的核心终章——做了这样的回顾。我将

---

[9] 参见 EE VII 15, 1249b13-15："因为神并不是通过发号施令才成为统治者的，他就是实践智慧指向的善好。"
[10] 此外，后来的循环可能是为了先前的循环，参见 Burnyeat 2004, p. 24。
[11] 尤其参见 Kahn 1985。

在第五节回到这个问题。

有时,甚至有些能用更平实的方式解释的生理结构,也被亚里士多德置于"努力接近神"的解释原则之下。根据柏拉图的《蒂迈欧》(45a3-b2)对人体最初被造的描述,我们的创造者将脸自然地当作前部(这和亚里士多德的生物学一样,都是由感觉的方向界定的),因为前比后"更高贵"(τιμιώτερον)、等级更高也更适合领导。现代化的解读愿意将亚里士多德对方向的价值排序丢到故纸堆中,但这恰是亚里士多德发展起来并且常常加以运用的学说。根据亚里士多德,不仅前比起后更高贵,右比起左、上比起下也更高贵。

以上下两极为例,人类独有的直立让人更为优越,因为人的自然顶端(也即他的头)与宇宙的上方相应(《论动物的构造》II 10, 656a7–13):

> 这一种是人类。人类或者独享神性,或者与大多数我们所知的动物共享神性……人类独享神性的情况是,人体的自然部分按照自然安排,它的顶端与宇宙的上方自然相连。因为在所有动物中,只有人是直立的。[12]

在该生物光谱的另一头,植物自然的顶端正好处于宇宙的下

---

[12] 还有很多亚里士多德文本与之相关,但在这里,我只引用 *HA* I 15, 494a20-b1(它额外提供了不少细节)和 *De Iuv.* 477a21-23 作为对比。Gregoric 2005 对柏拉图和亚里士多德对人类直立形态的解释提供了宝贵的对比,不过在我看来,它没有充分地注意到我们的姿态与宇宙形态的亲缘性的内在价值,关于柏拉图的这一观点,参见 Osborne 1988, pp. 107–9。

方,即它们的根部——就功能而言是它们的嘴——深扎在土里。举例而言(《论灵魂》II 4, 416a2-5):

> 对于每个生物而言上和下是不同的,但如果我们要根据功能异同称呼器官的话,那么动物的头就是植物的根。

其实,这些说法都源自柏拉图。对比《蒂迈欧》90a2—b1:

> 就我们之中最具权威的灵魂而言,我们一定会这样想。神赋予了我们每人一个精灵——我们说它寓居于人体的最上端,并且将我们从地上提升到天上与我们相似的事物那里,因为我们自称天外(而非地上)的植物是很合适的。因为神是通过将我们的头和根向我们的灵魂初次产生的地方提升让人体保持直立的。

在这里,我们可以看到,亚里士多德把植物当作颠倒的人类,就源自柏拉图将人类提升为颠倒的植物的说法。就亚里士多德为"上"和"下"提供了专门的生物学意义而言(这一点柏拉图在谈及"自然的前"的时候就做过了),他无疑是在作出某种科学可信的表述。[13] 试着在用头倒立时喝一

---

[13] Lennox 1985b, pp. 266-72,对 Lloyd 1966, pp. 52-61 的回应就是这样作出的。很快就能清晰地看到,我更倾向于后者,但前者在这一争论中是位有益的向导。

杯茶，对此，我们能够合理地提问，你能够让茶沿着喉咙"下"去吗？即使水流的地理方向或宇宙方向是朝上的，我们也能理解这一表述，因为在该语境中，我们只是用生理功能为"下"赋予意义。与之类似，亚里士多德也为上下这类方向赋予了功能性的生物学含义（《论动物的行进》[De incessu animalium] 4–5）。

不过，亚里士多德为这种表述赋予的功用，并不是没有负面效应的。当他将上、前和右作为"更好和更高贵的"（《论动物的构造》665a6–26），他的语境是在解释为什么在人体构造上，自然偏好的某些方向有时会与实际效用不完全匹配。因此，心脏作为支配性的器官，占据了"高贵的"前部，[14] 即使这会让服务于它的气管被"糟糕地置于"食道前面，导致食物从错误的管道下行，因此还需要会厌的补救。

不考虑实际效用，亚里士多德赋予人体与宇宙共有的上方、前方和右方如此高贵的地位，是因为他相信，这些朝向体现了支配诸天运转的神圣源头或运动方向（《论天》II 2），这种信念同样来自柏拉图。[15] 在最好的动物（人）的结构中，前方、上方和右方总是得到偏爱，这正是我们与神圣的诸天极其相似的体现，并且通过诸天，我们也与神相似。

---

[14] 与 Lennox 1985b, pp. 266–69（参见 Lennox 2001b, p. 254）不同，我将 PA 665a19–26 解读为心脏必须在前，因为它更高贵，而不是因为这样实际上更有利。

[15] 在《蒂迈欧》中，天体既向右转（36c6）也向前转（40b1）。亦参见上文所引的 90a2–b1。

如果整个自然世界都以各种方式提升，从而最大化地与神相似，那么这是如何可能的呢？根据亚里士多德，欲望这种能力只存在于动物之中，但他认为植物也通过繁殖追求不朽，并且在较弱的层面上，甚至四种基本物质都在追求实现永恒的现实性。几乎可以确定，这种追求的表述应当被解读得弱一些，它是对某种内在自然趋向的描述。从"自然拒斥虚空"（Nature abhors a vacuum）到"自然选择"（Natural Selection）和"自私的基因"（Selfish Gene），对非心理过程的心理学描述在科学史上极为常见，它们具有误导性，但也是不可或缺的。《蒂迈欧》中就充满了这样的描述，其中包括了理智对四种基本物质的"说服"（上文第114—116页）。

但是，即使在作出这样的弱化解读之后，我们依然要面对如下的结果：亚里士多德不认为自然进程是被某种心智所引导的，这并不是因为比起神学的解释模式他更偏爱"科学的"解释模式。实际上的原因是，他相信柏拉图的描述**错解**了神学。诚如柏拉图所言，神在自然世界中的因果作用是无处不在的，但一切实践的冲动只属于自然实体，神本身是永恒地抽离于世、关注自身的。

二　技艺类比

在解释自然世界时，柏拉图不仅引入了神的仁慈，还引入了神的技艺，后者要借助常见的人类技艺来理解。不可否认的是，柏拉图在将自然世界解释为技艺作品时取得了惊人的成功，而亚里士多德一定不愿意抛弃这些成果。然而，如我们所见，神圣技艺已经被他的神学排除在外了。根据柏拉图的说法，没有任何自然进程能被恰当地解释为世界灵魂或其他直接临在的（更不要说是超越性的）神经过思虑后的命令。这就是亚里士多德所面临的两难。他通过发展如下信条解决了这一两难（这在《物理学》第二卷中得到了有力的证明）：即使自然不是神的作品，它也足以与技艺的产物**类比**，这样，柏拉图带来的大部分启发就得以保留。亚里士多德对技艺类比如此执着，以至于带有技艺特征的用语在他的生物学著述中无处不在，例如他常常将自然比作一个"制作着"（*dēmiourgein*，与"德慕格"同源）作品的行动者。[16]

亚里士多德对自然进程的全部理解都基于他对"四因"的著名区分。技艺模型起作用的第一种方式就是让他开展这种区分。如他在《物理学》的开篇（I 1, 184a16–21）提醒我们的，他倾向于采用的方法是从对我们而言更切近或更可理解（*gnōrimōteron hēmin*）的事物出发，转向就自身而言更可理解的事物（*gnōrimōteron haplōs* 或 *physei*）。自然的因果就自身而言更合理，并且在更高的层面上展现了目的论；但技艺的因果对我们而言更合理，因为我们都或者从事过，或者近距离地观摩过某种技艺。

---

[16] 虽然在我心中，Cooper 1982是对亚里士多德的目的论最有洞察力的叙述，但我认为，它错误地否定了技艺类比在亚里士多德物理学中的核心地位。基于这一点，一个有说服力的回复是Broadie 1990, pp. 392–96。

因此，亚里士多德在介绍四因在自然中的体现之前，先用技艺的例子区分了四因（《物理学》II 3）。一种技艺的操持者通常为先在的质料赋予某种形式，例如雕塑家为青铜塑形，**质料**因是青铜，**动力**因（常被称作"效力"[efficient]因）是雕塑家，而**形式**因是他所赋予的形式，三者之间界限分明。在这之外，雕塑家是按照某一目的（可能是雕塑的完成或完善）工作，这也是一种独立的驱动因素，也即**目的**（*final*，意为"与目的相关的"）因。这样，四种分明的原因——质料因、动力因、形式因和目的因——通过技艺清晰地展现出来，而且只有掌握了它们及其在这一通例中的相互关联，才能开始在自然中寻找它们。

在自然中，区分四因是更棘手的。以一头猪的构成为例，我们从质料因入手。猪的质料——它的肉、骨等——的确是构成它的本质的原因之一，但它与猪的形式并不像青铜与铜像的形式这样易于区分：第一，在猪的一生或生前，从来没有具体质料都存在却独缺猪的形式的时候，不像在铜像塑成之前还有待铸的青铜。第二，出于类比的原因，猪的形式因也即它作为猪的必要形式，乍看上去与它的质料并无差异。第三，让我们看一下猪发生变化时的动力因，它首先（根据亚里士多德的动物生殖理论）在其父之中，也即外在于猪本身，正如雕塑家对于青铜一样。不过在猪的生命中，这个活跃的动力因成为了内在的，因为猪自己的灵魂接任了推动者的角色，这又与它的本质形式无法区分。其生长的目的因，也即支配生长过程的目的或目标，也不能与其形式截然分开，因为这一目的正是猪所致力于完全实现的猪之为猪的形式。[17]

因此，自然是复杂的。不过，如果我们从技艺所澄清的原因区分入手，就可以尝试对此加以理解。我们应当从技艺进展到自然还有一个原因：根据亚里士多德，技艺是自然制作的延伸。（我们在伊壁鸠鲁那里已经碰到了同样的观点，见上文第153—154页。）[18] 技艺接续自然未竟的工作，模仿并完成自然的作品。正是由于这个原因，他论称（《物理学》II 8, 199a15–20），我们之所以能推出自然之中已经包含目标或目的，正因为这是技艺的目的的唯一来源。例如，既然医术是旨在帮助身体恢复健康的技艺，那么重返健康的目的就已经支配着身体内部的自然痊愈过程，而医生的干预只是协助完成这个目的。

为了进一步支持这一论点，亚里士多德提出了后世哲学家所称的"谷堆"（sorites）论证或"连续体"（little-by-little）论证（《物理学》II 8, 199a20–30）。举个在自然中毫无争议地具有目的性的实例——蜘蛛织网或者鸟筑巢，他指出，这些行为的目的性是如此明显，以至于人们会怀疑，蜘蛛和鸟是不是动用了理智或技艺。如果从这样毫无争议的具有目的性的例子出发，按自然阶梯下降到越来越简单的进程

---

[17] 例如 *Ph.* II 7, 198a24–27；*PA* I 1, 641a25–27。
[18] 这不一定是伊壁鸠鲁了解亚里士多德的证据，因而他们都有可能从柏拉图《法篇》第十卷889a4–e1（或者别处）中得知这一观点，据《法篇》说，这是当时通行的观点。

176 和结构，直到像抽芽的植物一样基础的事物，我们会发现，既然就自然阶梯而言，并不存在这一目的的合适消失点，那么越是沿着阶梯下降，我们就越是难以不相信目的的存在。

这一论证充满吸引力。然而事实上，谷堆论证是错误的。逻辑学家们可能对其错误之处莫衷一是，但是只要意识到就算它们有所论证，也论证得太过了——它抹除了大量不可或缺的差异——这样的论证就必然是错误的。例如，如果亚里士多德的论证证明了自然中从上到下都具有目的，那么一个类似的论证就能证明，如果从比尔·盖茨（Bill Gates）的银行存款开始向下递减，那么每个人都是富有的，因为财富并没有自然的分界点。即使不看这一点，亚里士多德的论证也会面临如下的驳斥，也即它也可以用来证明相反的观点：一种物质主义分析可能从显然是机械的、无目的的自然进程（如铁轨生锈）开始，上升到越来越像是有目的性的事物，直到鸟筑巢的例子，再上达人类行动，并自始至终保证原因的机械性。

即使这个具体论证有类似的形式困难，对亚里士多德这位生物学家而言，自然仍是这一论证中的连续体，而且对于他概括的"任何规律地重现的事物，必然是为了某种目的"这条原则而言，确实没有任何例外。

类似地，在自然阶梯（scala naturae）的最顶端，自然通过技艺构造了一个准连续体（near-continuum），一者停止而另一者启动的节点，是我们时常难以确定的。那么，为何技艺仍与自然**不同**呢？这是一个关键问题。因为，一旦亚里士多德澄清了在技艺和自然之间存在的其余差异,他的工作就是设计出一些能够缩小乃至消除这些差异的视角和思想实验。这就是他从技艺-自然类比中受到启发的方式,这与柏拉图的立场不同,后者完全将自然等同于神的技艺。

在亚里士多德看来,在技艺和自然之间首要且最为明显的差异,在于技艺中的动力因总是外在于质料的。木匠之于木头是外在的,厨师之于食材是外在的,医生之于病人是外在的。正是出于这一原因,技艺比自然更能明确地教导我们,作用于质料的动力因的确是一种独特的要素。然而亚里士多德指出,即使对于技艺而言,动力因**本质上**也不是外在的,在这一点上技艺和自然的差异缩小了:如果医生治疗自己,他自己的身体中由疾病到健康的变化是出于内在的动力因。这与自然进程**极其**相似。诚然,在自我疗愈的医生的特例中,动力因**本质上**并不是内在的,这与在自然中不同。医生只是恰巧也是病人,别种情况不难发生(II 1, 192b23-27)。不过,如亚里士多德启发我们的,医生自我疗愈的情况,几乎是技艺与自然最为接近的情况(II 8, 199b30-32)。

亚里士多德也许应该就此打住。然而,他往这个方向多迈了一步,要求我们做一个思想实验(199b28-30):他邀请我们想象,造船术不在造船者之中,而在木材之中。如果是这样,动力因就成了内在(而非外在)于质料的变化来源,那么我们就可能看到,船由一堆木材中自然生成。这一特殊场景可能听上去过于怪异,无助于我们对问题的理解,而可惜的是,亚里士多德并未选择一种更能被设想为在内部完成自我塑形的质料。例如，一堆陶土生成一个陶罐，陶艺被置于陶土中，而不是由外物所施加。即使在这种情况下，这种思想实验所揭示也打算承认的仍然是技艺-自然的差别不能完全弥合。仅就指明人工和自然进程之目的的连续性而言，它们已经完成了自己的任务。

然而，难道这一类比的失败之处，不正是没能给出自然中的目的性吗？对亚里士多德推理的最明显反驳就是，目的能够存在于技艺中，正是因为有理智的人类工匠的参与。而且，由于神从自然世界中完全抽离，"神的技艺在自然中没有类似物"难道不是他最核心的论点吗？如果不承认自然进程中有创造性或制作性的理智的运作，自然中怎么可能存在目的呢？并且，这个技艺类比又能发挥什么作用呢？

亚里士多德对这一问题的晦涩评述如下（199b26-28）：

> 要是人们看不到动力因的思虑，他们就不会相信某物会出于某一目的生成，这是荒谬的。技艺就不会思虑。[19]

技艺不会思虑？技艺的确会思虑，至少在我们对技艺的日常经验中如此，而亚里士多德方法论高度依赖这一点。在我看来，学者在解读这段公认晦涩的评述时造成了不必要的

---

[19] ἄτοπον δὲ τὸ μὴ οἴεσθαι ἕνεκά του γίγνεσθαι, ἐὰν μὴ ἴδωσι τὸ κινοῦν βουλευσάμενον. καίτοι καὶ ἡ τέχνη οὐ βουλεύεται.

困难。通常认为，亚里士多德心中有一个对工匠的理想描绘。理想的实践者的技艺发展到如此之高的程度，以至于他再也不须自问如何作出某个具体行动，也即不须自问如何思虑——他只是径直去做。[20]

问题在于，就我所知，迄今在亚里士多德著述中所能找到的此种对技艺的理想化描述只有这一处。事实上，几乎没人会将自己的生命托付给那种在为病人截肢前不假思索的医生，也不会将生命托付给没有事先选择航线就起飞的飞行员。尽管如此，亚里士多德依然反复地将技艺的运作描述为思虑。[21]思虑是我们为既定目的选择最佳手段的方式，因此，思虑的存在是目的导向的进程的显著标志。然而，出于某些尚待发掘的理由，亚里士多德在上述引文中提到，技艺实际上并不思虑。

我相信，为了更完满地理解这一令人困惑的论述，我们需要回到亚里士多德的因果理论。柏拉图对他的因果理论的影响比得到承认的更多。对柏拉图而言，一个基本的因果

---

[20] 我所知的对这一解读的最佳辩护出自 Broadie 1990。我也感谢萨拉·布罗迪在这一问题上和我讨论。

[21] 参见下文注释[24]。诚然，在《尼各马可伦理学》(*EN* III 3, 1112a34–b8) 对思虑的描述中，亚里士多德承认，在某些相对精密的学科（如拼写）中，思虑是多余的。但是在同一语境下，他谨慎地将这些学科称作"科学"（ἐπιστῆμαι），与"技艺"（τέχναι）相对，后者就包括了必然要求思虑的医术。让我们回顾一下，在《物理学》的技艺–自然类比中，医术是他最喜欢的技艺。在《形而上学》A 1, 981b2–5中，干粗活的人（χειροτέχναι）的标志就是机械地、无思虑地做事，他们够不上"技艺"（τέχνη）这个层次。

过程在分析上是自明的。[22]例如,热令人变热,而智慧令人智慧。这种命题几乎没有提供任何知识,在当代用法中也根本不会被认为是因果关系,但至少它们在分析上为真,而对柏拉图而言,这就是它们的贡献所在。其他更显而易见的综合性命题(例如慢跑令人变热,或学习地理令人智慧)是更有争议的,这正是因为它们之中的因果关系不是自明的。

在各种语境中,我们都可以发现,亚里士多德忠实地信守了这种柏拉图式的因果律。不过,最清晰的应该是在《物理学》第二卷第三章,他在这一著名章节中正式阐释了四因理论,而它也是第二卷第八章的直接背景,后者包含了令人困惑的有关技艺的论述。他反复提到的例子是房子(*oikia*)的动力因。对"什么是这座房子的动力因"的问题,一个极好的答案是建筑师(*oikodomos*)。为什么?原因是建筑师和房子之间的因果关系不是偶然的,二者的恰当关联正如作为原因的"智慧"与作为结果的"某人变得智慧"之间的恰当关联。不过,假设建筑师叫作"琼斯",那么,要是改说房子的动力因是琼斯,这虽然也是真的,但这表达的只是偶然原因。他作为琼斯这一事实本身,并不能在他与房子之间建立因果或解释上的关联,而他作为建筑师这一事实则显然能够建立这种关联。

然而,即使认为房子的动力因是"建筑师",似乎也不是最理想的答案。在第三章接近结尾处,亚里士多德写道

---

[22] 进一步的内容,参看Sedley 1998b。

(195b21–25):

> 人总要寻找万事万物的终极原因。例如,虽然一个人造房子是因为他是建筑师,但他是按照建筑技艺造房子的。因此,这个原因是在先的。[23]

亦即,即使当我们将一位建筑师作为房子的原因时,我们仍并未彻底地分离出房子直接的动力因。严格来说,在建筑师灵魂中的建筑技艺,才是为房子提供解释的终极原因。琼斯造房子是因为他是建筑师,而建筑师造房子是因为有建筑技艺。这一还原不能继续下去,因为以建筑技艺造房子没有进一步的凭借物。至此,我们发现了终极的动力因——建筑技艺。

诚然,这种因果关系表达的重心转移是十足反直觉的,但它在亚里士多德的形而上学中起到了关键的作用。他认为,形式是永恒的。在自然中,形式先于有机体而存在,典型情况是,形式已经存在于有机体的父亲之中,而根据亚里士多德,父亲就是有机体原初的外在动力因。(尝试将这种思想替换成"你的基因序列以某种方式存在于你的祖辈之中"。)为了阐释这一点,亚里士多德对比了自然中先在的形式,与技艺中先于人造物而存在于工匠心灵中的形式。例如,某些具体的建筑物的形式在建筑物被造之前就已经存在

---

[23] δεῖ δ' ἀεὶ τὸ αἴτιον ἑκάστου τὸ ἀκρότατον ζητεῖν, ὥσπερ καὶ ἐπὶ τῶν ἄλλων. οἷον ἄνθρωπος οἰκοδομεῖ ὅτι οἰκοδόμος, ὁ δ' οἰκοδόμος κατὰ τὴν οἰκοδομικήν· τοῦτο τοίνυν πρότερον τὸ αἴτιον.

了——它们就存在于建筑师的心灵中。因此，他在《形而上学》Z卷第七章中（1032b5-14）这样写道：

> 健康是灵魂中的形式，也是知识。当医生这样思考时，健康的状态就产生了："既然这样就是健康，如果要产生健康的状态，它们就必须存在，例如，想产生一种平衡态，就必须要有热。"他就这样想下去，直到他找到自己能付诸实施的端点。在那之后，由此开始的、朝向一种健康状态的运动便可被称作产生了。由此导致了健康在某种意义上出自健康，建筑在某种意义上出自建筑，亦即由无形的建筑到有形的建筑。因为医术和建筑术分别是健康的形式和建筑物的形式。我将一物的本质称作这物的无形存在。[24]

至关重要的是，建筑术是建筑物的无形形式或本质，在建筑师将这一本质形式赋予砖石之前，它已经存在于建筑师的灵

---

[24] ἡ δὲ ὑγίεια ὁ ἐν τῇ ψυχῇ λόγος καὶ ἡ ἐπιστήμη. γίγνεται δὲ τὸ ὑγιὲς νοήσαντος οὕτως· ἐπειδὴ τοδὶ ὑγίεια, ἀνάγκη εἰ ὑγιὲς ἔσται τοδὶ ὑπάρξαι, οἷον ὁμαλότητα, εἰ δὲ τοῦτο, θερμότητα· καὶ οὕτως ἀεὶ νοεῖ, ἕως ἂν ἀγάγῃ εἰς τοῦτο ὃ αὐτὸς δύναται ἔσχατον ποιεῖν. εἶτα ἤδη ἡ ἀπὸ τούτου κίνησις ποίησις καλεῖται, ἡ ἐπὶ τὸ ὑγιαίνειν. ὥστε συμβαίνει τρόπον τινὰ τὴν ὑγίειαν ἐξ ὑγιείας γίγνεσθαι καὶ τὴν οἰκίαν ἐξ οἰκίας, τῆς ἄνευ ὕλης τὴν ἔχουσαν ὕλην· ἡ γὰρ ἰατρική ἐστι καὶ ἡ οἰκοδομικὴ τὸ εἶδος τῆς ὑγιείας καὶ τῆς οἰκίας, λέγω δὲ οὐσίαν ἄνευ ὕλης τὸ τί ἦν εἶναι. 要注意亚里士多德在发展这一观点时，完全没有想要削弱将形式赋予外在质料的思虑的地位。关于建筑师的思虑，亦参见 PA I 1, 639b25-30。

魂之中。

有鉴于此，我们可以回到《物理学》第二卷第八章中难解的声明："要是人们看不到动力因的思虑，他们就不会相信某物会出于某一目的生成，这是荒谬的。技艺就不会思虑。"亚里士多德并不想否定工匠会思虑。不过在最严格的意义上，工匠并不是动力因。我们已经看到，终极的动力因是技艺本身，它就是始终存在于工匠灵魂中的产物的本质形式。而这种终极动力因并不做任何思虑。

这样看来，亚里士多德的策略并不像通常被认为的那样，是否认思虑虽存在于技艺中但不见于自然。相反，他的重点在于，当你将动力因作用的这两个领域所依赖的因果关系还原到最核心，在技艺中出现的思虑严格来说只是附加因素。与在自然中一样，在技艺中，本质形式作为动力因将自身施加到相应的质料上。最初存在于建筑师灵魂中的建筑物的形式推动了这种运动，它在该形式完全存在于砖石之上时结束。最初存在于小猪的父辈之中、后来逐渐在小猪之中存在的猪的形式推动了这种运动，它在该形式完全在成熟的猪身上实现时结束。

对类比（例如这种亚里士多德的技艺-自然类比）的运用，不可避免地要求被对比的两物之间存在某些差异。然而，与此同时，相类比的事物可以被消除或削弱的差异越多，这一类比就变得越有说服力，也更加有效。在两种进程之间无疑存在差异，其中之一就是，思虑出现在技艺进程中，而没有出现在自然进程中。不过，在亚里士多德看来，这样的差异不足以遮盖两种因果进程背后的同构性。亚里士多德指出，无论在哪种情况下，终极动力因（也即本质形式）都不思虑，这帮我们确定了这一同构在何种程度上适用。这就是为什么技艺的因果结构的确能为我们启示自然的因果结构。

三　必然性

通过上述和其他的方式，亚里士多德捍卫了下述观点，即自然中存在非思虑性的却仍属于目的性的结构。他仍需要回答的问题是，对于同一亟待解释的事物，为何早期原子论者率先提出的解释并不同样有效。在这本书（《物理学》第二卷）的前后文中，他都尝试给出原因。

原子论者特别提到了两种解释概念：必然性和偶然性。它们听起来可能像是对立的概念，必然是完全可靠的，而偶然是完全不可靠的，然而，对于原子论者而言，它们代表着同一个因果事件的两面：万事万物都由原子的运动和碰撞所产生，它们都是必然的，因为它们自机械的因果序列而出；它们又都是偶然的，因为它们并不呈现出有系统的或理性的、朝向目的的结构。[25] 亚里士多德的计划是展示即使必然性和偶然性的确都是恰当的解释要素，但当我们完全理解它

---

[25] 我支持 Hirsch 1990 明智的提醒，并由此对这里的"法"是多么不可侵犯避而不谈。然而，我并不赞同她的如下观点，即由于缺乏同时代的目的论靶子，德谟克利特不可能在反目的论的意义上使用"运气"（转下页）

们的所指的时候，就会看到它们的存在不仅没有取消目的，还反过来印证了目的的存在。

即使亚里士多德本人到最后才处理必然性（第二卷第九章），我还是从必然性开始。那些看到必然性在自然中的作用的人——他尤其是指原子论者——犯了这样的错误，即预设这里所说的必然性是指世界元素的物质性质必然导致一切结果的必然性。与他的技艺-自然类比特意地相呼应，亚里士多德说（199b35-200a5），这和在建筑行业认为一面墙是一堆石头的必然结果类似，就像石头仅凭自身的机械性质就将自己安排成重的在下、轻的在上。在这里，他无疑戏仿了原子论者的宇宙起源论，据说（上文第136页）原子论者在世界中安排自身的方式，就像沙滩上不同的鹅卵石根据形状和大小来分层一样。

不过，亚里士多德含蓄地承认，他的对手口中的质料的"必然性"力量，的确指向了某种真理，而他们对此

（接上页）或"偶然"——与之相反，在第一章和第二章中，我的主要论点就是，按照理智安排世界的观点在前苏格拉底思想中极为通行，因此原子论者并不是第一个对它提出挑战的。我也相当有信心地认为，德谟克利特是位自觉的决定论者，这不仅是出于上文第164页短暂提到的原因，还由于伊壁鸠鲁将自己的原子论前辈描述为他们"让必然性（ἀνάγκη）和偶然之事（τὸ αὐτόματον）对一切负责"（LS, 20C 13）。伊壁鸠鲁显然直接接触过德谟克利特的著作，并非通过亚里士多德这个中介，并且他在这里不带强烈敌意地赞扬他的原子论前辈们，并且注意到他们并未察觉自己主张的物理决定论所隐含的危险。因此，我认为怀疑他有所歪曲是毫无根据的，并且我将他的批评解读为对亚里士多德的重要印证。关于对赫希（Hirsch）观点的进一步质疑，参见Berryman 2002, p. 186。

只是一知半解。在自然进程中，质料的确展现了必然性，但是这其实是"有条件的"（conditional）或者"假言的"（hypothetical）必然性。**如果**要造一面墙，就**必须**有石头。与之相似，在自然中，**如果**要达到目的，一切进程背后的质料都是必须的，但质料自身并不必然产生出相应结果。因此，一旦我们理解了自然必然性，就不会用它取代目的，或者认为目的是多余的，而是会认为它预设了目的。

然而在该章中，亚里士多德似乎在说，**唯一**在自然中发挥作用的必然性是条件必然性。为什么亚里士多德会这样说是一个大问题。因为在别处，他清楚地表明，单纯的质料必然性也在自然进程中发生，且经常与条件必然性相配合。例如，呼吸这种行动，就是由空气加热和冷却的物理属性所必然导致的，这就是为什么我们总是呼吸；但它也是**条件必然**的，因为人不呼吸就不能维持其他的生命进程（《论动物的构造》I 1, 642a31–b4）。然而，在《物理学》第二卷第九章中，条件必然性有力支持了该卷想要证明的目的论的论点，当亚里士多德因此选择关注必然性的条件性一面时，也很可能是预设了（而非排除了）这种单纯的质料必然性。[26]

在我看来，单纯的质料必然性在第九章中消失的方式，令人直接想起《蒂迈欧》，而这也不是偶然的。如我们已经看到的（上文第116页），在《蒂迈欧》中，"必然性"最初是作为单纯的物质必然性出现的，它由四大元素的机械因果

---

[26] 这是 Cooper 1985 的论点。

性展示出来。然而，随着蒂迈欧的讲话的推进，它愈加清晰地具备了条件必然性的面貌。我认为，这是由于在柏拉图看来，由理智"说服"必然性恰恰意味着不再由必然性完全决定一切结果，而是让事物服务于理智构想出的目的。从狭义上说，毋庸置疑的是，在理智支配的情况下，质料甚至也能继续发挥自身必然性——例如，在我的厨房里，水壶下燃烧的火焰确实必然导致了水的沸腾。然而从广义上说，没有任何必然性在发挥作用——在我的厨房里，要不是我的理智决定需要煮沸水，一切质料因的总和都不能让水沸腾。

在广义上，我们就能明白，为何一旦强调质料对理性的服从，这种单纯的必然性的说法就容易消失。与柏拉图的世界不同，亚里士多德的自然世界确实不是**理智**目的主导下的世界。然而，他将**自然**目的当作在从上至下的世界结构中无处不在，并且在《物理学》第二卷第九章指出，自然目的包含了条件必然性，这与理智目的非常类似。因此，他与柏拉图有同样的理由将条件必然性看作包含着单纯必然性，而非仅仅是与单纯必然性共存于某种平等的配合关系之中。[27] 在与柏拉图的渊源中解读亚里士多德的目的论很多时候能够

---

[27] 在200a7-10，亚里士多德写道："在一切其他有目的的事物中都是这样，虽然这不可能在具有必然的本质的事物（τῶν ἀναγκαίαν ἐχόντων τὴν φύσιν）中发生，因为这些事物除非作为质料［也即作为质料因］否则就不是发生的原因，它们发生是为了某个目的。"亚里士多德大概是想要指单纯必然性。如果是这样，应注意这一点：这些事物就其本性而言的确是必然的，但在决定结果的意义上不是必然的。在我的理解中，这和《蒂迈欧》的图景非常相近。

给人启发，这就是其中的一例。

这项柏拉图和亚里士多德的共同计划，就是拒斥前苏格拉底的因果预设，后者被看作错误地强调了质料必然性，以致牺牲了目的论的因果关系。在攻击对必然性的解释力的错置时，他们都谈到了一种当时流行的观点（《蒂迈欧》46d1-3；《物理学》II 9, 199b35—200a1），这种观点将一切肉眼可见之物，都当作质料通过"必然性"从下至上作用的结果。在本书的前三章，我基于如下立场反对这种对前苏格拉底宇宙论的不确切的概括：在原子论之前，身体通常被认为是具有生命力的，甚至是具有理智能力的。从这种观点看来，我们可以说，柏拉图和亚里士多德作出的反击是由原子论者直接促成的，这些原子论者明确地将身体限于纯物质属性上，而柏拉图和亚里士多德认为，这不过是将前苏格拉底物理学不由分说、始终坚持的物质主义从幕后带到了台前。[28]

亚里士多德对这种前苏格拉底的错误构想从何而来的解释，见于《物理学》第二卷第一章，193a9—30。[29]虽然亚里士多德尤其将自然与形式联系起来，但他本人也认为，在某种有限的意义上，一物的质料也可以算作它的形式。因为自然是变化和静止的内在动力或原则，而在某种意义上一物的质料确实承担了这项工作：指出一物在条件允许时具有

---

[28] 对二元论者阿那克萨格拉的批评是，他首先把质料从理智中区分出来，又把原因的效力全部赋予了纯质料。参见上文第21页。
[29] 虽然这里没有提到采纳这种方案的作者的名字，在 PA I 1, 640b4—17，极为类似的观点被归给了"古人"。

的向下运动、着火或漂流的倾向是基于它的质料,这就已经足够了。[30]在这里,亚里士多德的事物的质料,指的是它的**直接**(*proximate*)质料——例如动物的肉和骨,以及床的木材——而不是它的终极质料,诸如水、土等原初组分。亚里士多德说,基于这样完全恰当的预设,有人就更进一步做了如下推断:如果A的自然是它的直接质料B,而B的自然是**它的**直接质料C,以此类推,那么在这串链条末端的东西——最基本的质料,没有什么比它自身的组成更基本——也即最后一种质料就构成了链条前面的所有事物的自然。如亚里士多德所评述的,这种方案会导向典型的前苏格拉底论点,也即万物的自然就是火、土、气或水,或者是它们的某种组合。前苏格拉底哲学家的错误在于,他们将"是某物的自然"这重关系当作了可传递的,也即如果B是A的自然,C是B的自然,那么C就是(无论是在特殊的还是在更强的意义上)A的自然。相反地,在亚里士多德看来,推断出的质料在链条上距A越远,那么它与A的行动之间存在的因果关联就越少,它作为A的自然的根据也就越少。

事实上,在这里,亚里士多德的真实目的并不是攻击前苏格拉底哲学家。他正在展示他自己的论点,即质料与形式一样,也能在某种意义上成为事物的自然,并且,他是在把前苏格拉底哲学家拉拢到自己这边。后者理解并且应用了

---

[30] 在这里我忽略了更独特的例子(193a12–17, b9–11),也即被埋下的床长出的不是床而是木头。关于这在安提丰(Antiphon)文本中的独特(和迥异)的语境,参见 Pendrick 2002, pp. 126–41, 276–89。

这条原则，虽然很可惜他们在进一步将这条原则与他们对传递性的错误预设相结合时误用了这条原则。典型情况下，当亚里士多德运用"俗成"（endoxa）的既有观点时，他的重点并不是肯定或者批判他的前辈，而是去引证他们对自己立场的间接支持。他的意思是，即使他们是错的，也必然对相关的亚里士多德提出的原则有所把握，因为这种预设能解释他们是如何犯下错误的。

虽然，相对而言，《物理学》第二卷第一章这里的文本是亲质料论的，但是其中所做的诊断，构成了第二卷第九章对质料论者的"必然性"的攻击（即，它不足以取代自然中的目的）的重要背景。两处文本合起来展示了从下到上的必然性理论的巨大吸引力，以及这一理论的局限。

然而，从亚里士多德对质料论的批判出发，我们不能推出，他不认为质料必然性是世界不完满的来源之一。我在第四章第五节中论证过，柏拉图的世界是最理想的好工匠的作品，它是可能造出的最好的世界。即使这个世界有不完满之处，它们也不像自古以来的众多解释者误解的那样，是德慕格未能驯服质料的体现。对柏拉图而言，质料"必然性"并不是恶的来源。但是，亚里士多德对此持有何种观点呢？

只要宇宙技艺被授予一位神圣的工匠，柏拉图对宗教的虔敬就使他容不下任何渎神的余地，亦即承认神这种最高的存在可能会被质料这种最低的存在击败。不过，一旦这种技艺与这位工匠的关联被切断，并被降格成解释自然结构的有效类比，对完满性的要求就被取消了，而这正是亚里士多德所做的。既然亚里士多德乐意说明（《物理学》II 8, 199a33–b4）技艺偶尔会犯错，而完全无须担心亵渎神明，那么与之类似，自然偶尔也会犯错。

进一步，质料必然性至少要承担一部分责任。受到形式自然的作用的质料并不是原初质料，后者与《蒂迈欧》中德慕格起初着手的完全无形和易变的"载体"相对应。即使亚里士多德据说在有些时候考虑过原初质料的想法（这种说法本身就颇具争议），与自然进程相关的质料也是直接质料，例如与动物相关的肉和骨，也许还有与肉和骨相关的土和水，等等。在亚里士多德的生理学著作中，通常将事物的质料自然当作对形式的自然的力量的限制，以塑造和引导它们。[31]

四　偶然的结果

亚里士多德在《物理学》第二卷第四至六章中对运气和偶然之事的处理，与他对必然性的阐述在目的上大同小异，亦即他展示了这一点：一旦充分理解了必然和偶然，它们就不是目的论解释的替代方案，而是暗示了自然目的的存在。

我用"偶然之事"（the fortuitous）翻译亚里士多德的 to

---

[31] 这是《论动物的构造》一书的一种系统模式，参见 Lennox 1996。同样有重要意义的是，亚里士多德想将自然结构和自然过程用何者"更好"而非"最好"加以解释，而《蒂迈欧》的倾向与之相反。

automaton（有时也被译成"自动之事"[the automatic]、"自发之事"[the spontaneous]或"机运"[chance]），[32]并用"运气"（luck）翻译 tychē（令人困惑的是，有时它也被译成"机运"）。根据亚里士多德的用法，运气是偶然之事的一种，亦即在人类活动中展现的偶然之事。不过，在第五章中，他对运气的阐释比对偶然之事的更加清晰。为了当下的目的，我会将重点放在运气上，而不总是强调两种表达的区别，[33]特别是亚里士多德在第六章结尾的主要结论中显然将二者合在了一起。

如下几条关于运气的前提，在这里尤为重要：

（a）运气与"偶发事件"或"巧合"（symbebēkos）相关。

（b）幸运的事件实现了某个目的。[34]

（c）运气被认为是某种"不确定"（indefinite）的东西。

看上去，（a）和（b）在直觉上都是可信的——没有人会将极有规律的事件（例如太阳在早晨升起）或某种完全随机的事实（例如草坪上的草叶有奇数片）称作"幸运"的。

既然（b）幸运的事件实现了某个目的，那么在亚里士多德看来，任何对运气的正确分析都必须指向终极因——它所服务的目的或目标。而另一方面，运气本身并不是某种

---

[32] 在这里，我赞同 Sharples 1983 提出的观点。

[33] 斯蒂芬·曼颇为合理地向我提出，这两个主题是相分离的，这更多是出自他人的意见，而非亚里士多德自己的观点——他特别提到那些相信 tychē 而非 to automaton 神圣的人。

[34] 对不幸事件也可以做对称的论断：除非是为了某个消极的目的，偶然事件也不会被称为不幸的。不幸事件（参见 Ph. II 5, 197a25–30）或者是为某种消极或恶的目的服务，或者阻碍善好的目的实现。

终极因，因为无事是为了运气而发生。亚里士多德明确表明（198a1-3），运气反而是一种动力因，因为在我们将某事发生描述为"出于运气"的时候，我们是指让它发生的东西，而不是它的目的。

现在，让我们来考虑亚里士多德有关运气的范例。你出于某种目的（比如买面包）去了市场，却遇见了欠你钱的人，由此你能向他讨债。这满足了前提（a），即运气是偶发的，因此是特例而非常态——你不会总和自己的债务人去同样的地方，如果真是这样，我们就不会说你幸运地在那里遇到了他并且收回了债。这也满足了前提（b），即幸运的事件实现了某个目的——你事先有讨债的需求或欲望，否则我们就很难说你成功收回了债是幸运的。

那么，前提（c）又怎样呢？根据前提（c），运气是某种"不确定"的东西。正是在这一点上，我们重新回到了亚里士多德因果理论的技术细节上，这是在《物理学》第二卷第三章呈现出来的（上文第178—179页）。要记住，运气被划为一种动力因——想想建筑师琼斯。将一座建筑的动力因叫作"建筑技艺"或者"一位建筑师"，说出的是它的正确原因。将原因称作"琼斯"，或者更糟的，比如"一位音乐家"，只是说出了它偶然的动力因。这是因为，该建筑的本质原因（proper cause）——一位建筑师也是"琼斯"和一位音乐家，这纯属偶然。

现在，让我们将本质原因和偶然原因的区分运用在讨债的例子上。讨债的本质原因是什么？基于与建筑的例子同样的原则，本质原因只能是**你在先的讨债欲望或需求**，[35]因为在所有可能的动力因中，只有它与结果（真的收回债务）恰当地关联在一起，像建筑师和建筑技艺与建筑的关联一样。然而在这个例子里，在某种意义上，讨债的欲望或需求并**不是**主动的动力因。让你去市场的不是你讨债的欲望，而是买面包的目的。这意味着，你去买面包的决定只是讨债的**偶然**的动力因，与音乐家是建筑的偶然的动力因类似。当你发现债务人的时候，你现有的讨债欲望或需求就成了你讨债的正确原因。你去市场买面包的决定只是个巧合——我们会说，与讨债偶然地结合在一起。这有些像是作为音乐家的琼斯只不过碰巧也是造房子的建筑师。

那么，亚里士多德认为在运气的例子中，一定总有一个与之正确关联的动力因，亦即恰为产生**那种**结果的先在目的、欲望或需求。只有我们将这个正确原因分离出来之后，才能说这种"幸运因"是如何成为同一结果的偶然原因的：通过与正确原因关联的巧合。至于前提（c）运气是"不确定"的，在这里，亚里士多德终于觉得，自己发现了这种普遍直觉的真正的哲学基础。因为讨债虽然只有一个正确原因，却有"不确定"数目的偶然原因，它们都可能与正确原因结合在一起，产生所欲的结果。在所举的例子里，这就是去买面包的决定；但在其他情况下，原因可能与之迥异（197a8–18）：

---

[35] 要注意，欲望等本身就是动力因，即使它们的对象可能作为目的因起作用。

因此，幸运事件可能产生的原因是不确定的，这就是运气也属于不确定之事，并在人类面前隐藏起来的原因。并且，这也是人们在某种意义上认为无物由运气产生的原因。这些说明都理应被称作正确的。因为，一方面，在某种意义上，这些事物的产生的确出于运气，考虑到它们是偶然产生的，而运气就是偶然原因；另一方面，在绝对的意义上，运气不是任何事物的原因。例如，一位建筑师是一座建筑的原因，但出于偶然，一位吹笛手也是建筑的原因。在并不为那一目的而来的情况下，某人来到并且收回债务的原因数目是不确定的：如想要见到某人、追求某人、避开某人的愿望，或者去剧院的想法。[36]

这就是他对运气的分析（为了当下的目的，我们可以认为，含义更广的偶然之事也包含在这段分析中）。[37]他提出这段

---

[36] ἀόριστα μὲν οὖν τὰ αἴτια ἀνάγκη εἶναι ἀφ᾽ ὧν ἂν γένοιτο τὸ ἀπὸ τύχης. ὅθεν καὶ ἡ τύχη τοῦ ἀορίστου εἶναι δοκεῖ καὶ ἄδηλος ἀνθρώπῳ, καὶ ἔστιν ὡς οὐδὲν ἀπὸ τύχης δόξειεν ἂν γίγνεσθαι. πνάτα γὰρ ταῦτα ὀρθῶς λέγεται, εὐλόγως. ἔστιν μὲν γὰρ ὡς γίγνεται ἀπὸ τύχης· κατὰ συμβεβηκὸς γὰρ γίγνεται, καὶ ἔστιν αἴτιον, ὡς συμβεβηκὸς ἡ τύχη· ὡς δ᾽ ἁπλῶς οὐδενός· οἷον οἰκίας οἰκοδόμος μὲν αἴτιος, κατὰ συμβεβηκὸς δὲ αὐλητής, καὶ τοῦ ἐλθόντα κομίσασθαι τὸ ἀργύριον, μὴ τούτου ἕνεκα ἐλθόντα, ἄπειρα τὸ πλῆθος· καὶ γὰρ ἰδεῖν τινὰ βουλόμενος καὶ διώκων καὶ φεύγων καὶ θεασόμενος.

[37] Physics II 6 紧接着亚里士多德对运气的分析，在相关方面将更广义的"偶然之事"区别对待，只有一方面除外，即偶然达成的目的在这种情况下可能是自然中先在的，而不是人所意愿的。

分析来捍卫自己的目的论——通过论证不管个别有机体的还是世界的有益结构都不能只是归于运气。

首先看个别有机体。在第八章，他将恩培多克勒"适者生存"的故事（上文第二章第二、四节）解读为将一些特征（例如对牙齿的适用安排）只是归于运气，而与之相反，色诺芬笔下的苏格拉底（上文第三章第二节）对这个故事的引用，是将其作为神之仁慈的典型例子。亚里士多德对恩培多克勒的回应，根植于对有别于目的论的质料论方案的批判之中，原文如下（《物理学》II 8, 198b16–199a5）：

> 这里有个谜。是什么阻碍了自然产生不为任何目的的或不是最好的结果，就如宙斯要下雨，并不是为了让农作物生长，而是出于必然性？因为，上升的必然会冷却，而冷却的必然变成水并且降下来；当这种情况发生时，偶然的结果就是农作物的生长。与之类似，如果某人的农作物在打谷场上腐烂了，下雨也不是**为了**让它腐烂，腐烂只是偶然的。那么，有什么阻碍自然的构成变成这样：例如，出于必要，在前排长出的牙齿是锋利的，适合切割，而白齿是扁平的，适用于磨碎食物，而这是由于某种巧合所致，不是由于它们为了这个目的才发生？类似地，在似乎存在目的的其他部分的例子里，一切事物偶然地变成了像是为了某种目的才产生的样子，有些以某种合适的方式偶然形成的事物被保留，而那些不这样出现的事物就消亡了，而且它们还在消亡，

正如恩培多克勒所说的"人面牛的后代"那样。

　　这就是可能导致困惑的争论，而且此类争论还有很多。但是事情绝不是这样。因为这些事物，乃至一切自然物，总是或者经常这样产生，而那些出于运气或者偶然的事物则并非如此。因为，冬天频频下雨似乎并不是出于运气或者巧合，而仲夏下雨则不然；仲夏的热浪似乎也不是出于运气或者巧合，而冬天的热浪则不然。总之，如果事情看上去不是出于巧合，就是为了某种目的，那么，如果事情不可能出于巧合或偶然，它们就必然是为了某种目的。[38]

---

[38] ἔχει δ' ἀπορίαν τί κωλύει τὴν φύσιν μὴ ἕνεκά του ποιεῖν μηδ' ὅτι βέλτιον, ἀλλ' ὥσπερ ὕει ὁ Ζεὺς οὐχ ὅπως τὸν σῖτον αὐξήσῃ, ἀλλ' ἐξ ἀνάγκης (τὸ γὰρ ἀναχθὲν ψυχθῆναι δεῖ, καὶ τὸ ψυχθὲν ὕδωρ γενόμενον κατελθεῖν τὸ δ' αὐξάνεσθαι τούτου γενομένου τὸν σῖτον συμβαίνει), ὁμοίως δὲ καὶ εἴ τῳ ἀπόλλυται ὁ σῖτος ἐν τῇ ἅλῳ, οὐ τούτου ἕνεκα ὕει ὅπως ἀπόληται, ἀλλὰ τοῦτο συμβέβηκεν. ὥστε τί κωλύει οὕτω καὶ τὰ μέρη ἔχειν ἐν τῇ φύσει, οἷον τοὺς ὀδόντας ἐξ ἀνάγκης ἀνατεῖλαι τοὺς μὲν ἐμπροσθίους ὀξεῖς, ἐπιτηδείους πρὸς τὸ διαιρεῖν, τοὺς δὲ γομφίους πλατεῖς καὶ χρησίμους πρὸς τὸ λεαίνειν τὴν τροφήν, ἐπεὶ οὐ τούτου ἕνεκα γενέσθαι, ἀλλὰ συμπεσεῖν· ὁμοίως δὲ καὶ περὶ τῶν ἄλλων μερῶν, ἐν ὅσοις δοκεῖ ὑπάρχειν τὸ ἕνεκά του. ὅπου μὲν οὖν ἅπαντα συνέβη ὥσπερ κἂν εἰ ἕνεκά του ἐγίγνετο, ταῦτα μὲν ἐσώθη ἀπὸ τοῦ αὐτομάτου συστάντα ἐπιτηδείως· ὅσα δὲ μὴ οὕτως, ἀπώλετο καὶ ἀπόλλυται, καθάπερ Ἐμπεδοκλῆς λέγει τὰ βουγενῆ ἀνδρόπρωρα. ὁ μὲν οὖν λόγος, ᾧ ἄν τις ἀπορήσειεν, οὗτος, καὶ εἴ τις ἄλλος τοιοῦτός ἐστιν· ἀδύνατον δὲ τοῦτον ἔχειν τὸν τρόπον. ταῦτα μὲν γὰρ καὶ πάντα τὰ φύσει ἢ αἰεὶ οὕτω γίγνεται ἢ ὡς ἐπὶ τὸ πολύ, τῶν δ' ἀπὸ τύχης καὶ τοῦ αὐτομάτου οὐδέν. οὐ γὰρ ἀπὸ τύχης οὐδ' ἀπὸ συμπτώματος δοκεῖ ὕειν πολλάκις τοῦ χειμῶνος, ἀλλ' ἐὰν ὑπὸ κύνα· οὐδὲ καύματα ὑπὸ κύνα, ἀλλ' ἂν χειμῶνος. εἰ οὖν ἢ ἀπὸ συμπτώματος δοκεῖ ἢ ἕνεκά του εἶναι, εἰ μὴ οἷόν τε ταῦτ' εἶναι μήτε ἀπὸ συμπτώματος μήτ' ἀπὸ ταὐτομάτου, ἕνεκά του ἂν εἴη.

在这里，为了反驳恩培多克勒将牙齿的安排解释成幸运的巧合，亚里士多德在第二段援引了前提（a），即运气或偶然之事导致的是罕见的结果，而不是常规的结果（例如有机体中各部分的安排）。

亚里士多德当然是正确的，无人会将自己的臼齿长在后面而不是前面当作幸运，正如手长在胳膊而不是腿的末端也不会让他们感谢自己的幸运星。不过，他是否可能完全忽略了这样的事实，即恩培多克勒不是在解释为何人体在今天也遵从这样的安排，而是在解释这种安排是从何产生的？

大概不是。在第一段的结尾，他援引了恩培多克勒，认为后者是在说同样的自然选择进程仍在进行（198b31-32，"……而那些不这样出现的事物就消亡了，**而且它们还在消亡**，正如恩培多克勒所说的'人面牛的后代'那样"）。假如是这样，运气在今天还会被当作生物形式的原因。在第二章第二节中，我给出了对恩培多克勒这种说法的不同解读：并不是自然选择仍在进行，而是到了今天，有缺陷的新生物作为自然现象的遗存，是它们曾经普遍存在的证据。如果恩培多克勒的学说其实是"自然选择中的运气对于**维持**当下的生物结构至关重要"，那么亚里士多德的反驳就引发了更为深远的问题，即运气是否能永远作为规律的担保。然而，在最后一条分析中，亚里士多德相信，规律不能基于纯粹的偶然，这更多的是出自他深层的目的论信念，而不是对"运气"和"偶然"这些术语的真正含义的技术性论证。

现在，我转向亚里士多德对原子论者的回应，即运气绝不能从整体上解释世界结构。在第四章中（196a24-35），原子论者的立场已经颇受嘲笑地得到了呈现：

> 有人将偶然作为天和一切世界的原因，并解释说，旋涡的产生，连同它分开万物并安排宇宙的运动，都出于偶然。这本身就十分惊人。因为一方面，他们说动植物的存在和生成都不是由于运气，它们的原因是自然、理智或其他此类的东西（不是从任何一颗种子长成都可以，而是从这一颗种子长出橄榄树，从另一颗长出人）；然而另一方面，他们又说，天和最神圣的那些可见物是偶然产生的，没有任何与动植物类似的原因。[39]

和色诺芬笔下的苏格拉底一样，在这里，亚里士多德也认为质料论者是不融贯的，他们承认我们的世界中存在着目的性的进程和结构，却否认世界本身更高和更有秩

---

[39] εἰσὶ δέ τινες οἳ καὶ τοὐρανοῦ τοῦδε καὶ τῶν κόσμων πάντων αἰτιῶνται τὸ αὐτόματον· ἀπὸ ταὐτομάτου γὰρ γενέσθαι τὴν δίνην καὶ τὴν κίνησιν τὴν διακρίνασαν καὶ καταστήσασαν εἰς ταύτην τὴν τάξιν τὸ πᾶν. καὶ μάλα τοῦτό γε αὐτὸ θαυμάσαι ἄξιον· λέγοντες γὰρ τὰ μὲν ζῷα καὶ τὰ φυτὰ ἀπὸ τύχης μήτε εἶναι μήτε γίγνεσθαι, ἀλλ᾽ ἤτοι φύσιν ἢ νοῦν ἤ τι τοιοῦτον ἕτερον εἶναι τὸ αἴτιον (οὐ γὰρ ὅ τι ἔτυχεν ἐκ τοῦ σπέρματος ἑκάστου γίγνεται, ἀλλ᾽ ἐκ μὲν τοῦ τοιουδὶ ἐλαία ἐκ δὲ τοῦ τοιουδὶ ἄνθρωπος), τὸν δ᾽ οὐρανὸν καὶ τὰ θειότατα τῶν φανερῶν ἀπὸ τοῦ αὐτομάτου γενέσθαι, τοιαύτην δ᾽ αἰτίαν μηδεμίαν εἶναι οἵαν τῶν ζῴων καὶ τῶν φυτῶν.

序的[40]结构具有类似的原因。现在，当他说到原子论者承认动植物是"自然、理智或其他此类的东西"的产物时，很难说他是在讲物种的起源，他知道原子论者坚决否认这是某种创造性理智的作品。相反，他一定是在引证原子论者对如下这一点的赞同：当今的动植物个体不是出于偶然产生的，而是通过自然增殖或理性安排的种植（如他在橄榄树的例子中暗示的）产生的。[41]这是为了展示他们完全理解运气的内涵，并且恰当地避免了将它们应用在类似的目的性进程之中，但他们却将其误用在了宇宙的起源上。[42]

在第六章结尾，亚里士多德已经展现了他对运气和偶然之事的论述，他转向了宇宙本身这个论题（198a5–13）：

> 既然每当有东西偶然的是某一事物原因的时候，偶然之事和运气就是它们的原因，而理智或自然也可以是同样事物的原因，以及，既然任何出自偶然的事

---

[40] "更有秩序"这一观点，在下文讨论的 PA I 1, 641b10–23 所提供的论证版本中，表达得非常明确。

[41] 关于亚里士多德在何种程度上能恰当地将橄榄树等培植品种称作"自然的"而不是"人工的"诸多衍生问题参见 Wardy 2005。然而，似乎有可能的是，他在这里至少为了辩证目的将橄榄的播种当作人工的（因此也是努斯的作用），而将人的繁衍当作自然的。

[42] 在我看来，这样解释亚里士多德的"理智"，比跟随 Morel 2005, pp. 29–30（然而在那里也有一个脚注至少肯定了我提供的解读是可能的）的假定，即所指的团体包括了阿那克萨格拉和原子论者之类的思想家，更加可信。就亚里士多德而言，将阿那克萨格拉的努斯和创生论关联起来，又将其与宇宙起源论分开，未免太不可思议，这明显强调转了他通常的对阿那克萨格拉的批评（例如 Met. A 4, 985a18–21）。亦参见下文注释[49]。

物都不能先于出自本身（per se）的事物，那么很显然，偶然的原因不能先于出自本身的原因。因此，偶然和运气后于理智和自然。故而，尽管"偶然是天的原因"这一点很可能是真的，但对于众多其他的事物，尤其是对宇宙而言，理性和自然也必须是在先的原因。[43]

亚里士多德的意思如下：基于他的分析，幸运或偶然的事导向了对先在的自然或心理目的的偶然实现。因此，即使我们的世界据说有其起源，并且假设运气在这一起源中占有某种地位，承认偶然地通过其实现的目的在运气介入、促成它的实现之前就已经处于运作中了，这也算某种让步。[44]

有人可能会回应说，一些幸运事件产生了事先并未欲求或需要的可欲结果。例如，在查尔斯·兰姆（Charles Lamb）记述的中国寓言里，当一座房子建成的时候，它的

---

[43] ἐπεὶ δ' ἐστὶ τὸ αὐτόματον καὶ ἡ τύχη αἴτια ὧν ἂν ἢ νοῦς γένοιτο αἴτιος ἢ φύσις, ὅταν κατὰ συμβεβηκὸς αἴτιόν τι γένηται τούτων αὐτῶν, οὐδὲν δὲ κατὰ συμβεβηκός ἐστι πρότερον τῶν καθ' αὑτό, δῆλον ὅτι οὐδὲ τὸ κατὰ συμβεβηκὸς αἴτιον πρότερον τοῦ καθ' αὑτό. ὕστερον ἄρα τὸ αὐτόματον καὶ ἡ τύχη καὶ νοῦ καὶ φύσεως· ὥστ' εἰ ὅτι μάλιστα τοῦ οὐρανοῦ αἴτιον τὸ αὐτόματον, ἀνάγκη πρότερον νοῦν αἴτιον καὶ φύσιν εἶναι καὶ ἄλλων πολλῶν καὶ τοῦδε τοῦ παντός.

[44] 这可能是我与Judson 1991对亚里士多德的机运的精彩分析产生重大分歧的地方。就我对之的理解（尤其是p. 92），其将出于机运的事件视作没有任何出于本身的原因在运作。这可能的确是亚里士多德的意思，但在我看来，第二卷第六章结尾的论点似乎驳斥了这一点。因此，当亚里士多德在196b21-24和198a5-7写到幸运之事或偶然之事是那些**可以由**理智或自然造成的事物时，他的意思一定是，虽然适当的理智或自然的出于本身的原因存在，但是它们并未完全发挥其积极作用，来造成这种结果。

猪圈被烧毁了，烤猪肉就是这样偶然被发现的。[45]在这场幸运事件之前，没有对烤猪肉的需求或欲望。亚里士多德不得不回答，如果要将这一事件称作是幸运的，它就必须在**某套**叙述下实现某种先在的目标——如果目标不是吃烤猪肉，至少也是吃有营养或美味的食物。与之类似，挖到深埋的宝藏的农民认为自己是幸运的（参见《形而上学》Δ 30, 1025a14–19），他必然有某种先在的欲望，如果不是找到宝藏，至少也是发家致富。如果这种目标在任何一套叙述中本来就不存在，那么在该事件中什么能称得上是幸运呢？类似地，对于世界的起源（权且假设世界有一个起源），如果不预设在**某套**叙述下，世界起源实现了某个在先的目的，那么我们就不能合理地将偶然或运气作为原因。并且，假如原子论者作出这样的让步，[46]他们就不得不退回自己先前无理反对的正确立场。亦即，他们就会将世界的起源与世界上的生命形式的规律性再生同等对待。即使是像原子论者一样坚定的质料论者，也必须承认后者不是纯属偶然的。

基于世界有其起源这一假设，[47]当亚里士多德说**理智**和

---

[45] Lamb 1823. 在之前他们都是生吃猪肉的。这个故事的幽默之处在于，在那之后，每当他们想吃烤猪肉，都要把房子烧掉。

[46] 毫无疑问，一位坚定的原子论者会倾向于挑战亚里士多德对运气的分析，并坚称偶然的宇宙起源出于偶然指向的需要或目标并不存在于事件之先，而是见后之明式的回溯。在后一种分析看来，亚里士多德在这里的论证是用来说服亚里士多德主义者的，而不是用来说服原子论者的。

[47] 关于在诸如此类的语境下亚里士多德认真对待的这种假说，参见 PA I 1, 641b10–23, 它在下一节开头得到引述。

自然先于任何可能存在的运气时，他很可能是在时间的意义上谈论"在先"的：一种理智和自然的目的，必然在创世之前的某个时间就已经存在。但是在这种论战语境之外，他自己倾向的观点是世界其实没有起源。基于后一种假设，他仍然坚持作为世界的原因的理智和自然，是先于可能存在的运气的，这意味着什么呢？

在这种情况下，这种优先性一定是因果或解释上的在先，而不是时间上的在先。世界是永恒的有目的的结构，依赖于作为原因的理智和自然。他心目中的"理智"不能是一位柏拉图的德慕格——相反，他所指的只可能是独立的神的理智，即第一推动者（the Prime Mover）。它是亚里士多德认为在先并导致了创世的一切变化的终极来源，此外，作为被模仿的终极范型，它是一切较低层级的变化的出于自身的原因。然而，他也得出结论，自然是世界的先在原因。他一定是指世界整体不是偶然的安排，而是展现着自然目的，正如个别有机体一样。

五 宇宙目的论

本章上一节导致的结果是，世界（至少是它包含的个体）由目的论的因果关系所支配。这种看法由一段严格平行的文本所支持，后者出自一个关键的方法论章节——《论动物的构造》第一卷第一章（641b10–23）：

另外，物理学不研究任何抽象的东西，因为自然所做的都有目的。正如在人工制品中存在技艺，在事物本身之中也存在其他的类似原则和原因，这些（像热和冷）是我们从宇宙中得来的。因此，如果天是生成物，那么天通过并由于此类原因产生，比起有死的动物这样产生更加合理。毕竟，秩序和规定在天体中比在我们之中更为清楚，而有死者的专属是在时间中的可变性，以及偶然。有人说，虽然每种动物都是凭自然存在和生成的，但是天是由运气和偶然成其所是的。然而，在天之中，没有任何东西看起来是运气和失序的结果。[48]

在这里，结尾处对原子论者的批判[49]显然呼应了我们刚刚

---

[48] ἔτι δὲ τῶν ἐξ ἀφαιρέσεως οὐδενὸς οἷόν τ᾽ εἶναι τὴν φυσικὴν θεωρητικήν, ἐπειδὴ ἡ φύσις ἕνεκά του ποιεῖ πάντα. φαίνεται γάρ, ὥσπερ ἐν τοῖς τεχναστοῖς ἐστιν ἡ τέχνη, οὕτως ἐν αὐτοῖς τοῖς πράγμασιν ἄλλη τις ἀρχὴ καὶ αἰτία τοιαύτη, ἣν ἔχομεν καθάπερ τὸ θερμὸν καὶ τὸ ψυχρὸν ἐκ τοῦ παντός. διὸ μᾶλλον εἰκὸς τὸν οὐρανὸν γεγενῆσθαι ὑπὸ τοιαύτης αἰτίας, εἰ γέγονε, καὶ εἶναι διὰ τοιαύτην αἰτίαν μᾶλλον, ἢ τὰ ζῷα τὰ θνητά· τὸ γοῦν τεταγμένον καὶ τὸ ὡρισμένον πολὺ μᾶλλον φαίνεται ἐν τοῖς οὐρανίοις ἢ περὶ ἡμᾶς, τὸ δ᾽ ἄλλοτ᾽ ἄλλως καὶ ὡς ἔτυχε περὶ τὰ θνητὰ μᾶλλον. οἱ δὲ τῶν μὲν ζῴων ἕκαστον φύσει φασὶν εἶναι καὶ γενέσθαι, τὸν δ᾽ οὐρανὸν ἀπὸ τύχης καὶ τοῦ αὐτομάτου τοιοῦτον συστῆναι, ἐν ᾧ ἀπὸ τύχης καὶ ἀταξίας οὐδ᾽ ὁτιοῦν φαίνεται. 关于 Physics II 和 PA I 之间就亚里士多德目的论叙事而言的惊人连贯性，参见 Quarantotto 2005，第二至五章。

[49] 虽然我同意 Lennox 2001b, p. 136 的观点，即 PA I 1, 640b4–17 并非特别针对德谟克利特，但是想要将这一质疑延伸到此处文本或在《物理学》第二卷第四章中的对应文本（参见上文注释[42]），似乎就有些过于谨慎了（同一位置以及 p. 145）。关于在早期原子论中作为原因的 τὸ αὐτόματον，参见上文注释[25]，以及 Morel 1996, pp. 66–75。

在《物理学》第二卷第四章和第六章中见过的批评。它的不同之处在于只论证了天不能是运气或偶然的产物,而没有将结论明确地推广到整个世界的因果关系上。但毋庸置疑的是,这两段文本承担着相同的任务,并且要相互参照着解读。

在引出对原子论者的拒斥时,亚里士多德的第二句话提供了在另一处文本中并不明显的预设。在这里,他认为目的因果性首先存在于世界整体中,在像我们这样的存在之中只是衍生地体现出来,就像我们体内的热和冷衍生自宇宙的热和冷一样。这个推论直接源于色诺芬(《回忆苏格拉底》I 4.8)和柏拉图(《斐勒布》29a9–30d9)通过苏格拉底之口讲出的论证,只是(据我所知)被忽略了。在后来(参见下文第七章第三节),斯多亚派精心地将其重构为自己神学的基础。苏格拉底论证了从人体中的水和土等衍生自与它们同类的宇宙团块,可以推出我们的理智也衍生自一个伟大的宇宙理智。亚里士多德的版本将水和土替换为冷和热这两种基本力量,并且将理智替换为目的因果性。这符合他对柏拉图目的论的改造(现在我们对此已经熟悉了):取消自然中有意识的目的。不过,他的改造无疑还属于同一个传统。[50] 在这里,亚里士多德将宇宙目的论置于个体的自然进

---

[50] Johnson 2005, pp. 136–37(含注释〔9〕)将 ἔχομεν...ἐκ τοῦ παντός 翻译成"我们从宇宙中探明"而非"我们从宇宙中得来"(这是我在上文的翻译,也是我所参阅的全部其他译者的翻译,其中包括 Lennox 2001b),他认为本句"晦涩",如果这样翻译的确如此。

程的目的论之先,[51]这个做法极为重要,但并未得到足够的重视。现在,我就要转向这一主题。

显然,世界整体的安排在很多方面有规律地对生命有益,其中包括自然资源的可获得性,以及气候循环背后四大元素永恒的相互转化。而气候循环又基于太阳每天和每年的循环。如果亚里士多德承认,这些永远有益的宇宙安排不需要目的论式的解释,就是在暗示,与之类似,个别有机体中常规的有益安排同样可以被认为是无目的的,这会让他被自己的对手玩弄于股掌之间。[52]在他看来,雪上加霜的是,这会让月下世界的由目的支配的物种存续依赖于宇宙整体的安排,而这种永恒安排不能通过目的解释,只能作为纯粹的事实接受。容易看出为何亚里士多德想要避免目的论对非目的论的依赖,以及为何我们可以看到,与之相反,他要强调生物的目的论依赖于先在的宇宙目的论。

在柏拉图的《蒂迈欧》这一关键的背景性文本中,此类依赖也是其突出特征。在《蒂迈欧》中,世界的至善是首

---

[51] 这种先后顺序反映了亚里士多德申明的研究的正确顺序(*Meteor.* I 1, 338a20–b22, 339a5–9),其中天体运动学先于动物学和植物学。进一步参见 Burnyeat 2004, pp. 13–24; Falcon 2005, pp. 2–13.

[52] 事实上,并不只是同样好,而是更好,因为亚里士多德在这里让月下(sublunary)世界的目的论依赖于宇宙的目的论。然而,这种先后顺序并不意味着,如此安排一个有机体是为了将它在宇宙中的作用置于它的利益之先(这是 Pellegrin 2002 和 Johnson 2005 认为我在 Sedley 1991 中持有的观点,参见下文注释[69]),而是意味着,与神相似的目的由宇宙结构圆满实现并从各天球开始降等,最后在我们这样的有机体身上只是次等的并且是顺带地实现。

先要得到解释的问题。与之相应，世界上种类繁多的有生命物都被精心设计，以与它们的专门功能相适应，这通过它们对至善目标的贡献得到了解释。鉴于亚里士多德的动物学论著中极少提及世界目的论，[53]反而关注于个别有机体本身的运作，亚里士多德的读者们难以相信，他们从自己的老师那里继承了此类优先的考虑。然而，我们不该被这样的偏重误导，因为它也是以柏拉图作为背景的。虽然，就整体来说，《蒂迈欧》中的动物目的论从属于世界目的论是毫无疑问的，但69c5—86a8和90e1—92c3对动物结构的长篇分析与亚里士多德的动物学在功能上相呼应，并且，这两处文段都几乎没有提及世界。与亚里士多德的生理学著作类似，这两段完全聚焦在个体身体的运作上。要是亚里士多德的物理学和神学著作填补了目的论中世界视角的空白（接下来我们就会发现确实如此），那么，他的生物学著作中体现出的相对节制，就应当被理解为是对柏拉图的持续继承，而非从柏拉图独立出来的标志。[54]

对于把任何此类世界目的论归于亚里士多德的看法，有些学者公然表示不满，但一些进一步的考虑证实了这就是亚里士多德所愿。据我所知，上文中《论动物的构造》第一卷第一章的片段，在这场论辩中尚未被提及。在此之外，我将在本节简要回顾指向世界目的论的其他文段。亚里士多德

---

[53] 诚然，被广为引用的显著例外是 *PA* IV 13, 696b25—32，即鲨鱼的嘴长在下面的不便，部分是为了给其他物种一条生路。

[54] 亚里士多德的说法很可能基于柏拉图，参见Falcon 2005, pp. 8—9的宝贵评论。

的世界目的论的反对者毫无困难地依次摘取了这些文段，或者将它们解释为亚里士多德的罕见例外，或者将其解释得容许某种更无关要旨的解读。[55] 我的回应是，这些文段并非不能同时按照这些方法解读，只不过，它们的累加效果比任何一种单独看来都强，足以使这些解读不可行。

在这种累加证据之上，还要加上反证的明显缺失。恰有一段文本被引用来反对任何世界目的论。这就是《物理学》第二卷第七章198b8—9。在那里亚里士多德概述了四因，其中目的因被概括为"因为这样更好，并不是绝对（haplōs）的好，而是相对于每一物的存在而言的好"[56]。如果"每一物"是指每种个别有机体，亚里士多德就的确是在反对世界目的论，即使很可惜他同时也反驳了自己的论点（《论动物的生殖》II 1, 731b24–732a1），即动物的生殖欲望是为了种族的存续。然而，亚里士多德强调的究竟是什么？其中的术语暗示了，他处理的是我们熟悉的"绝对-相对"之分。因此，当他断言，自己目的论中的善只能是相对善而不是绝对善的时候，他的靶子很可能是柏拉图所坚持的

---

[55] 我捍卫的是在Sedley 1991 and 2000中出现的宇宙目的论解读，并且我将Cooper 1982、Kahn 1985、Code 1997, p. 130和Matthen 2001至少看作广而言之属于同一阵营。我在这里所指的主要批评者是Wardy 1993、Judson 2005、Bodnár 2005和Johnson 2005。亦参见Pellegrin 2002，虽然他并没有讨论我所依据的文本（他在注释[17]中Sorabji 1980, p. 147 n. 8置于前一个阵营，这似乎是不对的）。

[56] διότι βέλτιον οὕτως, οὐχ ἁπλῶς, ἀλλὰ τὸ πρὸς τὴν ἑκάστου οὐσίαν. 我在这里提供的解读与Sedley 1991, p. 190非常类似。关于亚里士多德自己对"绝对善"和"相对善"的区分，参见 EN 1152b26–27。

如下主张：德慕格作出的某些决定（例如让世界成为球形的），是因为某些性质绝对地或本质上好于其他性质，而并不是由于它们有益于任何人或任何事（上文第四章第四节）。作为替代，或者作为补充，亚里士多德很可能将他对柏拉图的超越的和绝对的善好的批判，从伦理学延伸到了物理学领域。柏拉图宣称这种善好是我们无法达到的，这在他看来就与目的无涉（《尼各马可伦理学》1096b32-35）。无论哪种情况，他所强调的都是他的目的论中不包含任何非相对性的善好。因此，当他坚称所服务于的善好是"相对于每一物的存在而言"的时候，我们没有理由认为，他所指的仅限于每一个实在的个体，而不是扩展到"每一物"——个体、物种乃至世界的全部内容。[57]这样看来，单单这段文本，如果没有其他支持证据的话，远远不能削弱支持宇宙目的论的证据的力度。我现在就要讨论这些证据。

在我们提到的上述文本之上，让我们再加上《形而上学》Λ卷第十章的开头。这是亚里士多德神学的高潮章节，其中，他十分明确地谈到了世界目的论，将宇宙的善好归给被称为"整体的自然"的东西（1075a11-25）：

> 我们也必须考虑，整体的自然具有善好的方式——无论是将其作为某种独立的、由自己造成的东

---

[57] 这是对Judson 2005, p. 360提出的问题的部分回答。问题是，为什么基于我这样的解读，亚里士多德会写下"每一事物"而非"某物"。没有任何理由能让我们认为，前者指的只是内在于个体的切身利益。

西,还是作为它所安排的东西。或者是,像军队一样两者皆有?因为一支军队的善好在于它的秩序,也就是它的将军;而且更在于他的将军,因为他不是被安排的,而是进行安排的人。一切事物都处在某种共同的安排之下,但并不是以同样的方式——有些动物会水,有些动物会飞,还有植物。这种安排不是让事物之间毫无联系。它们确实有某种联系,因为在共同的安排下,每种事物都与另一事物存在关联。但是,就像在一家之中,自由人最难以任意行事,他们所做的全部或大部分都是被规定的,而奴隶和野兽为集体生活所做甚微,且主要是任意行事,这就是它们每一类的自然的原则。我的意思是,例如,至少在它们之中每个事物都必须分离,而与之类似,还有一些事物全都朝向整体。[58]

他想要这种宇宙自然具有何种结构尚无法确定,在这里,我

---

[58] ἐπισκεπτέον δὲ καὶ ποτέρως ἔχει ἡ τοῦ ὅλου φύσις τὸ ἀγαθὸν καὶ τὸ ἄριστον, πότερον κεχωρισμένον τι καὶ αὐτὸ καθ᾽ αὑτό, ἢ τὴν τάξιν. ἢ ἀμφοτέρως ὥσπερ στράτευμα; καὶ γὰρ ἐν τῇ τάξει τὸ εὖ καὶ ὁ στρατηγός, καὶ μᾶλλον οὗτος· οὐ γὰρ οὗτος διὰ τὴν τάξιν ἀλλ᾽ ἐκείνη διὰ τοῦτόν ἐστιν. πάντα δὲ συντέτακταί πως, ἀλλ᾽ οὐχ ὁμοίως, καὶ πλωτὰ καὶ πτηνὰ καὶ φυτά· καὶ οὐχ οὕτως ἔχει ὥστε μὴ εἶναι θατέρῳ πρὸς θάτερον μηδέν, ἀλλ᾽ ἔστι τι. πρὸς μὲν γὰρ ἓν ἅπαντα συντέτακται, ἀλλ᾽ ὥσπερ ἐν οἰκίᾳ τοῖς ἐλευθέροις ἥκιστα ἔξεστιν ὅ τι ἔτυχε ποιεῖν, ἀλλὰ πάντα ἢ τὰ πλεῖστα τέτακται, τοῖς δὲ ἀνδραπόδοις καὶ τοῖς θηρίοις μικρὸν τὸ εἰς τὸ κοινόν, τὸ δὲ πολὺ ὅ τι ἔτυχεν· τοιαύτη γὰρ ἑκάστου ἀρχὴ αὐτῶν ἡ φύσις ἐστίν. λέγω δ᾽ οἷον εἴς γε τὸ διακριθῆναι ἀνάγκη ἅπασιν ἐλθεῖν, καὶ ἄλλα οὕτως ἔστιν ὧν κοινωνεῖ ἅπαντα εἰς τὸ ὅλον.

也不打算停在这个主题上。然而，更广阔的语境无疑表明，它始于神圣的不动的推动者以及他所推动的天体运转，也几乎无须置疑，它至少伸延到了季节更替、气候循环、自然阶梯（scala naturae）和地球生态。[59]

然而，世界整体如何才能具有一种"自然"呢？亚里士多德最感兴趣的自然是个别有机体的自然，对他而言，世界并不是活的有机体，这与柏拉图不同。[60] 不过，在说世界的自然实现着宇宙之善好时，他并不是将其与动物的自然相比，而是将其与一支军队或一个家的等级结构相比。并且，在《政治学》第一卷第二章中，他清楚地表明，一个城邦或一个家庭——虽然它们主要由有机体组成，但它们本身的结构不是有机的——确实有某种自然，它确实先于组成它的个体的自然，因为人是它的一部分。具体而言（1252b30-34），这种自然就是社会或政治体系的实现形式，也是它的目

---

[59] 更详细的讨论参见Sedley 2000，在那里我特别论证了，对"自然"的第二次提及（在MS对1075a22-23的τοιαύτη γὰρ ἑκάστου ἀρχὴ αὐτῶν ἡ φύσις ἐστίν的读法中没有更改）让我们发现了对宇宙自然的第二次提及。Bodnár 2005, pp. 18-19回应说，这句话仍然**可以**被解读为指向个体自然，我认为这是对的。但是这种解读远不够自然，因为"整体的自然"本身就是这里宣称的主题。我倾向的解读也让后面的从句（波德纳并未对此加以评论）更有意义：每个有机体最终都要消解，这很难说是**其**自然所具有的原则的明确例证，而只是恰当地表述了元素的永恒循环，这是宇宙目的论的一部分（上文第170—171页），并且与柏拉图的如下论断遥相呼应，即构成我们的元素是从世界之中"借"来的（*Ti.* 42e6-43a1），这暗示了它到期就得归还。

[60] 参见Nussbaum 1978, p. 97。

的因。[61] 那么，似乎任何有其自然的集合体，无论是军队、家庭、城邦还是世界，都是由彼此独立的、有其自然实体构成的，它们具有的"自然"就是它们自身的复杂功能，这成了它们的各个部分的个别功能之上的目的，并且是不可还原的。[62]

现在，让我们把上文第189—190页中完整引用的《物理学》第二卷第八章的段落纳入考虑。[63] 在这里，亚里士多德明确声称，在自然中，**一切**有规律的事件都必须是为了某个目的，并将降雨量的例子纳入了这种一般化叙述。他承认夏天雨量稀少，并准备将夏雨当作纯属偶然的——如果夏天有一场异常的大暴雨，害死了某人打谷场里的农作物，这可以被当作偶然，而不必用下雨的目的加以解释。但是，冬雨是农作物生长所需的，它是有规律的。亚里士多德清楚地指出，这的确服务于某个目的。是什么目的呢？在其他地方，

---

[61] διὸ πᾶσα πόλις φύσει ἔστιν, εἴπερ καὶ αἱ πρῶται κοινωνίαι. τέλος γὰρ αὕτη ἐκείνων, ἡ δὲ φύσις τέλος ἐστίν· οἷον γὰρ ἕκαστόν ἐστι τῆς γενέσεως τελεσθείσης, ταύτην φαμὲν τὴν φύσιν εἶναι ἑκάστου, ὥσπερ ἀνθρώπου ἵππου οἰκίας.

[62] 关于这类"系统"和人这类个别有机体的等级结构的紧密类比，参见 *EN* IX 8, 1168b31-32："正如人们认为城邦在它的一切有权威的部分之上，一切其他系统都是这样，人也不例外。"（ὥσπερ δὲ καὶ πόλις τὸ κυριώτατον μάλιστ᾽ εἶναι δοκεῖ καὶ πᾶν ἄλλο σύστημα, οὕτω καὶ ἄνθρωπος.）关于《政治学》中"自然"的概念，以及政治学和动物学分类的类比，亦参见 Lloyd 1993。

[63] 既然我已经在 Sedley 1991 中详细讨论了这段文本，在这里我只会对它做一简短回顾。感谢 Furley 1985 的开创性研究，现在广为接受的（即使还并未达成一致）结论是，这一文本将降雨当作有目的的，但几乎没有论证它的目的**是什么**。

当亚里士多德思考降雨量本身时，[64]他只关心蒸发和凝结等物理过程。但是这种局部的、非目的论的视角，与将天气看作内含目的宇宙自然的一部分的视角，是完全兼容的，[65]后者尤其为农业提供了支持、让作物生长的例子就强烈体现了这一点。[66]我们可以将亚里士多德的雨当作和人的汗类似。[67]单独看来，汗是某种液体，由于纯质料因（加热、冷却、蒸发，或它的重量）而活动。然而，出汗同时也是有目的的生理结构的一部分，在此，它服务于一个显然是有益的目的。在亚里士多德的世界中，雨就是这样。

一个类似的双重视角解读出现在亚里士多德的《政治

---

[64] *Somn.* 457b31–458a1, *APo* 96a2–6, *PA* 653a2–8, *Meteor.* 346b21–36.

[65] 参见 Diogenes of Apollonia B 3, 上文第75—77页。

[66] 参见上文第一章第六节对阿那克萨格拉的分析。关于目的是让水回到它的自然位置的解读，参见 Wardy 1993, pp. 20–21。他的原始文本是 *DC* IV 3, 310a34–b16，原文中只是暗示，单纯物质回到其自然位置，是回到字面意义上的"形式"（form）——"形状"（shape）——之中，因此很可能并未将形式与目的因关联起来；但是我认为，那一章整体而言倾向于目的论解读（例如从潜在健康变成真正健康的对比，310b16–19）。诚然（参考 *GC* 337a1–15），一切元素回到其自然位置，就会变成静止的、与神不相似的月下世界，但亚里士多德可能的确认为，大部分土在中心、大部分水在表面、大部分气在表面之上、大部分火在边缘的情况更好。既然（参见 *Physics*, 252b21–23, 255a10–15, b29–31）水并不能推动自己，那严格来说，水就必然由一种或几种外在动力推动。因此，降水造成水在合适地点——地球表面的常规再分配，其动力因就是天体的运行（参见 *Meteor.* 339a30–31等）。这没有让雨成为受自己目的支配的自主推动者，而是成为了最上级的安排单纯物质的善好的宇宙分配的一部分（正确的地点，正确的时间，正确的数目，等等），并且产生了无数的有益结果，其中之一就是滋养植物。

[67] 我选用这个类比，因为它比亚里士多德自己的呼吸的例子更好用。参见 *PA* I 1, 642a31–b4，解释参见上文第183页。

学》第一卷第八章中，它阐明了宇宙目的论的另一方面，并且这是亚里士多德在众多追随者的怀疑之下所公开主张的：低等物种的存在是为了高等物种（1256b10–22）：

> 即使在刚出生时，有些动物就生成了在后代自立前足以依存的营养，例如那些繁殖幼虫或孵蛋的动物。在某段时间，那些育有刚出生幼崽的动物的体内有给后代的营养，即某种叫作奶的东西。因此很显然，我们需要假设，在出生后，植物的存在是为了动物，而其他动物的存在是为了人类——家畜用于干活和提供食物，大部分（如果不是全部的话）野生动物用于提供食物和其他的助益，如衣料等用具的来源。如果自然不产生任何不完满或无用之物，那么它造这一切就必然是为了人类。[68]

在这里，亚里士多德追随色诺芬笔下的苏格拉底，将整个自然层级置于他的目的论之下，也为这一目的论赋予了鲜明的人类

---

[68] καὶ γὰρ κατὰ τὴν ἐξ ἀρχῆς γένεσιν τὰ μὲν συνεκτίκτει τῶν ζῴων τοσαύτην τροφὴν ὥσθ᾽ ἱκανὴν εἶναι μέχρις οὗ ἂν δύνηται αὐτὸ αὑτῷ πορίζειν τὸ γεννηθέν, οἷον ὅσα σκωληκοτοκεῖ ἢ ᾠοτοκεῖ· ὅσα δὲ ζῳοτοκεῖ, τοῖς γεννωμένοις ἔχει τροφὴν ἐν αὑτοῖς μέχρι τινός, τὴν τοῦ καλουμένου γάλακτος φύσιν. ὥστε ὁμοίως δῆλον ὅτι καὶ γενομένοις οἰητέον τά τε φυτὰ τῶν ζῴων ἕνεκεν εἶναι καὶ τὰ ἄλλα ζῷα τῶν ἀνθρώπων χάριν, τὰ μὲν ἥμερα καὶ διὰ τὴν χρῆσιν καὶ διὰ τὴν τροφήν, τῶν δ᾽ ἀγρίων, εἰ μὴ πάντα, ἀλλὰ τά γε πλεῖστα τῆς τροφῆς καὶ ἄλλης βοηθείας ἕνεκεν, ἵνα καὶ ἐσθὴς καὶ ἄλλα ὄργανα γίνηται ἐξ αὐτῶν. εἰ οὖν ἡ φύσις μηθὲν μήτε ἀτελὲς ποιεῖ μήτε μάτην, ἀναγκαῖον τῶν ἀνθρώπων ἕνεκεν αὐτὰ πάντα πεποιηκέναι τὴν φύσιν.

中心主义特性。食物链本身，以及其他物种相互依存的例子，都是自然具有目的的实证，而人站在自然层级的最顶端，是最终的受益者。我们再次看到，这里所提到的"自然"并不是个别动植物的自然，也不是特指人类的自然。因为亚里士多德完全不认为，植物和低等动物的自然是为它们的捕食者服务，无论这些捕食者是人类，还是别的什么。[69] 并且，即使利用它们**正是**人的部分自然，很显然，亚里士多德在这里也意不在此——例如，他告诉我们，植物是为了一般的动物存在，而等级的这一面不太可能是人的自然的一部分。相反，在世界的跨物种生态中，展现的是复杂的宇宙的自然。[70]

必须问的问题是，[71] 这条食物链的目的论是如何能与贯穿了亚里士多德的生物学著作的内在目的论融通的。如果猪

---

[69] 关于这一点参见 Pellegrin 2002, p. 312，他引用了骆驼的例子，并指出，据 PA II 14, 674b2-4，骆驼的舌头是为处理多刺植物而进化的结果，并非植物为被骆驼所吃而进化。但是我并未发现这与我支持的宇宙目的论的解读的冲突之处，后者是关于宇宙自然如何将个别神圣的和月下的实体的自然整合进单一系统的学说，而不是关于什么在一开始决定了这些个体自然的学说（尤其参见 Sedley 1991, pp. 190–91）。

[70] Judson 2005, pp. 357–58 提供了另一种策略来解构这段文本。亚里士多德在这里的表达是"反映了想想掌管家政者或政治家的看法：他只是考虑有多少动物**能够**被用于人的目的，并且由此作出反应，即有些动物可能过分凶猛，不宜使用"。但是这与亚里士多德的如下（即使不是不无问题的）坚称并不完全融贯，即几乎所有动物都是为了有益于人而存在的，他并未明确指出罕见的例外。这段文本推出的结论，"必定是这样，自然是为人类造了它们全部"，在我看来，仍然严重阻碍了这种尝试，以及阻碍了认为本段超出了"我们实际上将动物为我们所用"的其他几种解读尝试（Bodnár 2005, pp. 23–24; Johnson 2005, pp. 229–37）。

[71] 尤为突出的是 Wardy 1993。

的生长和行动是为了被人屠宰并食用,那它们的生长和行动怎么能同时是为了自己的幸福?在下一章,关于猪的问题会继续成为斯多亚主义者及其批评者争论的焦点。但是我尚不清楚,亚里士多德最终是否认为这是成问题的。生命体自然是朝着生存、成熟、繁衍并且使物种永远存续下去努力。在屠宰场排队站好并不是猪的自然。然而事实是,猪现实地存在于世界上,而烤猪潜在地存在于世界上,[72] 这是世界在系

---

[72] 事实上,下厨食材的准备,可能是对亚里士多德如下论断的恰当阐释,即"技艺也造质料——他们将有些造成简单的,有些造成可加工的。我们基于一切为自己而存在这一点使用它们。因为我们自己也在某种意义上是一个目的(如我们在《论哲学》[On philosophy]中所说,'目的'有两种含义)"(Ph. II 2, 194a33-36: ἐπεὶ καὶ ποιοῦσιν αἱ τέχναι τὴν ὕλην αἱ μὲν ἁπλῶς αἱ δὲ εὐεργόν, καὶ χρώμεθα ὡς ἡμῶν ἕνεκα πάντων ὑπαρχόντων. ἐσμὲν γάρ πως καὶ ἡμεῖς τέλος διχῶς γὰρ τὸ οὗ ἕνεκα· εἴρηται δ᾽ ἐν τοῖς περὶ φιλοσοφίας)。我们人类被称作一切存在的目的,其中特别提到了我们的技艺所作用的原材料。他说,我们"某种意义上"是这样的目的,这不是暗示我们并不真的是或完全是目的,而是说我们在如下意义上是目的:作为那为我们存在或产生的事物受益者。如亚里士多德在括号内容中提醒我们的,这是他的两种标准含义之一(关于对这两种含义的优秀分析,参见 Johnson 2005, pp. 64-80)。那么在这里,人类中心主义的目的论,就是亚里士多德发展自己的自然哲学的核心预设。约翰逊(Johnson)的还原式解读毫无根据(2005, p. 158):"因此,在这些元素按照技艺使用的意义上,它们当然可以**被描述为**'为了'某物。但是这偏离了重点……"(强调为我所加)他的错误翻译为这种重新阐释大开方便之门:"……我们使用一切存在之物,都是为了自己 [他显然误将34-35中的属格当成了修饰χρώμεθα的]。因为我们某种意义上将会 [现在时被翻译成了将来时] 也 [这里的'也'应该跟随'我们'] 是一个目的。"(pp. 76, 158)在同一本书的另一处(p. 237),为削弱插入的将来时,他采用了对最后一部分的另一种误译:"……因为在这种意义上 [原文为该书译者所加] 我们**成为了** [粗体为本书作者所加] 某种目的。"其他人也可能在这里犯了翻译错误。这是否体现了这段文本对非人类中心主义解释者造成了困难?

统上的有益特征之一。亚里士多德不能将这一点归为偶然，而不与他的目的论框架相矛盾。个别动物的自然可以用来解释为何它具有各个部分，自然世界也与之类似：月下世界朝向目的的复杂结构——人站在这一结构的顶点——可以用来解释它为何具有各类物种、天气系统以及其他设置。这与一些完全不同的努力毫无冲突，后者指的是猪本身完善和保持它的形式，而不是为了成为人的盘中餐牺牲自己的抱负。在这里，我们又一次只能将亚里士多德的目的论理解为双重视角，它结合了局部和世界的解释层次。

六 亚里士多德的柏拉图主义

现在，我们可以转向下一个问题了：亚里士多德是如何在相关的理论背景下发展出目的论，并有所创新的？他的人类支配下的自然层级观念，直接从苏格拉底和柏拉图那里继承而来。[73]另外，在他对动物之构造的详尽科学研究中，部分被视为在功能上服务于整体的，这是他从柏拉图那里学到的生物学的目的论。[74]

他对这一继承的重大革新，是如下由神学驱动的决定，

---

[73] 关于亚里士多德与 Xen. *Mem.* I 4 中苏格拉底目的论的呼应，参见上文第82页注释[19]。

[74] 关于亚里士多德从柏拉图的生物学中得到的，除本章之外，亦参见上文第129页注释[77]。

也即将神从一切干预自然的诉求中抽离出去——既不作为造物者，也不作为统治者。而它的结果就是，虽然亚里士多德的世界保留了柏拉图归于神圣技艺的所有积极价值（功能性的和其他的），但是如今，一方面，神圣技艺不再被称作动力因；另一方面，自然的结构与技艺的结构如此紧密地同构，即使在没有理智支配的情况下，自然也能有同样的产出。在亚里士多德的生物学中，启迪我们的多数精妙之处，都有赖于最初这个精简的决定。然而，如我试图展现的，就连他抽离神的活动这一决定，也是由一项本质上是柏拉图式的任务所得来的。

亚里士多德不是个创世论者。然而，他对生物哲学独特的开创性贡献，主要受到创世论者的理论启发，他在柏拉图的学园中学到了这些理论。

第七章 斯多亚主义者

一 斯多亚主义

在一众旨在证明造物者存在的论证中,设计论证逐渐成为了其中最著名的一种。虽然我已经述及从阿那克萨格拉到伊壁鸠鲁之间一百五十多年的创世论之争,但令人惊讶的是,我们只找到了一个能够被冠以创世论之名的论证。当我们否定前苏格拉底时期的边缘思想家——阿波罗尼亚的第欧根尼——表述过任何版本的创世论之后,剩下的就只有苏格拉底了。在色诺芬的《回忆苏格拉底》第一卷第四章中我们看到,苏格拉底论证了生命体是远优于无生命物的造物,它们都是由表象型(representational)画家创造的。在这段孤立的文本之后,在柏拉图和亚里士多德所支配的时代,[1] 再没有出现任何版本的设计论证。要看到它再现,我们只能

---

[1] 一个可能的例外是一段亚里士多德的残篇,它通常被归在《论哲学》中,西塞罗在 *ND* II 95-96 中对其做了转述。然而,这段文本究竟是对先知神存在的证明,还是(参见 SE *M* IX 20-23)对宗教信仰之起源的陈述,还远未得到澄清。

等到公元前3世纪初斯多亚主义兴起的时候。广而言之，这也基本适用于理智创世和理智支配世界的论证。在公元前5和前4世纪，基于这一立场唯一正式或半正式的论证，出现在柏拉图《法篇》（约公元前350年）的第十卷。在那里，反对无神论的论证方案是，宇宙灵魂和个体灵魂在因果关系上先于身体。我并不想削弱这一经典文本的重要性，但在我看来，它在斯多亚思想中起到的作用不甚明显，也不够直接。[2]

即使斯多亚哲学的方方面面都对本书的论题有所阐发，本章还是只关注我认为斯多亚主义对创世论最大的一项贡献，亦即它系统地发展了创世论的正式论证，[3]他们的设计论证只是其中的一例。

斯多亚主义约兴起于公元前3世纪，是伊壁鸠鲁主义出现的直接后果。在大多数情况下，将其理解为苏格拉底哲学的升级版是最合适的，因为斯多亚主义者乐意以"苏格拉底主义者"自居。[4]如果斯多亚主义受惠于柏拉图和苏格拉底，这是因为斯多亚主义者认为，柏拉图的对话的发展方向是苏

---

[2] 如果我们认为SE M IX 76源自斯多亚主义者（几乎可以肯定的确如此），在这个意义上，斯多亚主义者更为看重的文本似乎是 Phaedrus 245c5-246a2。我怀疑，不同于《法篇》，在此处苏格拉底作为主讲人这一事实，催生了斯多亚主义者的这个倾向。无论如何，对于 Laws X 和斯多亚神学的审慎对比，可以参见D. Frede 2002；对于 Laws X 903b4-d2令人震惊的斯多亚式论调，参见Long 1974b, p. 151。

[3] 对斯多亚神学论证的有益综述，尤其可参见Dragona-Monachou 1976, Gerson 1990第四章。

[4] Philodemus, *De Stoicis*, XIII 3, ed. Dorandi 1982.

格拉底愿意或同意的。事实上，在第四章我就试图展现，柏拉图在《斐多》和《蒂迈欧》中认为，自己对目的论式的宇宙论的发展并不是背离了自己的老师，而就是苏格拉底的工作，苏格拉底会对此表示欢迎。斯多亚主义的创始人——季迪昂的芝诺（Zeno of Citium）——似乎接受了柏拉图的这一辩护，他认为《蒂迈欧》至少在精神上是苏格拉底式的。因此，他和后来的斯多亚主义者将《蒂迈欧》中的大部分观点都纳入了自己的物理学。芝诺年轻时其实在柏拉图所创的学园里修习过多年，并且存在有力的证据表明，《蒂迈欧》及其解释是这所学园研究的中心。[5]

斯多亚主义的悖谬在于：一方面，斯多亚主义者充分意识到自己的哲学是**非原创的**，是致力于还原、澄清和发展古典先驱的学问；而在另一方面，斯多亚主义发展出了回应哲学问题的一条极富原创性的思路，它在之后的几个世纪都能与柏拉图和亚里士多德著作争辉，甚至让它们黯然失色。我在本章中的第一个任务，就是呈现这种转变在创世论上的应用，以此确定这一转变的基调。

诚然，各种形式的设计论证在斯多亚神学文本中扮演极为突出的角色，这种设计论证不再脱胎于雕像等例子（这是苏格拉底的原始版本），而是基于希腊化世界的工程壮

---

[5] 关于波勒莫治下的学园，参见 Sedley 2002 和 Dillon 2003 中收集的证据。我们能从普鲁塔克的《论雅典人的盛名》（*De gen. an.*）以及其他来源中得知，色诺克拉底和克兰托尔（Crantor）也深入到了《蒂迈欧》的诠释工作中。

举。一个典型的例子是,斯多亚主义论证援引了阿基米德(Archimedes)等人建立的行星运行机制,[6]这是威廉·佩利(William Paley)将世界比作钟表这一著名类比的主要古代先声。对于钟表而言,没人会不承认有个钟表匠存在。[7]色诺芬笔下的苏格拉底将艺术家创作一尊雕像或一幅画作与神创造人类相比,并认为后者不如前者,斯多亚主义者则能在世界整体的层面上做同样的类比。阿基米德的天文学机制是世界中的天体旋转的一个微观表现。假设斯多亚主义者因此追问,要是向一些蛮荒之地的野蛮人(如不列颠人)展现其中一种完美复制了太阳、月亮和天球运行的精巧机制,他们难道会怀疑这是理智的杰作吗?然而,如果世界本身不是这架机器的某种更精巧复杂的版本,那么它,连同它之中的天体运行,还能是什么呢?[8]斯多亚主义者援引了同时代的天文

---

[6] 西塞罗在 *ND* II 88(参见同一位置,*Tusc.* I 62–63 和 SE *M* IX 115)的设计论证版本中提到了阿基米德,这可能是专属于斯多亚主义者的例证,尤其是,西塞罗通过加入博赛多尼斯(Posidonius)将其在罗马文本中本土化。关于希腊化时期此类精巧机制的证据,参见 Price 1975。警惕将这一论证当作严格的"机械论"观点,参见 Berryman 2003, p. 362。

[7] Paley 1802。

[8] Cic. *ND* II 88(斯多亚代言人巴尔布斯[Balbus]):"假设有人把我们的朋友博赛多尼斯近期所造的浑天仪(armillary sphere)带到斯基泰(Scythia)或不列颠(Britain),其运转在太阳、月亮和五大天球之中造成的影响,类似于日夜更替在诸天之中造成的影响。那么,在那些蛮夷之地,谁会怀疑这个浑天仪不是理性的作品呢?然而,这些人[伊壁鸠鲁主义者]却在下面这个问题上犹豫不决,即孕育万物的世界,本身是偶然所生、必然所生,还是神的心灵中的理性的产物?他们将阿基米德模仿天体运转的成就,置于创造它们的自然之上——然而,原型是比它的摹本远为精妙的造物。"

学机制，这使得他们的设计论证比佩利的钟表更加有力。在他们所处的地心说天文学的时代，最新的行星运行机制与我们所见的天球环绕着我们运转的结构相似性，比佩利所在的日心说时代更多，也更直接。

稍后我会处理其他的斯多亚论证，但首先让我们对斯多亚主义宇宙论及其起源略做阐发。对于怀着同感阅读《蒂迈欧》的读者，一个问题是不可避免的，也即如何对文中世界有始无终的观点作出回应。这种惊人的不对称性令亚里士多德和伊壁鸠鲁派这些批评者感到错愕，[9] 而不少柏拉图主义者解决这一问题的方法（参见上文第四章第三节），是将之解释成柏拉图其实认为世界没有开端，他描述创世只是为了展现世界永恒的神定结构。这种重新带回对称性的方式，去除了故事中一切历史性的创世行动，并相应地要求对神圣工匠的解释力进行去字面化解读。如我们在第六卷所见，亚里士多德确实在极力另辟一条思路，并且通过否定世界有开端将神的规划彻底地从中剥除。

斯多亚主义者回应的方式恰好相反。他们如此坚持神圣工匠的解释力，因而偏好反向消解这种非对称性，亦即让世界有始**有终**。不过幸运的是，在他们看来，每个有限的宇宙阶段都是整全和完美的统一体，一个个世界相继而来，形成无限的循环。[10] 更进一步，由于他们坚持我们的世界是

---

[9] 参见上文第107页。
[10] 证据和分析见 LS, §52。

可能的世界中最好的,所以并不觉得在循环中过去或未来的世界与它有任何区别。由此就产生了他们的永恒轮回学说:无限接续的相同世界。

奇怪的是,我们回到了最初在早期原子论者那里见到的命题(第五章第一节和第四节),即完全相同的世界有完全相同的居民和历史。创世论及其批评者之间的争论,得到了一个悖谬的后果:双方都认为双生(identical-twin)世界是个有利的假设。不过,稍经反思,这其实并不值得大惊小怪,双方都解释了为何世界如其所是。对于任何事态,最好的解释就是足以产生它的一系列条件。然而,一旦这些充分条件确立之后,要是**在永恒的形式之下**(sub specie aeternitatis)这些条件只造成一次性的结果,这将会是不可理解的——无论这些条件采取了完美的神赐的形式,还是无限广的随机分配的形式。斯多亚主义者被迫承认,一个世界并不在一切可能的时间、空间**或**质料中延续。很自然,他们必须假设,与我们的世界相似的世界,在恰当的时空间隔之后会重现。[11]

斯多亚物理学最重要的先驱,就是柏拉图的《蒂迈欧》。[12] 在某些时候,《蒂迈欧》的内容被简化了;而在其他时候,则是得到了发挥和扩展。斯多亚主义者剥掉了柏拉图物理学的许多非苏格拉底式的特征。例如,《蒂迈欧》最毕达哥拉斯式的特征——把数学结构作为理性规划的基础,使

---

[11] 伊壁鸠鲁主义者的理由是一个例外,参见上文第164—165页。
[12] 这一点在 Reydams-Schils 1999 和 Sedley 2002 中以不同方式得到论证。另一位重要的先驱肯定是赫拉克利特,参见 Long 1975-76。

之向下一直贯穿到组成四元素物质的几何体——就被略去了。蒂迈欧所引的德慕格创世行动所根据的柏拉图的理型也一样。遭到同样命运的，还有柏拉图对灵魂的理性和非理性部分的划分——理性部分是不朽的，它注定比当前的身体存在得长久，并且能转移到其他的人体和动物体中。在所有这些方面，蒂迈欧式的世界观都被修剪得更为精简，并且在某种意义上更苏格拉底式。不过，柏拉图在《蒂迈欧》中发展出的激进目的论依然有效，它保留了世界本身是由内在的神统治的某种神圣生命体的核心观点。这位神祇，柏拉图将它称为"世界灵魂"，而斯多亚主义者只是叫它"神"或**逻各斯**（"理性"）。

这种柏拉图化做法的一例是芝诺的因果理论。《蒂迈欧》虽然是伟大的目的论宣言，但它没能预见到亚里士多德将目标或目的抽离出来，使之自成一类原因[13]，也就是亚里士多德所谓的"目的因"。与之相对，《蒂迈欧》在原因方面将优先性赋予了亚里士多德称为动力因或效力因（多少呼应着我们现代对"原因"的非机械化使用）的特定子集，亦即其中指向目的且体现理智的那些。这不仅包含了德慕格本身，还包括了附属于他的行动者，尤其是世界灵魂。在这之外，蒂迈欧只承认一种原因——"辅助因"（synaitia，46c7–e2），他将其在效力上等同于在每段因果过程中涉及的质料。绝大部分（或全部）宇宙变化，都是作为原因的理智作用于质料，质料

---

[13] 这正是我在上文第114页注释[47]中论证的。

被理智"说服"并听命于理智(上文第四章第五节)。这种双重因果方案是最基础的,斯多亚主义者也从这里起步,只是做了两处修正。其一,与诸多《蒂迈欧》阐释者一道,斯多亚主义者并不将上面分析的德慕格当作超出并高于世界灵魂的东西,因此在他们眼中,理智原因就是一位内在于世界的神。其二,对于蒂迈欧的"辅助因",即参与因果过程的质料,他们忠实地回归《斐多》(99b2-6)中苏格拉底坚守的立场,即事实上质料根本不是某种原因,而是理智运作的某种必要条件。在这个意义上,斯多亚主义背后的原因结构是某种完全被动的、惰性的原因——"质料",它为单一、内在、主动的理智原因——"神"所充满,二者分别对应于《蒂迈欧》所描述的作为载体的质料和世界灵魂。[14] 柏拉图目的论式的因果理论被斯多亚主义者还原为神对质料的作用。

对柏拉图而言,大部分阐释者都假定质料在一定程度上起了阻碍作用,它限制了神创造一个理想化的善好世界的力量。在第四章第五节中,我论称,这种解读事实上并不正确。现在,我可以将斯多亚主义者间接的支持作为补充。在一切情况下,他们都不认为,《蒂迈欧》传统所流传下来的这种质料,会对神的支配产生任何阻碍。在我们掌握的斯多亚主义的丰富文本中,原初质料总被呈现为全然被动、没有

---

[14] 这一基本的因果安排可参见Seneca *Ep.* 65.2,进一步可参考Duhot 1989, pp. 139-52; Reydams-Schils 1999, p. 150。后来斯多亚派著名的"成组原因"(swarm of causes, Alexander, *De fato* 192.18)并不在同一个基础物理层面上。

任何性质和可变的,[15]恶则来自别处。[16]

二 通向斯多亚神学的门户

斯多亚宇宙论的出现,部分是由于苏格拉底和柏拉图的共同影响。这在公元2世纪的怀疑论者塞克斯都·恩披里克(Sextus Empiricus)的一篇文本(M^* IX 88-110)中生动清晰地展现出来。这成了我在当下的首要例证。[17]我们会看到,塞克斯都(更可能是他依据的源文本)有时会稍微歪曲材料,而最终我们需要重视的是材料本身。该文本几乎完整地保存了一整套早期斯多亚主义对神意的神学论证。[18]它特别强调了斯多亚学派对《蒂迈欧》和色诺芬的《回忆苏格拉底》I 4的反思,我断定后者是斯多亚主义出现之前唯一的设计论证。在这里,塞克斯都的材料来源就是斯多亚派,即使我们不能证实这一点,它也显得完全可靠,特别是结合102处芝诺提出的论证更是如此。这段论证的开头是"这个论点的说服力是显而易见的。因为……"。这像是文本来源的话,

---

[15] 更详细的表述,参见 Cic. *ND* III 92; Plut. *Comm. not.* 1076C-D。亦可参见 Sharples 1994, p. 172 n. 5; Long 1996b, pp. 303-4。
[16] 斯多亚主义中的恶的来源不会在本章中充分展开。进一步可参见 Long 1968, Kerferd 1978, LS §55。
[17] 紧跟 §§2-4 的材料与 Sedley 2005b 极为类似,尽管不是英语。
[18] 对斯多亚神学的综述,参见 Algra 2003。
 * 即《驳数学家》(*Adversus Mathematicos*)。

而不是塞克斯都的话,且随后论证的展开不受限制地使用了斯多亚的术语。[19]

这段文本来自一部更长的论述集,其中包括了(主要是斯多亚的)神学学说和论证,怀疑论者塞克斯都在《驳数学家》IX 60—137中对神学的批判就从这里开始。并且,这部论述集的大量章节(75-122)之中有一部分归纳了通过宇宙秩序证明神的存在的论证。它带有一切早期斯多亚主义的特征,只点名了斯多亚主义者芝诺和克里安提斯(Cleanthes)、同时代的批评者阿列克西努斯(Alexinus)以及作为斯多亚神学的前希腊化先驱的色诺芬和柏拉图,这使它与相邻的文本区别开来。与之相对,前文(75-87)是对斯多亚论证的综合,不限于哪个特定人物;而后文(111-18)同样是综合,这次是指向"斯多亚主义者**及其支持者**"。在我看来,这部分中对运动的来源的关注,是为了将逍遥学派和斯多亚派纳入视野中。我们的文本置于迥异的前后文之间,其独立来源和内在理据让它从中脱颖而出。

这段文本的整体结构如下:

A. 克里安提斯

88—91. 克里安提斯基于"最好的自然"这一概念的论证。

B. 色诺芬,《回忆苏格拉底》I 4及其斯多亚变体

92—94. 色诺芬《回忆苏格拉底》I 4笔下苏格拉底的论证,包括他的宇宙理智论证。

---

[19] 进一步可参见下文注释[45]。

95. 宇宙理智论证的另一种说法。

96. 对宇宙理智论证的匿名戏仿（*parabolē*）。

97. 针对这一戏仿，无名氏（应该是斯多亚主义者）对宇宙理智论证的辩护。

98. 对宇宙理智论证的重构。

99—100. 呈现与宇宙理智论证等价的另一论证，然而后者加入了原始色诺芬论证中的其他元素。

101. 芝诺自己偏好的宇宙理智论证版本或变体。

102—103. 源文本对芝诺版本的阐发和辩护。

C. 柏拉图，《蒂迈欧》30B1—C1及其斯多亚变体

104. 芝诺的理性论证。

105—107. 柏拉图《蒂迈欧》30b1—c1，它被呈现为等价于芝诺的理性论证。

108. 阿列克西努斯对芝诺的理性论证的戏仿。

109—110. 针对阿列克西努斯，对芝诺理性论证的斯多亚式辩护。

我的计划是专注B部分和C部分，它们既体现了早期斯多亚主义对色诺芬和柏拉图材料的整合，又呈现出了在吸收和转化这些材料时，早期斯多亚主义所面临的挑战。

三 定位苏格拉底

本章从色诺芬开始。我作出让步，认为塞克斯都的材料来源不是斯多亚主义者就是斯多亚主义的支持者,该来源引述色诺芬并不是将其作为苏格拉底的论证,而是"苏格拉底主义者色诺芬"让苏格拉底说出的话。如果这展现了斯多亚主义者自身使用这一论证的方式(这似乎是十分可能的),看上去他们就是在规避如下历史错误,即假设色诺芬是在改写自己老师的直接对话。[20]但是,当斯多亚主义者强调色诺芬作为"苏格拉底主义者"写作时,他们作为自成一格的苏格拉底主义者,无疑是在将这种苏格拉底遗产据为己有。当西塞罗在《论神性》II 18中令斯多亚代言人引用同段文本,并将其归给"色诺芬笔下的苏格拉底"(apud Xenophontem Socrates)时,他暗含的也是同样的意思。

源文本在B部分的开头自称是逐字引用了色诺芬笔下的苏格拉底论证。事实上,我们可以认为它是凭记忆写成的,而不是从色诺芬的抄本转写的。对于这位作者而言,色诺芬的文段显然有名到能让他在许多地方复原色诺芬的表达,只是略做调整。然而,其中包含的论证却得到了彻底重构,尽管二者的语言风格乍看上去十分相似。这种重构具有一切征引权威文本的特征。虽然我们都已看到,在这里斯多亚主义者顶着巨大困难,想要从这一文段中提取出清晰的论证,但对他们而言,这段文本显然有举足轻重的地位,要求在重新解释时一方面沿用最关键的措辞,一方面提供能够可靠地用

---

[20] 与传统相反,我们在DL II 48中发现,色诺芬的《回忆苏格拉底》是对苏格拉底对话的信实记录。

于为斯多亚神学辩护的论证。该文本的独特权威性,在上面提到的西塞罗的文本中得到了进一步的证实,其中它的又一重特权地位体现在逐字逐句的引用(拉丁文翻译)上。

我在第三章第二节已经讨论过苏格拉底的论证。在第一阶段(《回忆苏格拉底》I 4.2–6),对话者阿里斯多兑谟承认,他最佩服表象型艺术家,包括诗人、画家和雕刻家。苏格拉底使他同意,一切能够产生现实存在的生命体的东西,都比这些艺术家更高明,只要(这是阿里斯多兑谟自己坚持的)他是通过规划而不是纯凭偶然造出它们的。接下来,苏格拉底滔滔不绝地讲述了人精巧且受恩赐的结构,来说服阿里斯多兑谟,这种作品最不可能出自偶然,它展现了理智设计的全部标志。在这里,他们一致同意,人的结构可以证明一位仁慈造物者的存在。在第一阶段,是我所谓的设计论证的最早样例或(某种意义上的)先驱。只是事情不止于此。

第二阶段的变化从I 4.7开始。阿里斯多兑谟虽然部分表示同意,但还是强调,苏格拉底所赞颂的每种神的恩赐都是我们与整个动物王国所共享的,因此,其中暗含的是,并不额外存在神与人的特殊关联。这导向了苏格拉底论证的第二阶段(I 4.8–14),可惜的是,其结构完全不清晰。苏格拉底的回应是指出,人在很多方面**是**尤其享有特权的。但是在一开始,他是间接做到这一点的。他论证道,正如土、水等人体成分是从遍布宇宙的相应物质中抽取出来的,这对我们的理智而言也必然适用:我们的理智也必然是从宇宙理智中抽出的,而我们在任何时候都需要预设一个宇宙理智,它是统治大地、海洋以及其他宇宙团块的秩序原则。这个论证的一个意外结果是，世界本身是某种有理智的存在。不过，在苏格拉底原观点的语境下，即使事情的确是如此，它的意思还是不甚清晰。它指的可能是，理智本身是上天赐给我们的又一礼物，并且这一次这份恩惠是由人独享，而不是整个动物世界均沾。在某种意义上，在与阿里斯多兑谟的几番交锋之后，苏格拉底深入展开了一个论题，它仍是对阿里斯多兑谟对人的独特地位的拒斥暗示的回应：与阿里斯多兑谟相反，苏格拉底在回应中指出，人独享直立姿势、手、言说、不受时令所限的交配、宗教感以及技艺能力。设计这段论述十有八九是为了建立一套人类中心主义目的论，而这正是阿里斯多兑谟试图反对的。不过必须承认，宇宙理智论证在整体论证中的地位远未明朗，这留下了不小的解读空间。

塞克斯都重构的这一整段来自斯多亚派的复杂论证变成了什么样呢？如下文的比对所示，第一阶段被缩减了：

色诺芬，《回忆苏格拉底》I 4.2—7

"告诉我，阿里斯多兑谟，"苏格拉底说，"你有没有因他们的技艺而对他们产生敬佩之情的人呢？"

"有。"他说。

"告诉我他们的名字。"苏格拉底说。

"在史诗上，我最敬佩荷马；在颂诗上，我最敬佩麦拉尼皮德斯（Melanippides）；在悲剧上，我最敬佩索福克勒斯；在雕塑上，我最敬佩波留克列特斯

（Polyclitus）；在绘画上，我最敬佩宙克西斯（Zeuxis）。"

"在你看来，是那些塑造没有头脑、不能动的形象的人更值得敬佩，还是那些造有头脑、能行动的活物的人更值得敬佩？"

"那些造活物的人值得敬佩得多，只要那些活物不是由于某种偶然产生的，而是通过某种计划造成的。"

"将那些没有标明是为什么目的存在的事物，与显然为了某种有益的目的存在的事物相比，请你判断：哪一种是偶然的产物，哪一种是计划的产物呢？"

"那些为了某种有益的目的存在的事物是计划的产物，这更有道理。"

"那么，在你看来，最初的造人者，难道不是出于某种有益的目的，才赋予人一切认知手段的吗？——他难道不是给了人眼睛看可见的事物，给人耳朵听可听的事物？另外，如果他没有给我们鼻子，气味对我们又有什么用呢？如果他不是给我们造了一个可以感知甜、辣等可口的滋味的舌头，我们怎么可能尝到这些滋味呢？此外，你难道不觉得，这就是神意的安排吗？我指的是，由于眼睛是脆弱的，就给了它壁垒似的眼睑，在我们要用眼睛时就打开，在我们睡觉时就关上；给了它滤网似的睫毛，风也不能刺伤它；在眼睛上面种一排眉毛作遮檐，不让头上的汗滴下来刺痛眼睛。并且，我们的听觉能接受各种声音，又不被堵塞。还有，一切动物的门牙都适合切割，白齿都适合把切碎的食物接过来磨碎。将嘴放在靠近眼睛和鼻子的地方，因为动物用它来获取合胃口的食物；使肠道通向尽可能远离感官的地方，因为排泄物是可厌的。既然这些事物的安排如此地有预见性，你还会怀疑它们究竟是出自偶然还是计划吗？"

"确实不会了，"他说，"当我这样看的时候，它们的确像是由一个智慧又爱一切生物的工匠所造的。"

"还有，他让生育儿女成为我们的固有愿望，并且也让母亲有抚育后代的固有愿望，让后代有强烈的求生欲和对死亡的恐惧，是不是这样？"

"这些的确也像是计划造出动物的那位所设计的结果。"[21]

---

[21] Εἰπέ μοι, ἔφη, ὦ Ἀριστόδημε, ἔστιν οὕστινας ἀνθρώπους τεθαύμακας ἐπὶ σοφίᾳ; Ἔγωγ', ἔφη. καὶ ὅς, Λέξον ἡμῖν, ἔφη, τὰ ὀνόματα αὐτῶν. Ἐπὶ μὲν τοίνυν ἐπῶν ποιήσει Ὅμηρον ἔγωγε μάλιστα τεθαύμακα, ἐπὶ δὲ διθυράμβῳ Μελανιππίδην, ἐπὶ δὲ τραγῳδίᾳ Σοφοκλέα, ἐπὶ δὲ ἀνδριαντοποιίᾳ Πολύκλειτον, ἐπὶ δὲ ζωγραφίᾳ Ζεῦξιν. Πότερά σοι δοκοῦσιν οἱ ἀπεργαζόμενοι εἴδωλα ἄφρονά τε καὶ ἀκίνητα ἀξιοθαυμαστότεροι εἶναι ἢ οἱ ζῷα ἔμφρονά τε καὶ ἐνεργά; Πολὺ νὴ Δία οἱ ζῷα, εἴπερ γε μὴ τύχῃ τινί, ἀλλ' ὑπὸ γνώμης ταῦτα γίγνεται. Τῶν δὲ ἀτεκμάρτως ἐχόντων ὅτου ἕνεκα ἔστι καὶ τῶν φανερῶς ἐπ' ὠφελείᾳ ὄντων πότερα τύχης καὶ πότερα γνώμης ἔργα κρίνεις; Πρέπει μὲν τὰ ἐπ' ὠφελείᾳ γιγνόμενα γνώμης εἶναι ἔργα. Οὐκοῦν δοκεῖ σοι ὁ ἐξ ἀρχῆς ποιῶν ἀνθρώπους ἐπ' ὠφελείᾳ προσθεῖναι αὐτοῖς δι' ὧν αἰσθάνονται ἕκαστα, ὀφθαλμοὺς μὲν ὥσθ' ὁρᾶν τὰ ὁρατά, ὦτα δὲ ὥστ' ἀκούειν τὰ ἀκουστά; ὀσμῶν γε μήν, εἰ μὴ ῥῖνες προσετέθησαν, τί ἂν ἡμῖν ὄφελος ἦν; τίς δ' ἂν αἴσθησις ἦν γλυκέων καὶ δριμέων καὶ πάντων τῶν διὰ στόματος ἡδέων, εἰ μὴ γλῶττα τούτων γνώμων ἐνειργάσθη; πρὸς δὲ τούτοις οὐ δοκεῖ σοι καὶ τάδε προνοίας ἔργοις ἐοικέναι, τὸ ἐπεὶ ἀσθενὴς (转下页)

塞克斯都·恩披里克,《驳数学家》IX 92—94

"告诉我,阿里斯多兑谟,你有没有因他们的技艺而对他们产生敬佩之情的人呢?"

"有。"他说。

"那他们是谁?"

"在史诗上,我敬佩荷马;在雕塑上,我敬佩波留克列特斯;在绘画上,我最敬佩宙克西斯。"

"你敬佩他们,难道不是由于这些作品体现出的无与伦比的技艺吗?"

"是的。"他说。

"如果波留克列特斯的雕塑有了灵魂,你难道不会

(接上页) μέν ἐστιν ἡ ὄψις, βλεφάροις αὐτὴν θυρῶσαι, ἅ, ὅταν μὲν αὐτῇ χρῆσθαί τι δέῃ, ἀναπετάννυται, ἐν δὲ τῷ ὕπνῳ συγκλείεται, ὡς δ' ἂν μηδὲ ἄνεμοι βλάπτωσιν, ἠθμὸν βλεφαρίδας ἐμφῦσαι, ὀφρύσι τε ἀπογεισῶσαι τὰ ὑπὲρ τῶν ὀμμάτων, ὡς μηδ' ὁ ἐκ τῆς κεφαλῆς ἱδρὼς κακουργῇ· τὸ δὲ τὴν ἀκοὴν δέχεσθαι μὲν πάσας φωνάς, ἐμπίμπλασθαι δὲ μήποτε· καὶ τοὺς μὲν πρόσθεν ὀδόντας πᾶσι ζῴοις οἵους τέμνειν εἶναι, τοὺς δὲ γομφίους οἵους παρὰ τούτων δεξαμένους λεαίνειν· καὶ στόμα μέν, δι' οὗ ὧν ἐπιθυμεῖ τὰ ζῷα εἰσπέμπεται, πλησίον ὀφθαλμῶν καὶ ῥινῶν καταθεῖναι· ἐπεὶ δὲ τὰ ἀποχωροῦντα δυσχερῆ, ἀποστρέψαι τοὺς τούτων ὀχετοὺς καὶ ἀπενεγκεῖν ᾗ δυνατὸν προσωτάτω ἀπὸ τῶν αἰσθήσεων· ταῦτα οὕτω προνοητικῶς πεπραγμένα ἀπορεῖς πότερα τύχης ἢ γνώμης ἔργα ἐστίν; Οὐ μὰ τὸν Δι', ἔφη, ἀλλ' οὕτω γε σκοπουμένῳ πάνυ ἔοικε ταῦτα σοφοῦ τινος δημιουργοῦ καὶ φιλοζῴου τεχνήμασι. Τὸ δὲ ἐμφῦσαι μὲν ἔρωτα τῆς τεκνοποιίας, ἐμφῦσαι δὲ ταῖς γειναμέναις ἔρωτα τοῦ ἐκτρέφειν, τοῖς δὲ τραφεῖσι μέγιστον μὲν πόθον τοῦ ζῆν, μέγιστον δὲ φόβον τοῦ θανάτου; Ἀμέλει καὶ ταῦτα ἔοικε μηχανήμασί τινος ζῷα εἶναι βουλευσαμένου.

更敬佩其中的专业技艺?"

"确实是这样。"

"当看到一座雕塑的时候,你难道不会认为,这是某个雕塑家的作品?而当你看到一个人的灵魂健全运行,身体结构精巧,你难道不会认为,他是由更高的理智存在所造?并且,当你看到人体各部分的位置和用途——那位将人造成直立的存在,难道不是给了人眼睛看可见的事物,给了人耳朵听可听的事物?如果他没有给我们鼻子,气味对我们有什么用呢?味道也是一样,如果我们的嘴里没有接受味道的舌头的话,味道对我们有什么用呢?"[22]

除了大规模的精简,后者与源文本还有两方面的差别:第一个差别是斯多亚式改写的典型。在色诺芬的文本中,苏

---

[22] Εἰπέ μοι, ὦ Ἀριστόδημε, εἰσὶν οὕς τινας ἐπὶ σοφίᾳ τεθαύμακας; Ἔγωγε, ἔφη. Τίνες οὖν εἰσιν οὗτοι; Ἐπὶ μὲν οὖν ποιητικῇ ἔγωγε Ὅμηρον τεθαύμακα, ἐπὶ δὲ ἀνδριαντοποιίᾳ Πολύκλειτον, ζωγραφίας γε μὴν χάριν Ζεῦξιν. Τούτους οὖν ἀποδέχῃ οὐ διὰ τὸ τὰ ὑπ᾽ αὐτῶν κατεσκευασμένα περισσῶς δεδημιουργῆσθαι; Ἔγωγε, ἔφη. Εἰ οὖν ὁ Πολυκλείτου ἀνδριὰς καὶ ἐμψυχίαν προσλάβῃ, οὐ πολὺ μᾶλλον ἀποδέξῃ τὸν τεχνίτην; Καὶ μάλα. Ἆρ᾽ οὖν ἀνδριάντα μὲν ὁρῶν ἔφης ὑπό τινος τεχνίτου δεδημιουργῆσθαι, ἄνθρωπον δὲ ὁρῶν κατά τε ψυχὴν εὖ κινούμενον καὶ κατὰ τὸ σῶμα εὖ κεκοσμημένον οὐκ οἴει ὑπό τινος νοῦ περιττοῦ δεδημιουργῆσθαι; εἶτα δὲ ὁρῶν θέσιν τε καὶ χρῆσιν μερῶν, πρῶτον μὲν ὅτι διανέστησε τὸν ἄνθρωπον, ὄμματά γε μὴν ἔδωκεν ὥστε ὁρᾶν τὰ ὁρατά, ἀκοὴν δὲ ὥστε ἀκούειν τὰ ἀκουστά. ὀσμῆς γε μὴν τί ἂν ἦν ὄφελος, εἰ μὴ ῥῖνας προσέθηκεν, χυμῶν τε μὴν ὁμοίως, εἰ μὴ γλῶσσα ἡ τούτων ἐπιγνώμων ἐνειργάσθη;

格拉底很少赞扬味觉的实际效用，而是更多地赞扬它作为我们的快乐源泉之一的价值；在改写版中，作者删掉了显然是将快乐当作积极价值的部分，并且没有保留任何色诺芬原文中指向快乐的部分。这些删减无疑表明了斯多亚伦理学中强烈的反快乐主义倾向。在这里，很可能至少有一支斯多亚派，比起色诺芬笔下的苏格拉底更偏爱柏拉图在《高尔吉亚》和《斐多》中刻画的作为反快乐主义者的苏格拉底。[23]

第二个差别是表象型艺术和神圣技艺的类比被限制在了雕塑的例子上：在效果上，人类就像活的雕塑，比起石头或者青铜雕塑需要更为精妙的技艺。为了坚持这个雕塑的类比，文本来源删掉了苏格拉底论证中那些与之不协调的元素。例如，苏格拉底把固有本能作为神的仁慈的证据，这很明显与雕塑没有直接的类比关系；与之相反，眼睛、耳朵和其他得到强调的特征，都能以不同的方式体现在一位雕塑家身上。诚然，我们的文本来源是如此热衷于这个雕塑的类比，它甚至将人的直立姿态列入这些特征中，即使在苏格拉底的论述中，直立姿态直到论证的第二阶段才被提出，那里

---

[23] 关于色诺芬材料的快乐主义倾向，参见上文第81页。似乎斯多亚传统中的另一支在这个意义上更忠实于色诺芬，从 DL VII 149 就可以判断出来：根据斯多亚主义者在这里的记载，自然"既指向效用又指向快乐，这在造（δημιουργία）人过程中展现得十分明显"。塞克斯都所引的更为严苛的斯多亚文本，可能出自克里安提斯，他是斯多亚派中最反对快乐主义的（参见 Cic. *Fin.* II 69），尤其考虑到他也是文本来源宣称的第一个斯多亚论证的作者。

关注的是人比起其他动物的优势。

进一步的分歧出现在色诺芬论证的第二阶段的开头。塞克斯都的斯多亚主义或斯多亚化的文本来源，在理解它如何关联于第一阶段时，面临了可想而知的困难。他紧跟色诺芬的文本，但是实际上，这段文本不能在论证内部建立任何实质的连续性。相反，源自苏格拉底论证的第二阶段的宇宙理智论证，被呈现为一个明显的独立论证，即世界是某种具有理智的存在。我在这里将色诺芬的版本附上：

色诺芬，《回忆苏格拉底》I 4.8

你难道会认为别处没有智慧的存在吗？虽然你知道世上有很多土，但你的身体只取了其中极少的一部分；世上有很多湿气，你也只不过分有一点；而你的身体，难道不是从这些不可计量的物质中分别取一点构成的？难道你还会认为，不存在于别处的唯有理智，而你纯凭偶然就拥有了它？另外，难道这些无限、无量的物质得到恰当安排，是由于某种无理智的存在吗？[24]

---

[24] ἄλλοθι δὲ οὐδαμοῦ οὐδὲν οἴει φρόνιμον εἶναι; καὶ ταῦτ᾽ εἰδὼς ὅτι γῆς τε μικρὸν μέρος ἐν τῷ σώματι πολλῆς οὔσης ἔχεις καὶ ὑγροῦ βραχὺ πολλοῦ ὄντος καὶ τῶν ἄλλων δήπου μεγάλων ὄντων ἑκάστου μικρὸν μέρος λαβόντι τὸ σῶμα συνήρμοσταί σοι· νοῦν δὲ μόνον ἄρα οὐδαμοῦ ὄντα σε εὐτυχῶς πως δοκεῖς συναρπάσαι, καὶ τάδε τὰ ὑπερμεγέθη καὶ πλῆθος ἄπειρα δι᾽ ἀφροσύνην τινά, ὡς οἴει, εὐτάκτως ἔχειν;

塞克斯都·恩披里克,《驳数学家》IX 94

> 尽管你知道世上有很多土,你的身体只取了其中很少一部分;世上有很多湿气,你也只不过分有一点;火和气也是如此。然而你竟然认为,不存在于别处的唯有理智,并且你纯凭偶然就把它抓在手心了?[25]

在这样转写色诺芬的文本之后,我们的作者随即(95)就点评到这个论证想要展示:四大元素在你之中的部分是这些元素的宇宙团块的微小碎片,与之类似,你的理智也应该是理智的宇宙团块的微小碎片。在这个意义上,结论就是:世界本身是个具有理智的存在,并且本身就是神。

虽然这一斯多亚化了的文本来源没有逐字精确转述,也省略了首句、末句以及一些表述细节,但它所谓的直接引用紧跟色诺芬的文本,并且我们也可以将它作为色诺芬文本在斯多亚派中占有权威地位的标志。对于实质内容,来源的版本只在一个关键方面与之有别。在色诺芬笔下,苏格拉底从土和湿气的例子出发——这是人体的两个传统组分(参见赫西俄德,上文第45页),它们都是世界提供的同一元素的微小碎片。接下来,他将其推广到"其他的事物上",却没有特别指出这些事物为何。柏拉图(《斐勒布》29a9–30d9)

---

[25] καὶ ταῦτα, φησίν, εἰδώς, ὅτι γῆς τε μέρος μικρὸν ἔχεις ἐν τῷ σώματι πολλῆς οὔσης, ὑγροῦ τε μὴν βραχὺ πολλοῦ ὄντος, πυρὸς ἀέρος τε ὁμοίως· νοῦν δὲ ἄρα μόνον οὐδαμοῦ ὄντα εὐτυχῶς ποθεν δοκεῖς συναρπάσαι;

和斯多亚主义者接过并发展了他的论证，他们自然地认为这些事物是四大元素的剩下两种，也就是气和火。无论色诺芬是不是已经想到了这个补充，他都没有继续列举下去，这表明他希望让自己的苏格拉底尽可能远离物理理论，所以在这里色诺芬就没有令他坚持绝非毫无争议的四大元素理论。他选择"湿气"（ὑγρόν）而非"水"这个表达有可能是受此驱使。苏格拉底哲学的继承者们将这个例子补全成传统的四元素，这也分别反映了他们自己对这一理论的坚持。

随着这份斯多亚化文本的展开，愈加清晰的一点是，这一论证如今已经被斯多亚主义者完全作为自己的资源使用，这是因为我们在那里发现了一场具有所有其余标志的论辩，据此我们可知，这场论辩发生在斯多亚主义者及其同时代批评者之间。[26] 有些时候，一位早期斯多亚主义的坚定反对者也参与了论辩，他的名字叫阿列克西努斯，他可能是麦加拉学派（Megaric School）或是其支派的成员。即使他的名字并不见于这份文本的这一部分（它在后文108-10中出现），他也极有可能是文本所暗指的对象。这一文本的典型模式是：批评者戏仿斯多亚学派的神学论证，并坚称这一论证即使有所证明，也太过了。这种批判形式被称作**戏仿**，它所提出的挑战显然对斯多亚神学论证的进一步深化和打磨具有重大贡献。面对戏仿，斯多亚主义者通常的回应或是重构他们的论证使之免于指责，或者坚称戏仿中的论证并不有效

---

[26] 参见Schofield 1983对这些论证的开创性讨论。

地与他们自己的论证平行。

下面是塞克斯都或者其文本来源所提出的论证及其戏仿：

对苏格拉底论证的改写（95）

> 世上有很多土，你只拥有其中的一小部分。
> 世上有很多湿气，你只拥有其中的一小部分。
> 〈(气和火也是这样。)〉[27]
> 因此，世上也有很多理智，你只拥有其中的一小部分。
> 因此，世界是有理智的，所以是一个神。[28]

戏仿（96）

> 世上有很多土，你只拥有其中的一小部分。
> 世上有很多湿气，你只拥有其中的一小部分。
> （气和火也是这样。）
> 因此，世上也有很多胆汁，你只拥有其中的一小部分。
> 痰和血也是这样。

---

[27] 戏仿假定这一行在转写中存在，正如它在所谓的色诺芬引文中存在一样。我把这一行加上，并不是一定要指出它从塞克斯都的文本中脱漏了。他或者他的文本来源可能不小心把它删去了。

[28] γῆς πολλῆς οὔσης ἐν τῷ κόσμῳ μικρὸν μέρος ἔχεις, καὶ ὑγροῦ πολλοῦ ὄντος ἐν τῷ κόσμῳ μικρὸν μέρος ἔχεις· καὶ νοῦ ἄρα πολλοῦ ὄντος ἐν τῷ κόσμῳ μικρὸν μέρος ἔχεις. νοερὸς ἄρα ὁ κόσμος ἐστίν, καὶ διὰ τοῦτο θεός.

能够推出，世界充满了胆汁和血——这是荒谬的。[29]

如果苏格拉底的论证证明了世界是有理智的，那么，对世界充满痰的证明也同样是有效的。

我们的文本来源接着（97）引用了一段回应，它虽然未具名，但无疑出自一位斯多亚主义者。回应如下：土、水、气和火是单纯物，而胆汁之类的东西是复合物；即使苏格拉底论证在单纯物方面是成功的，也并不就能适用于复合物的层面。[30]

斯多亚主义者的回应没有就这种不可类比性作出更多的辩护，但它乍看上去确实很有道理：假设你给了我一块蛋糕，而我想推断出你用在蛋糕上的香草香精是来自某家商店。如果我想合理地做到这一点，就要注意到这家商店是你在本地获取其他基本原料的唯一途径，并继续归纳推导出，我不能直接确定来源的香草香精也来自同一家店。我不能合

---

[29] γῆς πολλῆς οὔσης ἐν τῷ κόσμῳ μικρὸν μέρος ἔχεις· ἀλλὰ καὶ ὑγροῦ πολλοῦ ὄντος ἐν τῷ κόσμῳ μικρὸν μέρος ἔχεις, καὶ ἤδη ἀέρος καὶ πυρός· καὶ πολλῆς ἄρα χολῆς οὔσης ἐν τῷ κόσμῳ μικρόν τι μέρος ἔχεις, καὶ φλέγματος καὶ αἵματος. ἀκολουθήσει καὶ χολοποιὸν καὶ αἵματος γεννητικὸν εἶναι τὸν κόσμον· ὅπερ ἐστὶν ἄτοπον.

[30] "但是，为这一论证辩护的人说，这一戏仿与色诺芬的论证并不相同，因为他问到诸如土、水、气和火之类的单纯原初物质，而那些进行戏仿的人转向了复合物。胆汁、血液等人体分泌物并不是原初的和单纯的，而是由单纯原初物质复合而成的。" οἱ δὲ ἀπολογούμενοί φασιν ἀνόμοιον εἶναι τὴν παραβολὴν τῷ Θενοφῶντος λόγῳ. ἐκεῖνος μὲν γὰρ ἐπὶ τῶν ἁπλῶν καὶ πρώτων σωμάτων ποιεῖται τὴν ζήτησιν, ὥσπερ γῆς καὶ ὕδατος ἀέρος τε καὶ πυρός, οἱ δὲ τῇ παραβολῇ χρώμενοι μετεπήδησαν ὡς ἐπὶ τὰ συγκρίματα· χολὴ γὰρ καὶ αἷμα καὶ πᾶν τὸ ἐν τοῖς σώμασιν ὑγρὸν οὐκ ἔστι πρῶτον καὶ ἁπλοῦν, ἀλλ᾽ ἐκ τῶν πρώτων καὶ στοιχειωδῶν σωμάτων συγκείμενον.

法地按照同一思路归纳推导的是，树莓和奶油馅来自同一家店，并且如果我想去这家店买上述材料，我就会失望而归，因为这其实是你在自己的厨房里用在商店买的基本原料调制而成的。与之类似，人体中的胆汁和其他体液，可能**来自人体中包含的土、水等材料**，我们不需要预设这些体液**本身**源自外界。并且，由于我们同意理智是单纯物而非复合物，就能推出它作为宇宙的固有特征存在，痰和胆汁则不然。

在靠后一点的地方，源文本在这段像是闯入的文本（99-100）中又引述了对这个论述的另一种构想。可以认为，[31] 它源自对色诺芬论证的一种不同解读，即不再强调宇宙理智因素，由此得到另一种避免被戏仿的方案。结果就是，第二阶段被改写了两次，第一次紧跟色诺芬的文本，但模糊了两阶段之间的关联；第二次自由地偏离了色诺芬的文本，并且正是这样才在两阶段之间建立起了紧密的连贯性。[32] 第二种尝试（99-100）值得独立考察，因为它至少澄

---

[31] 我将这个提议归功于杰森·雷恩斯（Jason Rheins）。

[32] 源文本并没有直接说设计论证的第二个版本（99-100）补全了第一个版本。相反，它先展现了完整的宇宙理智论证之后，接下来补充了雕塑类比的新论证，认为它在解释力上等价于宇宙理智论证，在结尾加入新的论证（100 *fin.*，紧跟如下译文之后）——"他 [塑造人类理智的工匠] 只能在世界上生存，照管这个世界，并且创造和培育世上的事物。但这是一位神所做的事。因此，诸神是存在的"——这支持了将二者合并为一的理论。虽然两个论证显然不是等价的，但至少第100行的 ἀπὸ τύχης（偶然地）确实接续了色诺芬《回忆苏格拉底》I 4.8 的 εὐτυχῶς（幸运地），我们的作者在94 *fin.* 的改写中重复了这一点。这也展现了他尽其所能将二者呈现得在功能上可互换。

清了为何第一阶段被限制在人体和一座雕塑的直接类比上：

> 如果你看到一座雕刻精美的雕塑，你难道会怀疑它的创造者是某种有技艺的理智存在吗？恰恰相反，难道不是这样：你不仅不会有所怀疑，实际上还会佩服这种高超的技艺和技巧？[33]

到目前为止，这是对论证的第一阶段的简述，但接下来，论证进入第二阶段：

> 那么，虽然这个观察外形的例子让你确定了它的制作者，但另一方面，当你看到自己之中的理智比任何雕塑和画作都要复杂，难道会认为理智——如果它是被造的——是运气的产物，而不是出于某个拥有更高超的能力和理智的工匠？[34]

这样理解的话，苏格拉底的设计论证的第一阶段关注的是人体，它被看作远超出人造雕塑的艺术品；而现在，论证的第

---

[33] ἀρά γε ἄγαλμα εὖ δεδημιουργημένον θεασάμενος διστάσειας ἂν εἰ τεχνίτης νοῦς τοῦτο ἐποίησεν; ἢ οὕτως ἂν ἀπόσχοις τοῦ ὑπονοεῖν τι τοιοῦτον, ὡς καὶ θαυμάζειν τὴν περιττότητα τῆς δημιουργίας καὶ τὴν τέχνην;

[34] ἀρ' οὖν ἐπὶ μὲν τούτων τὸν ἔξω θεωρῶν τύπον προσμαρτυρεῖς τῷ κατεσκευακότι καὶ φὴς εἶναί τινα τὸν δημιουργόν· τὸν δὲ ἐν σοὶ ὁρῶν νοῦν, τοσαύτῃ ποικιλίᾳ διαφέροντα παντὸς ἀγάλματος καὶ πάσης γραφῆς, γενητὸν ὄντα νομίζεις ἀπὸ τύχης γεγονέναι, οὐχὶ δὲ ὑπό τινος δημιουργοῦ δύναμιν καὶ σύνεσιν ὑπερβάλλουσαν ἔχοντος;

二阶段走向了某种不甚直接、因此也更为苛刻的类比,即雕塑和人类**理智**之间的类比。理智是比人体更复杂的实体,因此也是神圣技艺的更有力的证据。这位斯多亚作者成功抓住了苏格拉底论证的一个特征,即他从人体到神赐予人的至上礼物——人的理智——的转向;然而,他也付出了明确放弃了色诺芬的权威的代价。

要注意,在这个版本的论证中,理智被认为是一种复合物。对于深入研究过柏拉图的《蒂迈欧》(尤其可参考35a1—37c5、41d4—7、43c7—44b7)的早期斯多亚主义者来说,持有这种观点并不令人意外。[35]因此,这些匿名的斯多亚主义者似乎与那些坚持以理智构造的单纯性回应戏仿的人意见相左。他们认为苏格拉底想要论证的是,正是由于理智的极端复杂性,才让它成了比任何雕塑都更值得赞叹的艺术品。

到目前为止,斯多亚对宇宙理智论证的分析还没有处理如下问题,即宇宙所包含的土、水、气、火和理智,是如何在解释中与我们之中的这些成分关联起来的。不过,同一个斯多亚化的文本来源提供了对这一问题的两种不同回答[36]:第一种同样未具名的回答,指出宇宙中包含X是局

---

[35] 认为理智是单纯的这一观点,是将《斐多》当作经典苏格拉底文本来反思的自然的结论(参见《斐多》78c1—80c1)。因此,斯多亚主义者在这一问题上的两难,映照出他们宇宙论的双重来源:苏格拉底和柏拉图。

[36] 第一种在第98行,第二种在第101行。在第99—100行引入的别解(参见上文)打断了这两种论证原初的连续性,我认为第101行结尾的τούτου展现了这一点。它似乎是要回指第98行的θεός。(回指第100行的θεός不那么自然,该处主要强调的是复数的θεοί。)

部事物包含X的**必要条件**,"如果世界上不存在土,那么在你之中也就不存在土……"(98)[37]如果恰当地加以解读,[38]这就用最少的理论代价(或者不那么宽容地说,最多的托词)确保了想要的结论,即个体成分得以基于宇宙成分的方式。在这个意义上,这是对苏格拉底论证的最强和最灵活的解读;但与此同时,这又是对人和宇宙的关系所言最少的解读。

毫无疑问,出于后一种原因,对斯多亚主义的鼻祖芝诺这样一位直截了当的思想家而言,这种有弹性却闪烁其词的论证版本是缺乏吸引力的。[39]同一文本来源记录了他自己的论证版本,[40]它详细假设了宏观和微观之间的因果关联,明显是一种生物学式的论证。我们可以推测,芝诺不满足于这种观点,即宇宙理智和宇宙中的土和水一样,都只是人类

---

[37] "作出这样的论证也是可能的:'如果世界上没有土,你之中就不会有土。如果世上没有湿的东西,你之中就没有湿的东西。气和火也是一样。因此,如果世界上没有理智,理智就不会在你之中存在。然而,你之中的确存在理智。因此理智在世界上存在。出于这个原因,世界是有理智的,并且作为有理智之物,世界是神。'" ἔνεστι δὲ καὶ οὕτως τὸν αυτὸν συνερωτᾶν λόγον· "εἰ μὴ ἦν τι γεῶδες ἐν κόσμῳ, οὐδὲ ἐν σοί τι ἂν ἦν γεῶδες, καὶ εἰ μὴ ἦν τι ὑγρὸν ἐν κόσμῳ, οὐδ' ἂν ἐν σοὶ ἦν τι ὑγρόν, καὶ ὁμοίως ἐπὶ ἀέρος καὶ πυρός. τοίνυν καὶ εἰ μὴ ἦν τις ἐν κόσμῳ νοῦς, οὐδ' ἂν ἐν σοί τις ἦν νοῦς· ἔστι δέ γε ἐν σοί τις νοῦς· ἔστιν ἄρα καὶ ἐν κόσμῳ. καὶ διὰ τοῦτο νοερός ἐστιν ὁ κόσμος. νοερὸς δὲ ὢν καὶ θεὸς καθέστηκεν."
[38] 如结论所示(98 *fin.*),这里所指向的解读不是"只要个人具有理智,就满足了'世界上存在理智'这一条件"。
[39] Schofield 1983的主题就是芝诺对这一论证的大胆运用。
[40] 这就是我对第101行"季迪昂的芝诺,从色诺芬出发……"的解释。

组分的储存所。因为在斯多亚主义所属的《蒂迈欧》传统中，理智与四大元素的区分，正是在于理智是世界的主动的动力因，在这个意义上，理智与人体的被动组分毫无相似之处。[41] 由此，我们就得到了下面这种对宇宙理智论证的改写（101）：

> 季迪昂的芝诺从色诺芬出发，提出这样的论证： 224
> "那播散理智的种子的，本身也是理智存在。因此，世界是理智的存在。这让我们进一步得出结论：有神[42]存在。"[43]

由此可见，对于宇宙理智如何成为人的理智的来源，芝诺选择了一种独特的解读。他丢掉了宇宙理智和宇宙中遍布的四大元素的类比，单单指出宇宙理智和人的理智之间存在独特的**因果**关联。宇宙理智不再是我们的理智从中涌出的物质储藏所，而是我们的理智的准生物学上的"父母"或"祖先"。宇宙理智展现在我们之中的方式，也与基因通过种子的代际

---

[41] 在这个意义上，芝诺可能受到了柏拉图在 *Phlb.* 29a9–30d9 重构的论证的影响，在那里，尽管也存在理智和土等物质的论证，但是前者所造成的因果效力与后者迥然不同。他的另一优点是抛弃了斯多亚主义对理智的"部分"（portions）的数量上的讨论。

[42] 对于这里的 τούτου，参见上文注释[36]。

[43] Ζήνων δὲ ὁ Κιτιεὺς ἀπὸ Θενοφῶντος τὴν ἀφορμὴν λαβὼν οὑτωσὶ συνερωτᾷ· "τὸ προϊέμενον σπέρμα λογικοῦ καὶ αὐτὸ λογικόν ἐστιν· ὁ δὲ κόσμος προίεται σπέρμα λογικόν· λογικὸν ἄρα ἐστὶν ὁ κόσμος. ᾧ συνεισάγεται καὶ ἡ τούτου ὕπαρξις."

传递类似。我认为芝诺的重点如下：在人类经验中，没有理性存在是（或曾经是）由非理性存在生出的。理性存在必然有理性的"父母"。但是如果我们确实是由我们的父母生的，那么在更强的意义上，我们就是由世界所生的（或者——如果这指的是人类整体的起源的话[44]——**曾经**由世界所生的）。那么，世界也无疑是理性的。根据西塞罗（《论神性》II 22），这里的芝诺论证大致是准确的。但是在我们当前考察的版本中，芝诺将父母的类比表述得更加明确和大胆：世界不仅生了我们，还是通过散播种子生了我们。我们应当如何理解这句话呢？

源文本补充了一段评论，[45]以更好地解读这一非同寻常的观点（102-3）：是的，世界的确散播种子，我们就由这些种子长成。然而，（a）它并不像通常的生理过程一样，是通

---

[44] 我将这一解释的可能归功于Stephen Menn。

[45] 102-3："这一论证明显具有说服力。因为在每一种自然和每个灵魂中，动力因似乎都是由支配着的官能产生的，并且，传递到有机体各部分的能力，也都像是由支配官能产生的，后者就像某种力之源。因此，每一种属于部分的能力，也属于整体，因为能力是经由支配官能在整体中传递的。因此，能力既然属于各部分，那么也就属于整体，且整体具有能力远先于各部分。出于这个原因，如果世界孕育出了一种理性动物的种子，并且不像人那样简单排出，而是由于它包含了理性动物的种子，那么认为宇宙孕育了它们，就并不是在葡萄藤载有葡萄（即通过'包含'）的意义上说的，而是由于理性动物的产生原则内在于其中。因此它的意思是：'然而，世界包含有理性动物的产生原则，因此世界是理性的。'"虽然这一评述可能在理论上是芝诺自己的论证的延续，但是它的"σπέρματα（种子）等于σπερματικοὶ λόγοι（种子式的原则）"的解读，以及由此而来的对论证的小前提和结论的改写，读起来更像是出自某位评注者或辩护者之手。

过喷射的方式"散播"种子,而是通过恰当地**包含**它们;并且,(b)它在这种意义上包含的"种子"并不是生物意义上的种子,而是"种子式的原则"(*spermatikoi logoi*)。在斯多亚的理论中,后者是我们所说的生命形式的生物学蓝图。我们不能排除这种可能,即斯多亚的"种子式的原则"是为了尽可能使芝诺的这一特殊论证得到理解而产生的。

且不论这种可能,到这个阶段,某种通行的注解模式开始出现。斯多亚主义的创始人芝诺发展出了一套极为大胆的论证,他以才华而非严谨著称。后来的斯多亚主义者试图通过某些形式分析澄清他的论证并为之辩护。但是,至少在当前的例子里,这样做导致了论证本身的吸引力与活力的流失,并且鲜少出现澄清或加强了论证的情况。对于斯多亚主义者而言,就其创始人的论证构建精准的形式分析并为之辩护常常是艰巨的任务,这与我们所见的他们遇到的另一重困难——构建色诺芬笔下的苏格拉底的设计论证的尝试——如出一辙。

四 定位柏拉图

现在,我的关注点已经转向了芝诺,在我由色诺芬的影响转向柏拉图的影响时将会一直如此。我借鉴的同一份文本来源,记载了芝诺的一个论证(西塞罗在《论神性》II 20中对此亦有记载),并且特别将其与柏拉图《蒂迈欧》中的一段文本（30b1-c1）相对照。这段文本也被逐字引用，只是这次，除了事先声明的省略和用词的细微差异之外，与原文不存在任何出入——虽然我们将会看到，在文本中段提到的省略其实是个错误，因为（即使文本来源并未意识到这一点[46]）省略的是在历史上与论证分析最直接相关的几句。

芝诺自己的论证如下（104）：

> 有理性的高于无理性的；但是无物高于一个世界；因此世界是有理性的。这也适用于"有理智的"和"有灵魂的"：有理智的高于无理智的，有灵魂的高于无灵魂的；但是无物高于一个世界，因此世界是有理智的，并且有灵魂。[47]

芝诺把"有理性"（logikos）这个谓述放在前面，因为他的基本原则之一就是世界是由神的理性（logos）所支配的。这一原则的最初源头，是斯多亚主义者所尊崇的另一位权威——

---

[46] 这在文本来源的失败尝试中体现得很明显。它通过从柏拉图的全文中截取一段，并在第107行加以评述，来展现柏拉图与芝诺的论证的相似之处，而二者都是失败的。他的评述完全聚焦于柏拉图和芝诺的共同结论，而不是他们的实际论证，致使他不恰当地将典型的蒂迈欧式的κατὰ τὸν εἰκότα λόγον（根据极有可能的解释）也归于芝诺。

[47] [εἰ] τὸ λογικὸν τοῦ μὴ λογικοῦ κρεῖττόν ἐστιν· οὐδὲν δέ γε κόσμου κρεῖττόν ἐστιν· λογικὸν ἄρα ὁ κόσμος. καὶ ὡσαύτως ἐπὶ τοῦ νοεροῦ καὶ ἐμψυχίας μετέχοντος. τὸ γὰρ νοερὸν τοῦ μὴ νοεροῦ καὶ ⟨τὸ⟩ ἔμψυχον τοῦ μὴ ἐμψύχου κρεῖττόν ἐστιν· οὐδὲν δέ γε κόσμου κρεῖττον· νοερὸς ἄρα καὶ ἔμψυχός ἐστιν ὁ κόσμος.

赫拉克利特。赫拉克利特在自己著作的开头提到了某种叫作"逻各斯"(*logos*)的东西,而芝诺的同侪克里安提斯[48]可能是第一个将其解读为支配世界的内在理性原则的人。在此之后,这种对赫拉克利特的理解就得到了广泛的接受。[49]

但是,当芝诺承认对于"有理智"和"有灵魂"这两种谓述而言,同样的论证也适用的时候,就直接指向了柏拉图《蒂迈欧》中的一段文本——斯多亚化的文本来源将其引在旁边——它在其中正好[50]讨论了"有理智的"和"有灵魂的"两个谓词。这就是说,芝诺通过展示《蒂迈欧》是如何隐晦

---

[48] 克里安提斯将赫拉克利特引介到斯多亚学派中,参见Long 1975–76。
[49] 我同意如下有争议性的观点,即这一解读是斯多亚主义者的某种回溯,其基础是对该词在赫拉克利特文本中以不同形式表达同一技术性含义的时代错置式理解(关于这一时代错置的实质,参见上文第15页对阿那克萨格拉"种子"的讨论)。事实上,现在的学者逐渐认识到,赫拉克利特的第一句(22 B 1 DK)中的 τοῦ δὲ λόγον τοῦ δε 只意味着"这个说法",即赫拉克利特自己的说法。他接下来补充说这个说法恒为真,并且(在 B 2 中)它是普遍真理而非个别真理,这不足以否决上述观点,更不足以将其提升到它在斯多亚学说中作为神的因果性原则的地位。对这一文段的斯多亚化解读(大概源自博赛多尼斯)保留在塞克斯都·恩披里克的 *M* VII 132 处,这至少是解读带有人称的 τοῦ δε 的一次尝试,它认为赫拉克利特这样说的时候,多少是在指他周围的世界,这显然是不合理的;但即便是这样,它也好过当今解释者直接忽略其中的代词的做法。在 B 50 中,λόγου 又一次出现了,它的确指的是某种神圣力量或神圣实体,但这是现代的校订,它本身就预设了这里要探讨的斯多亚化解读,因此无法充当证据。关于最简化的解读,进一步参见 West 1971, pp. 124–29; Barnes 1979, p. 59; Sedley 1992b, p. 32。如韦斯特(West)注意到的,没有任何前斯多亚的来源(包括柏拉图和亚里士多德)为赫拉克利特的 λόγος 赋予任何特殊含义。
[50] 细微的不同是,"有理智的"在柏拉图那里是 ἔννους,在芝诺那里是 νοερός。这只是语言随时代变化的问题。

地采用赫拉克利特的遗产,证实了斯多亚主义对赫拉克利特的继承。[51](可以对比上文的宇宙理智论证,芝诺自己的替代版本也用"理性"取代了据说是苏格拉底对宇宙理智的称呼。)

严格地说,在引述的文本中,蒂迈欧并没有真的论证"世界是有理智和灵魂的",而只是重构了德慕格将其造成这样的推理过程。下面是柏拉图的原文(《蒂迈欧》30b1–c1):

> 经过思考,他发现,在自然可见物中,就作为整体的类而言,没有任何非理性物是比有理性物更好的产物;另外,没有灵魂的事物,是不可能具有理性的。在这样的推理之下,他为灵魂注入理智,并为身体注入灵魂,这样造宇宙,为的是将作品造成在自然上最好。这样一来,根据那很可能是真的的叙述,我们说世界的确是被造成了有灵魂、有理智的动物,这都是出自神意。[52]

也就是说,苏格拉底猜测,德慕格的推理过程如下:这个世

---

[51] 关于柏拉图在物理世界上的赫拉克利特式看法,参见 Aristotle, *Met.* A 6, 987a32–b1,以及 Irwin 1977。

[52] λογισάμενος οὖν ηὕρισκεν ἐκ τῶν κατὰ φύσιν ὁρατῶν οὐδὲν ἀνόητον τοῦ νοῦν ἔχοντος ὅλον ὅλου κάλλιον ἔσεσθαί ποτε ἔργον, νοῦν δ' αὖ χωρὶς ψυχῆς ἀδύνατον παραγενέσθαι τῳ. διὰ δὴ τὸν λογισμὸν τόνδε νοῦν μὲν ἐν ψυχῇ, ψυχὴν δ' ἐν σώματι συνιστὰς τὸ πᾶν συνετεκταίνετο, ὅπως ὅτι κάλλιστον εἴη κατὰ φύσιν ἄριστόν τε ἔργον ἀπειργασμένος. οὕτως οὖν δὴ κατὰ λόγον τὸν εἰκότα δεῖ λέγειν τόνδε τὸν κόσμον ζῷον ἔμψυχον ἔννουν τε τῇ ἀληθείᾳ διὰ τὴν τοῦ θεοῦ γενέσθαι πρόνοιαν.

界必然是可能世界中最好的一个；有理智的好过无理智的；理智只能在灵魂中产生；因此世界必然被造得既有理智又有灵魂。很显然，芝诺娴熟地将德慕格的推理化为己用，从中抽出了一个支持神的预见的论证，它从来没有正式出现在柏拉图的文本中。[53]

我们的文本来源忽略了柏拉图论证的核心，它值得被给予更多关注。我们在那里了解到，德慕格不仅想到有理智的优于无理智的，还特别想到了"**在自然可见物中**（30b1），就作为整体的各个类而言，没有任何非理性物是比有理性物更好的产物"。通过加上"在自然可见物中"这一限定，柏

---

[53] 两个形式上的批评：（a）将同样的论述套用在谓词"有灵魂的"之上时，芝诺偏离了柏拉图文本。根据蒂迈欧，世界被造成有灵魂的，不是因为任何有灵魂的事物都比任何无灵魂的事物好，而是因为，鉴于它被造成了有理智的，就不能被造成没灵魂的。既然在柏拉图和斯多亚主义思想中，理智自然都是指向好的，而灵魂本身并非如此（例如低等动物的灵魂就不是这样），那么这一扩展可能就是可疑的。然而，"有灵魂的高于无灵魂的"这一原则的确是斯多亚主义的一条原则：马可·奥勒留在 V 16 中记载，τὰ χείρω τῶν κρειττόνων ἕνεκεν, τὰ δὲ κρείττω ἀλλήλων· κρεῖττω δὲ τῶν μὲν ἀψύχων τὰ ἔμψυχα, τῶν δὲ ἐμψύχων τὰ λογικά（那更低等的是为了更高等的，更高等的是为了它们彼此）。这一论点在一开始就为斯多亚主义者所持有，还是在芝诺的三段论之后才出现，是很难断定的。（b）柏拉图和芝诺都在他们推理时留下了形式上的缝隙。柏拉图的前提——没有任何无理智的会好于有理智的——遗留了这样一种形式上的可能，即某种无理智者会与某种有理智者一样好（尽管不会更好）。那么，这就会得出，只有在世界至少比某些有理智者好的前提下，世界才是最好的。而基于柏拉图的前提，如果世界本身不是有理智的，这根本不可能。芝诺所遗留的可能性，则是或许根本就没有任何理性存在，在这种情况下，无物高于世界，这推不出世界是理性的。很自然，只要指出像我们这样的理性生物的存在，就能轻而易举地弥合这一缝隙。

拉图为他的双世界（twe-world）形而上学引入了一个所指，这让可感或可见领域与可知领域（理型的领域）截然区分开来。他显然想说，只有在其中一个领域**之内**，才能有把握说任何有理智的优于无理智的。这对可知领域必然同样适用：德慕格本身是有理智的，他是"有理智者里面最好的"（37a1），因此也高于一切理型，[54]我们可以认为后者是无理智的。但是，如果与之相反，有人在两个领域**之间**做对比，毋庸置疑的就是，在更高的领域中的无理智者，亦即一种理型，比较低领域中的有理智者，例如人类，甚至世界，都要优越。事实上，人和世界都只是理型的摹本，根据柏拉图的形而上学原则，就此而言他们劣于他们的原型。

芝诺在自己版本的柏拉图论证中彻底去掉了这重面向，[55]考虑到他认为柏拉图口中的理型根本不是真的实体，而只是我们心灵的建构，[56]这样做是很合理的。那么，在这里，我们就得到了另一个斯多亚派删减《蒂迈欧》呈现的复杂方案的例子。对芝诺而言，只有一个本体论领域，也就是时空中的那个，在这个意义上，该论证可以被大幅度地精简，并因此得益。

然而，芝诺富有吸引力的间接论证也面临挑战。阿列

---

[54] 或者，如果跟随 Menn 1995 的论述，将德慕格作为一种理型，那么它就优于任何**其他**理型。（顺便提一句，要注意，在30d2，动物的理型是可知物种"最美的"，而不是"最好的"。）

[55] 为了公平，我必须补充，据我所知，古今所有《蒂迈欧》的评注者都忽略了这一点。

[56] 证据参见 LS §30。

克西努斯（这时文本来源提到了他的名字）对它的戏仿如下（108）：

芝诺的原文（104）

有理性的高于无理性的；
但是无物高于一个世界；
因此世界是有理性的。
这也适用于"有理智的"和"有灵魂的"：
有理智的高于无理智的，有灵魂的高于无灵魂的；
但是无物高于一个世界；
因此世界是有理智的，并且有灵魂。[57]

阿列克西努斯的戏仿（108）

会作诗的高于不会作诗的，会语法的高于不会语法的（并且其他技艺的研究者也高于没有那类技艺的）；
但无物高于一个世界；
因此世界是会作诗的，也是会语法的。[58]

---

[57] 其古希腊文本参见上文注释[47]。

[58] τὸ ποιητικὸν τοῦ μὴ ποιητικοῦ καὶ τὸ γραμματικὸν τοῦ μὴ γραμματικοῦ κρεῖττόν ἐστι, καὶ τὸ κατὰ τὰς ἄλλας τέχνας θεωρούμενον κρεῖττόν ἐστι τοῦ μὴ τοιούτου· οὐδὲ ἓν δὲ κόσμου κρεῖττόν ἐστιν· ποιητικὸν ἄρα καὶ γραμματικὸν ἐστιν ὁ κόσμος.

在紧随其后的文本中(109-10),斯多亚派据说再一次对戏仿作出了回应。[59] 他们的回应重点如下:芝诺的前提是,"理性的"、"有理智的"和"有灵魂的"是褒义的谓词,任何有其中一项者,无论可能有什么缺陷,都高于不被它们谓述的。

其实,柏拉图很明显也持有同一观点,但即便如此,他的表述也十分含糊,他说无理智的"在整体上"[60]——或如我在上文中所说,"就作为整体的各个类而言"——不如有理智的。从希腊文的角度看,它的意思可能是"整体看来"无理智者中没有一个优于有理智者,尽管例外也可能存在;[61] 或

---

[59] "作为对这一戏仿的回应,斯多亚主义者说,芝诺的意思是指在**一切方面**都更为优越者,就像有理性的高于无理性的、有理智的高于无理智的、有灵魂的高于无灵魂的那样;而阿列克西努斯并不是这个意思。因为在**一切方面**的意义上,会作诗的并不高于不会作诗的,懂语法的也不高于不懂语法的。因此这些论证存在巨大的差异。毕竟,阿基罗库斯(Archilochus)会作诗,但他并不高于不会作诗的苏格拉底;懂语法的阿里斯塔克(Aristarchus)也不高于不懂语法的柏拉图。" πρὸς ἣν ἀπαντῶντες παραβολὴν οἱ Ετωϊκοί φασιν ὅτι Ζήνων τὸ καθάπαξ κρεῖττον εἴληφεν, τουτέστι τὸ λογικὸν τοῦ μὴ λογικοῦ καὶ τὸ νοερὸν τοῦ μὴ νοεροῦ καὶ τὸ ἔμψυχον τοῦ μὴ ἐμψύχου, ὁ δὲ Ἀλεξῖνος οὐκέτι· οὐ γὰρ ἐν τῷ καθάπαξ τὸ ποιητικὸν τοῦ μὴ ποιητικοῦ καὶ τὸ γραμματικὸν τοῦ μὴ γραμματικοῦ κρεῖττον. ὥστε μεγάλην ἐν τοῖς λόγοις θεωρεῖσθαι διαφοράν· ἰδοὺ γὰρ Ἀρχίλοχος ποιητικὸς ὢν οὐκ ἔστι Εωκράτους τοῦ μὴ ποιητικοῦ κρείττων, καὶ Ἀρίσταρχος γραμματικὸς ὢν οὐκ ἔστι Πλάτωνος τοῦ μὴ γραμματικοῦ κρείττων.

[60] 30b1-3, οὐδὲν ἀνόητον τοῦ νοῦν ἔχοντος ὅλον ὅλου κάλλιον ἔσεσθαί ποτε ἔργον(整体上而言,有理智的要比无理智的更美好). 我不想排除如下的这种可能,这是由亚历山大·韦林斯基向我提议的,即柏拉图的说法其实只指(或者主要指)每一个作为整体的特殊对象。

[61] 参见 *Rep.* 455d, πολὺ κρατεῖται...τὸ γένος τοῦ γένους. γυναῖκες μέντοι πολλαὶ πολλῶν ἀνδρῶν βελτίους εἰς πολλά(一种性别要远逊于另一种性别……诚然,在很多事情上,不少女性都比男性要强)。

者，它也可能是指，这两类的关联是，其中一类的任意个体都**不**会优于另一类中的**任意**个体。斯多亚派正确推断出柏拉图的论证依赖的是后者，并且以一种清晰的技术化方式将其表述出来：有理性的"在各种意义上"（kathapax）都优于无理性的。接下来他们谨慎地解释道，幸运的是，对于"会作诗"和"会语法"这些谓述，不存在相应的前提。根据他们的论述，这是因为不会作诗的完全可能优于会作诗的，如不会作诗的苏格拉底优于会作诗的阿基罗库斯。[62]戏仿的失败之处就在这里。

那么，这次我们见识了斯多亚派对柏拉图经典文本的细致考察，其结果是，他们首先提取出一个关于世界的神圣统治的形式论证，又从中发现了在批评者面前捍卫该论证的资源。

五 得益者是谁？

到目前为止，我的关注点都在斯多亚神学论证最初脱胎于苏格拉底和柏拉图传统的过程，以及它们在对手的口中是如何被调整的。进一步展现这个过程是可能

---

[62] 据说对"懂语法的"的对比阐释是"懂语法的阿里斯塔克并不高于不懂语法的柏拉图"，这将γραμματικός解释成"语法学家"。虽然这到底是不是阿列克西努斯的本意是值得质疑的，不过，斯多亚主义者当然能轻而易举地重构自己的回应，使之适用于该词更为字面的含义"有文化的"。例如，没文化的阿基琉斯（Achilles）就高于有文化的克里翁（Cleon）。

的,[63]但是,在本章余下的部分,我会转向另一个问题:如果世界出自神的仁慈,那么得益者是谁,他们是如何得益的?

由于我已经在前几章中发掘了苏格拉底、阿那克萨格拉和亚里士多德思想中的人类中心主义目的论倾向,在斯多亚派之中发现同样的特征并不令人意外。世界规划的最终受益者是寓居在其中的人和神,这是斯多亚思想的突出特点。[64]但是,在我所引的匿名来源中的其他地方,可以发现斯多亚主义者在用自己的语言重述色诺芬笔下的苏格拉底。在这时,我就注意到(上文第217页),斯多亚主义者有意删去了苏格拉底将人的快乐视为神赐的说法。他们与快乐主义者伊壁鸠鲁派争论,受此影响,斯多亚主义倾向于尽可能削弱快乐的正面价值,尽管他们从未否认存在自然的快乐,其追随者之一阿基德谟(Archedemus)还是走向了极端,将这些快乐和腋毛归为自然却无价值的同一类。[65]

将快乐丢在一边之后,世界所提供的真正益处就被分为两类。唯一真正的既"好"又"有益"的事物是道德善,因为只有它可以令拥有者幸福。那么,我们能在世界上的什么地方找到道德善呢?在这里,《蒂迈欧》又一次充当了主

---

[63] 一个例子是斯多亚主义者支持柏拉图"世界的**完满性**使之高于一切部分"所采用的论证(参见 Cic. *ND* II 37-39)——我们又一次明显看到了《蒂迈欧》的背景。
[64] 住在世界上的诸神,就是(或包括)世界的主要构成部分,如太阳、月亮、群星和元素团块(简要的综述参见 Algra 2003, pp. 168-70)。这也是《蒂迈欧》的直接遗产。
[65] SE *M* XI 73.

要背景。在斯多亚主义者看来，只有作为神圣的有生命物的世界本身，以及在其中寓居的神祇，才是善好和幸福的。人类必须朝同一目标努力。不过，世界的规划至少为人类的求索提供了系统支持。被规划的自然所提供的一切益处——例如食物、健康和视力——都是这一支持系统的组成部分。这样一来，这些自然上的益处就构成了自然之馈赠的第二层。虽然它们本身不能令拥有者幸福，因此不是"善的"，但它们为我们的幸福之路提供了条件和手段。我们运用自己的理性，权衡自然摆在我们面前的诸多利弊并作出选择，这是我们朝完满理性前进的关键一环。

让我们来看一个关键的例子：预言。它确实应验了。斯多亚主义者不仅将其当作口传证据的基础，还基于先天理由，以一组极为复杂的形式三段论为之辩护（西塞罗在《论占卜》[*On divination*] I 82–83 的记载如下）：

> 如果诸神存在，并且他们不向人类事先揭示将会发生什么，那么，或者（a）他们不爱人类，或者（b）他们对将要发生什么一无所知，又或者（c）他们认为提前知晓将来的事有违人的利益，再或者（d）他们认为向人类昭示将来的事是屈尊之举，还可能（e）连诸神也无法昭示将来的事。然而，（a）他们不爱我们是不可能的（因为他们对人类有恩，是人类的朋友），也不是（b）他们不知道自己设定和计划的事物，更不是（c）提前知晓将来的事有违人的利益（因为如果我们有

知,行事就会更慎重),他们也不认为(d)这是屈尊之举(因为没什么比施恩更可敬了),(e)他们不能预知将来更是匪夷所思。因此,说诸神存在但不向我们昭示未来,这不是实情。如果说他们昭示了未来,却没有给我们理解这些征兆的手段,也不是实情(因为这样预示本身就毫无意义)。如果他们提供了手段,预言就不能不存在。因此预言是真实存在的。

让我们做某种简化:如果诸神没有把将来之事的预兆提供给我们,其原因或者是他们不关心我们,或者是他们对未来一无所知,或者是他们的预知对我们毫无帮助,或者是他们不愿发出预兆,或者是他们没有能力发出预兆。接下来,每个原因都因其匪夷所思而被排除,最后得出的结论就是,诸神必然确实向我们预示了未来。

但是,神想要通过这种预知为我们带来**何种**益处呢?斯多亚主义者回答说,知道命定之事,很可能会对我们的道德抉择有所引导。最伟大的斯多亚主义者克律西波斯(Chrysippus)拿苏格拉底被处决做范例,[66] 他精准把握了柏

---

[66] 下面的重构基于Sedley 1993, pp. 315-17对Cicero, *De fato* 30的解读,我引述这段文本为自己辩护。在这里,我不能完全展开对Bobzien 1998, pp. 200-201的驳论的回复,但要注意,这一解读完全符合下文第234页谈到的被归给芝诺和克律西波斯的说法,即"绑在拖车上的狗"。很遗憾,玻布岑(Bobzien)对斯多亚决定论的解释,让她也在pp. 351-54中对此表示拒斥(亦参见Sharples 2005在这一方面对她的批评)。与之相反,我的观点是,这两段文本中所述的命运的结构是早期斯多亚主义的核心。

拉图的《克力同》中的一个特征，而当代读者基本都对此视而不见。在对话的开场部分（42d2-44b6），在牢房里等死的苏格拉底向前来拜访的克力同汇报了预言之梦的消息，并将其解读为他会在三日之内死去。接下来，苏格拉底却发展了自己的道德论题，即他留在狱中接受处决，而非抓住机会逃走，是正义的要求。然而，在结尾句中（54e1-2），他又提醒克力同注意这个梦，他说："既然这是神所指示的路，那让我们就这样做。"在斯多亚主义者看来，这意味着，由于运用预言术，苏格拉底早已知道了自己的命运如何，也就是说，不久就会在预定的那一天死去。接下来，苏格拉底探究**为何**接受处决必然是正确的选择，以此把这份预知作为发展自己的道德理解力的契机。结果就是，他得以按照历史记载，像一位道德模范那样自愿赴死。

由于他的智慧和正义，[67] 苏格拉底必然要作出这种选择，这就是为什么他死在那一天这个结果，连同导向这一结果的抉择，都是命定的和不可避免的——而在斯多亚主义哲学中，一切事情都是这样。但是，如克律西波斯明确坚持的（西塞罗，《论命运》[*On fate*] 30），既然**无论**苏格拉底做不

---

[67] 即使苏格拉底是斯多亚主义中圣人的原型，我们也不能简单地认为，斯多亚主义者一致同意他是智慧的，因为斯多亚主义者不愿承认有任何现实中的圣人（Brouwer 2002）。然而，至少芝诺（Tatian, *Oratio ad Graecos* 3.1-2）和博赛多尼斯（DL VII 91）认为他是圣人。根据后者，在我的理解中（与布鲁厄[Brouwer]不同），苏格拉底、第欧根尼和安提西尼都一定是有德性的，不然，他们在促成自己的学生在道德上的进步时，就不会这么卓有成效。

做选择，他在那天都必死无疑，我们就可以推断，事情的安排是这样：如果与事实相反，他**不**是智慧和正义的，因此他决定逃跑，那么他还是会在那天死去，只是死得不情不愿，而非心甘情愿。因为即使在整个人类历史进程都被预定的一个世界中，我们行动的道德意涵也不仅仅取决于我们实际作出的选择，而是还取决于如果我们是另一类人，并作出其他选择的话，**可能**会发生什么。

自愿顺从神的安排，而非不情愿，这是苏格拉底智慧的标志。作为坚定的命定论者，斯多亚主义者说，在任何情况下你都无法改变自己的命运，但你要为自己承担命运的态度负责，并且只要人们拒斥为他们安排好的命运，就绝无可能变得善好或幸福。那么，在这个意义上，神所提供的神圣预兆，是他给予我们的最为慷慨的恩赐之一。

诚然，世界及其全部历史具有一个安排好的道德结构。芝诺和克律西波斯都提到，你要将自己想成被绑在一辆马车背后的狗——你可以自愿追随，也可以被拖着走，但跟随其后是必然的。[68]做一个好人，就是理解世界的道德结构，并且自愿地配合它。如果我们如此这般系统地运用自然的指引，我们就同样会发现，从狭隘的角度看来是身家不幸的事，实际上是整体上理想的善好计划中的一环。很可能你生病在计划中是为了让别人（可能就是你体贴的护士）变得更

---

[68] Hippolytus, *Ref.* I 21=*SVF* II 975=LS 62A. 参见上文注释[66]。

有德性。根据克律西波斯，[69]为个人遭难长吁短叹，就像一只脚为自己陷入泥中的不幸哀伤。只要这只脚明白自己为何来到这个世界上，亦即为身体其他部分提供出行方式，它就会满怀热情地接受自己的辛劳。成为斯多亚主义者，就是要将自己看作一只脚。

与在柏拉图文本中相同的是，在斯多亚文本中，自然世界中的一切都是计划和组织起来的，让我们为道德上的自我完善之路做准备，它们不仅在这条路上提供了诸多障碍，也提供了克服障碍、改善道德的途径。[70]这一进路不仅解释了世界的明显缺陷实际上并非如此，也解释了自然所提供的益处，下从我们得以维生的基本物资（如食物和水），上至我们所具有的理智和视力，还有我们所沉思的神圣存在——诸天——的绝世之美。我们要是想发展对自身、世界的道德理解，直至将自己的意志与神意完全合一，并因此变得善好和幸福，这些都是必要的财富。

斯多亚派的批评者的驳论，自然大多关注世界的明显缺陷。可以回想一下，伊壁鸠鲁主义者卢克莱修攻击人类中心主义的创世论的方式，就是感慨世界让人类面临的重重困难：野兽、疾病、早夭，以及获取赖以为生的资源之难（上文第148页）。斯多亚主义者的做法正是将这类困难加以重新解释，使它们事实上或是神的馈赠，或是至上神也难免要

---

[69] Epictetus *Diss*. II 6.9=*SVF* III 191=LS 68J.
[70] 参考 D. Frede 2002。

作出的妥协的结果。

对于第一类——变相的幸事,一个典型的斯多亚例子是,某一野兽横行的环境虽然危机四伏,但也是自然鼓励我们锻炼勇敢这一德性的方式。[71]第二类——难免的妥协,仍是以柏拉图所引介的例子(上文第120—121页)展现出来的:为了尽可能放大感受,人的头需要以柔软的材料塑造,其不利的副作用或"伴随结果"(kata parakolouthēsin)就是,它不耐击打。[72]

卢克莱修悲叹,地球上的资源难以为我们获取和利用,而在斯多亚主义者令人信服的描述中,这些资源极尽丰富。世界源源不断地供给我们全部所需。金属有可能藏在不易进入的地方,可唯独人类才能使用它们,它们是嵌在世界结构中的资源的一部分(西塞罗,《论神性》II 162),因此它们也是这种人类中心主义安排中显而易见的一环。

如果理解得当,在任何情况下,我们的私利都不是独立的,而总是与世界整体的利益连在一起。然而,这该如何适用于自然的其他部分,尤其是低等动物?在这里,斯多亚主义者陷入了明显的困难。

一方面,他们明确认为,低等动物没有自主的道德权利,因为它们被造并不是为了它们自身,而是为了人类。考察两个这样的斯多亚例子:第一个例子,为什么世界上有雌

---

[71] 例如 Prophyry, *Abst*. III 20.1=*SVF* II 1152,部分见于 LS 54P(1)。
[72] Gellius VII 1.10–13=*SVF* II 1170,部分见于 LS 54Q(2)。

孔雀？[73]如果要造雄孔雀，雌孔雀的存在就难免成为必然。那么为什么要造雄孔雀？是为了它们的尾巴：这尾巴让世界变得更美，这又是神对人类的馈赠。因此，在这个例子中的等级结构由四部分组成：雌孔雀是为了雄孔雀，雄孔雀是为了孔雀尾巴，孔雀尾巴是为了人类。在这个意义上，雌孔雀不为自己的利益存在，正如孔雀尾巴不为自己的利益而存在一样。第二个例子将我们带回我讨论亚里士多德时（尤其是上文第202—203页）出现的事物——猪。根据克律西波斯，神赋予猪灵魂的唯一理由，就是让它的肉保持新鲜。他说，猪的灵魂与盐的保存功效多少相似（我们可能更愿意说，与一台冰箱相似）。[74]

那么，一方面，低等动物就是为人所用的。另一方面，斯多亚主义者如亚里士多德一样[75]雄辩地指出，有机体的复杂结构，很明显是为了这些有机体本身的利益：专门的防御机制（如背刺和角）、水陆空各种通行方式、为获取足量食物的自主演化、生存和繁殖的内在本能，有时还涉及一些互利物种之间复杂的共生关系。因此，他们都坚持某种形式的亚里士多德原则，即每种动物的天赋都是为了其自身好。在这里，矛盾就萌生了，卡涅阿德斯（Carneades）正是由此加入了论辩。

---

[73] Plutarch, *SR* 1044D=*SVF* II 1163=LS 54O.
[74] 出处同上文注释[72]。
[75] 其实，关于这一主题，Cic. *ND* II 121-29的材料称（125）基本来自亚里士多德。

作为对头雅典学园的首领，在公元前2世纪中期，卡涅阿德斯是批评斯多亚学派的主力。在攻击斯多亚主义目的论时，[76] 卡涅阿德斯从一个无疑出自斯多亚主义者之手的前提开始：

> 自然的每一种造物，在达到自身为之所生的自然目的时，都有所得益。

他在这里停下来解释，在该语境下的"得益"是斯多亚主义者所指的道德上中立的自然益处，而不是像在其他语境下那样指道德益处。这附带印证了，他确实是从斯多亚主义那里借来这个前提的，稍后我会提供进一步的证明。接下来，他转向第二个前提，它也提炼自斯多亚主义哲学：

---

[76] Porphyry, *Abst.* III 20.3=*SVF* II 1152，部分见于 LS 54P(2)：ὅτῳ δὴ ταῦτα δοκεῖ τι τοῦ πιθανοῦ καὶ θεῷ πρέποντος μετέχειν, σκοπείτω τί πρὸς ἐκεῖνον ἐρεῖ τὸν λόγον ὃν Καρνεάδης ἔλεγεν· ἕκαστον τῶν φύσει γεγονότων ὅταν τοῦ πρὸς ὃ πέφυκε καὶ γέγονε τυγχάνῃ τέλους, ὠφελεῖται. κοινότερον δὲ ⟨τὸ⟩ τῆς ὠφελείας, ἣν εὐχρηστίαν οὗτοι λέγουσιν, ἀκουστέον. ἡ δὲ ὗς φύσει γέγονε πρὸς τὸ σφαγῆναι καὶ καταβρωθῆναι· καὶ τοῦτο πάσχουσα τυγχάνει τοῦ πρὸς ὃ πέφυκε, καὶ ὠφελεῖται（然而，让那貌似有能力分有神性的人，去思考怎样回复卡涅阿德斯的话，卡涅阿德斯说任何由自然产生的东西，在达到适合它的目的的时候，都会得益。它是为了这一目的生成的。但是"益处"要理解得宽泛些，指向斯多亚主义者所说的"有用"。不过，猪是由自然产生的，为的是被屠宰、当作食物；当猪遭受这一切的时候，它就达到了适合自己的目的，也就得益了）。

> 但是猪的降生,是为了被宰杀和食用的自然目的。

由此导向他的结论:

> 当猪被宰杀和食用时,就实现了自己的自然目的,并有所得益。

如果卡涅阿德斯是对的,斯多亚主义者所发展出的目的论,就存在极不合理的推论:如果被人所食确实是猪的目的,这就必然符合它自身的利益。

在上一章,当亚里士多德陷入几乎相同的悖谬之中时,我为他提供了一条退路(上文第202—203页)。供人食用的目的,绝不是猪的自然的一部分,而只是世界的自然的一部分。猪对人类营养的用处只是为了解释,为什么世界作为一个复杂的自然系统,既包括猪也包括人。这一解决方案需要我们区分两种视角:宇宙视角和猪自身的个体视角。但我并不认为这种区分足以拯救斯多亚主义者,因为对他们而言,个体自然如果不借助它们在宇宙自然中的位置,是不能完全得到理解的。

让我们考虑下述斯多亚三段论的一部分,它由罗马斯多亚主义者(兼皇帝)马可·奥勒留转述(V 16):

> 每一事物被造的用意(purpose)以及被造的目的(destination),是其进步所朝向的目的;

> 其进步所朝向的目的,是其目标(goal)所在;
> 其目标所在就是每一物的益处和善好所在。[77]

马可将该假设序列用作一个更为复杂的论证的一部分,是为了展现,既然我们自己是为了共联(communal)关系而生的,共联关系就是我们自己的善好所在。在我所引的这部分文本中,这一彻头彻尾的斯多亚结论源自这样的推理,即**每一物**(不仅是人类)都由于服从它被造的目的而得益。既然斯多亚主义者也明确表示,猪被造是为了为人所用,卡涅阿德斯不受欢迎的结论就确有道理,即我们吃猪肉时,猪从中得益。

斯多亚主义者可能回应卡涅阿德斯说,猪的益处确实要从与人的关系中得出,但正如马可·奥勒留提到的人的例子一样,我们的共联关系是相互的——我们生来就是要帮助他者,也要**为他者所助**——因此,猪被造的目的与人也存在共生关系:人喂养猪,在一定时间后猪就喂养人。卡涅阿德斯将猪的目的具体表述为被宰杀和食用,而非利人和为人所利,这为他赢得了相对于斯多亚派的决定性优势。这一着呼应了亚里士多德提出的一条良诫(《物理学》II 2, 194a30-

---

[77] οὗπερ ἕνεκεν ἕκαστον κατεσκεύασται, πρὸς ὅ τε [δὲ MSS] κατεσκεύασται, πρὸς τοῦτο φέρεται· πρὸς ὃ φέρεται δέ, ἐν τούτῳ τὸ τέλος αὐτοῦ· ὅπου δὲ τὸ τέλος, ἐκεῖ καὶ τὸ συμφέρον καὶ τὸ ἀγαθὸν ἑκάστου. 对于最后一个前提,参见 Sen., *Ep.* 61.8, "consummatur itaque bonum eius [sc. man], si id implevit cui nascitur"(亦即"按照自然生活")。

33），亚里士多德反对如下假设，即仅仅由于死亡是每个生命体所做的**最后**一事，死亡必然就是其生命的目的。但是基于现有证据，我们很难怀疑，斯多亚主义者将猪的唯一目的具体表述为向人类提供营养，并完全拒绝将动物与人的自然关系解释为"相互的"的时候，就正中了这个圈套。

停在负面论调上并不正确。几乎在所有的论战中（我们在本章已经看到了不少），我们形成的印象，主要是由交锋中最后发言且得到记载的那一方所决定。对于猪的目的的问题，好运似乎落到了斯多亚主义者最强有力的批评者卡涅阿德斯头上，但在其他的论辩议题中，我们能见到斯多亚主义者比各色批评者都更胜一筹。希腊化时代能作为我们真正的剧末高潮，并不是由于任何一派的明确成败，而是由于它提供了创世论及其批评者之间论辩的系统结构。如我试图在全书中展现的，这场论辩从公元前5世纪初期就开始了。斯多亚主义者及其同时代的对手共同留下的遗产，就呈现为构思精巧的论证与驳论系统。

结语　一种盖伦派的视角

到目前为止，在我的故事中，最明显的缺席者就是盖伦这位最伟大、影响最深远的古代医师，他卷帙浩繁的著作大部分都留存至今。在这里，我不会企图充分展现盖伦对目的论论证的巨大贡献。[1] 实际上，我以盖伦结尾，主要是为了引用他做前人的评述者。盖伦活跃于公元2世纪，他不仅是创新性的科学家，也是重要的哲学思想家。他不仅熟读此前的医学著作，也对柏拉图、亚里士多德和斯多亚派的科学和心理学作品颇为熟悉。无论他是否读过伊壁鸠鲁派原子论者的作品，他肯定对之有所了解，并且不断地对此作出回应。

盖伦并不是一位不偏不倚的评述者，对原子论者绕过目的论解释原则的尝试，他只是报以嘲笑，正如他毫不重视那些他将之与同样的质料论立场相联系的医学传统一样。他的思想倾向，在他生活的罗马帝国时代非常典型，当我们站在他的视角分析古典遗产时，在各种意义上，我们就看到了古代晚期几乎所有一流思想家对此的看法。原子论者的质料

---

[1] 盖伦著作中的相关面向，尤其可参见 Hankinson 1989 and 1998，以及 M. Frede 2003，我从上述著作中得益颇多。

论虽然在随后享有盛名，但是终未赢得诞生它的文化——也即古典时代广泛的异教文化——的信赖。这是一个神祇们层层堆叠的世界，在这个世界中，伊壁鸠鲁派对神圣原因毫无根据的排斥，很容易被看作将自然悬置，不进行理解。和所有古代晚期的思想家一样，盖伦带着敬畏之心，回顾他那些古典时代的前辈，对他而言，这些人是医师希波克拉底、哲学家柏拉图和亚里士多德。盖伦借用了柏拉图的大部分世界观。他对《蒂迈欧》尤其感兴趣，并为此写了一部评注。盖伦将亚里士多德认作同行的科学家，后者详尽的解剖学研究常常是盖伦自己的起点。盖伦在他的里程碑式的目的论论著《论人体各部分的作用》（On the usefulness of parts）中用极大篇幅说明，正是这些研究证明并展现了神圣技艺的力量。诚然，在这一点上，他走得比他的任何前辈都远，亦即坚称德慕格在人体构造上的决定不仅是合理智和善好的，更在一切情况下都毫无例外的是可能作出的最佳决策。

我不会尝试梳理盖伦在这一领域的全部著作，而是会暂时把注意力放在毛发这个例子上（《论人体各部分的作用》II 154-62）。[2] 在《蒂迈欧》中（上文第120页），头发被理解为我们的造物者对难免脆弱的头部的某种补偿——更进一步，造物者们确保将头发限制在不会遮挡各种感官的区域内。亚里士多德并没有追随柏拉图将思想的居所置于头部，

---

[2] 当我在这里引入盖伦对睫毛长度的有趣讨论时，我正是在反向模仿Theiler 1924, p. 104的"尾声"（Abschluss）。亦参见Hankinson 1989, pp. 218-19; Brisson 2002b; Tieleman 2005。

而认为大脑主要是一个冷却系统,他将长出的头发解释为大脑的化学作用必然得到的副产物,不过他也为头发赋予了某种次要的恒温功能(《论动物的构造》II 14–15)。盖伦对毛发的解释,借鉴了柏拉图和亚里士多德的两种方案,但将其发展到了前人思想所未及的地步。[3]

以面部毛发为例。盖伦按照亚里士多德的风格,解释了造成胡须生长的质料因(即某些人体代谢物必须排出),并且为其赋予了某种保护功能。然而,他也自由地运用了这一安排的美学特征,其中就有对社会效用的贡献:对男人而言,胡子还有额外的价值,它们作为某种庄重的装点,与灵魂的品性相称。相反,胡子对女人而言就不是必需的,因为女人深居简出,并不需要额外的保护层以防不测,并且在视觉上,它们与女人的灵魂也不相称。因此,很明显,胡子就没有被赋予女人。

诚然,就算是盖伦,也像斯多亚主义者阿基德谟一样(上文第231页),将界限划在了腋毛之前。他承认,腋毛并不是神特别授意给予我们的,而是人体中与垦地上长在作物边的杂草类似的东西。然而,他的作品以大量篇幅系统论证了某种更高层次的神意,柏拉图和亚里士多德都未能将其包含进来:神已经授意给予我们的一切,都反映了我们的造物主的最佳决策。[4]并且,对毛发而言适用的,对人体各部

---

[3] 关于目的论者对毛发的兴趣,亦参见 Epictetus Diss. I 16.9,他讨论了胡子作为性别的可敬标志的价值。

[4] 关于指甲的例子,参见上文第130页注释[78]。

分都适用。即使是极小的细节——例如手的骨头的精确数目——一经微调,也会导致劣于现今的结果。

在我们与异教创世论及其异教批评者作别之时,在盖伦那里,我们发现了异教徒和犹太教-基督教传统在创世问题上交流和交锋的初期迹象。[5] 虽然在第四章,我否认了柏拉图笔下的德慕格严重受制于他的原材料(因为他毕竟自己造了它们),但事实确实是,德慕格需要作出不少实际的工程决策,有时不得不妥协。盖伦认为《创世记》的作者是摩西,并略有不耐烦地评述说,对摩西而言,上帝的全能如此强大,以至于仅通过诫命就能创造世界及其成分,而不用考虑质料的性质。与之相对,在盖伦自己的版本中,柏拉图的德慕格则是**基于质料的各种性质**,有技巧地进行加工。一个例子是,虽然我们的头发和胡须会生长,但我们的睫毛却保持定长。这是为什么?诚然,头发和胡子的长短可以任意改变有各种审美上和现实上的益处,但盖伦接下来指出,很容易发现,睫毛的保护功效主要就取决于它们的特定长度,如果它们长得稍长些或稍厚些,就会挡住视线了。不过,他更感兴趣的问题是,为了保持睫毛长度的稳定性——鉴于这显然是可取的——德慕格需要做什么?他暗示,摩西会满意于这么说:上帝命令睫毛不要生长,睫毛就听从了。与之相反,柏拉图传统中的德慕格,首先是一个工匠。盖伦解释

---

[5] 当然,如果我们算上亚历山大的斐洛(Philo of Alexandria),这就不是最早的。然而,斐洛的著作并不在本书视野范围内。关于盖伦与基督教的关联,参见 Walzer 1949, Tieleman 2005。

说，为了保证睫毛至关重要的恒定长度，造物者在眼睑边缘植入了一层较硬的软骨（睑板），专门用来让这些细小毛发不要长得超过适宜的长度。

此种对神的技艺的关注，是古代创世论的标志。从阿那克萨格拉到盖伦，六个世纪以来，创世论鲜少持有反科学的论调，虽然在苏格拉底口中它似乎正是如此，但他在哲学上的主要继承人联合起来，找出一条道路，避开了他显而易见的反对倾向。对于广大读者而言，作为达尔文主义的时断时续的先声，原子论者似乎代表了今天的胜者。而另一方面——至少我的论证如此——原子论者在概念上的最大贡献并不在此，而是在于利用"无限"的伟力开展他们的解释。的确，在历史语境中，科学成果最为丰硕的道路，也即为这个故事中几乎所有的大思想家所共享的道路，就是从某种庞大的宇宙运行机制中，读出其采用过（或可能采用）的方案，以此对宇宙运行进行解释。

然而，盖伦给了我们最后一个惊喜。尽管他有一长串支持神圣技艺的论证，也详尽采用人体结构研究为之提供支持，但还是宣称，在这个问题上，自己与色诺芬笔下的苏格拉底站在一边。在我所想到的文本中（《希波克拉底和柏拉图的学说》[On the doctrines of Hippocrates and Plato] IX 7.9-16），他将如下问题丢给了"思辨哲学家"去想：

>……世界是不是独立的；是否存在不止一个世界；是否有很多世界；以及，类似地，世界是不是被造的；

与之相似，如果世界有起源，它是否为某个神所造，抑或它不是神所造，而是某种非理性也无技艺的原因出于偶然将其造得这般美好，**就像**它是在一个最智慧、最有力量的神的监管之下被造的那样。不过，这类问题对齐家和治邦，以及在亲人、本邦人和外邦人之间正义而且广泛的交游而言，没有任何帮助。……

因为，探问世界是否是生成的是没有意义的，但探问神意和诸神并不也是没有意义的。因为"世界上有某种在能力和智慧上都高于人的东西"这一主题，是每个人最好都去探究的。只是没有必要追问神的本质是怎样——无论他们是完全无形的，还是像我们一样有身体。因为对于"道德和公民的"德性和行动而言，不少这类问题都是完全无用的，就和它们无助于精神疾病的治疗一样。

关于这个问题，最好的作品出自色诺芬之手。他本人不仅谴责了这类探究的无用，还说这就是苏格拉底的意思。并且，他的说法不只被苏格拉底的评注者接受，也为柏拉图本人所接受。这是因为，当柏拉图将物理学与哲学相连时，他让蒂迈欧作出相关的论述，而不是苏格拉底。[6]

---

[6] 当我将 ὁμολογοῦσι δ' αὐτῷ καὶ οἱ ἄλλοι τοῦ Σωκράτους ἑταῖροι καὶ Πλάτων αὐτός（15）翻译成"并且，**他的说法**……被柏拉图接受"的时候，我认为盖伦提到柏拉图只是在为色诺芬笔下的苏格拉底的立场提供证据，而不是如有人认为的那样，是在对这一立场表示赞同。

在这里盖伦说，苏格拉底明智地主张，我们对科学问题的探究，只该以用益为限。任何促进身心疗愈之物，以及一切向我们证明神的预见之物，都改善了我们的生活，因此是正当的；毫无疑问，他想要置于后者（神学议题）之下的，不仅有医学技艺本身，还有他自己在证明创世论假说时将其作为例证的应用。不过盖伦坚称，至于本书所涉及的更多问题，考察它们并不是为了某种实践目的，因此应该舍弃。他举出的无用之问的例子，是"世界是否有开端，并且，如果世界确有开端，它是由神还是某种偶然所开启的"，而这正是我们所见证的哲学论辩的核心。此外，盖伦还能依靠历史上的苏格拉底，来为这种舍弃提供支持。他坚称，后者厌恶纯粹的神学式科学思辨，证据就是，包括柏拉图在内的所有关于苏格拉底的写作者都在这一点上达成了一致。他正确地指出，柏拉图让蒂迈欧而非苏格拉底讲出物理学上的推断，就是承认这种思考与苏格拉底的思想相异。

盖伦比任何前人都了解异教创世论传统，并且以一线科学家的全部能力和洞见，前所未有地发掘和发展了这一传统。然而，当他像苏格拉底那样退回对思辨科学的漠视时，也是在激进地反思这一传统的真正意涵。[7] 那么，作为结语，请让我最后一次纵览这个传统本身。

从始至终，我都试图展现古代的大思想家们是如何在

---

[7] 参见 Epictetus, fr. 1（在 Long 2002, pp. 149–52 当中被引用并得到讨论），他为斯多亚主义提供了极为相似的一条退回苏格拉底对思辨科学的漠视的道路。

一场结论开放的辩论中,发展出他们对世界起源及其因果架构的观点的。正是这张错综复杂的互动之网,才让这种古代哲学特有的丰富文化现象大于各个部分之和。而我一直以来的首要目标就是要呈现,当我们将组成整体的各个独立部分织成一个连贯的故事时,这些部分是如何适时地进入了我们的视野。我们从这些开创性思想家之中得到的启迪,与答案的正确与否无关,而只是与概念和论证资源以及纯粹的哲学想象力有关。无论将来的宇宙科学会将我们带向何方,我们都永远感谢他们的馈赠。

参考文献

Algra, K. 1995. *Concepts of Space in Greek Thought*. Leiden.
———. 2003. "Stoic Theology." In *The Cambridge Companion to the Stoics*, edited by B. Inwood, 153–78. Cambridge.
———, and J. Mansfeld. 2001. "Three Thetas in the 'Empédocle de Strasbourg.'" *Mnemosyne* 54: 78–84.
———, P. van der Horst, and D. Runia eds. 1996. *Polyhistor: Studies in the History and Historiography of Ancient Philosophy*. Leiden.
Allen, R. E., ed. 1965. *Studies in Plato's Metaphysics*. London.
Annas, J. 1999. *Platonic Ethics Old and New*. Ithaca and London.
Baltes, M. 1976–78. *Die Weltentstehung des platonischen Timaios nach der antiken Interpreten*. 2 vols. Leiden.
———. 1996. "Γέγονεν (Platon, Tim. 28 B 7). Ist die Welt real enstanden oder nicht?" In Algra, van der Horst, and Runia 1996: 76–96.
Bandini, M., and L.-A. Dorion, eds. 2000. *Xénophon, Mémorables* I. Paris.
Barnes, J. 1979. *The Presocratic Philosophers*. London.
Berryman, S. 2002. "Democritus and the Explanatory Power of the Void." In *Presocratic Philosophy*, edited by V. Caston and D. W. Graham, 183–91. Aldershot.
———. 2003. "Ancient Automata and Mechanical Explanation." *Phronesis* 48: 344–69.
Betegh, G. 2004. *The Derveni Papyrus*. Cambridge.
———. Forthcoming. "Tale, Theology and Teleology in the *Phaedo*." In *Plato's Myths*, edited by C. Partenie. Cambridge.
Bignone, E. 1916. *Empedocle. Studio critico, traduzione e commento delle testimonianze e dei frammenti*. Turin.
Blundell, S. 1986. *The Origins of Civilization in Greek and Roman Thought*. London.
Bobzien, S. 1998. *Determinism and Freedom in Stoic Philosophy*. Oxford.
Bodéüs, R. 2000. *Aristotle and the Theology of the Living Immortals*. Albany.

(Original French edition, *Aristote et la théologie des vivants immortels*, Paris and Montreal, 1992.)

Bodnár, I. 1992. "Anaximander on the Stability of the Earth." *Phronesis* 37: 336–42.

———. 2005. "Teleology across Natures." *Rhizai* 2: 9–29.

Bollack, J. 1965–69. *Empédocle*. 4 vols. Paris.

Bonitz, H. 1870. *Index Aristotelicus*. Berlin.

Boys-Stones, G. 2001. *Post-Hellenistic Philosophy*. Oxford.

Brisson, L. 1992. *Platon. Timée/Critias*. Paris.

———. 2002a. *Sexual Ambivalence: Androgyny and Hermaphroditism in Graeco-Roman Antiquity*. (English trans.). Berkeley.

———. 2002b. "Le démiurge du *Timée* et le créateur de la *Genèse*." In Canto-Sperber and Pellegrin 2002: 25–39.

Broadie, S. 1990. "Nature and Craft in Aristotelian Teleology." In *Biologie, logique et métaphysique chez Aristote*, edited by D. Devereux and P. Pellegrin, 389–403. Paris.

———. 2001. "Theodicy and Pseudo-history in the *Timaeus*." *Oxford Studies in Ancient Philosophy* 21: 1–28.

———. 2007. "Why no Platonistic Ideas of Artefacts?" In *Maieusis*, edited by D. Scott, 232–53. Oxford.

Brouwer, R. 2002. "Sagehood and the Stoics." *Oxford Studies in Ancient Philosophy* 23: 181–224.

Burnyeat, M. F. 1999. "Culture and Society in Plato's *Republic*." *The Tanner Lectures on Human Values* 20: 215–324.

———. 2004. "Introduction: Aristotle on the Foundations of Sublunary Physics." In *Aristotle's On Generation and Corruption I*, edited by F. de Haas and J. Mansfeld, 7–24. Oxford.

———. 2005. "Εἰκὼς μῦθος." *Rhizai* 2: 7–29.

Caizzi, F. Decleva. 1966. *Antisthenis Fragmenta*. Milan.

Calvo, T., and L. Brisson, eds. 1997. *Interpreting the Timaeus-Critias*. Sankt Augustin.

Cambiano, G. 2002. "Catastrofi naturali e storia umana in Platone e Aristotele." *Rivista storica italiana* 114: 694–714.

Campbell, G. 2000. "Zoogony and Evolution in Plato's *Timaeus*: The Presocratics, Lucretius and Darwin." In *Reason and Necessity: Essays on Plato's Timaeus*, edited by M. R. Wright, 145–81. London.

———. 2003. *Lucretius on Creation and Evolution. A Commentary on "De Rerum Natura" 5.722–1104*. Oxford.

Canto-Sperber, M., and P. Pellegrin, eds. 2002. *Le Style de la pensée. Receuil de textes en hommage à Jacques Brunschwig*. Paris.

Clark, S. R. L. 1975. *Aristotle's Man*. Oxford.

Clay, J. S. 2003. *Hesiod's Cosmos*. Cambridge.

Code, A. 1997. "The Priority of Final Causes Over Efficient Causes in Aristotle's *PA*." In *Aristotelische Biologie: Intentionen, Methoden, Ergebnisse*, edited by Wolfgang Kullmann and Sabine Föllinger, 127–43. Stuttgart.

Cooper, J. 1982. "Aristotle on Natural Teleology." In *Language and Logos*, edited by M. Schofield and M. Nussbaum, 197–222. Cambridge. (Reprinted as part of Cooper 1987, and in Cooper 2004: 107–29.)
———. 1985. "Hypothetical Necessity." In Gotthelf 1985: 151–67. (Reprinted as part of Cooper 1987, and in Cooper 2004: 130–47.)
———. 1987. "Hypothetical Necessity and Natural Teleology." In Gotthelf and Lennox 1987: 243–74. (Combines Cooper 1985 and 1982.)
———. 2004. *Knowledge, Nature, and the Good*. Princeton and Oxford.
Cornford, F. M. 1930. "Anaxagoras' Theory of Matter." *Classical Quarterly* 24: 14–30, 83–95. (Reprinted in Furley and Allen 1975: 2.275–322.)
———. 1937. *Plato's Cosmology*. London.
Coxon, A. H. 1986. *The Fragments of Parmenides*. Assen and Maastricht.
Crowley, T. J. 2005. "On the Use of *stoicheion* in the Sense of 'Element.'" *Oxford Studies in Ancient Philosophy* 29: 367–94.
Curd, P. 2002. "The Metaphysics of Physics: Mixture and Separation in Empedocles and Anaxagoras." In *Presocratic Philosophy. Essays in Honour of Alexander Mourelatos*, edited by V. Caston and D. W. Graham, 139–58. Aldershot.
Darwin, C. 1859. *The Origin of Species*. London.
Dawkins, R. 1986. *The Blind Watchmaker*. London.
DeFilippo, J., and P. Mitsis. 1994. "Socrates and Stoic Natural Law." In Vander Waerdt 1994a: 252–71.
Diels, H., revised by W. Kranz. [Abbr. DK]. 1952 (and later editions; original edition 1903). *Die Fragmente der Vorsokratiker*. Berlin.
Dillon, J. 1971. "Harpocration's *Commentary on Plato*: Fragments of a Middle Platonist Commentary." *California Studies in Classical Antiquity* 4: 125–46. (Reprinted in id. 1990, *The Golden Chain. Studies in the Development of Platonism and Christianity*, 125–46. Aldershot.)
———. 1997. "The Riddle of the *Timaeus*: Is Plato Sowing Clues?" In *Studies in Plato and the Platonic Tradition*, edited by M. Joyal, 25–42. Aldershot.
———. 2003. *The Heirs of Plato*. Oxford.
Donini, P. L. 1992. "Galeno e la filosofia." *Aufstieg und Niedergang der Römischen Welt* II 36.5: 3484–3504.
Dorandi, T. 1982. "Filodemo. Gli Stoici (*PHerc*. 155 e 339)." *Cronache Ercolanesi* 12: 91–133.
Dragona-Monachou, M. 1976. *The Stoic Arguments for the Existence and the Providence of the Gods*. Athens.
Duhot, J.-J. 1989. *La Conception stoïcienne de la cause*. Paris.
Falcon, A. 2005. *Aristotle and the Science of Nature*. Cambridge.
Fine, G., ed. 1999. *Plato*. Vol. 1, *Metaphysics and Epistemology*; Vol. 2, *Ethics, Politics, Religion, and the Soul*. Oxford.
Frede, D. 1997. *Platon. Philebos*. Göttingen.
———. 2002. "Theodicy and Providential Care in Stoicism." In Frede and Laks 2002: 85–117.
———, and A. Laks, eds. 2002. *Traditions of Theology. Studies in Hellenistic Theology, its Background and Aftermath*. Leiden.

Frede, M. 2003. "Galen's Theology." In *Galien et la philosophie* (Entretiens sur l'antiquité classique de la Fondation Hardt XLIX): 73–129.
Fronterotta, F. 2003. *Platone, Timeo*. Milan. (2nd edition 2006.)
Furley, D. 1966. "Lucretius and the Stoics." *Bulletin of the Institute of Classical Studies* 13: 13–33. (Reprinted in Furley 1989a: 183–205.)
———. 1976. "Anaxagoras in Response to Parmenides." *Canadian Journal of Philosophy*, suppl. vol. 2: 61–85. (Reprinted in Furley 1989a: 47–65.)
———. 1985. "The Rainfall Example in *Physics* ii.8." In Gotthelf 1985: 177–82. (Reprinted in Furley 1989a: 115–20.)
———. 1987. *The Greek Cosmologists*. Vol. I. Cambridge.
———. 1989a. *Cosmic Problems*. Cambridge.
———. 1989b. "The Dynamics of the Earth: Anaximander, Plato, and the Centrifocal Theory." In Furley 1989a: 14–26.
———, and R. E. Allen, eds. 1970 and 1975. *Studies in Presocratic Philosophy*. 2 vols. London.
Gemelli Marciano, L. 1988. *Le metamorfosi della tradizione: Mutamenti de significato e neologismi nel Peri physeos di Empedocle*. Bari.
———. 2005. "Empedocles' Zoogony and Embryology." In Pierris 2005: 373–404.
Gerson, L. P. 1990. *God and Greek Philosophy*. London.
———. 2005. *Aristotle and Other Platonists*. Ithaca and London.
Gigon, O. 1953. *Kommentar zum ersten Buch von Xenophons Memorabilien*. Basel.
Gosling, J., and C. C. W. Taylor. 1982. *The Greeks on Pleasure*. Oxford.
Gotthelf, A. 1997. "Understanding Aristotle's Teleology." In *Final Causality in Nature and Human Affairs*, edited by R. F. Hassling, 71–85. Washington.
———, ed. 1985. *Aristotle on Nature and Living Things*. Cambridge.
———, and J. Lennox, eds. 1987. *Philosophical Issues in Aristotle's Biology*. Cambridge.
Graham, D. W. 1988. "Symmetry in the Empedoclean Cycle." *Classical Quarterly* 38: 297–312.
———. 1991. "Socrates, the Craft-analogy and Science." *Apeiron* 24: 1–24.
Gregoric, P. 2005. "Plato's and Aristotle's Explanation of Human Posture." *Rhizai* 2: 183–96.
Guthrie, W. K. C. 1969. *A History of Greek Philosophy*. Vol. 2. Cambridge.
Hahn, R. 2002. *Anaximander and the Architects*. Albany.
Hankinson, R. J. 1989. "Galen and the Best of all Possible Worlds." *Classical Quarterly* 39: 206–27.
———. 1991. *Galen, On the Therapeutic Method*. Oxford.
———. 1998. *Cause and Explanation in Ancient Greek Thought*. Oxford.
Harte, V. 2002. *Plato on Parts and Wholes*. Oxford.
Hirsch, U. 1990. "War Demokrits Weltbild mechanistisch und antiteleologisch?" *Phronesis* 35: 225–44.
Hölscher, U. 1965. "Weltzeiten und Lebenszyklus." *Hermes* 93: 7–33.

Ierodiakonou, K. 2005. "Empedocles on Colour and Colour Vision." *Oxford Studies in Ancient Philosophy* 29: 1–37.
Inwood, B. 2001. *The Poem of Empedocles*. 2nd edition. Toronto.
Irwin, T. 1977. "Plato's Heracliteanism." *Philosophical Quarterly* 27: 1–13.
Jaeger, W. 1947. *The Theology of the Early Greek Philosophers*. Oxford.
Janko, R. 2004. "Empedocles, *On nature* I 233–364: A New Reconstruction of *P. Strasb. Gr. Inv.* 1665–6." *Zeitschrift für Papyrologie und Epigraphik* 150: 1–26.
Johansen, T. 2004. *Plato's Natural Philosophy*. Cambridge.
Johnson, M. R. 2005. *Aristotle on Teleology*. Oxford.
Jourdan, F. 2003. *Papyrus Derveni*. Paris.
Judson, L. 1991. "Chance and 'always or for the most part.'" In *Aristotle's Physics*, edited by L. Judson, 73–99. Oxford.
———. 2005. "Aristotelian teleology." *Oxford Studies in Ancient Philosophy* 29: 341–66.
Kahn, C. H. 1960. *Anaximander and the Origins of Greek Cosmology*. New York.
———. 1979. *The Art and Thought of Heraclitus*. Cambridge.
———. 1985. "The Place of the Prime Mover in Aristotle's Teleology." In Gotthelf 1985: 183–205.
———. 1996. *Plato and the Socratic Dialogue*. Cambridge.
———. 2001. *Pythagoras and the Pythagoreans*. Indianapolis and Cambridge.
Karfik, P. 2004. *Die Beseelung des Kosmos: Untersuchungen zur Kosmologie, Seelenlehre und Theologie in Platons Phaidon und Timaios*. Leipzig and Munich.
Kerferd, G. B. 1978. "The Origin of Evil in Stoic Thought." *Bulletin of the John Rylands Library* 55: 177–96.
Keyt, D. 1971. "The Mad Craftsman of Plato's *Timaeus*." *Philosophical Review* 80: 230–35.
Kingsley, P. 1995a. *Ancient Philosophy, Mystery, and Magic*. Oxford.
———. 1995b. "Notes on Air: Four Questions of Meaning in Empedocles and Anaxagoras." *Classical Quarterly* 45: 26–29.
———. 2002. "Empedocles for the New Millennium." *Ancient Philosophy* 22: 333–413.
Kirk, G. S., J. E. Raven, and M. Schofield. 1983. *The Presocratic Philosophers*. 2nd edition. Cambridge.
Kurke, L. 1999. *Coins, Bodies, Games, and Gold: The Politics of Meaning in Archaic Greece*. Princeton.
Laks, A. 1983. *Diogène d'Apollonie*. Lille.
———. 2002. "Reading the Readings: On the First Person Plurals in the Strasburg [sic] Empedocles." In *Presocratic Philosophy: Essays in Honour of Alexander Mourelatos*, edited by V. Caston and D. W. Graham, 127–37. Aldershot.
Lamb, C. 1823. "A Dissertation upon Roast Pig." In *Essays of Elia*. London.
Lennox, J. 1985a. "Plato's Unnatural Teleology." In *Platonic Investigations*, edited by D. O'Meara, 195–218. Washington. (Reprinted in Lennox 2001a: 280–302.)

———. 1985b. "Theophrastus on the Limits of Teleology." In *Theophrastean Studies on Natural Science, Physics and Metaphysics, Ethics, Religion and Rhetoric*: 143–51. New Brunswick. (Reprinted in Lennox 2001a: 259–79.)

———. 1996. "Material and Formal Natures in Aristotle's *De partibus animalium*." *Proceedings of the Boston Area Colloquium in Ancient Philosophy* 14: 217–40. (Reprinted in *Aristotelische Biologie. Intentionen, Methoden, Ergebnisse*, edited by S. Föllinger and W. Kullmann, 163–81, Stuttgart 1997; and in Lennox 2001a: 182–204.)

———. 2001a. *Aristotle's Philosophy of Biology: Studies in the Origins of Life Science*. New York.

———. 2001b. *Aristotle, On the Parts of Animals*. Oxford.

Lloyd, G. E. R. 1966. *Polarity and Analogy*. Cambridge.

———. 1968. "Plato as a Natural Scientist." *Journal of Hellenic Studies* 88: 78–92.

———. 1983. *Science, Folklore and Ideology*. Cambridge.

———. 1993. "L'idée de la nature dans la *Politique* d'Aristote." In *Aristote, Politique*, edited by P. Aubenque, 135–59, Paris. (English trans. in G. E. R. Lloyd, *Aristotelian Investigations*, 184–204, Cambridge 1996.)

Long, A. A. 1968. "The Stoic Concept of Evil." *Philosophical Quarterly* 18: 329–43.

———. 1974a. "Empedocles' Cosmic Cycle in the 'Sixties.'" In *The Presocratics*, edited by A. P. D. Mourelatos, 397–425. New York.

———. 1974b. *Hellenistic Philosophy*. London.

———. 1975–76. "Heraclitus and Stoicism." *Φιλοσοφία* 5–6: 133–56. (Reprinted in Long 1996a: 35–57.)

———. 1996a. *Stoic Studies*. Cambridge.

———. 1996b. "On Hierocles Stoicus apud Stobaeum." In *ΟΔΟΙ ΔΙΖΗΣΙΟΣ. Le vie della ricerca (Studi in onore di Francesco Adorno)*, edited by M. S. Funghi, 299–309. Florence.

———. 1996c. "Parmenides on Thinking Being." In *Proceedings of the Boston Area Colloquium in Ancient Philosophy* 12: 125–51.

———. 1999. "The Scope of Early Greek Philosophy." In *The Cambridge Companion to Early Greek Philosophy*, 1–21. Cambridge.

———. 2002. *Epictetus: A Stoic and Socratic Guide to Life*. Oxford.

———, and D. N. Sedley. [Abbr. LS]. 1987. *The Hellenistic Philosophers*. 2 vols. Cambridge.

Louguet, C. 2002. "Note sur le fragment B4a d'Anaxagore: Pourquoi les autres mondes doivent-ils être semblables au nôtre?" In *Qu'est ce que c'est la philosophie Présocratique?*, edited by A. Laks and C. Louguet, 497–530. Lille.

Makin, S. 1990–91. "An Ancient Principle about Causation." *Proceedings of the Aristotelian Society* 91: 135–52.

———. 1993. *Indifference Arguments*. Oxford.

Mansfeld, J. 1972. "Ambiguity in Empedocles B 17 3–5: An Interpretation." *Phronesis* 17: 17–39.

———. 1992. *Heresiography in Context*. Leiden.

Marchant, E. C., trans. 1923. *Xenophon. Memorabilia and Oeconomicus.* London and Cambridge, MA.
Martin, A., and O. Primavesi. 1999. *L'Empédocle de Strasbourg.* Berlin and New York.
Matthen, M. 2001. "The Holistic Presuppositions of Aristotle's Cosmology." *Oxford Studies in Ancient Philosophy* 20: 171–99.
Mayor, A. 2000. *The First Fossil Hunters: Paleontology in Greek and Roman Times.* Princeton.
McKirahan, R. D. 1994. *Philosophy before Socrates.* Indianapolis and Cambridge.
McPherran, M. 1996. *The Religion of Socrates.* University Park, PA.
Menn, S. 1995. *Plato on God as Nous.* Carbondale and Edwardsville.
Miller, M. 2001. "'First of all': On the Semantics and Ethics of Hesiod's Cosmogony." *Ancient Philosophy* 21: 251–76.
Morel, P.-M. 1996. *Démocrite et la recherche des causes.* Paris.
———. 2005. "Democrito e il problema del determinismo. A proposito di Aristotele, *Fisica* II, 4." In Natali and Maso 2005: 21–35.
Morgan, K. 2000. *Myth and Philosophy from the Presocratics to Plato.* Cambridge.
Morrow, G. 1950. "Necessity and Persuasion in Plato's *Timaeus.*" *Philosophical Review* 59: 147–63. (Reprinted in Allen 1965: 421–37.)
Most, G. 1993. "A Cock for Asclepius." *Classical Quarterly* 43: 96–111.
Mourelatos, A. P. D. 1973. "Heraclitus, Parmenides, and the Naïve Metaphysics of Things." In *Exegesis and Argument,* edited by E. N. Lee, A. P. D. Mourelatos, and R. Rorty: 16–48. Assen.
Natali, C., and S. Maso, eds. 2005. *La catena delle cause.* Amsterdam.
Nucci, M. 2005. "L'Empedocle di Strasburgo. La questione delle tre *Theta.*" *Elenchos* 26: 379–401.
Nussbaum, M. 1978. *Aristotle's De Motu Animalium.* Princeton.
O'Brien, D. 1969. *Empedocles' Cosmic Cycle.* Cambridge.
O'Connor, D. 1994. "The Erotic Self-sufficiency of Socrates: A Reading of Xenophon's *Memorabilia.*" In Vander Waerdt 1994a: 151–80.
Osborne, C. 1987. *Rethinking Early Greek Philosophy.* London.
———. 1988. "Topography in the *Timaeus:* Plato and Augustine on Mankind's Place in the Natural World." *Proceedings of the Cambridge Philological Society* 214: 104–14.
———. 1996. "Space, Time, Shape and Direction: Creative Discourse in the *Timaeus.*" In *Form and Argument in Late Plato,* edited by C. Gill and M. M. McCabe, 179–211. Cambridge.
———. 2000. "Rummaging in the Recycling Bins of Upper Egypt. A discussion of A. Martin and O. Primavesi, *L'Empédocle de Strasbourg.*" *Oxford Studies in Ancient Philosophy* 18: 329–56.
Paley, W. 1802. *Natural Theology, or Evidences of the Existence and Attributes of the Deity, Collected from the Appearances of Nature.* London.
Panchenko, D. 1994. "$OMOIO\Sigma$ and $OMOIOTH\Sigma$ in Thales and Anaximander." *Hyperboreus* 1: 28–55.

———. 2002. "Eudemus fr. 145 Wehrli and the Ancient Theories of the Lunar Light." In *Eudemus of Rhodes*, edited by I. Bodnár and W. W. Fortenbaugh, 323–36. New Brunswick.
Pease, A. S. 1941. "Caeli enarrant." *Harvard Theological Review* 34: 163–200.
Pellegrin, P. 2002. "Les ruses de la nature et l'éternité du mouvement. Encore quelques remarques sur la finalité chez Aristote." In Canto-Sperber and Pellegrin 2002: 296–323.
Pendrick, G. 2002. *Antiphon the Sophist*. Cambridge.
Pierris, A., ed. 2005. *The Empedoclean Cosmos: Structure, Process and the Question of Cyclicity*. Patras.
Podbielski, H. 1986. "Le Chaos et les confins de l'univers dans la *Théogonie* d'Hésiode." *Les Études Classiques* 54: 253–63.
Price, D. De Solla. 1975. *Gears from the Greeks*. New York.
Primavesi, O. 2001. "La daimonologia della fisica empedoclea." *Aevum Antiquum* n.s. 1: 3–68.
———. 2005. "The Structure of Empedocles' Cosmic Cycle: Aristotle and the Byzantine Anonymous." In Pierris 2005: 245–64.
Quarantotto, D. 2005. *Causa finale, sostanza, essenza in Aristotele*. Naples.
Rashed, M. 2001. "La Chronographie du système d'Empédocle: Documents byzantins inédits." *Aevum Antiquum* n.s. 1: 237–59.
Renehan, R. 1980. "On the Greek Origin of the Concepts Incorporeality and Immateriality." *Greek, Roman, and Byzantine Studies* 21: 105–38.
Reydams-Schils, G. 1997. "Plato's World Soul: Grasping Sensibles without Sense-perception." In *Interpreting the Timaeus-Critias*, edited by T. Calvo and L. Brisson, 261–65. Sankt Augustin.
———. 1999. *Demiurge and Providence. Stoic and Platonist Readings of Plato's Timaeus*. Turnhout.
———, ed. 2003. *Plato's Timaeus as Cultural Icon*. Notre Dame.
Ritter, H. 1818. "Über die philosophische Lehre des Empedokles." In *Analecta litteraria*, edited by F. A. Wolf, 411–60. Berlin.
Sassi, M. M. 1988. *La scienza dell'uomo nella grecia antica*. Torino. (English trans., *The Science of Man in Ancient Greece*. Chicago 2001.)
Saunders, T. 1973. "Penology and Eschatology in Plato's *Timaeus* and *Laws*." *Classical Quarterly* 23: 232–44.
Schofield, M. 1980. *An Essay on Anaxagoras*. Cambridge.
———. 1983. "The syllogisms of Zeno of Citium." *Phronesis* 28: 31–58.
———. 1996. "Anaxagoras' Other World Revisited." In Algra, van der Horst, and Runia 1996: 3–19.
Scott, D. J. 2006. *Plato's Meno*. Cambridge.
Sedley, D. 1973. "Epicurus, *On nature* Book XXVIII." *Cronache Ercolanesi* 3: 5–83.
———. 1982. "Two Conceptions of Vacuum." *Phronesis* 27: 175–93.
———. 1988. "Epicurean Anti-reductionism." In *Matter and Metaphysics*, edited by J. Barnes and M. Mignucci, 295–327. Naples.

———. 1990. "Teleology and Myth in the *Phaedo*." *Proceedings of the Boston Area Colloquium in Ancient Philosophy* 5: 359–83.
———. 1991. "Is Aristotle's Teleology Anthropocentric?" *Phronesis* 36: 179–96.
———. 1992a. "Empedocles' Theory of Vision in Theophrastus *De sensibus*." In *Theophrastus: His Psychological, Doxographical and Scientific Writings*, edited by W. W. Fortenbaugh and D. Gutas, 20–31. New Brunswick.
———. 1992b. "Sextus Empiricus and the Atomist Criteria of Truth." *Elenchos* 13: 19–56.
———. 1993. "Chrysippus on Psycho-physical Causality." In *Passions and Perceptions*, edited by J. Brunschwig and M. Nussbaum, 313–31. Cambridge.
———. 1995. "The Dramatis Personae of Plato's *Phaedo*." In *Philosophical Dialogues: Plato, Hume and Wittgenstein*, edited by T. Smiley, 1–26. Oxford.
———. 1998a. *Lucretius and the Transformation of Greek Wisdom*. Cambridge.
———. 1998b. "Platonic Causes." *Phronesis* 43: 114–32.
———. 1999a. "Parmenides and Melissus." In *The Cambridge Companion to Early Greek Philosophy*, edited by A. A. Long, 113–33. Cambridge.
———. 1999b. "The Ideal of Godlikeness." In Fine 1999, vol. 2, 309–28. (= revised version of "Becoming Like God in the *Timaeus* and Aristotle," in Calvo and Brisson 1997: 327–39.)
———. 2000. "*Metaphysics* Λ 10." In *Aristotle's Metaphysics Lambda*, edited by M. Frede and D. Charles, 327–50. Oxford.
———. 2002. "The Origins of Stoic God." In Frede and Laks 2002: 41–83.
———. 2003a. *Plato's Cratylus*. Cambridge.
———. 2003b. "Lucretius and the new Empedocles." *Leeds International Classical Studies* (http://www.leeds.ac.uk/classics/lics) 2.
———. 2004. *The Midwife of Platonism: Text and Subtext in Plato's Theaetetus*. Oxford.
———. 2005a. "Empedocles' Life Cycles." In Pierris 2005: 331–71.
———. 2005b. "Les Origines des preuves stoïciennes de l'existence de dieu." *Revue de Métaphysique et de Morale* 4: 461–87.
Sharples, R. W. 1983. *Alexander of Aphrodisias on Fate*. London.
———. 1994. "Plato, Plotinus, and Evil." *Bulletin of the Institute of Classical Studies* 39: 171–81.
———. 2003. "Threefold Providence: The History and Background of a Doctrine." In *Ancient Approaches to Plato's Timaeus*, edited by R. W. Sharples and A. Sheppard, 107–27. London.
———. 2005. "Ducunt volentem fata, nolentem trahunt." In Natali and Maso 2005: 197–214.
Sider, D. 2005.*The Fragments of Anaxagoras*. 2nd edition (1st edition 1980). Sankt Augustin.
Solmsen, F. 1963. "Nature as Craftsman in Greek thought." *Journal of the History of Ideas* 24: 473–96.
———. 1965. "Love and Strife in Empedocles' Cosmology." *Phronesis* 10: 109–48.

Sorabji, R. 1980. *Necessity, Cause and Blame: Perspectives on Aristotle's Theory*. London.

———. 1983. *Time, Creation and the Continuum*. London.

Steel, C. 2001. "The Moral Purpose of the Human Body: A reading of *Timaeus* 69–72." *Phronesis* 46: 105–28.

Stokes, M. 1962. "Hesiodic and Milesian Cosmogonies." *Phronesis* 7: 1–37.

———. 1967. *One and Many in Presocratic Philosophy*. Washington.

Strang, C. 1963. "The Physical Theory of Anaxagoras." *Archiv für Geschichte der Philosophie* 45: 101–18. (Reprinted in Furley and Allen 1975: 2.361–80.)

Strange, S. 1985. "The Double Explanation in the *Timaeus*." *Ancient Philosophy* 5: 25–39. (Reprinted in Fine 1999: vol. 1, 397–415.)

Tannery, P. 1886. "La Théorie de la matière d'Anaxagore." *Revue Philosophique de la France et de l'Etranger* 12: 255–77.

Taub, L. 2003. *Ancient Meteorology*. London and New York.

Taylor, A. E. 1928. *A Commentary on Plato's Timaeus*.

Taylor, C. C. W. 1999. *The Atomists: Leucippus and Democritus*. Toronto.

Tegmark, M. 2003. "Parallel Universes." *Scientific American*, May 2003.

Tepedino Guerra, A. 1994. "L'opera filodemea *Su Epicuro* (PHerc. 1232, 1289β)." *Cronache Ercolanesi* 24: 5–54.

Theiler, W. 1924. *Zur Geschichte der teleologischen Naturbetrachtung bis auf Aristoteles*. Zurich. (2nd edition 1965, Berlin.)

Tieleman, T. 2005. "Galen and Genesis." In *The Creation of Heaven and Earth. Re-interpretations of Genesis I in the Context of Judaism, Ancient Philosophy, Christianity, and Modern Physics*, edited by G. H. van Kooten, 125–45. Leiden.

Tredennick, H., and R. Waterfield, trans. 1990. *Xenophon. Conversations of Socrates*. Harmondsworth.

Trépanier, S. 2003a. "Empedocles on the Ultimate Symmetry of the World." *Oxford Studies in Ancient Philosophy* 24: 1–57.

———. 2003b. "'We' and Empedocles' Cosmic Lottery: *P.Strasb.Gr.* inv. *1665–1666, ensemble a*." *Mnemosyne* 56: 385–419.

Vander Waerdt, P. 1993. "Socratic Justice and Self-sufficiency: The Story of the Delphic Oracle in Xenophon's *Apology of Socrates*." *Oxford Studies in Ancient Philosophy* 11: 1–48.

———. 1994a. *The Socratic Movement*. Ithaca and London.

———. 1994b. "Socrates in the *Clouds*." In Vander Waerdt 1994a: 48–86.

Velásquez, O. 2004. *Platon. Timeo*. Santiago.

Viano, C. 2001. "La cosmologie de Socrate dans les *Mémorables* de Xénophon." In *Socrate et les Socratiques*, edited by G. Rhomeyer Dherbey and J.-B. Gourinat, 97–119. Paris.

Vlastos, G. 1939. "The Disorderly Motion in the *Timaeus*." *Classical Quarterly* 33: 71–83. (Revised version in Allen 1965: 379–99; also reprinted in Vlastos 1995, vol. 2: 247–79.)

———. 1950. "The Physical Theory of Anaxagoras." *Philosophical Review* 59: 31–57. (Reprinted in Furley and Allen 1975, vol. 2: 323–53, and in Vlastos 1995, vol. 1: 303–27.)

———. 1952. "Theology and Philosophy in Early Greek Thought." *Philosophical Quarterly* 2: 97–123. (Reprinted in Vlastos 1995, vol. 1: 3–31.)
———. 1965. "Creation in the *Timaeus:* Is it a Fiction?" In Allen 1965: 401–19.
———. 1995. *Studies in Greek Philosophy.* Edited by D. W. Graham. 2 vols. Princeton.
Waerden, B. L. van der. 1952. "Das grosse Jahr und die ewige Wiederkehr." *Hermes* 80: 129–55.
———. 1953. "Das grosse Jahr des Orpheus." *Hermes* 81: 481–83.
Walzer, R. 1949. *Galen on Jews and Christians.* London.
Wardy, R. 1993. "Aristotelian Rainfall or the Lore of Averages." *Phronesis* 38: 18–30.
———. 2005. "The Mysterious Aristotelian Olive." *Science in Context* 18: 69–91.
Warren, J. 2004a. *Facing Death: Epicurus and his Critics.* Oxford.
———. 2004b. "Ancient Atomists on the Plurality of Worlds." *Classical Quarterly* 54: 354–65.
West, M. L. 1966. *Hesiod Theogony.* Oxford.
———. 1971. *Early Greek Philosophy and the Orient.* Oxford.
Wilamowitz, U. von. 1930. "Lesefrüchte." *Hermes* 65: 245–50.
Wright, M. R. 1981. *Empedocles, The Extant Fragments.* London.
Zeyl, D. 2000. *Plato. Timaeus.* Indianapolis and Cambridge.

位置索引

(左侧为作者所依原文编码,右侧索引码为原书页码,即本书边码)

Aetius,埃提乌斯		B 1	9,13n37
I 7.8–9	143n22	B 4	14,17,21,23,
I 7.13	6n19		30
II 1.2	16n48	B 6	30
V 8.1	44n43	B 8	16,28
V 19.5	40–41	B 10	19,26
V 26	47	B 11	10,11,23,30
		B 12	11–12,20,22,
Alexander of Aphrodisias,阿芙罗蒂西亚的亚历山大			23,28,29,30
		B 14	20n58
De fato,《论命运》		B 15	9–10,13,17,
192.18	210n14		27
		B 16	13
Anaxagoras (Diels-Kranz 59),阿那克萨格拉		B 17	15
		Anaximander (Diels-Kranz 12),阿那克西曼德	
A 1(10)	14n39		
A 11–12	14n39		
A 87	16n49	A 10	5n16
A 92	28–29	B 1	6
A 113	18n51		
A 116	23n65	Anaximenes (Diels-Kranz 13),阿那克西美尼	
A 117	23n65		

375

A 7(a)	4n12	310a34–b16	200n66
A 20	4n12	310b16–19	201n66

Antiphon (orator),安提丰（演说家）

6.9	20n58

Aristophanes,阿里斯多芬

Thesmophoriazousae,《地母节妇女》

14–18	54n73

Aristotle,亚里士多德

De anima,《论灵魂》

404b1–5	23n65
404b1–2	24n69
415a26–b7	170
416a2–5	171–72

De caelo,《论天》

270b16–25	119n58
I 10–11	107n29
279b32–280a2	107
II 2	173
292a22–28	169n6
292a28–34	166
293.18–294.3	62
294b13–17	87n28
295b10	5n14
300b24–31	42n34
301a15–16	39n22
302a28–b5	13n36
302b4–5	13n36

Eudemian ethics,《优台谟伦理学》

1215b–14	24n69
1216a10–16	24n69
1249b13–15	170n9

Historia animalium,《动物志》

494a20–b1	171n12
569a29–570a3	18n52

Metaphysics,《形而上学》

981b2–5	178n21
A 3–4	1n2
984a11–13	8n26
984b15–22	7n22
984b23–31	3
984b32–985a10	62n90
985a18–21	21n60,192n42
987a32–b1	227n51
988a14–17	115n51
1025a14–19	193
1032a12–b1	18n52
1032b5–14	180
1050b28–30	170
1074a38–b14	119n58
Λ 10	171
1075a11–25	198–99

Meteorologica,《天象学》

338a20–b22	196n51
339a5–9	196n51
339a30–31	201n66

346b35–347a10 171

Nicomachean ethics,《尼各马可伦理学》

  1096b32–35 198
  1112a34–b8 178n21
  1152b26–27 197n56
  1168b31–32 200n62
  X 7–8 169
  1177b26–1178a8 170
  1178b7–32 170

On generation of animals,《论动物的生殖》

  731b24–732a1 170，198
  761b24–763b16 18n52
  762b28–30 19n54
  769b13–16 44

On generation and corruption,《论产生和毁灭》

  314a24–b1 13n36
  334a5–7 34n9
  336b27–34 168n4
  336b34–337a7 171
  337a1–15 201n66

On parts of animals,《论动物的构造》

  639b25–30 180n24
  640b4–17 184n29, 195n49
  641a25–27 175n17
  641b10–23 192n40, 194–95
  641b13–15 82n19
  642a31–b4 183, 201n67
  656a7–13 171
  656a14–27 120n61
  II 14–15 240
  658b14–26 82n19
  661b6–9 82n19
  665a19–26 172
  674b2–4 202n69
  675a31–b28 129n77
  675b22–28 129
  686a24–b2 131
  687a8–10 24
  687b21–24 130n78
  696b25–32 196n53

On progression of animals,《论动物的行进》

  4–5 172

On youth and old age,《论青年和老年》

  477a21–23 171n12

Physics,《物理学》

  184a16–21 174
  192b23–27 177
  193a9–30 184
  193a12–17 184n30
  193b9–11 184n30
  194a30–33 238
  194a33–36 203n72
  II 3 174，178–79
  195b21–25 179
  II 4–6 186–94

196a24–35	191	255b29–31	201n66
196b21–24	193n44	*Politics*,《政治学》	
197a8–18	188–89	1252a28–30	170
197a25–30	187n34	1252b30–34	200
198a1–3	187	1256b10–22	201
198a5–13	192, 197	*Protrepticus* (ed. Ross),《劝勉篇》	
198a5–7	193n44	fr. 10a	7n22
198a24–27	175n17	*De mundo*,《论世界》[归于亚里士多德]	
198b8–9	197		
198b16–199a5	60n89, 189–90	397a10–11	68n102
198b24–26	82n19	401a16	68n102
198b31–32	191		
198b31	44n41	Censorinus,肯索里努斯	
199a15–20	175	*De die natali*,《论自然日》	
199a20–30	175	18.11	69
199a33–b4	186		
199b26–28	177, 180	Cicero,西塞罗	
199b28–30	177	*Academica*,《学园派》	
199b30–32	177	II 55	137, 138n12
II 9	182–83, 185	II 118	107n30
199b35–200a5	182	II 125	138n12
199b35–200a1	184	*De divinatione*,《论占卜》	
200a7–10	183n27	I 82–83	232
203b11–15	6n19	*De fato*,《论命运》	
250b26–251a5	69n105	30	232n66, 233
250b26–29	67n100	*De finibus*,《论至善和至恶》	
252a7–10	67n100	II 69	217n23
252a31	67n105	*De natura deorum*,《论神性》	
252b21–23	201n66	I 19	140
255a10–15	201n66	I 20	107n29

I 21	143–44	Derveni Papyrus,德尔维尼莎草纸文献	
I 26–28	149		
I 26	6n19	24	22n61
I 50	156		
I 109	156	Diodorus Siculus,狄奥多罗斯·西格斯	
II 18	212		
II 20	225	I 7.3–6	18n52
II 26	224	I 10.1–7	18n52
II 37–39	231n63		
II 88	207	Diogenes of Apollonia (Diels-Kranz 64),阿波罗尼亚的第欧根尼	
II 93	158		
II 95–96	205n1	A 5	90n31
II 121–29	236n75	B 2	76
II 141	81n15	B 3	75–77,200n65
II 162	235	B 4	76
II 142	52n70	B 5	76–77
III 92	210n15	B 7	65n96

Timaeus,《蒂迈欧》

5	107n30

Diogenes Laertius,第欧根尼·拉尔修

Tusculan disputations,《图斯库路姆论辩集》

		II 8	16n49
I 70	107n30	II 9	18n52,22n64
		II 16–17	18n52
		II 19	16n46

Democritus (Diels-Kranz 68),德谟克利特

		II 34	212n20
A 39	136n6	VII 91	233n67
B 5	134n1	VII 149	217n23
B 116	135	VIII 5	7n22
B 164	136n7	IX 36	135n4
		IX 57	90n31

X 33	141n17	B 26.1–7	39–40
		B 26.4–6	35
Empedocles (Diels-Kranz 31), 恩培多克勒		B 26.5–6	63–64
		B 26.10	68n102
A 8	44n43	B 35	42–43, 46n45, 52, 59
A 42	34n9		
A 52	62	B 35.16–17	44, 61
A 70	46, 47	B 57	42
A 72	40–41	B 58	42n32
B 6	33n7	B 59	43, 60
B 8	37n18, 49n58	B 61	43, 50
B 8.1–2	65n96	B 62	45, 46, 47, 48
B 16.2	68n102	B 62.7	46n47
B 17	66	B 71	42, 43n37, 59
B 17.1–8	34–35	B 73	43, 59
B 17.1–5	63–64	B 75	43
B 17.3	65	B 76	37n18
B 17.7–13	62	B 82	41
B 17.11	68n102	B 84	42, 52–53, 57
B 17.14	38n21	B 86	42, 43n37, 52–53
B 20.1	37n18		
B 21	48, 58, 59, 84	B 87	42, 43n37, 52
B 21.10	50	B 95	42, 43n37
B 21.12	68n102	B 96	41, 52, 59
B 22	49n57, 59	B 98	41, 59
B 23	48, 57, 58	B 98.5	38n21
B 23.5	38n21	B 100	57
B 23.6	50	B 107	59n85
B 23.8	68n102	B 109	59n85
B 26	63	B 110.3	68n102

B 111	71n114	d1–10	71n113
B 112.4–5	50n61	d10	71n112
B 113	51	d12	48n51
B 115	50–51, 66, 69n106, 70		

Epictetus, 爱比克泰德

Discourses,《语录》

B 115.5	68n102
B 124	52
B 126	51n62
B 127	47n49
B 128	34n9, 39n23, 50n61, 63, 66, 70, 74n124

I 16.9	240n3
II 6.9	234n69

fragments, 残篇

1	243n7

Epicurus, 伊壁鸠鲁

Letter to Herodotus,《致希罗多德的信》

B 129	7n22, 51
B 129.6	68n102
B 137.6	59n87
B 146	50n61
B 153a	69n106

43	162n53
72–73	145n26

On nature XXVIII,《论自然》XXVIII

Empedocles, Strasbourg papyrus, 恩培多克勒,斯特拉斯堡莎草纸文献

13 IX–X	162n54

fragments (Usener),（乌斯纳尔）残篇

a(i) 6 (=267)	40n26, 71n112
a(ii) 6 (=276)	68n102
a(ii) 21–30 (=291–300)	35–38
a(ii) 26–28 (=296–98)	37, 72
a(ii) 27 (=297)	49–50
c	37n18
c3	71n112
d	45–46

266	159n49
307	164n58

Eudemus (ed. Wehrli), 优台谟

fr. 31	33n7

Euripides, 欧里庇德斯

Supplices,《请愿的妇女》

196–210	80n12

Galen，盖伦
Compendium Timaei，《蒂迈欧汇编》
   39.12   107n34
De methodo medendi，《关于治疗方法》
   I 4.10   146n28
De usu partium，《人体部位的实用性》
   II 154–62   240
   III 16.7–17   130n78
On the doctrines of Hippocrates and Plato，《希波克拉底和柏拉图的学说》
   IX 7.9–16   242–43

Gellius，革利乌斯
   VII 1.10–13   235n72

Heraclitus (Diels-Kranz 22)，赫拉克利特
   A 102   90n32
   B 1   226n49
   B 2   226n49
   B 30   8n25
   B 41   84n23
   B 50   226n49

Herodotus，希罗多德
   I 202–3   70n108
   III 90–95   70n108
   III 108–9   56n77
   IV 124   70n108

Hesiod，赫西俄德
Theogony，《神谱》
   116–17   2
   521–616   54
   535   4n7
   575   52n66
   581   52n66
Works and Days，《工作与时日》
   47–105   4，47，54
   59–68   54
   60   23
   109–201   52
   110   4
   128   4
   144   4
   158   4
   765–828   22
fragments (Merkelbach/West)，残篇
   33a，15   52n66
Shield of Heracles，《赫拉克勒斯之盾》[归于赫西俄德]
   140   52n66
   224   52n66

Hippocrates，希波克拉底
De flatibus，《论呼吸》
   3   77n5

De victu,《论养生之道》		II 522–31	157n45
I 12–24	57n80	II 532–40	157
Epistulae,《书信集》[归于希波克拉底]		II 541–68	157n45
		II 569–80	157n45
10 (IX 322 Littré)	138n12	II 871–73	18n52
		II 898–901	18n52
Hippolytus,希波吕托斯		II 926–29	18n52
Refutatio,《驳一切异端》		II 1081–83	37
I 8.3	16n49	II 1090–1104	148
I 9.5–6	18n52	II 1091–93	72
I 13.2–3	137n10	II 1116–17	163n56
I 21	234n68	III 713–40	18n52
VII 29.22	47n48	III 830–1094	147
VII 30.3–4	47n48	IV 823–31	152–53
		IV 832–57	153
Leucippus (Diels-Kranz 67),留基波		V 156–65	143
A 8	160n50	V 165–67	146
		V 168–73	142–43
Lucian,琉善		V 174–80	146
Muscae Encomium,《苍蝇颂》		V 181–86	140
7	7n22	V 187–234	148
		V 419–31	159n49
Lucretius,卢克莱修		V 526–33	159n47
I 3	73n120	V 878–924	152
I 1008–51	157n45	V 789	73n120
I 1021–28	159n49	V 795–800	18n52
II 167–81	148	V 837–56	150–51
II 333–80	157n45	V 855–77	74,151
II 478–521	157n45	V 864–70	73,74,151
II 500–21	162n55	V 864–66	73n120

V 878–924	72	恒》	
V 925–1457	154	57	19n54

Marcus Aurelius,马可·奥勒留
 V 16   228n53,237

Melissus (Diels-Kranz 30),麦里梭
 B 2   136n6
 B 7   5n17

Ovid,奥维德
Metamorphoses,《变形记》
 I 416–37 18n52
 VI 1–145 131

Parmenides (Diels-Kranz 28),巴门尼德
 A 37   8
 B 8.9–10 142n20
 B 12–13 8
 B 12.3–6 48n53

Pherecydes (Diels-Kranz),费雷西底
 7 B 1 A 3n4

Philemon (Kassel/Austin),菲勒蒙
 fr. 93   57n78

Philo,斐洛
De aeternitate mundi,《论世界的永恒》
 57   19n54

Philodemus,斐洛德谟
De Epicuro,《论伊壁鸠鲁》
 XVIII 10–17 147n30
De signis,《符号论》
 XV 28–XVI 1 159n46
De Stoicis,《论斯多亚派》
 XIII 3 206n4

Philoponus,菲洛波努斯
De aeternitate mundi,《论世界的永恒》
 599.22–601.19 107n34
In Aristotelis De anima,《亚里士多德〈论灵魂〉评注》
 86.29–30 7n21
In Aristotelis Physica,《亚里士多德〈物理学〉评注》
 405.23–27 136n8

Plato,柏拉图
Apology,《申辩》
 24c1   79
 31c7–d6 79
Crito,《克力同》
 42d2–44b6 232
 54e1–2   233
Cratylus,《克拉提鲁》

389a5–390e5	109n36	99b2–4	88
397e5–398c4	51n61	99b8–c1	87n28
Critias,《克里提亚》		99c6–102a1	115n50
106a3–b6	100n14	99c7–8	91–92
106a3–4	102	107c1–115a8	93–95
Euthyphro,《游叙弗伦》		110b5–7	113n46
3b5–9	79	*Phaedrus*,《斐德鲁斯》	
Gorgias,《高尔吉亚》		245c5–246a2	104n23, 205n2
464b2–c3	106–7n28	*Philebus*,《斐勒布》	
500e3–501c1	107–8	28d5–9	1n2
503d5–504a5	107–8	29a9–30d9	82, 195, 218, 223n41
Laws,《法篇》			
678a7–679e5	120	*Protagoras*,《普罗塔格拉》	
721b6–c8	170	320c2–7	57
889a4–e1	175n18	320c2–4	100
892a2–c8	99n10	320d8–321c3	56
896b2–c8	99n10	323a5–328c2	103
967d6–7	99n10	*Republic*,《理想国》	
903b4–d2	206n2	379c2–7	88n29
Phaedo,《斐多》		455d	230n61
78c1–80c1	222n35	508e2–3	106
81d6–82b9	129	530a4–c2	129
96a5–99d2	1n2	589b1–3	24n68
96b2–3	18n52	596a10–b8	108
96b3–9	89n30	597a2	108n36
98c1–2	87	597a4	108n36
98c2–99b2	88	597b4–6	108n36
98d6–8	89n30	597c2	108n36
99a4–b6	115	597c3	108n36
99b2–6	210	597c9	108n36

597d1–2	108n36	29b1–c3	110
620a2–d5	131n79	29b3–c3	111n42
Sophist,《智者篇》		29c4–d3	104, 111
242d4–243a1	32n6	29d1–3	111n42
244e2–8	32n5	29d7–31a1	109
265c1–10	82n21	29d7–30b6	123n65
Symposium,《会饮》		29e2	123n65
189d5–191d5	55	30b1–c1	212, 225, 227
190a8–b5	55n75	30b1–3	230n60
Theaetetus,《泰阿泰德》		30b1	228
151a3–4	79	30b2	230
Timaeus,《蒂迈欧》		30c2–31a1	112
21a7–26e1	96	30c2–3	108n36
22c1–e2	119	30c5–8	108n36
22d7	120n60	30c6–d1	121n63
23b3–d1	120	30c7–d1	61
23b3–6	119–20n58	30d2	228n54
23d4–e2	120n58	31a2–b3	101, 112
27c1–d1	100n14	31a4–5	108n36
27d5–28a4	103n20	31b1	108n36
28a6–b2	127n75	31b4–32c4	110, 117
28b2–c2	145n27	32c2–4	106
28b4–29a1	105	32c5–33b1	112, 117
28b4–c2	101	33b1–7	110, 111, 118n53
28c1–2	103n20		
28c2–29a1	102	33b7–34b3	112
28c2–3	105	33c4–d3	112n45
28c5–29b1	101, 108	34b10–35a1	99
29a2–6	109	35a1–37c5	222
29a3–4	109	36c6	173n15

37a4–c5	168n3	44d3–6	118n53
37b8	111n42	44d3–4	127n75
37c6–38c3	99, 112, 144	45a3–b2	171
37d1	108n36	45b2–46c6	119
37d3	108n36	46c7–48b3	114
37e3–38a2	105n25	46c7–e2	209
39b2–c1	124n68	46c7–d1	116, 119
39e3–40a2	108n36, 121	46d1–3	184
39e6–40a2	61	46e1–2	116
39e7–40a2	121n63	46e2–6	114n47
39e8	108n36	46e2	114n48
40a2–4	124n68	46e4	115
40a2–3	119	46e6–47c4	124
40b1	173n15	47b5–e2	114n47
41a3–d3	100	47e4–48a7	114n48
41a7–d3	123n65	48a3	118
41b7–d3	121	48a7	114
41d1–3	127n74	48b3–c2	33n7
41d4–7	222	48d4–e1	100n14
41d6–7	126n73	51d2–53c3	99
42a1–2	50n60	51d3–e6	101
42b2–d2	122	52d2–53b5	116
42d2–5	126	52d4–53a8	104n23
42d2–3	106n28	52d4–53a7	118n56
42d3–4	123	53a7–b5	118
42e3–4	123n66	53d5	114n48
42e6–44c4	124	55c4–d6	113
42e6–43a1	199n59	55d8–56a1	119n57
43c7–44b7	222	56c5–6	119n57
44d3–8	125	56c5	114n48

57d3–58a2	118n56	91e6–92a7	130
68e1–69a5	114, 116n52	92a4–7	128
69a6–81e5	125, 127	92a7–c1	128
69b1	99n13		
69b8–c3	61	Plutarch,普鲁塔克	
69c2–3	108n36	*Adversus Colotem*,《驳克娄特》	
69c2	108n36	1123B	72n117
69c5–86a8	197	*De communibus notitiisi*,《对斯多亚派一般概念的驳斥》	
69c5–73a8	129n77		
69d7	114n48		210n15
70e5	114n48	*De Stoicorum Repugnantiis*,《论斯多亚派的自相矛盾》	
71a3–72d3	125n72		
72d4–8	111n42	1044D	235n73
72e2–73a8	129n77	*Quaestiones convivales*,《会饮篇》	
73d3–e4	130	683E	52n52
74e1–75c7	120		
75a7–b2	121n62	Porphyry,波斐利	
75a7–b1	114n48,121n62	*De abstinentia*,《论戒荤》	
75d5–e5	114n48,116n52	III 20.3	236
75e3–5	125n70	III 30.1	235n71
76b1–d3	120		
76d6–8	114n47	Proclus,普罗克洛	
76e7–77c5	108n36	*In Platonis Timaeum*,《柏拉图〈蒂迈欧〉评注》	
76e7–77b1	127n74		
90a2–b1	172,173n15	I 276.30–277.1	107n30
90e1–92c3	128,197	I 289.7–9	107n30
90e6–91d5	128	II 95.28–96.1	107n30
91d6–e1	128,129	III 212.6–9	107n30
91e2–92a4	128		
91e6–92a7	130–31	Scholia on Aristotle,对亚里士多德	

的评注

on *Generation and Corruption*, and *Physics*，论《产生与消灭》,和《物理学》

    67–70

Scholia on Proclus，对普罗克洛的评注

on *In Plat. Remp.* II，论《柏拉图〈理想国〉第二卷评注》

377.15	107n30

Seneca，塞涅卡

Letters,《道德书简》

58.27–29	107n30
65.2	210n14

Sextus Empiricus，塞克斯都·恩披里克

Adversus mathematicos,《驳数学家》

VII 116–18	136n7
VII 132	226n49
IX 20–23	205n1
IX 60–137	211
IX 75–122	211
IX 75–87	211
IX 76	205n2
IX 88–110	210–30
IX 92–94	215–16
IX 94	217–18，221n32
IX 95	218，219–20
IX 96	219–20
IX 97	220
IX 98	222n36, 223n37, 223n38
IX 99–100	221
IX 100	221n32, 222n36, 23n40
IX 101	222n36, 223–24
IX 102–3	224n45
IX 102	211
IX 104	225–26，229
IX 107	225n46
IX 108–10	219
IX 108	229
IX 109–10	229
IX 111–18	211
X 181–88	145n26
XI 73	231n65

Simplicius，辛普利丘

In Aristotelis De caelo,《论亚里士多德的〈论天〉》

529.1–530.11	42
529.26	42n33
529.28	42
530.5–10	43
530.11	43n37

In Aristotelis Physica,《论亚里士多德的〈物理学〉》

7.10–17	33n7
151.20	77n5
157.22–24	14n40
178.25	16n48
178.28–179.12	27
371.33	42n34
372.6–7	45n44
372.8–9	44n41

Tatian，塔提安
Oratio ad Graecos，《致希腊人书》

3.1–2	233n67

Thales (Diels-Kranz 11)，泰勒斯

A 14	4n12
A 22	6，7

Theophrastus，泰奥弗拉斯托斯
De causis plantarum，《植物的本原》

I 5.2	18n53
III 1.4	18n53

De sensibus，《论感知》

8	42n33，53n69

fragments (Fortenbaugh et al.)，残篇

241 A–B	107n31
226 A	90n31

Xenocrates (fragments, ed. Isnardi Parente)，色诺克拉底（残篇）

153–57	100n15

Xenophanes (Diels-Kranz 21)，色诺芬尼

B 10–16	8n23
B 11–16	83
B 23–26	8n23，83
B 25–26	149n35
B 28	149n35

Xenophon，色诺芬
Apology，《苏格拉底的申辩》

12–13	79n10

De re equestri，《论马术》

11.13	79n10

Hellenica，《希腊史》

VI 4.3	79n10

Memorabilia，《回忆苏格拉底》

I 1.2–4	79n10
I 1.11–15	79
I 3.14–15	81n16
I 4	78–86，148，204n73，210–11
I 4.2–7	83–86，214–15
I 4.2–6	213
I 4.2	79，82n20，85
I 4.4	85n24
I 4.5	81，85n24
I 4.6	81，82n19
I 4.7	80n11，213
I 4.8–14	213
I 4.8	82，195，

	221n32	IV 3.5	81
I 4.9–11	85	IV 3.6	81
I 4.12	81	IV 3.12	79n10
I 4.17–18	83	IV 3.13	149n33
I 4.17	81	IV 3.15	79
IV 3	78–86, 148	IV 5.9	81n16
IV 3.2	82n20	IV 8.1	79n16

通用索引

(索引码为原书页码,即本书边码)

Academics, Academy, 学园派, 学园, 140n15, 144n24, 206, 236
Aether, 以太, 9, 13, 87, 94
Alexander of Aphrodisias, 阿芙罗蒂西亚的亚历山大, 27, 170n7
Alexinus, 阿列克西努斯, 211, 219, 229–30
Anaxagoras, 阿那克萨格拉, 3n6, 7–31, 75, 80n12, 82n21, 83, 87–91, 93–94, 133, 134n1, 135, 137, 143n22, 149, 168, 184n28, 192n42, 200n66, 226n49
Anaximander, 阿那克西曼德, 3n6, 5, 6, 69n106
Anaximenes, 阿那克西美尼, 3n6, 149
Antiochus, 安条克, 107n30
Antiphon the Sophist, 智者安提丰, 184n30
Antisthenes, 安提西尼, 81n17, 233n67

Archelaus, 阿基劳斯, 18n52
Archedemus, 阿基德谟, 231
Archimedes, 阿基米德, 207
Argument from Design, 设计论证, xv, xvii, 75, 82–86, 205–7, 210–11, 213
Aristodemus, 阿里斯多兑谟, 83–86, 213–14
Aristophanes, 阿里斯多芬, 54n73, 90n31, 129; 亦参见柏拉图,《会饮》
Aristotle, 亚里士多德, xvi–xvii, 1, 18, 77, 119, 133, 143, 148, 167–204, 206, 208, 236, 239–41; on Anaxagoras, 关于阿那克萨格拉, 10, 21, 26–28, 30, 192n42; on atomists, 关于原子论者, 182, 184, 191–93, 195; on Empedocles, 关于恩培多克勒, 60, 189–91; relation to Plato, 与柏拉图的关系, 107, 114n47, 167–70, 172–74, 178, 183–84,

197-99，203-4；*Metaphysics* Lambda，《形而上学》Lambda 卷，169，171，198-200；*Nicomachean ethics* X，《尼各马可伦理学》第十卷，169；*Parts of animals*，《论动物的构造》，186n31，194-96；*Politics*，《政治学》，199-200，201-2

atomism, atomists，原子论，原子论者，xvi，3n6，7，23，82，86，89-90，133-66，168-69，182，184，191-93，195，239，242

Atticus，阿提库斯，107n30

Boethus，波埃图斯，107n33

Borel, Emile，埃米尔·博雷尔，158

cataclysms，大灾，119-20

Carneades，卡涅阿德斯，236-38

cause，原因，87-89，91，94，98，101-12，106-9，113-16，123，133，142，168，173，174-75，178-81，184，187-88，209-10

Chaos，混沌，2-3

Chrysippus，克律西波斯，232-35

Cicero, literalist interpreter of *Timaeus*，《蒂迈欧》的字面含义解读者西塞罗，107n30

Cleanthes，克里安提斯，211，217n23，226

Cosmic Intelligence Argument，宇宙理智论证，82-83，211-14，217-25

craft, craftsmanship，技艺，23，52-59，84-85，98-99，105-15，127-28，140，141，153-55，173-81，186，204，216，221-22，240-42

Crantor，克兰托尔，206n5

daimons，精灵，31-32，34n9，39，48，50-51，60，62，66，70，131，172

Darwin (Charles), Darwinism，查尔斯·达尔文，达尔文主义，xv，43，56，151，155n40，168，242

Demiurge，德慕格，参见"技艺"

Democritus，德谟克利特，133-39，158，160-65

Derveni Papyrus，德尔维尼莎草纸文献，71n115

determinism，决定论，164-65，233-34

Diogenes of Apollonia，阿波罗尼亚的第欧根尼，1，75-78，83，90，200n65，205

Diogenes of Oenoanda，奥诺安达的第欧根尼，143n21

Diogenes of Sinope，锡诺普的第欧

根尼，233n67
divination，占卜，79，125n72，232-34

earth, stability of，大地的稳定性，3-4，87，93
Empedocles，恩培多克勒，31-74，75，83，84，121-22，131，152，189-91
Epicureans, Epicurus，伊壁鸠鲁主义者，伊壁鸠鲁，72-73，107，133-34，139-66，170，175，182n25，206，207n8，234，239
evil, source of，恶的来源，62，88n29，115-27，148，185-86，210，234-35
eye，眼睛，42，52-54，60，81，124-25，154-55

final cause，目的因，2n2，114n47，174-75，187，197，200
fortuitous, the，偶然之事，181，186-94
fossils，化石，43n39

Galen，盖伦，xvii，77，133，239-44

hair，毛发，120，231，240-42
Harpocration，哈玻克拉奇翁，107n30
head，头，114n48，118n53，120-21，126-28，130，235
Heraclitus，赫拉克利特，5，8，83，209n12，226-27
Hermotimus，赫尔摩底谟，7n22，25n70
Hesiod，赫西俄德，2-4，8，22，47，54，57，62
Hippocrates，希波克拉底，240
Huxley, Thomas，托马斯·赫胥黎，158

infinity，无限，136-39，144-45，155-66
intelligence，理智，9-12，19-25，27，30，31，75，82n21，87-90，94-95，109，114-15，118-19，133-35，137，140，145，168，175，183，184n28，191-92，194，207，225-30；simple vs complex，简单的对复杂的，221-22；亦参见"宇宙理智论证"
isonomia，分配平等，156-58，163n56，166

Kelvin, Lord，凯尔文勋爵，19n57

Lamarck, Jean-Baptiste，让-巴蒂斯特·拉马克，151

Lamb, Charles，查尔斯·兰姆，193

Leibniz, Gottfried，戈特弗里德·莱布尼茨，76，142

Leucippus，留基波，90n31，133-34，139-57

Lucretius，卢克莱修，37-38，50，72-74，139-64，234

luck，运气，186-94

mind (*nous*)，心灵（努斯），参见"理智"

moon，月亮，13，14，20-22，25，137，207

Moses，摩西，241

necessity，必然性，114-16，118，119n57，140，181-86，207n8

noēsis，认识，参见"理智"

nous，努斯，参见"理智"

Orpheus，俄耳甫斯，69

ou mallon，没有更多的理由，138，158，160

Ovid，奥维德，131

Paley, William，威廉·佩利，xv，207

Panaetius，巴内提奥，107n33

Pandora，潘多拉，4，47，54

Parmenides，巴门尼德，1-2n2，8，11，32-33，135-36，142

Philolaus，斐洛劳斯，51n62

Plato，柏拉图，1-2，62，77-78，147-48，152，167-70，173，176，185，204，239-41；on Anaxagoras，关于阿那克萨格拉，21-24，87-89，93-94，218；on Socrastes，关于苏格拉底，78，82，86-95，206；influence on Stoicism，对斯多亚派的影响，205，208-11，222，223，225-31，243；*Apology*，《申辩》，91；*Cratylus*，《克拉提鲁》，125n71；*Critias*，《克里提亚》，95-96；*Crito*，《克力同》，125n72，232-33；*Gorgias*，《高尔吉亚》，106-7n26，107-8，113-14，132，217；*Laws* X，《法篇》第十卷，82n21，85n25，205；*Meno*，《美诺》，103n21；*Phaedo*，《斐多》，21，82n21，86-95，115，125-26，128，129，131n79，132，217；*Phaedrus*，《斐德鲁斯》，104n23；*Protagoras*，《普罗塔格拉》，55-57；*Republic*，《理想国》，95，126n73，129，132，169；*Symposium*，《会饮》，46，55，131；*Timaeus*，《蒂迈欧》，xvi，4n8，25，57，61，91-92，93，94n4，95-133，139-41，143-45，169，171，173-74，

183–84, 186, 196–98, 206, 208–11, 222, 223, 226–31, 240, 243; unwritten doctrines, 未成文学说, 115n51

Plutarch, on *Timaeus*, 普鲁塔克《〈蒂迈欧〉中的灵魂的产生》, 107n30, 206n5

Polemo, 波勒莫, 107n30, n32, 140n15, 206n5

Posidonius, 博赛多尼斯, 207n8, 226n49, 233n67

Presocratics, 前苏格拉底哲学家, 1–2, 75, 78, 81–83, 86, 87, 129, 133, 184–85

Prometheus, 普罗米修斯, 47, 54, 55–56, 100

Protagoras, 普罗塔格拉, 55–57, 100, 103

Pythagoras, 毕达哥拉斯, 7n22, 51

Pythagoreanism, Pythagoreans, 毕达哥拉斯主义, 毕达哥拉斯主义者, 3n6, 92, 94n3–4

receptacle, 载体, 3

seed(s), 种子, 13n36, 14–20, 23, 191, 224–25, 226n49

Severus, 赛维鲁, 107n30

Simplicius, 辛普利丘, 14, 62, 64

Socrates, 苏格拉底, 1, 75, 78, 139, 148, 149n33, 152, 204, 209–10; approved by Galen, 盖伦的肯定, 242–43; influence on Stoicism, 对斯多亚主义的影响, 222n35, 231, 206–7, 212–25; on limits of knowledge, 知识的限度, 111; as moral exemplar, 作为德性的模范, 232–33; in Plato, 在柏拉图笔下, 86–89, 93–95; against physics speculation, 反对物理推论, 78–79, 110; relation to Democritus, 与德谟克利特的关联, 134–35; in Xenophon, 在色诺芬笔下, 78–86, 146, 189, 192, 195, 202, 205, 231

spontaneous generation, 自发生成, 18–19, 46, 48, 150

Stoics, 斯多亚派, 62, 107, 133, 143, 148, 152n38, 195, 205–38

sun, 太阳, 13, 14, 20–22, 25, 124n68, 137, 196, 202, 207

Thales, 泰勒斯, 3, 6–7

Theophrastus, 泰奥弗拉斯托斯, 28n74

time, 时间, 67–70, 99, 104–5, 144–45, 159n49, 208

Voltaire,伏尔泰,76,154
vortex,旋涡,3,5-6,9,13,20-22,137
worlds, simultaneous plurality of,同时存在的复多世界,15-19,21,23n66,24,112-13,136-37,148-49,159-66,191,242; serial plurality of,历时存在的复多世界 208

Xenocrates,色诺克拉底,100,206n5

Xenophanes,色诺芬尼,3n6,83,149
Xenophon,色诺芬,78-86,90-91,95,146,148,149n33,189,192,195,202,205,207,210-25,231,242-43

Zeno of Citium,季迪昂的芝诺,206,209,211-12,223-29,233n67
Zeno of Elea,爱利亚的芝诺,162-63

"古典与文明"丛书

第 一 辑

义疏学衰亡史论　乔秀岩　著

文献学读书记　乔秀岩　叶纯芳　著

千古同文：四库总目与东亚古典学　吴国武　著

礼是郑学：汉唐间经典诠释变迁史论稿　华　喆　著

唐宋之际礼学思想的转型　冯　茜　著

中古的佛教与孝道　陈志远　著

《奥德赛》中的歌手、英雄与诸神　〔美〕查尔斯·西格尔　著

奥瑞斯提亚　〔英〕西蒙·戈德希尔　著

希罗多德的历史方法　〔美〕唐纳德·拉泰纳　著

萨卢斯特　〔新西兰〕罗纳德·塞姆　著

古典学的历史　〔德〕维拉莫威兹　著

母权论：对古代世界母权制宗教性和法权性的探究
　〔瑞士〕巴霍芬　著

"古典与文明"丛书

第二辑

作与不作:早期中国对创新与技艺问题的论辩 〔美〕普 鸣 著
成神:早期中国的宇宙论、祭祀与自我神化 〔美〕普 鸣 著
海妖与圣人:古希腊和古典中国的知识与智慧
　　〔美〕尚冠文 杜润德 著
　　阅读希腊悲剧 〔英〕西蒙·戈德希尔 著
蘋蘩与歌队:先秦和古希腊的节庆、宴飨及性别关系 周轶群 著
古代中国与罗马的国家权力 〔美〕沃尔特·沙伊德尔 编

　　　学术史读书记 乔秀岩 叶纯芳 著
　　　两汉经师传授文本征微 虞万里 著
　　推何演董:董仲舒《春秋学》研究 黄 铭 著
　　周孔制法:古文经学与教化 陈壁生 著
　　　《大学》的古典学阐释 孟 琢 著
参赞化育:惠栋易学考古的大道与微言 谷继明 著

"古典与文明"丛书

第 三 辑

礼以义起:传统礼学的义理探询　吴　飞　著
极高明与道中庸:补正沃格林对中国文明的秩序哲学分析　唐文明　著
牺牲:子学到经学时代的神话与政治　赵丙祥　著
知其所止:中国古代思想典籍绎说　潘星辉　著
从时间来到永恒:《神曲》中的奥古斯丁传统研究　朱振宇　著
地生人与"雅典民主"　颜　荻　著

希腊人与非理性　〔爱尔兰〕E. R. 多兹　著
古代创世论及其批评者　〔英〕大卫·塞德利　著
自由意志:古典思想起源　〔德〕迈克尔·弗雷德　著
希腊神话和仪式中的结构与历史　〔德〕瓦尔特·伯克特　著
古代思想中的地之边界:地理、探索与虚构　〔美〕詹姆斯·罗姆　著
英雄的习性:索福克勒斯悲剧研究　〔英〕伯纳德·M. W. 诺克斯　著
悲剧与文明:解读索福克勒斯　〔美〕查尔斯·西格尔　著